交易技术精华揭秘

考股博士 晋赵齐 著

地震出版社

图书在版编目(CIP)数据

交易技术精华揭秘/考股博士 晋赵齐著. —北京：地震出版社，2011.6

ISBN 978-7-5028-3855-3

Ⅰ. ①交… Ⅱ. ①考… Ⅲ. ①股票投资－基本知识 Ⅳ. ①F830.91

中国版本图书馆 CIP 数据核字(2011)第 035870 号

地震版 XM2219

交易技术精华揭秘

考股博士 晋赵齐 著

责任编辑：朱 叶

责任校对：孙铁磊

出版发行：地震出版社

北京民族学院南路 9 号　　邮编：100081

发行部：68423031 68467993　　传真：88421706

门市部：68467991　　传真：68467991

总编室：68462709 68423029　　传真：68455221

证券图书编辑部：68426052 68470332

E-mail:zqbj68426052@163.com

经销：全国各地新华书店

印刷：三河市鑫利来印装有限公司

版(印)次：2011 年 6 月第一版　2011 年 6 月第一次印刷

开本：787×1092　1/16

字数：386 千字

印张：21.5

印数：00001～10000

书号：ISBN 978-7-5028-3855-3/F(4496)

定价：49.80 元

序
技术就是生产力

对于技术分析的态度，和多数投资者一样，我也经历过开始时觉得技术很神奇，迷信技术分析，成为唯技术派，结果是胜少败多。于是，开始怀疑技术分析，甚至嗤之以鼻。然而，在逐渐转向“价值投资者”后，投资仍未见起色。最终发现，在中国做一个纯粹的价值投资者，机械地研究基本面，并不一定能够成功。后来，我就在基本面分析的基础上，结合趋势分析和技术分析，适时投资，投资效果还不错。这使我重新审视技术分析的价值，认识到技术分析也是有用的，技术分析方法的存在本身已经说明其内在价值。实际上，中外股市中，也确实有过很多依靠独特技术分析取得投资成功的人。就我本人来说，在深刻理解技术分析，熟练掌握了交易技术之后，我的投资发生严重失误的概率的确大大降低了。现在，我是非常认可“技术就是生产力”这一观点的。

那些投资大家，如巴菲特、林奇等，他们本人可能并不关注技术分析，但是他们手下的操盘手、交易员们未必就不重视技术分析，说不定他们很多人都是交易技术高手。而索罗斯、罗杰斯等人，据我所知可都是相当重视技术分析的。至少，我认识的一些投资高手，特别是期货操盘手、成功的股市投资者，基本上都是技术高手。

以前觉得自己看了很多技术书籍，对各种技术指标耳熟能详，没有什么新鲜的了。但是看了《交易技术精华揭秘》书稿后，我的突出感受是：技术分析并不是一门“小儿科”，它也是可以博大精深的；学无止境，只有刻苦钻研才能得到真知；我以前对技术分析的理解完全是一知半解，运用也是浅尝辄止，远未达到熟能生巧的程度。本书作者在技术分析上的造诣即使算不上登峰造极，也可以说是炉火纯青了。难能可贵的是，作者对于传统技术分析并不全盘否定，而是在其基础上有所创新和发展。如对“交易技术”和“技术分析”的界定，对“逼空”与“逃空”、“逼多”与“逃多”、“骗线”与“骗量”等内涵的定义，对“背离”规律的阐述，厘清了一些关键的概念，创造了一些贴切的术语，发现了一些重要的规律，这都是对技术分析学说的重大发展。

过去对于一些技术分析方法和技术指标，经常感觉不灵，现在想来，不是技术指标不灵，而是自己运用的方法不对，不得要领。殊不知，枪再好，不会使用也打不倒敌人，甚至伤了自己。按照书中的方法，我做了一些实验，发现一些以前感觉不灵的技术还是管用的。书中的一些“公式”更是神奇，起码对于过往的股市大多是符合的。尤其是判断顶和底的公式，简直太棒了，绝对算是一把宝刀！老股民都知道，成功抄底和逃顶那可是取得投资先机、最终取胜的关键所在啊！作者能够将这些独门绝活奉献出来，毫无保留，着实令人钦佩。书中亮点颇多，不胜枚举，实用价值不可估量，我就不一一评价了，大家自己去发现，去体验，去品评吧。

掩卷，不难看出，作者是深度贴近中国股市，并对中国股市有深刻理解的学者型投资者。因为他目光敏锐地发现了中国股市特有的技术规律，消除了按照传统技术操作形成的迷惑。而做到这一点，不会是一朝一夕之间就可以达到的。普通的股市技术类书籍一般是对早期股市和国外股市的技术规律的总结，阐述的多是具有普遍性的众所周知的规律。与其他技术类书籍不同，《交易技术精华揭秘》是一本更贴近中国股市的书，它揭示了中国股市的特殊性，因而也更适合国内的投资者或者计划投资中国股市的投资者进行阅读和参考。

因此，本书的面世，可以说是中国股市中小投资者的幸事，是广大散户的福音。尽管主力狡猾如狐，作者仍以猎人般灵敏的眼睛探寻到它的踪迹，并牢牢抓住了它的尾巴。在它们改头换面、开始遁形之前，大家一定要尽快了解这些规律。自然，阅读这本书就是了解中国股市规律、掌握适合中国股市的交易技术的一条捷径。

石 峰

2011.5.2

前言
——没有金刚钻不揽瓷器活

股市如战场，技术如战术。对于行军打仗，战术指的就是具体的进攻、防御、相持等方法和技术。对于炒股，战术就是买进、卖出、空仓、持仓等具体交易过程中的操作方法和技术。

兵不厌诈。不懂得用谋用计，早早地向对手交了底细，就难于取得优势和先机，就难于取胜。自古以来，与敌作战如果仅仅是以硬碰硬，全靠蛮力，而不注意运用战术谋略，则必输无疑。历史上有多少次以少胜多，以弱胜强的战役实例，就证明了这一点。因此，在股市里，主力和各种投资主体都非常重视投资的技术，包括买卖时机和技巧等。

兵无常势，水无常形。虚虚实实，虚实结合。主力作战没有一定之规，示弱示强、虚张声势、声东击西、欺诈迷惑无所不用其极。而事实证明，主力的这些计谋和战术也总是非常有效的。

毋庸置疑，操作技术是非常重要的，特别是对于喜欢中、短线操作的投资者，更是必备的能力。市场上有很多技术派人士，比如艾略特、江恩等等，他们都获得了巨大的成功。国内技术派高手也不乏其人，如张卫星、野山等。前者善于中、长线，趋势操作得心应手；后者精于短线搏杀，暴涨行情游刃有余。

即使是长线投资，技术也很重要。比如，对长线底部和顶部的判断，技术有时候比基本面更准确、更及时。因为多数普通投资者对基本面的分析、判断能力很低，信息又不灵通，如果等着基本面明朗再做交易决策，往往会由于失去最佳时机而造成巨大损失。比如 2007 年上证 6124 点前后，单从基本面看，中国宏观经济热络，上市公司业绩增长迅速，完全有理由预期上涨到 7000 点，甚至更高。但是，笔者根据自创的多个技术公式和方法计算出顶部位置就在 6000 点附近。而在 2008 年 1664 点附近，从基本面看，国内外经济形势极为恶劣，预期股市跌到 1300 点，甚至更低也是合理的。但是，同样根据有关技术方法，笔者判断底部就在 1600～1800 点区间。而对未来牛市顶部的计算，从纯技术角度，在排除非市场因素的情况下，利用本书的相关方法和公式，可以大致测算2009年内目标应在3000点以上，大家不妨一试。

实际上，在普通散户投资者中，技术派越来越重视基本面，基本面派也越来越重视技术。那些文武双全的投资者，成功的概率更大。所以，掌握一些技术也是很有必要的。主力也很重视技术的，他们也不会轻易逆技术规律操盘，这就是很多时候一些技术规律会生效的原因。不过，要知道无论如何基本面是根本，纯粹依靠技术的投机行为风险太大，不予提倡。

但是，广大散户投资者往往不具备分析基本面的实力，或者实力不足，或者信息不灵，靠基本面投资往往效果并不理想。尤其是在以前，这个现象更加突出。今后股市规范了，内幕交易少了，过度做庄行为收敛了，靠基本面投资才会有效果。当前还只能是以基本面为保障，以技术面为武器。

交易技术、技术指标永远有它的魅力，它是对股市运动规律的一种把握，可以对股市走势进行大致的预测，其价值是可以肯定的。技术不精，不懂得股票价格运动的规律，就会屡遭失败，进而导致心态不好，更加胆怯，而越胆怯，就越容易失误。没有过硬的技术，最好不要急着加码投资，只可以少量练手，所谓“没有金刚钻不揽瓷器活”。所以，投资之前，首先还是要练好基本功，艺高人胆大。胆大心细，必定有成。

掌握了炉火纯青的技术，会使你比别人更胜一筹：它能使你更早地发现机会和危险，它能使你经常比别人多赚一点或者少赔一点，日积月累，你就会比一般人取得更大的投资成就。

交易技术和技术分析是不同的概念。投资者分为主控交易者和跟随交易者(以前称为庄家、散户)。

主力交易技术，即主控操盘技术。具体包括：资金管理技术、分仓技术、进货技术、洗盘技术、逃多技术、逼空技术、逃空技术、打压逼多技术、拉升技术、出货技术、骗线技术、示强技术、示弱技术等。作为跟随交易者，需要掌握的就是判断主力控盘程度技术、买进(抄底)技术、卖出(逃顶)技术、跟进技术、反洗盘技术、反骗线技术、抢反弹技术、止盈技术、止损技术、骑白马技术、抓黑马技术，等等。

常用技术分析方法主要有五类：K线类、形态类、切线类、波浪类、指标类。操作技术具体包括看图技术、趋势判断技术、技术指标应用能力、即时看盘技术、掌握实盘买卖时机的能力等。

很多公开的交易技术和技术指标，在应用的时候都有局限性，普通投资者往往不得要领，导致技术失灵。实际上各种分析技术和指标都有很多应用技巧或者诀窍，只是发现其中奥妙，做到融会贯通需要一定时间，也有一定难度。而且多数人不愿意把秘密传授给别人，以至于新股民要摸索很长时间才能正确使用。

一般而言，普通投资者无需开发自己的技术指标，只要深入了解了这些常用的分析方法和技术指标的应用技巧，也可以获得成功。本书将就笔者常用的技术和指标，向大家介绍笔者自己的应用心得、经验和技巧。

最后，需要提醒读者注意的是，本书所述投资股票的经验、技术和技巧均为个人心得，不会放之四海而皆准，也未必适合当下的市场和你的投资习惯。读者在应用时，应以参考为主，且要注意结合当前市场反复验证并根据市场的演化而不断加以修正，切不可生搬硬套、盲目使用。

希望本书对你有所裨益，真诚地祝读者投资成功。

作 者

2010 年 10 月于北京

目　录

第一章　交易技术和技术分析

——科学技术是第一生产力

第一节 交易技术的概念

一、关于交易

在研究交易技术之前，我们首先谈谈“交易”。

什么是股票交易呢？股票交易就是投资者在股市上，对目标股票进行买卖、持有的行为，俗称“操盘”（有市场人士对操盘做如下定义：具备严格的投资纪律和科学的资金分配管理方案，有计划有预谋地对目标品种进行技术性买进和卖出的操作行为。表现在临盘实战中，职业操盘手必须能够通过盘口资金进出的表现方式和大盘环境，准确地判断目标投资品种的资金运行特征、价格趋势发展目标及其资金主力的基本操盘思路。并依据这一分析判断，按计划有预谋地果断作出技术性买进和卖出的操盘决策）。

交易有“主控交易”和“跟随交易”的区别。主控交易又叫“主控操盘”，跟随交易则不能叫“跟随操盘”，“操盘”的本意不能泛化。称得上“操盘”的行为，一般只能是对股价走势产生决定影响的主力行为。“操”即“控”，“主控操盘”，是一个重复定义，强调操控的本质意义。一般投资者，无力对股价进行控制，只能跟随趋势进行投资，也就谈不上操盘了。当然，从广义上讲，任何交易都可以说是一种操盘，给自己的操盘。根据控盘程度，分为绝对控盘和相对控盘。

任何交易都有很多规则，包括法律规则和技术规范。证券法和交易所分别制定的若干交易规则和技术规范，任何市场主体都要遵守，否则交易不能成功，或者交易违规。交易违规会受到法律或者交易所制裁。

二、交易技术的定义

所谓交易技术，顾名思义，就是指股票交易的方法和技术，属于操作层面的问题，因此业内也称为操盘技术。称得上技术，就是承认，股票交易存在技巧和方法。这些技巧和方法可以使投资者有效降低成本、提高收益、控制风险，最终达到利润最大化的目标。广义上，基本分析法、技术分析法、心理分析法是相并列的股票交易方法，它们各有各的技术和要领，也有通用的技术守则。

本书所说的交易技术，是指在遵守法律法规和交易所规则的前提下，投资者所采用的合法、合规的买卖技术、维持股价的技术等。但是主力由于具有资金和信息优势，也就能够打一些擦边球，甚至采取变通方法规避法规，达到控制股价的目的。

交易技术的本质：

(1)技术就是对投资纪律的遵守。

我们说某人炒股技术高超，不是仅以成败结果论英雄，最重要的其实是看他的投资过程，因为过程决定结果。能够一次赚很多钱不一定是技术高超，可能是运气好。只有能够经常赚钱，或者赚钱的时候多，赔钱的时候少，才说明投资技术比较好。交易技术，或者说买卖技术，有时候对于成功投资非常重要，对于短线交易者来说，有时候甚至是决定性的。

投资的过程中，必然要遵守一些重要的纪律。俗话说，股市如战场，炒股如打仗，纪律严明是取胜的保障。有时候投资就是一件刻板的按程序操作的事，出现什么情况，就要有相应的应对，容不得半点迟疑和侥幸。最重要的纪律是止损，其次还有止盈、操作对象范围、资金来源、资金管理等。

(2)技术就是对股市运行规律的把握。

之所以说技术是对股市运行规律的准确把握，是因为，如果投资成功，必然要充分了解股市的运行规律，并努力做到适应股市规律。在股市规律出现的时候，能够及时，甚至提前做出反应，从而避免了损失，实现了利润最大化。所以，我们要尽可能地了解股市的规律。大家可以参考笔者的拙作《股市赢家兵法——成功投资的策略和诀窍》(地震出版社，2009年出版)的相关内容。

三、交易技术的种类

说到技术，就有高低之分，精疏之别。各行各业，都有一些技术高手和水平一般的人。股票交易也一样，不乏交易技术精湛、游刃有余的顶尖技术高手，但是大多数人都是懵懵懂懂，无所长术。我们研究交易技术，就要学习那些顶尖高手的交易技术，运用他们的行之有效的交易方法，结合自己的行为特点和市场环境进行交易。

出于知彼知己的需要，我们研究交易技术，自然要了解主力交易技术，即主控操盘技术。具体包括：资金管理技术、分仓技术、建仓技术、洗盘技术、逃多技术、逼空技术、逃空技术、打压逼多技术、拉升技术、出货技术、骗线技术、示强技术、示弱技术等。绝对控盘和相对控盘的操盘技术也有显著区别，弱主力往往逞强，强主力常常示弱。

作为跟随交易者，我们的首要任务就是发现主力的操作阶段，进而做出恰当应对。如，主力进货我也进货，主力洗盘我守仓，主力拉升我坐轿，主力出货我逃跑等等。如果上升到技术层面，就是判断主力控盘程度的技术、买进（抄底）技术、卖出（逃顶）技术、跟进技术、反洗盘技术、反骗线技术、抢反弹技术、止盈技术、止损技术、骑白马技术、抓黑马技术，等等。

这些说起来容易，做起来难。我们不是主力的亲戚，主力将要干什么，他不会提前告诉我们，即使告诉我们，也会说假话。没有多年的操作经验，没有做深入的研究，对主力处于哪些操作阶段判断起来就非常困难，这就是研究主力操盘技术的必要性。

第二节　技术分析的实质

一、什么是技术分析

技术分析的实质是试图利用股价过去的行为预测其未来的走向。技术分析法的理论依据是：很多时候，决定股价的根本因素是股票在市场中的供需关系，而不是其内在价值。技术分析法是和基本分析法、心理分析法相并列的股票交易方法之一。

值得注意的是，学术界、投资界很多专家对技术分析法持否定态度，多数职业投资者仅以基本分析法为交易基础。但是，市场上仍然存在技术派人士，他们一般是短期交易者，以技术分析法为交易决策的基础，并且能够保证长期、总体赢利。这是因为股市中的确存在着一些自身的具有相当稳定性的规律，掌握了这些规律并灵活运用，确实能够提高操作成功率。比如，市场信息不对称和多数市场参与者都会有非理性行为的规律是永恒的，技术分析法可以通过股价变动释放的信号，判断少数优先掌握信息的投资者的进一步行为，从而能够比其他不在意短期股价信号的投资者更快地做出反应。技术分析法可以利用多数市场参与者常有的贪婪和恐惧心理弱点和不良操作习惯，进行逆向操作从而可以获得超常的回报。技术分析法的优势就在于此。

再如，主力买卖股票在盘面上总是留下痕迹，对这些痕迹在一定时空中的跟踪分析，基本可以判断主力的意图。

必须明白的是，市场中普及的技术指标和交易模型都是基本无效的，充其量只能做一个参考，是绝对不能作为交易决策模型的。希望依靠技术分析法，交易者就必须开发出自己的个性化的交易系统，制定严格的交易规则和纪律。如止损、止盈等。

技术分析法会导致频繁的短期操作，因此交易成本必然很高。而且资金量越大，短期交易对市场的影响就越大，交易成本也就越高。因为资金进出，一定会对股价造成影响。如果市场流动性差或者交易成本很高，基于技术分析法的交易系统难以有效发挥优势，甚至不能赢利。所以技术分析法更适合于中小资金、操作灵活的投资者。而大机构、大资金就不能有效利用技术分析法，他们常常反技术操作，以欺骗技术派投资者，这其实从侧面证实了技术分析法的作用。

二、决定技术分析有效的理论基础

①市场行为反映一切，价格变化必然有内在原因，对于结果的判断重于对于原因的掌握；

②价格是供求关系的直接表现。供求力量的变化，必然导致价格的改变；

③价格运动是以趋势的方式进行，趋势是最基本的概念；

④股市是有规律的，历史会不断重演、不断重复。概率会通过投资者的心理预期继续发生作用。

通过对综合作用于股市的各种因素的分析，来判断股市未来的走向，比对作用于股市的各种因素产生的唯一结果即价格的变化来判断股市未来的走向要复杂得多。

三、技术分析方法的种类

当前有八种技术分析方法应用最为广范，它们是：

1. 趋势分析法

这种分析方法是对股市发展方向，即股市趋势的分析。趋势线和由其发展起来的股价通道线，是非常重要的分析系统。短期趋势不好把握，可靠性差。但中长期趋势具有很高的准确性、稳定性和持续性，中长期趋势线一旦有效突破，趋势往往即将发生重大转折。笔者发现，如过一旦股价在一个方向上运行超过 60 日，它继续朝着这一总体方向运行的概率会大大增加；超过 120 日，可以视为趋势已经反转，牛熊大势即将形成。

2. 波浪分析法

这种分析系统非常复杂，不同的人进行分析，却可能得出不同的结论，但是如果你能将波浪理论与其他技术分析方法结合使用，有效性会大大提高。

3. 移动平均线分析法

就是利用移动平均线，对移动平均成本进行分析的方法。移动平均线是将过去股价变动的平均值连成的曲线，准确地绘制出股价变动的移动平均线，可以据以判断股价运动趋势。此内容以后将详细介绍。

4. K 线组合分析法

K 线组合分析是由日本人发明的最初在米市中使用的分析工具。虽然有效，但机构往往用来骗线，须小心使用。

如图，主力做出“两只乌鸦” 形态(A 点)，但随后不仅没有持续下跌，反而出现“喜鹊临枝”形态(B 点)后，便不断走高。如果据此出局，必然踏空后面的行情。

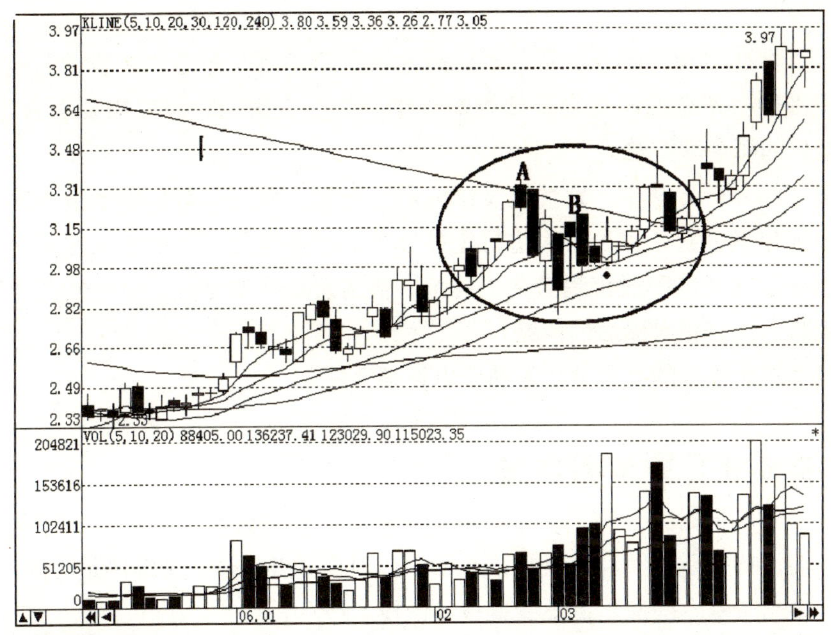

5. 图形分析法

按照图形出现后进而出现的运行趋势，可以将图形划分为两大类，一类是反转形态，它包括头肩顶(底)，双重顶(底)，三重顶(底)，多重顶(底)，V 字形顶(底)，圆形顶(底)；一类是持续(整理)形态，包括三角形，旗形，楔形，矩形等。

6. 时间之窗分析法

持此法者认为股市的波动有一个重要规律，即在时间上有周期性、季节性。

在运行一定时间后，或在重要节气、季节交替时，股市趋势往往有重要转折。

7. 技术指标分析法

一般技术分析系统是摆动曲线系统。该指标系统衍生指标不计其数，主要指标有：随机指标(KD) 、相对强弱指标(RSI)、乖离率(BIAS)、威廉指标(%WR)、动量指标(MTM)、趋向指标(DMI)等。越是市场普遍运用的指标系统，效果越差,所以不可依赖。单一指标系统，必须综合使用多项指标才能确保有效性。对于当前五花八门的分析软件及特色指标，要慎重应用，不可迷信。以免被机构大户牵着鼻子走。

8. 定性定量分析法

投资决策之前最重要的工作是分析和判断。按照分析的对象为标准，有基本分析和技术分析；而按照分析的方法为标准可分为定性分析和定量分析和心理分析等。

没有标准和规则的分析和判断就是无根据的臆测，但是如果所谓的根据和数据不准确、不全面，也会导致判断结果产生巨大偏差。这就需要引入定性、定量分析的概念和方法。

现在的分析方法中，定性定量法应用不普遍，而且一般仅限于技术分析中使用单纯定量分析，很少有人进行定性分析。而基本面的分析也以定量分析为主。由于宏观经济和股市趋势并不同步，根据宏观面的定性定量分析结果判断股市走势，会有相对滞后的问题。

笔者将对重要的技术分析方法予以详细介绍。

四、技术分析的应用原则

①中长线同时综合应用多个不同类型技术分析方法会更有把握，但是不能过多过滥，特别是短线，少而精很必要，否则会莫衷一是，延误决策时间；

②要结合基本面应用，不能就技术论技术；

③越独特越个性化的技术分析系统越有效，越大众化的指标效果越差；

④越长期的指标越有效，越短期的指标越差；

⑤技术指标必须不断地进行修正参数，以适应不断变化的市场，而这正是技术指标难以把握的关键所在。

总之，关于基本分析和技术分析的关系，笔者认为，二者各有长短，不能全面否定，也不能完全信赖。二者的关系应该是：基本分析决定买与不买，买卖什么股票的问题；而技术分析只能决定买卖时机。

五、其他交易理论和技术流派简介

1. 相反理论

相反理论的精髓是当所有人都看好时，牛市将见顶；当所有人看淡时，熊市即将见底。必须和群众意见相反，才有致富机会。

相反理论有定量的分析方法，引入看好看淡比例及其变化趋势，因而是一个动态概念。

相反理论不是说大众总是错的，大众在主要趋势上可以判断正确，市势也会因大部分人看好情绪所变成的实质购买力而上升，并且这个趋势可能维持相当时间。直到所有人看好情绪趋于一致时，将导致供求失衡，进而令趋势扭转。

相反理论发现赚钱的人只占少数，而多数人是输家。所以，要做赢家只能和群众思想路线相背，绝不能和群众同流。

相反理论的原理是：在市场行情将由牛市转入熊市的前一刻，大众都看好，都会觉得价位会再上升，就会尽量买入，购买力不断消耗，想买的人都已经买了，买盘力量来到抛物线的最顶端，牛市自然见顶回落。熊市则相反，大家都看空，都不断卖出，当卖盘消灭殆尽时，市场就会在大众都卖完货时走出谷底，熊市转入牛市。

2. 亚当理论

(1)亚当理论的精髓。

每种分析工具都有其缺陷，没有任何分析工具可以绝对准确地推测市势的走向，投资人士要放弃所有主观的分析工具，在市场生存就是适应市势，顺势而为。

(2)亚当理论应用原则。

①一定要了解市场运作，明确市场趋势，否则绝对不可盲目进场买卖；

②入市买卖时，应在落盘时立即订下止损价位；

③止损价位一到必须执行，不得随便更改调低止损价；

④操作不顺者要暂时离场，进行冷静分析，不能一错再错；

⑤买错必须止损，不可作无限摊平，否则可能损失越来越多，切勿看错却不肯认输，以致越错越深；

⑥上升买升，下跌卖跌，顺势而为；

⑦每一种分析工具都不是完善的，都有出错的机会；

⑧切勿妄自推测顶和底，浪顶浪底最难测，不如顺势而为。

3. 道氏理论

道氏理论的要义是：股票价格运动有三种趋势，即基本趋势、次级趋势、短期变动。

基本趋势，即股价长期的、广泛或全面性上升或下降的变动趋势。这是最重要的趋势。股票的基本趋势通常持续一年或一年以上，股价总升（降）的幅度在20%以上。基本趋势持续上升就是多头市场，持续下降就是空头市场。

次级趋势，即一段基本趋势的中级调整或反弹趋势。由于经常与基本趋势的运动方向相反，并对其产生牵制作用，也称为股价的修正趋势。此种趋势持续的时间是中期性的，一般从3周到数月不等。股价上升或下降的幅度较大，一般为股价基本趋势的三分之一或三分之二。

短期趋势，反映了股价在数天之内的变动情况。修正趋势通常由3个或3个以上的短期趋势所组成。

长期投资者应当最关心股价的基本趋势，以尽早判断牛熊大势的转换是否形成，从而在多头市场上买入股票，在空头市场形成前及时卖出股票。投机者则对股价的修正趋势比较感兴趣，他们希望从中获取短期的利润。短期趋势容易受到人为操纵，不便作为趋势分析的对象，重要性也较小；股价的基本趋势和修正趋势，一般不易于操纵，具有较大的分析价值。

道氏理论的缺陷：

①道氏理论主要目标是研究股市的基本趋势。一旦基本趋势确立，道氏理论就假设这种趋势会一直持续，直到趋势受到外来因素破坏而改变为止。道氏理论只推断股市的大趋势，却不能判断大趋势的升幅或者跌幅将会达到什么程度。

②道氏理论每次都要两种指数互相确认才能作出趋势确立的判断，往往失去买货和出货最好时机。

③道氏理论对个股选择没有实际意义。

④道氏理论只注重长期趋势，不能给投资者明确的中期投资指示。

笔者认为，趋势交易的真谛是发现并跟随大资金，和大资金朝一个共同方向前进，所以买入上涨趋势的股票才是最安全的，而卖出下跌趋势的股票也是合理的。

4. 随机漫步理论

随机漫步理论要点：股票现在的价格就已经反映了供求关系，离本身价值不会太远。市价永远会围绕着内在价值而上下波动，这些波动却是随意而没有任何轨迹可寻的。造成波动的原因是：

①经济、政治新闻消息是随意、随时出现的，也不是固定地流入市场。

②这些消息使基本分析人士重新估计股票的价值，进而作出买卖行动，导致股价发生新的变化。

③因为这些消息无迹可寻，是突然而来，事前并无人能够预知，所以，股票走势可以推测一说不成立。

④既然所有股价在市场上的价钱已经反映其基本价值，这个价值是由买卖双方决定，是公平的，就不会再出现变动，除非突发消息出现才会再次波动。但下一次的消息是利好或利淡大家都不知道，所以明日升跌的概率各占50%。

⑤企图用股价波动找出一个原理去战胜市场，赢得大市，肯定失败。因为股票价格完全没有方向，随机漫步，乱升乱跌。

随机漫步的基本观点是：买方与卖方同样聪明，他们都能够接触同样的情报，交易是在买卖双方都认为价格公平合理时完成的；股价已经确切地反映了股票的实际价值。股价不会有系统地变动，股价的变动基本上是随机的、没有规律的。

5. 股票价值理论

对于股票价值理论的研究成果很多，如美国的帕拉特(Pratt)的《华尔街的动态》(The Work of Wall Street, 1903)、哈布纳(Hebner) 的《证券市场》(The Stock Market, 1934)、莫迪(Moody) 的《华尔街投资的艺术》(The Art Of Wall Street Investing, 1906)、戴斯(Dace)和埃特曼(Eiteman)合著的《股票市场》(Stock Market, 1952)等。

最早提出股票的价格与价值分离的就是美国的帕拉特，他认为，在理论上股票价格与真实价值是一致的，但实际上两者差异很大。除了形成股票价格的主要决定因素真实价值之外，仍有许多其他的影响因素，如：好坏消息、证券市场结构、股市人气、投资气氛等。

哈布纳以股票价值和价格的关系作为投资的指针，而且利用财务分析来把握股票价值，并强调股票价格和市场因素与金融的关系，他认为“股票价格倾向与其本质的价值一致”，就长期的股价变化因素而言，与其本质的价值有关的即为长期预期收益与资本还原率。

莫迪认为普通股的权利重点不仅仅是领取股利权利而已，还要看可分配于股息之纯收益的多少。对于普通股的议决权(参加经营权)与公司资产价值的评价，需要加上“投机性”因素。

6. 波浪理论

以后详述，此略。

其他还有空中楼阁理论、稳固基础理论等等不一一介绍，读者可以自行涉猎一些相关资料。

第二章　K线与形态分析法

——迷阵三百个，阵阵有玄机

股价运行过程会产生一些形态，其中总会留下主力动作的蛛丝马迹。掌握看图技术，对于尽快判断方向，确保提前做出决策十分必要。好比下棋，心中掌握一些棋式，知道挂角、卧槽、必死、必和之式等等，下起棋来就更加得心应手。股价走势图形，就像象棋的棋谱。知道什么是上涨、下跌、底部、顶部、陷阱的形态，操作起来才能游刃有余。

股价走势图形，除了基本 K 线、整理、上升、下降等正常运行轨迹，大多数细节图形实际上都是主力摆下的迷阵，作为散户，如果无法识阵，不能破阵，就无法走出迷局，就不能乱中取胜。

如果您能够识破这些迷阵的庐山真面目，就一定会“山重水复疑无路，柳暗花明又一村”了。

第一节　K 线及其组合

一、什么是 K 线

什么是阳线、阴线、十字星、阳十字星、阴十字星、锤头、倒锤头、光头阳线、光头阴线、光脚阳线、光脚阴线、上影线、下影线？

K 线又称日本线，起源于日本。它是一条记录股价状态的柱状线条，由影线和实体部分组成。

K 线实体分为两种，一种叫阳线，一种叫阴线。实体上方的影线叫上影线，实体下方的影线叫下影线。阴阳代表股价趋势，股价上涨，收盘价高于开盘价，K 线为阳线，反之，为阴线。长短代表内在动力，实体长度代表趋势强弱；影线代表转折信号。阳线不断加长，表明多方力量变得越来越强；阴线不断加长，表明空方力量变得越来越强；K 线实体变化不大，上影线和下影线频繁出现，并且越来越长，说明市场内在动力越来越强，多空较量越来越激烈。

没有上影线的阳线叫光头阳线；没有上影线的阴线叫光头阴线。

没有下影线的阳线叫光脚阳线；没有下影线的阴线叫光脚阴线。

没有上影线也没有下影线的阳线叫光头光脚阳线，光头光脚长阳线是上升的强烈形式，是对后市看好的极端；没有上影线也没有下影线的阴线叫光头光脚阴线，光头光脚的长阴线是下跌的强烈形式，表示对后市看坏的极端。

开盘收盘价相同，最高、最低价不同，成为十字形状的 K 线，叫十字星 K

线。收盘价较上一交易日收盘价上涨的，是阳十字星；反之，是阴十字星。十字星是表示多空双方力量平衡的极端形式。

在十字星的基础上，如果再加上秃头或光脚的条件，就会出现 T 字型和倒 T 字型 K 线，它没有实体，而且没有上影线或者没有下影线，形状像英文字母 T。

实体较小，影线较长的光头 K 线，又叫锤头。同样，实体较小，影线较长的光脚 K 线，就叫倒锤头。

四个价格都一样，是一字型 K 线，这种情况只发生在开盘即封在涨停或跌停的时候。这是上涨和下跌的最极端形式，表明对后市最极端的预期。

如图 2-1，A 是一条完整的 K 线，其中，a 是最高价，b 是收盘价，c 是开盘价，d 是最低价。B 是光头阴线，C 是光头阳线，D 是光脚阳线，E 是阳十字星，F 是阴十字星，G 是上影线，H 是下影线。

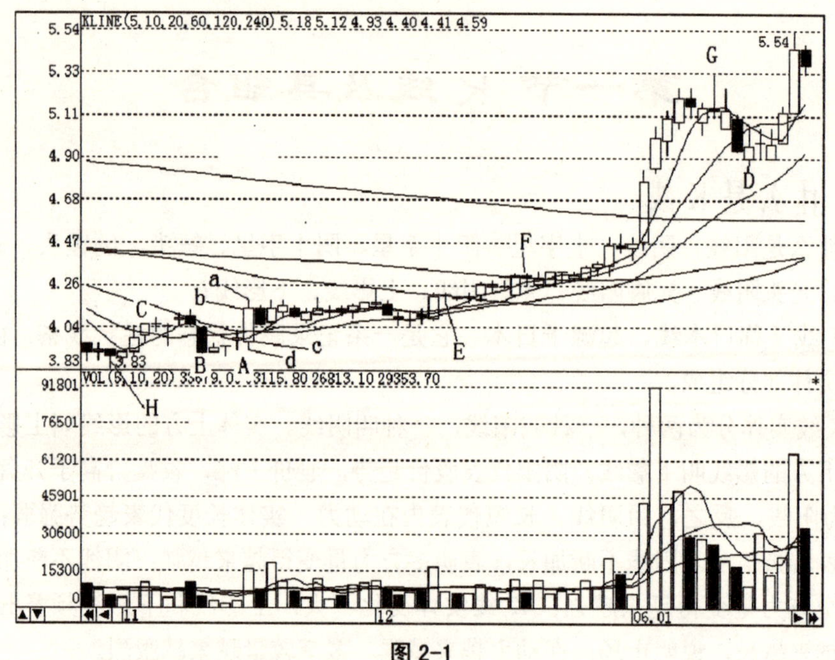

图 2-1

二、单根 K 线的各种典型形态分别有什么意义

就一根 K 线而言，就有若干种形态，也分别反映了不同的含义。举几个常见的例子：

长阳线：实体很长的阳线。阳线实体越长，说明上涨力度越大，如果量能同时放大，此种意义越有效。

低位突然放量拉出长阳线，股价一举突破多条均线，称为“长阳炮”，是股价拉升的开始。

长阴线：实体很长的阴线。阴线实体越长，说明下跌力度越大，如果量能同时放大，此种意义越有效。

大幅拉升后，出现量价背离，突然放量急跌，一根长阴线一举砸穿多条均线，称为“断头铡刀”。这是一轮暴跌的征兆。

长上影线：上影线越长，说明抛售压力越大，越是高位上影线，此种意义越有效。

长下影线：下影线越长，说明下跌抵抗力量越大，越是低位下影线，此种意义越有效。

三、分析 K 线典型组合有什么意义

分析 K 线组合的目的是根据连续几天的 K 线组合状况，观察多空双方力量的变化，推断哪一方暂时占优势或者绝对占优势，进而判断下一步价格的走向。为了及时作出反应，投资者一般是对两三根 K 线组合进行分析。不过 K 线越少，收到主力操控的可能性越大，趋势判断的有效性就越小；K 线越多，对趋势的判断越有效，但是也可能失去最佳的操作时机。

二、三根 K 线的组合很多，三根以上 K 线的组合更多，也更复杂。不过，都是通过最后一根 K 线与前面 K 线的相对位置来判断多空双方的实力强弱，发现市场资金的流向，据以提前作出决策。

有一些 K 线组合，往往表示股价上涨趋势，称为多头组合；有一些 K 线组合，往往表示股价下跌趋势，称为空头组合。K 线组合很多，下面笔者仅对一些典型的 K 线组合，做详细介绍。

四、多头 K 线组合

1. 红三兵

低位连续三日小阳线，量能温和放大，称为“红三兵”。特征是：股价上升速度缓慢而稳定，每日收盘价基本接近全日最高价。预示资金进场吸货，甚至即将拉升。

如图 2-2，A、B 两点都是典型的红三兵组合，该组合出现后，都出现了上升走势。

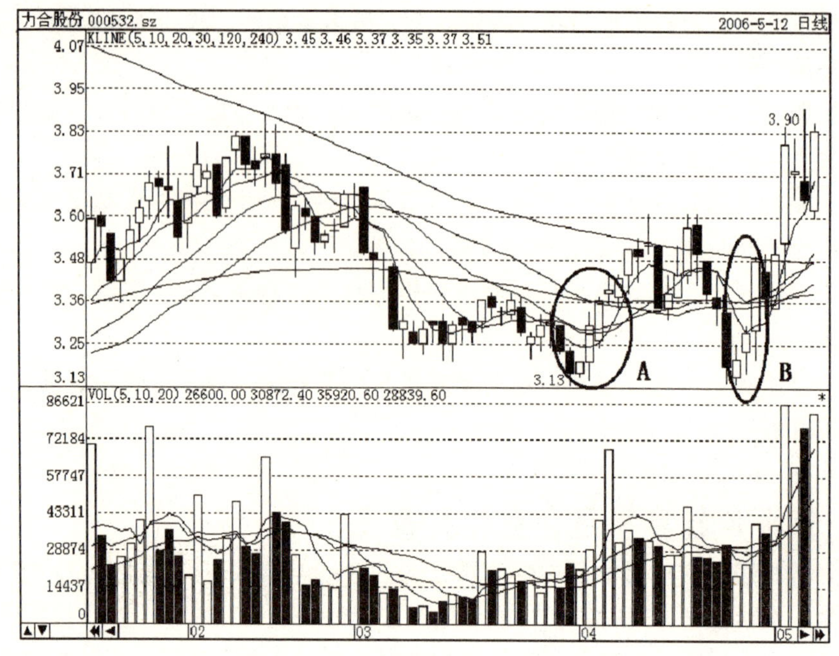

图 2-2

2. 芝麻阳

低位连续多日(一般在五日以上)收阳，阳线实体较小，就像一串芝麻。这一般是主力吸货形态，预示股价可能上涨。应当注意的是，下跌途中连续多日收阳，但是明显缩量，往往是主力诱多，随后往往继续下跌。如图 2-3，A 区域内多条小阳线就是芝麻阳，出现后股价即上涨多日。

3. 早晨之星

在一段较大下跌幅度后，一般是中长期下跌的末端，出现短期加速下跌，一旦某日出现一根实体较长的阴线，第二日跳空下跌，但 K 线实体长度明显缩短，形成星体 K 线(可以是阴线或阳线，若是十字星更为有效)，第三日出现一根阳线，收盘价一举回升到第一根阴线的实体之内，能够跳空高开，收盘价越高越好。出现早晨之星，宜做多。

如图 2-4，A 点出现早晨之星组合后，股价短期升幅很大。

力合股份 000532.sz
2006-5-12 日线
KLINE(5,10,20,30,120,240) 3.48 3.39 3.18 3.05 4.22 5.13
5.80
5.39
4.98
4.57
4.16
3.75
3.34
2.93
2.52
4.76
A
VOL(5,10,20) 80030.00 57257.60 66318.00 55196.55
153514
127928
102343
76757
51171
25586
0
07
08

图 2-3

万家乐A 000533.sz
2006-5-12 日线
KLINE(5,10,20,30,120,240) 2.73 2.72 2.81 2.76 2.36 2.47
3.40
3.25
3.10
2.95
2.80
2.66
2.51
2.36
2.21
2.06
3.40
A
VOL(5,10,20) 77254.00 53403.60 48698.30 75259.65
303013
242410
181808
121205
60603
0
05
06

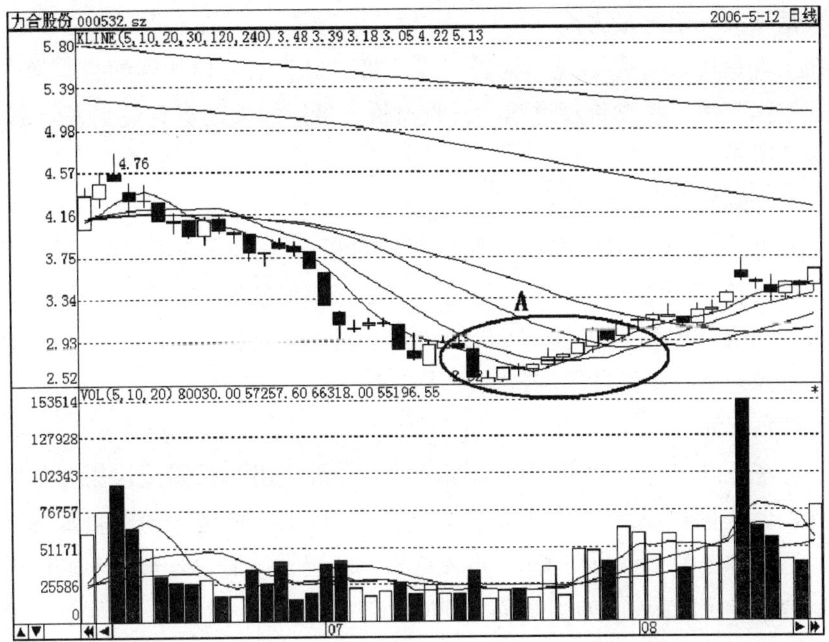

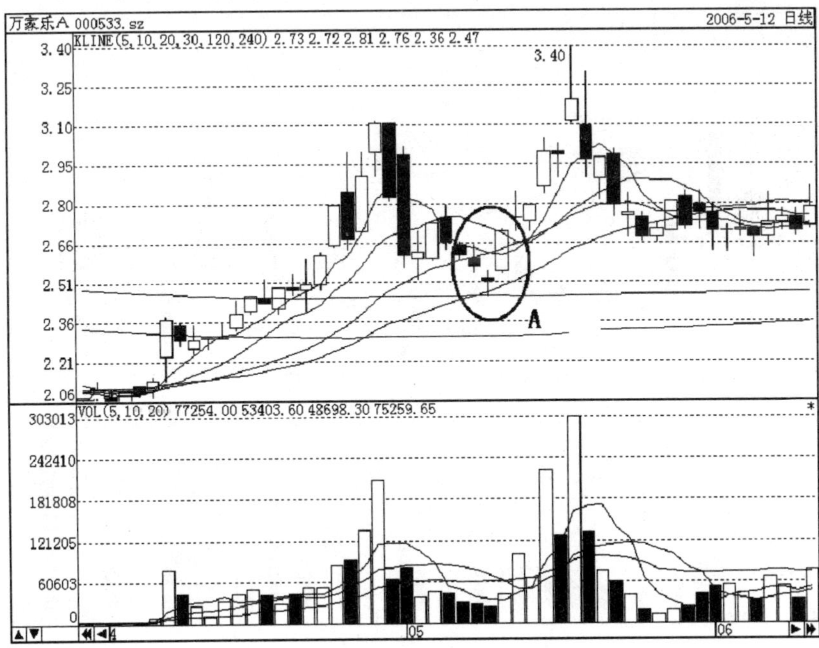

图 2-4

4. 两阳夹一阴之多方炮

在上升途中，首先出现一根长阳线，第二日收阴，但往往缩量，第三日又出现一根强阳线，收盘价超过第一日收盘价，量能放大则更有效。表明多方胜，如图 2-5 所示。

5. 上升螺旋

上升途中出现一根长阳线，然后出现数根(一般 3～5 根)实体较短小的 K 线，收盘价持续轻微下跌或窄幅波动，但高低幅度能够维持在第一日的幅度之内，最后出现一根强阳线，收盘价超过第一日的收盘价。表明多方胜，股价经过短期整固之后，将继续上涨，如图 2-6 所示。

6. 红日出海

出现在下跌末端，底部下跌加速时，某一天收出一长阴线，第二日跳空低价开盘，但收盘收在前一天阴线实体三分之一以上，就像一轮红日从海底喷薄而出，笔者称之为“红日出海”。出现这种 K 线组合，股价一般会见底回升，至少短期会有一定涨幅。 如图 2-7，600028 在 2002 年 1 月 29 日出现这一 K 线组合后，股价反转，展开了一轮强劲的升势。

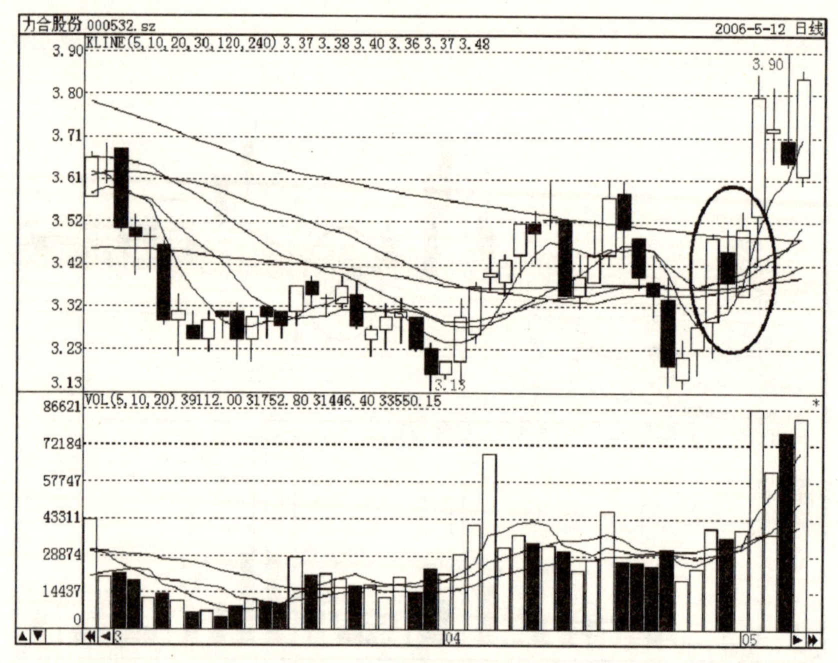

图 2-5

中国石化 600028.sh
2006-5-12 日线
KLINE(5,10,20,30,120,240) 4.69 4.69 4.63 4.55 4.27 4.13
VOL(5,10,20) 455356.00 488137.81 474770.91 410794.25

图 2-6

中国石化 600028.sh
2006-4-28 日线(下复权)
KLINE(5,10,20,30,120,240) 2.99 3.00 2.95 2.95 3.03 n/a
VOL(5,10,20) 98123.00 192101.20 299649.69 240936.75

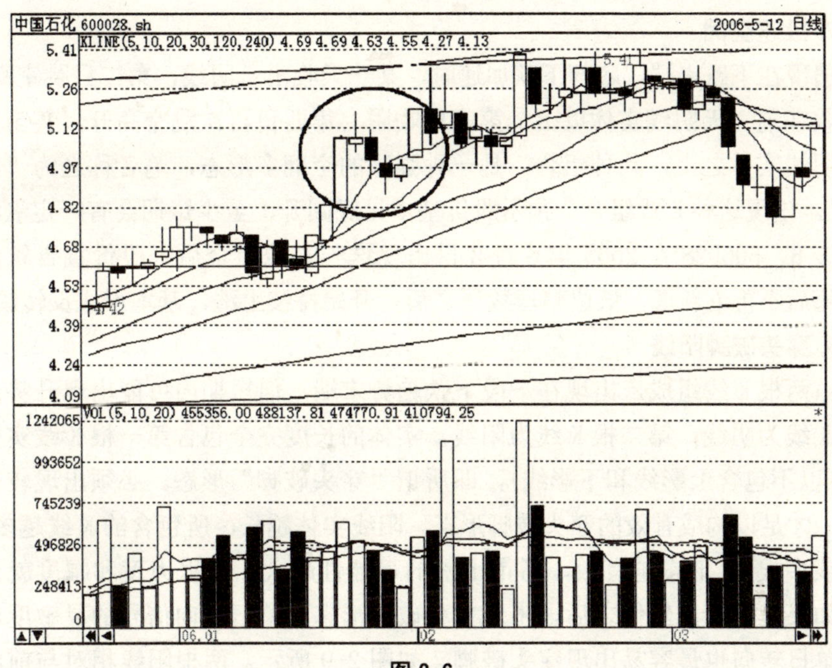

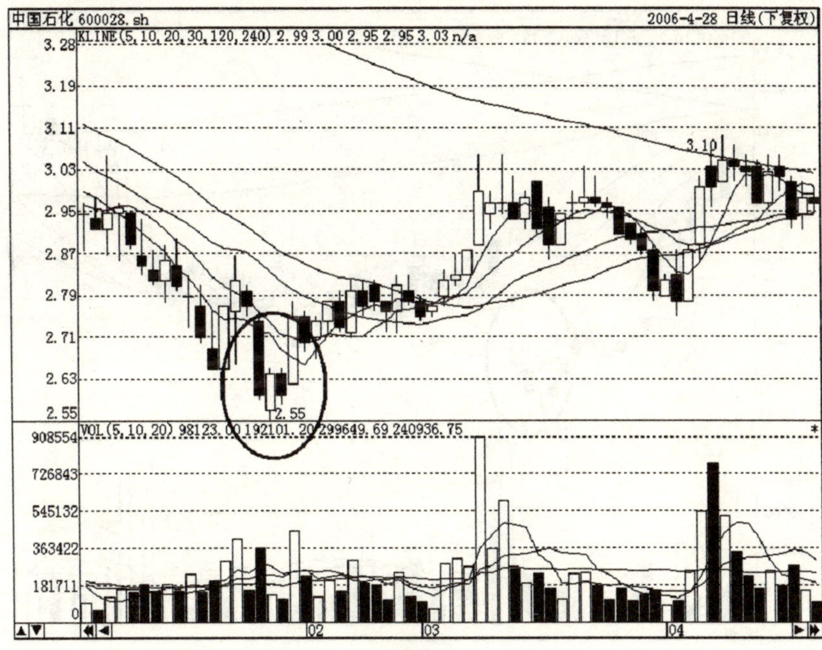

图 2-7

7. 极速空翻

出现在下跌末端，底部下跌加速时，某一天收出一阴线，第二日跳空高开，收盘收在前一天阴线实体以上，第三日收阴，第四日再次跳空高开，甚至开在前日阴线实体之上，此种组合，是一种强烈的空翻多形态，笔者称之为“极速空翻”。出现这种K线组合，预示股价基本见底回升，至少短期会有一定涨幅。如图2-8，600028在2005年6月3日出现这一K线组合后，股价宣告筑底成功，随后不再创新低，低位整理数周之后，开始持续上涨，基本形成反转趋势。

8. 穿头破脚阳线

由两根K线组成，出现在一段下跌趋势末端，但短期内可能出现升势；第一根K线为阴线，第二根K线为阳线，实体的长度完全包含第一根K线实体部分(可以不包含上影线和下影线)，即所谓“穿头破脚”形态。必须出现较长的阳线，才足以构成有效的穿头破脚形态。阳线实体越长，所包含的K线越多(如两根或多根)，形态越有效，后市上涨的可能性越大，上涨力度和幅度就会越大。如果是在创出新低之后，出现穿头破脚形态，单日转向信号的灵敏度就更高，单日转向也最容易出现穿头破脚。如图2-9所示，两根阳线相对与前面的阴线都是穿头破脚走势。

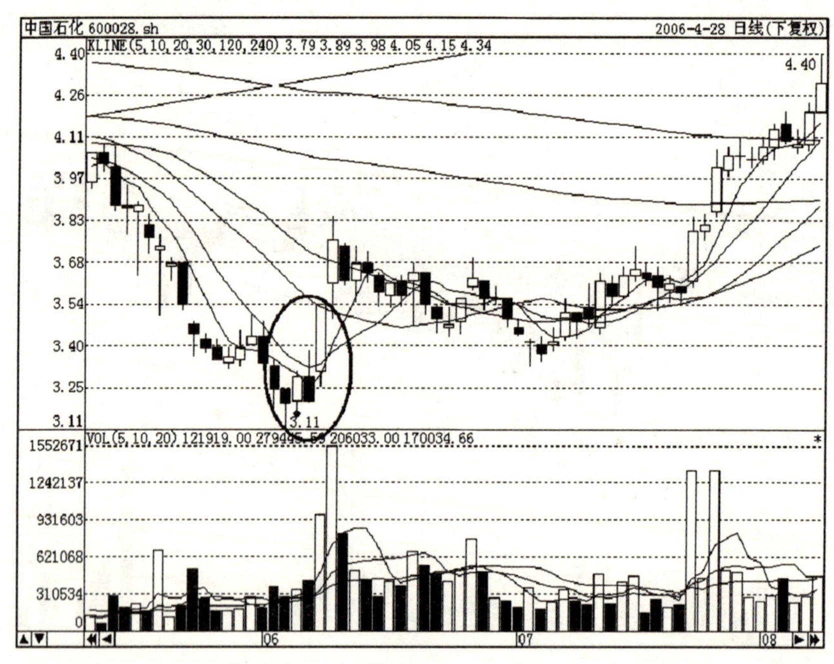

图 2-8

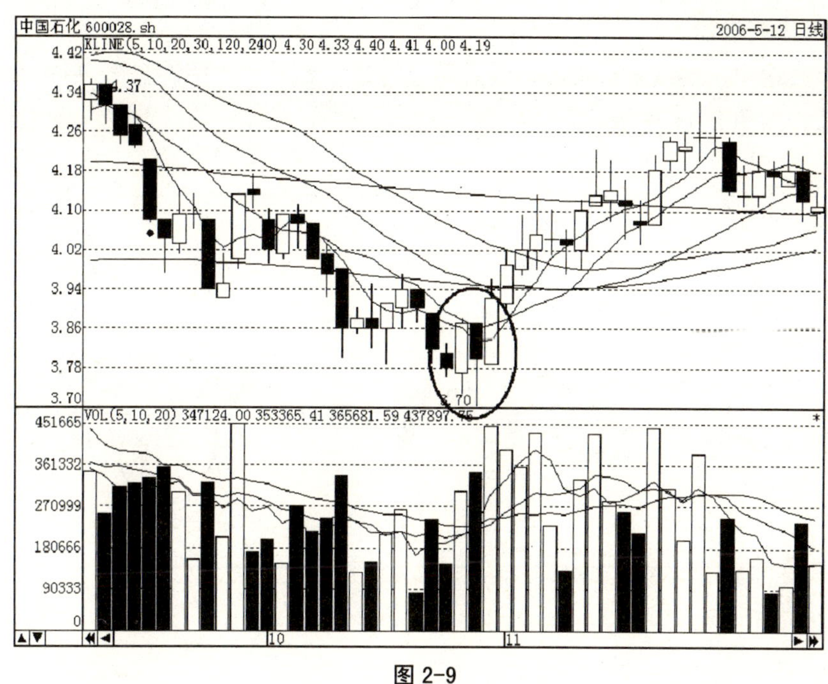

图 2-9

9. 金银串

低位连续多日收阳，偶尔收阴，上涨温和放量，回调缩量，一般是主力吸货特征，如图 2-10 所示。

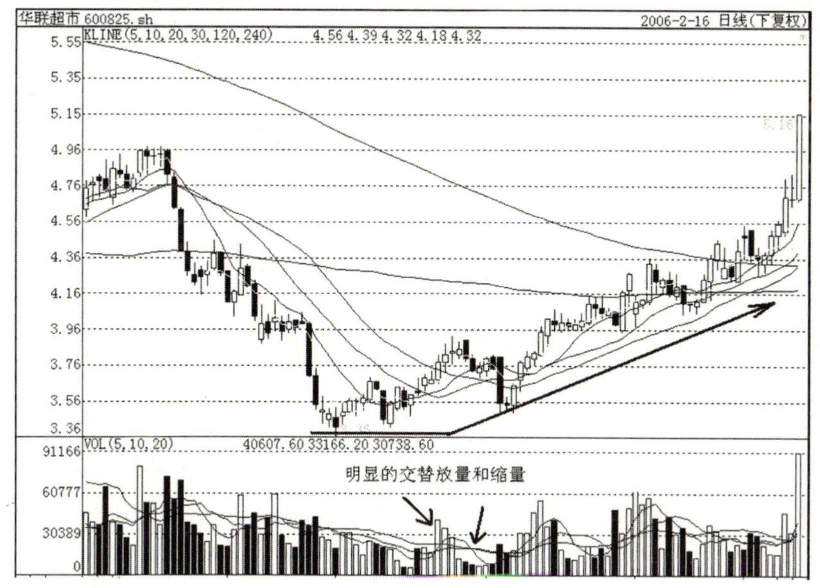

图 2-10

10. 串阴洗盘

上升途中，连续多日收阴，但是明显缩量，称为“串阴洗盘”，后市往往继续上涨，如图 2-11 所示。

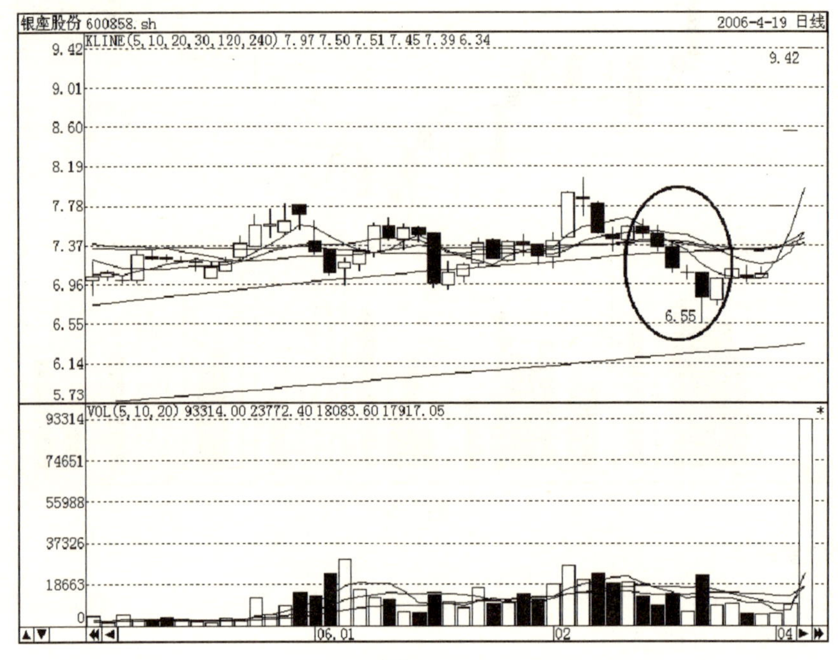

图 2-11

11. 干沟捞鱼

所谓干沟捞鱼，是指一段中线下跌末期，跌无可跌，但市场情绪低迷，散户风声鹤唳，主力顺势连续几日低开高走，恐吓散户低位割肉，仿佛在一条抽干水的河沟里捞鱼那样简单。如图 2-12，东方航空在 2010 年 2 月的走势。此法颇为有效，散户非常在乎账面利润的缩减，而又不注意坚持正确的止损纪律，往往利润缩水超过 10%以上，才感到恐慌，才想起止损，而主力此时也会加大盘中震荡力度，时而低开，时而高开。低开是吓破散户的胆，高开则是提供出逃的机会，或主力做差价。

绝对低位，如无外力干扰，如有人推荐、有大资金突袭，主力一般会借市场紧张氛围，制造多次低开，为自己创造低吸的机会。因为前期主力已经高位减持，现在必须以更低的价格把筹码夺回来才有利润，也才更主动(万一上涨，自己已经吃进大部分筹码，可以避免踏空)。在平衡市，主力尤其喜欢中线高抛低吸，走势上就容易制造许多“干沟捞鱼”K 线组合形态。

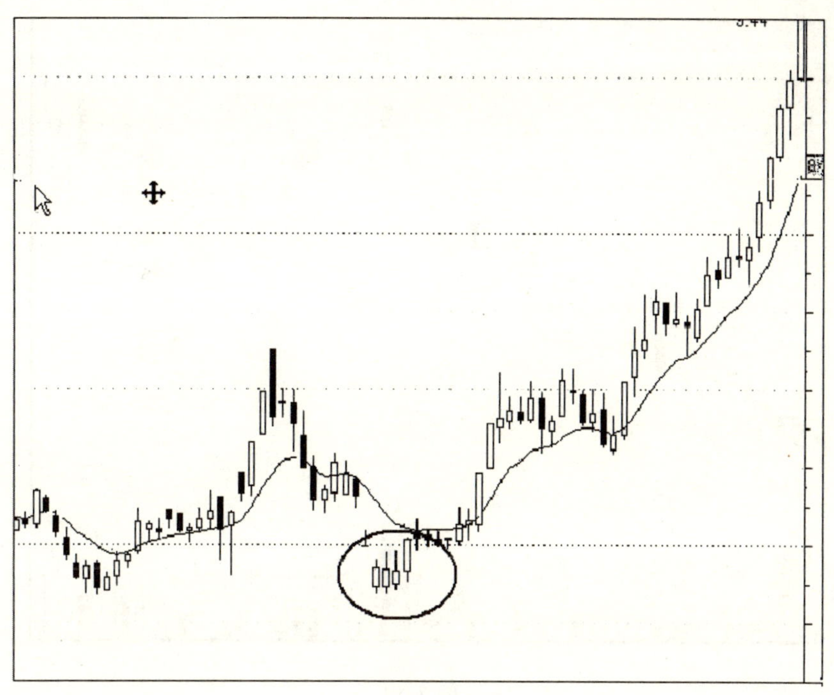

图 2-12

12. “朝天椒”

打开K线图，看看上涨趋势中，K线是不是就像一串红红的朝天椒，典型的朝天椒就是低位串阳线——连续阳线。如果把均线看做瓜藤，短中期可以5日均线、10日均线为瓜藤，中长期则要采取30日均线、60日均线为瓜藤。凡在瓜藤上运行的行情，就要看做上涨行情，应积极参与。

因为实证表明：“朝天椒，涨又涨，吊黄瓜，跌又跌”，如图2-13，明星电力在2010年7月之后的走势就是典型的朝天椒。

五、空头K线组合

1. 两只乌鸦

在升势末端，一根阳线之后出现两根阴线，第一根阴线的开盘价出现向上缺口，然而出现高开低收的结果，第二根阴线的实体较长，最好第二根阴线又是高开低走这是一种反转形态。出现两只乌鸦形态，预示涨升乏力，回吐盘已占优势，股价即将下跌。如图2-14所示。

图 2-13

王 府 井 600859.sh
2006-5-12 日线
KLINE(5,10,20,30,120,240) 14.08 13.98 13.50 13.31 10.92 10.14
16.99
16.11
15.22
14.34
13.46
12.57
11.69
10.81
9.93
9.04
VOL(5,10,20) 42853.00 47492.80 74069.30 74193.25
243645
194916
146187
97458
48729
0

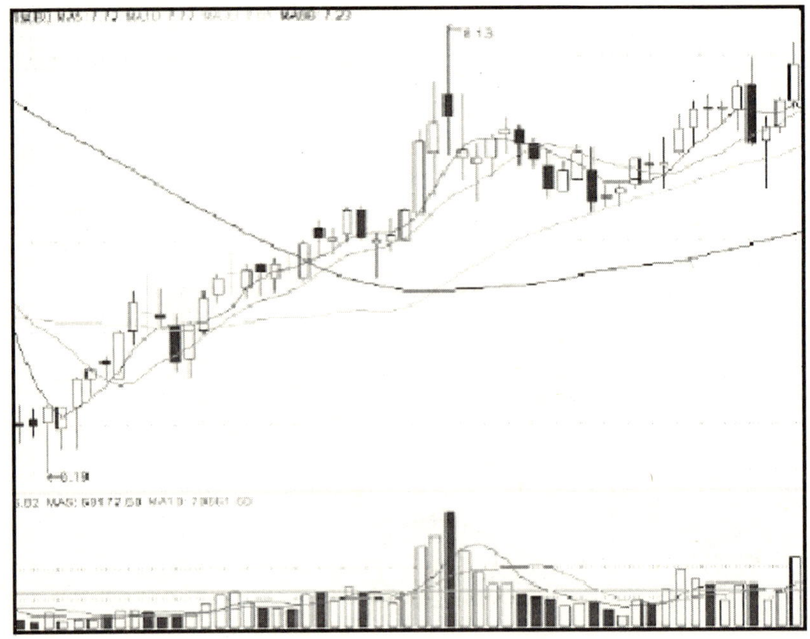

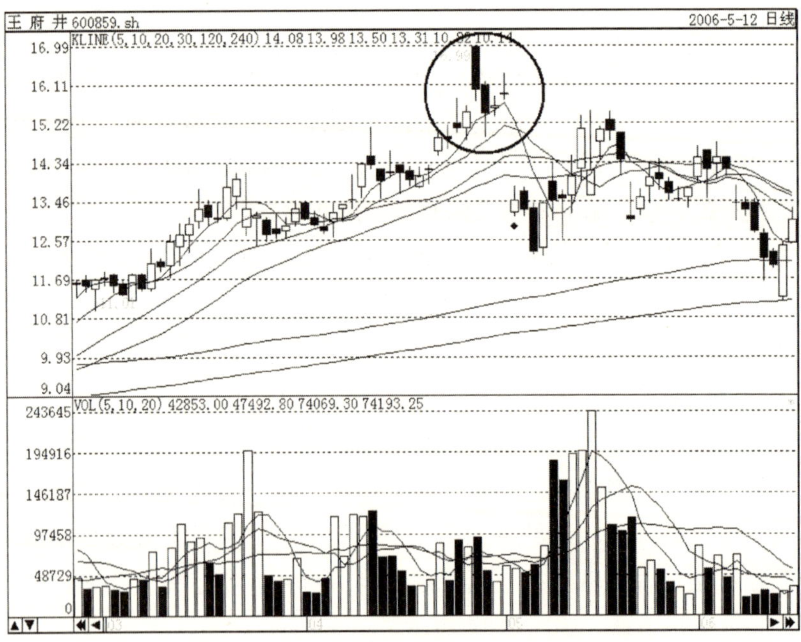

图 2-14

2. 三只乌鸦

高位连续三日小阴线，量能逐渐放大，称为“三只乌鸦唱枝头”，往往预示即将下跌。特征是：连续三根阴线、第一根阴线的实体部分低于上日的最高价位、收盘价都接近每日的最低价、每日的开盘价都在上日K线的实体之内，如图 2-15 所示。

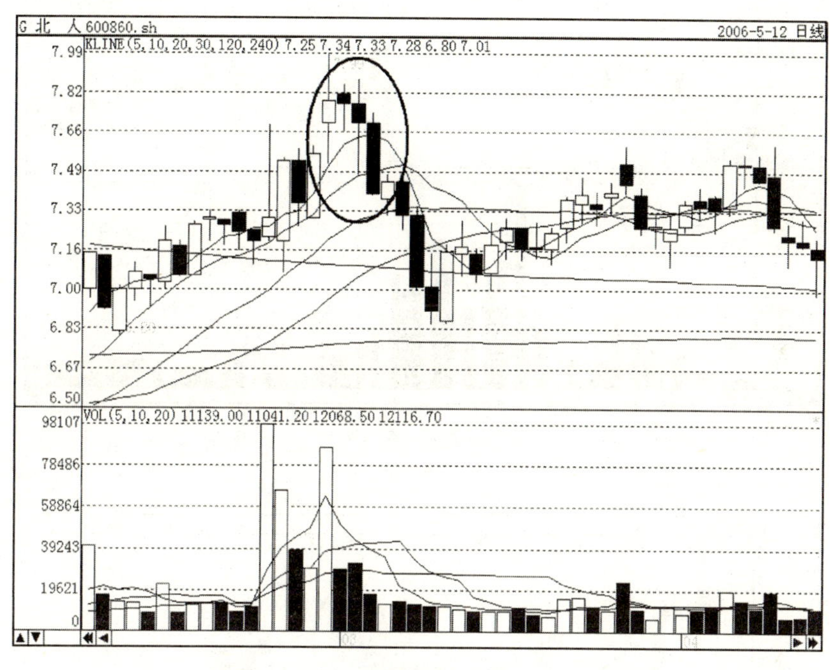

图 2-15

3. 黄昏之星

出现在一段中长期升市的末端，出现短期加速上涨，一旦某日出现一根实体较长的阳线，第二日跳空上涨，但K线实体长度明显缩短，形成星体K线(可以是阴线或阳线，若是十字星更为有效)，第三日出现一根阴线，收盘价一举回落到第一根阳线的实体之内，能够跳空低开，收盘价越低越好。可见其状态恰与早晨之星相反，也由三部分组成。顾名思义，黄昏之星出现，说明太阳即将落山。预示市势可能见顶回落，宜做空，如图 2-16 所示。

4. 两阴夹一阳之空方炮

在下跌途中，首先出现一根长阴线，第二日收阳，但不能收于第一日最高价之上，第三日出现一根强阴线，收盘价超过第一日收盘价，量能放大则更有效。表明空方胜，如图 2-17 所示。

通化东宝 600867.sh
2006-4-25 日线
KLINE(5,10,20,30,120,240) 13.21 12.52 11.86 10.77 10.68 12.11
14.99
14.26
13.53
12.80
12.07
11.35
10.62
9.89
9.16
8.43
VOL(5,10,20) 63278.00 54442.40 57091.10 37959.60
86408
69126
51845
34563
17282
0

图 2-16

G 三 普 600869.sh
2006-5-12 日线
KLINE(5,10,20,30,120,240) 16.25 16.04 15.98 16.07 14.72 13.64
17.47
16.97
16.46
15.96
15.46
14.96
14.45
13.95
13.45
12.94
VOL(5,10,20) 11651.00 9601.00 6265.60 4677.75
34487
27590
20692
13795
6897
0

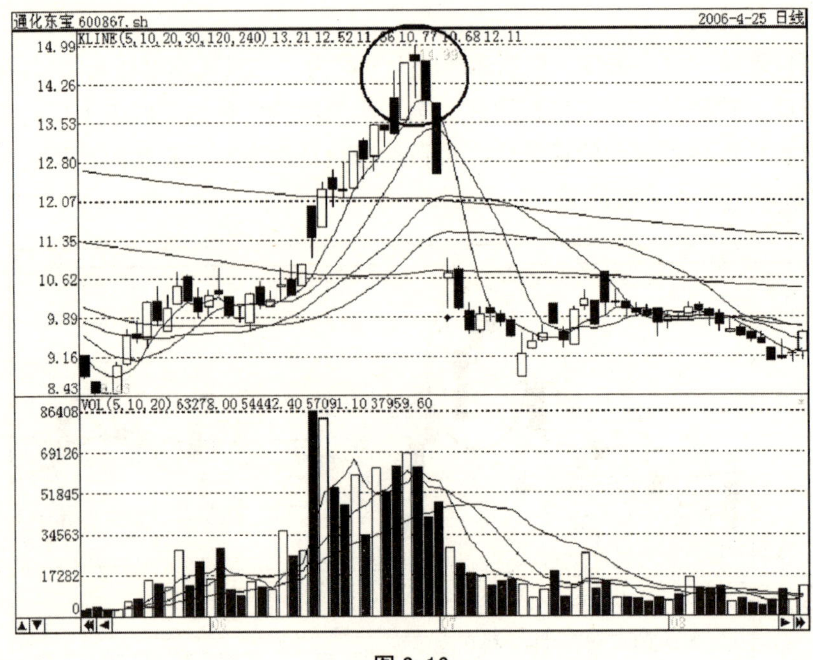

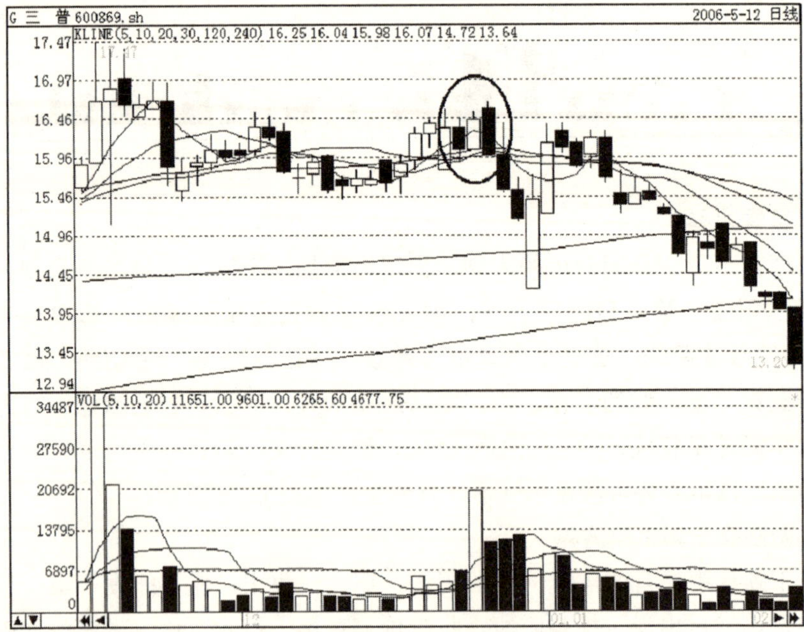

图 2-17

5. 下降螺旋

下跌途中出现一根长阴线，然后出现数根(一般 3～5 根)实体较短小的 K 线，收盘价持续轻微上涨或窄幅波动，但高低幅度能够维持在第一日的幅度之内，最后出现一根强阴线，收盘价超过第一日的收盘价。表明空方胜，股价经过短期整固之后，将继续下跌。如图 2-18 所示。

6. 日薄西山

出现在一段升幅之后，由一根阳线及一根阴线组成。第一日开出一根阳线，但次日则收出长阴线，量能同时放大。次日收盘价必须低于前一日 K 线实体的一半以上，才有足够力量促使股价转向；第二根 K 线的收盘价越低，见顶回落的可能性越大；如果第二根 K 线在盘中曾经越过重要的阻力区域，但是最终没有收在阻力位以上，往往构成日薄西山的形态，预示多头不能有效控制局势。如图 2-19 所示。

7. 穿头破脚阴线

由两根 K 线组成，出现在一段上升趋势末端，但短期内可能出现跌势；第一根 K 线为阳线，第二根 K 线为阴线，实体的长度完全包含第一根 K 线实体部分(可以不包含上影线和下影线)，是“穿头破脚阴线”形态。必须出现较长的阴线，才足以构成有效的穿头破脚形态。阴线实体越长，所包含的 K 线越多(如

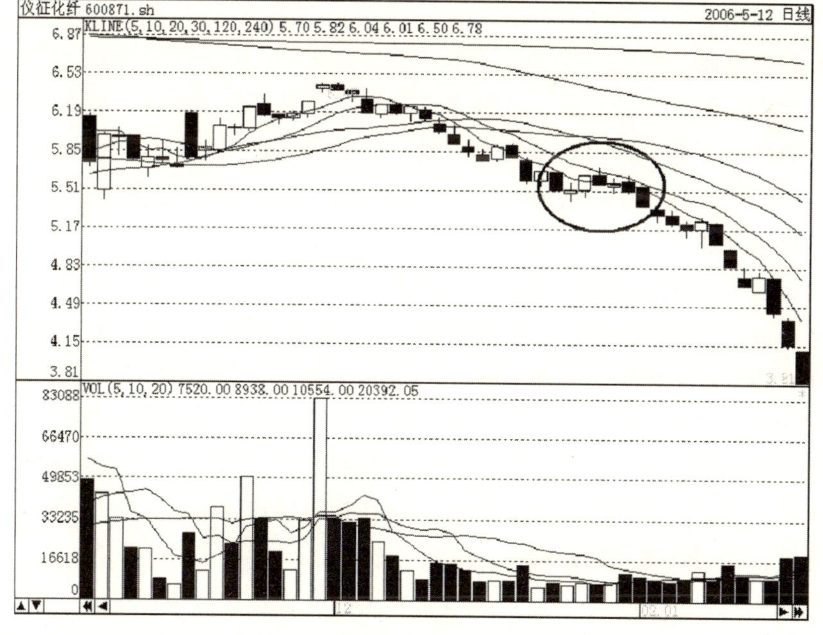

图 2-18

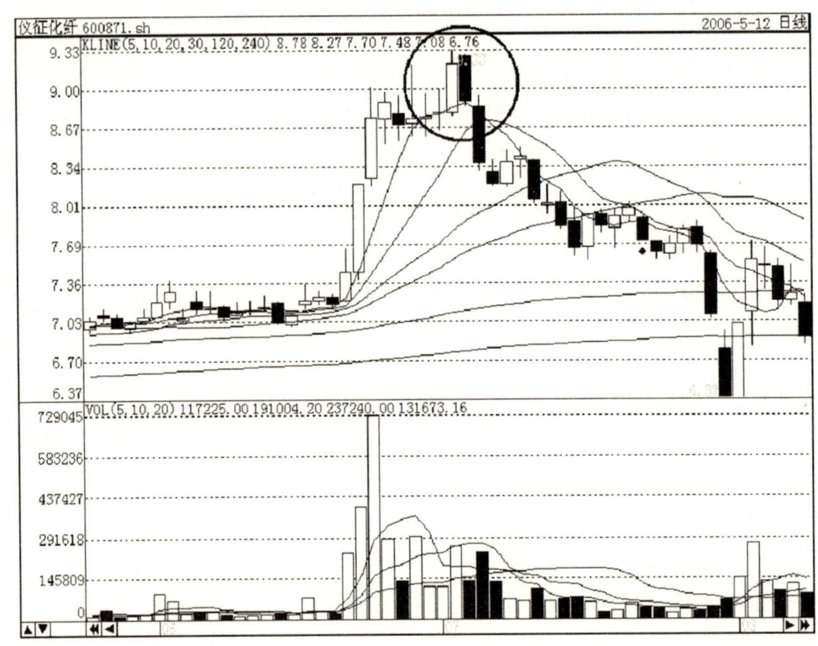

图 2-19

两根或多根），形态越有效，后市下跌的可能性越大，下跌力度和幅度就会越大。如果是在创出新高之后，出现穿头破脚阴线形态，单日转向信号的灵敏度就更高。如图 2-20 所示。

8. 刀刀见血

出现在下跌开始或途中，连续多日收红，但都是跳空低开，收盘价低于前一日开盘价，看起来上涨，实际是下跌。此种形态表明多方虽拼命抵抗，但最终还是以失败告终，往往预示还会有一定跌幅，回避为妙。如图 2-21 所示。

9. 宝顶采珠

所谓宝顶采珠，是指一段中线上涨末期，涨势虽强，但已成强弩之末，市场情绪高涨，散户踊跃进场，主力顺势连续几日高开低走，挑逗散户高位跟风，仿佛在一座金山之顶顺手采珠一般。

此法颇为有效，散户非常喜欢追涨杀跌，不注意、不知道正确的买入方法，不知道提前低吸介入，往往等股价飞奔才想起进场，而主力此时也会加大盘中震荡出货力度，时而低开，时而高开。低开是给散户创造“低吸”的机会，高开则是给自己提供出货的好价位，或主力做差价。

绝对高位，如无外力干扰，如爆出利空、有大资金突袭，主力一般会借市场火热氛围，制造多次高开，为自己创造出货的机会。前期主力已经低位加仓，

仪征化纤 600871.sh
2006-5-12 日线
KLINE(5,10,20,30,120,240) 5.01 4.97 4.85 4.84 n/a n/a
VOL(5,10,20) 125831.00 125104.20 132550.41 107914.20

图 2-20

洛阳玻璃 600876.sh
2006-4-14 日线
KLINE(5,10,20,30,120,240) 5.33 5.35 5.55 5.60 5.58 5.34
VOL(5,10,20) 730.00 1138.00 1445.90 2806.25

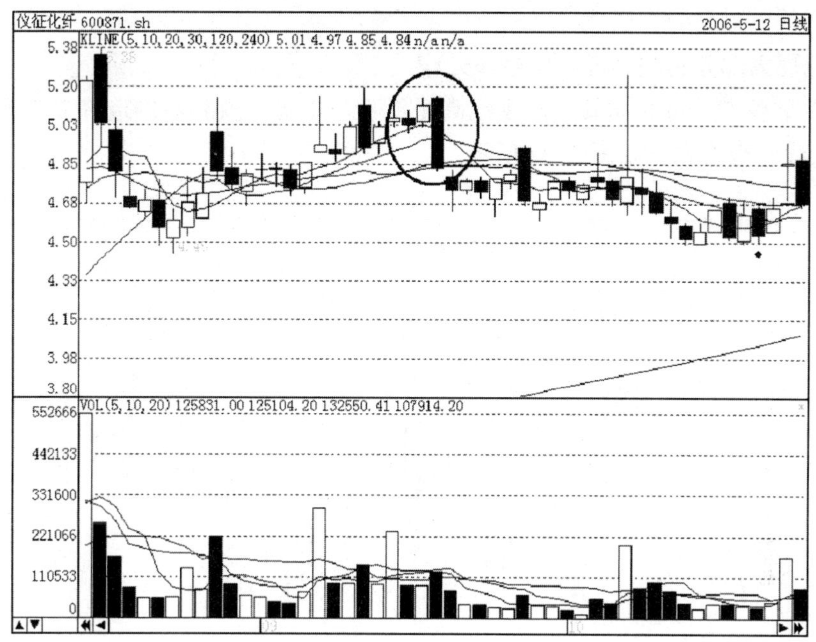

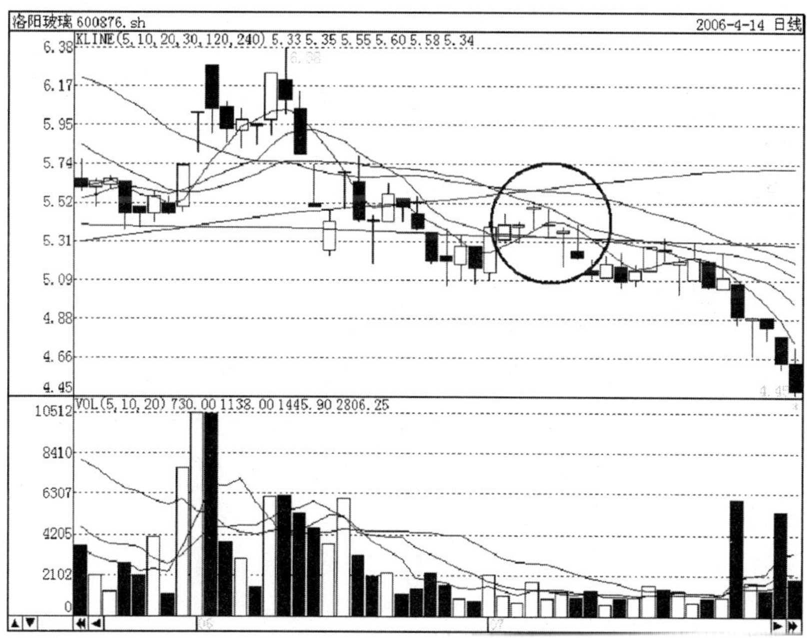

图 2-21

现在必须以更高的价格把筹码派发出去才有利润，也才更主动(万一下跌，自己已经兑现大部分利润，可以规避损失)。

在平衡市，主力尤其喜欢中线高抛低吸，走势上就容易制造许多“宝顶采珠”K线组合形态。如图2-22所示。

图2-22

10.“吊黄瓜”

在明显的下跌趋势中，K线就像一排绿绿的黄瓜吊在瓜藤上。典型的吊黄瓜就是高位串阴线——连续阴线。如果把均线看做瓜藤，短中期可以5日均线、10日均线为瓜藤，中长期则要采取30日均线、60日均线为瓜藤。凡在瓜藤下运行的行情，都是下跌行情，应回避，如图2-23，深发展在2007年11月之后的走势就是典型的吊黄瓜。

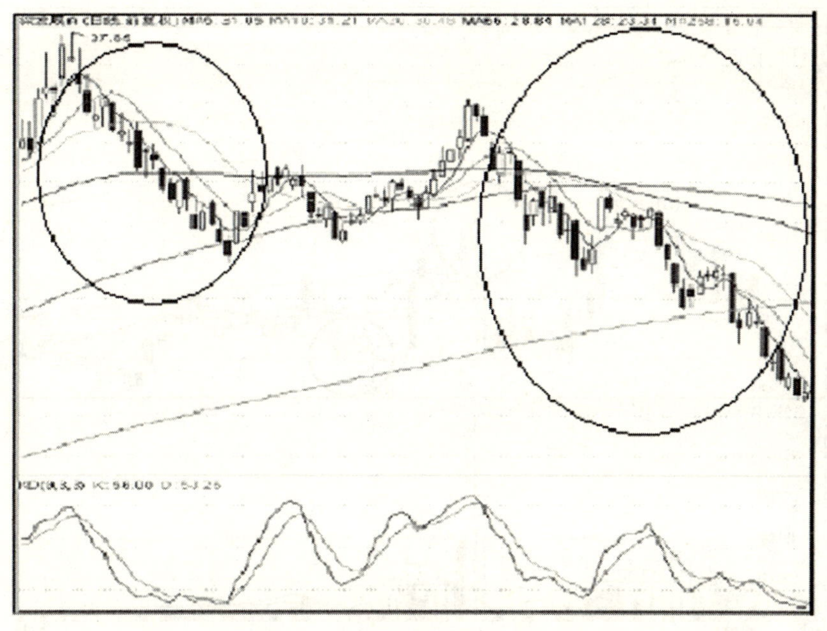

图 2-23

六、什么是跳空缺口

上涨途中，第二日开盘价不是和上一交易日收盘价相同或较低，而是高于上一交易日收盘价，且当日最低价不能回落到上一交易日收盘价之下，而是留下一个股价空当区间，称为跳空缺口。这常常预示股价上涨力度较大，股价走强，后市继续上涨的可能性大于下跌的可能性。反之，下跌途中的缺口，就暗示股价走弱，继续下跌的可能性大。

以跳空缺口的性质来分类，大致可以划分为四类：

1. 普通跳空缺口

通常在徘徊区出现，会在几个交易日内回补。此类跳空缺口没有什么预测作用。如图 2-24 所示。

2. 逃逸缺口

在盘整阶段或上升途中，股价突然跳空高开，然后放量走高，形成突破之势，所以又叫“突破缺口”。一般出现在岛型反转、头肩底、头肩顶、三角形等形态形成之后。它的出现有两种意义：一是预示转向形态形成；二是未来的走势将会加速。此类跳空缺口出现时，多数情况下成交量会大增。如图 2-25 所示。

中国嘉陵 600877.sh
2006-5-12 日线
KLINE(5,10,20,30,120,240) 2.32 2.30 2.32 2.34 2.40 2.65
2.81
2.20
VOL(5,10,20) 2417.00 2690.40 2846.50 4614.15

图 2-24

新湖创业 600840.sh
2006-5-12 日线
KLINE(5,10,20,30,120,240) 3.79 3.74 3.77 3.80 3.88 4.51
5.15
3.55
VOL(5,10,20) 5283.00 3587.00 4378.40 3944.40

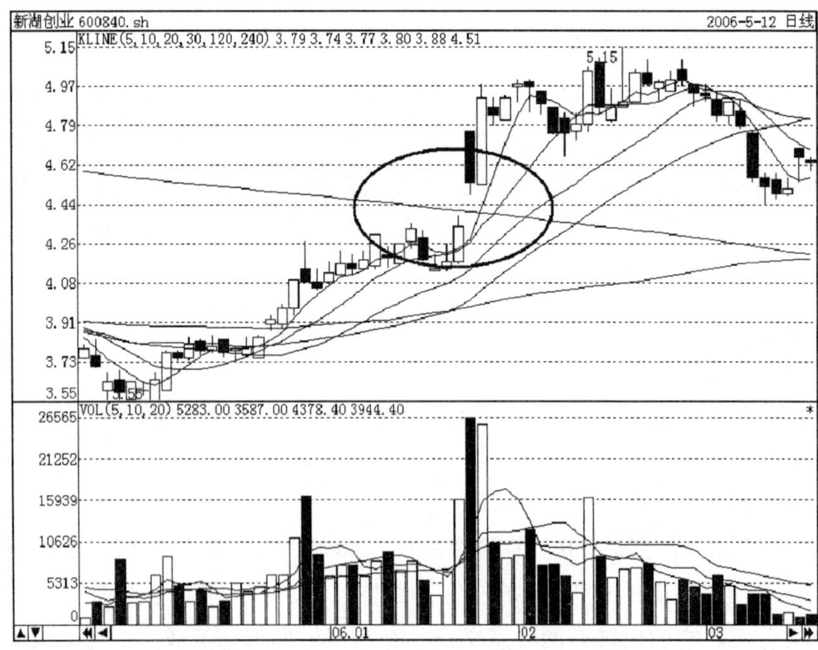

图 2-25

3. 量度缺口

此类跳空缺口通常出现于中期或长期的升跌势的中途，因此又叫“中途跳空缺口”，出现时成交量会大增。

由于具有量度升跌幅度的作用，所以称为量度缺口。量度缺口出现在突破缺口之后，突破性缺口和量度缺口一般不会在短期内回补，往往会有一个较大升跌幅度。在一个长期的趋势中，很可能出现多个中途跳空缺口。如图 2-26 所示。

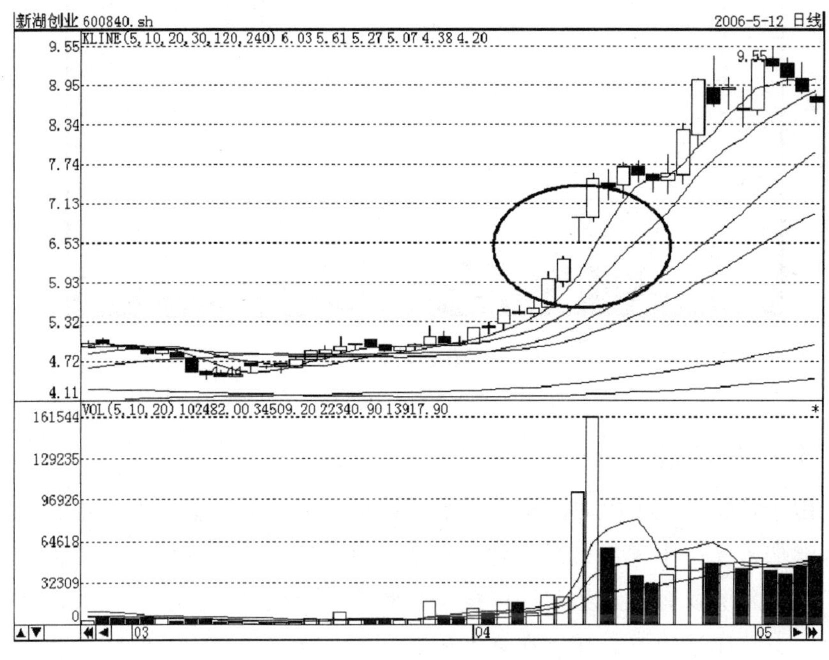

图 2-26

4. 消耗性缺口

当长期升势或跌势即将到头的时候，出现的这种缺口，多数会在数天内回补，可以作为短线买卖信号，有很高的可靠性。消耗性缺口又叫竭尽缺口，是一种转向信号。如图 2-27 所示。

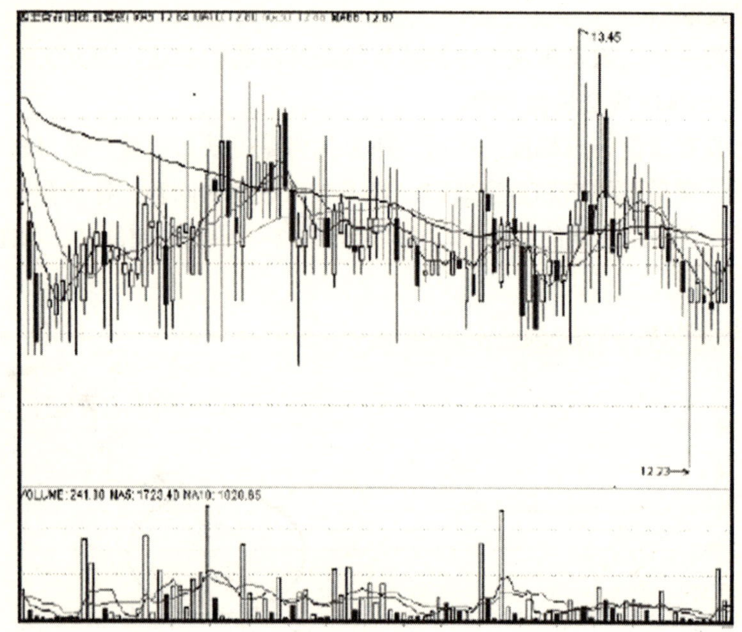

图 2-27

七、荆棘栅 K 线

是指一只股票在一段时间里单日走势振幅较大，频繁留下上下影线，但中期走势涨跌幅度并不大，日线排列起来就像用荆棘插成的栅栏，笔者称之为荆棘栅 K 线。之所以有此走势，往往意味着此股已经被高度控盘，主力在盘中高抛低吸，不断摊平成本。如果在暴炒后的高位，横盘已经很长时间，就随时有暴跌的危险。如果在低位，并且属于主力被套，则随时可能产生强烈反弹。如图 2-28 所示。

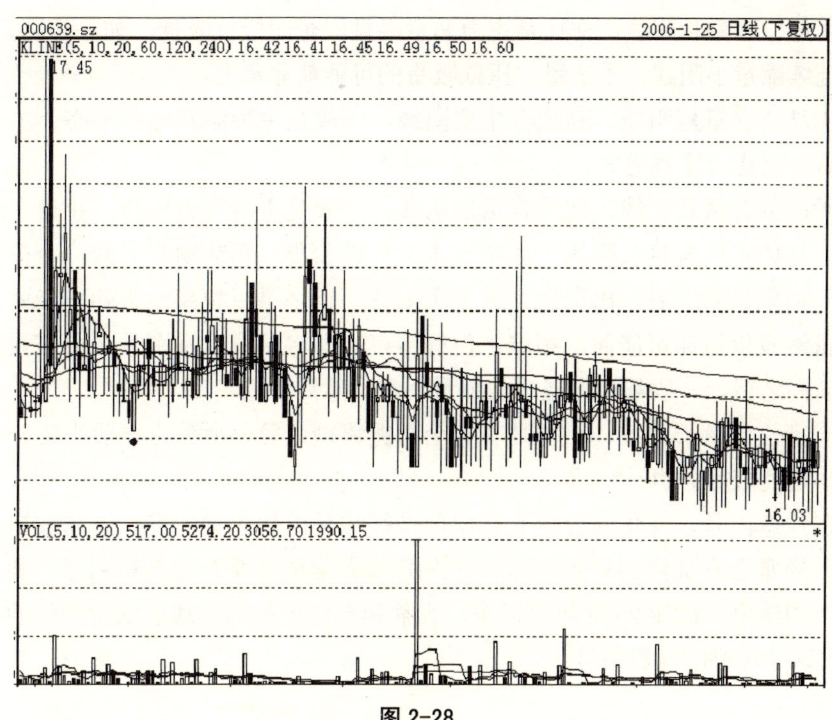

图 2-28

八、含量K线

由于单纯K线往往不能说明主力意图，有必要引入成交量的因素。笔者发明“含量K线”概念的意义就在于此。

所谓含量K线，就是含有较大成交量的K线，也是蕴涵巨大能量的K线。有四种：低位含量扁K线、低位含量长K线、高位含量扁K线、高位含量长K线。进一步细分有八种：低位含量扁阳线、低位含量长阳线、低位含量扁阴线、低位含量长阴线、高位含量扁阳线、高位含量长阳线、高位含量扁阴线、高位含量长阴线。由于出现在低位和高位，成交密集，就蕴涵了巨大势能和动能。一旦突破，都会较为猛烈地上涨下跌较大幅度和较长时间。它们的技术意义如下：

①低位含量扁阳线和低位含量扁阴线，一般是主力温和吸货形态。如果放出巨量，吃货力度就更大。

②低位含量长阳线、低位含量长阴线，一般是主力大力吸货、拉升、砸盘形态。低位出现含量长阳线，往往预示股价向上突破，行情即将突飞猛进，特别是在突破了关键阻力位之后，一般都会出现一波上涨。如果没有外界刺激，也可能是主力抢筹所致。

③低位含量长阴线，往往是主力恶意砸盘，企图低位吸货，如果长阴之后，出现连续缩量小阴线、十字星，压低吸货的可能就非常大。

④高位含量扁阳线、高位含量扁阴线，一般是主力温和出货形态。如果放出巨量，出货力度就更大。

⑤高位含量长阳线、高位含量长阴线，一般是主力大力出货、拉升、逃跑形态。高位出现含量长阳线，往往是主力对调出货、顺势抛货所致，企图高位出货，如果长阳之后，出现连续放量小阳线、十字星，拉高出货的可能就非常大。虽然股价短期可能向上拓展，但行情可能即将结束，特别是在成交量连续创出新高之后，一般都会出现一波缩量上涨，然后下跌。

⑥高位含量长阴线，往往是主力全力抛售剩余筹码所致，一般来说，这是跟风出逃的较好时机。

需注意的是，密集的含量 K 线出现，往往是先知先觉的资金进场和出场的信号，经常会有陡然的转势动作。含量 K 线常常是对突发政策和利好、利空快速反应的结果。比如 2008 年底以来，大盘和多数个股都出现了低位密集的含量 K 线，这是转势的强烈信号。

第二节 底部形态

底部形态是重要的转势形态。投资股市，买在底部获利最大，判断底部也就最为重要。所以，有必要首先探讨一下底部形态。笔者统计了一下，典型的底部形态有十几种，不典型的更多，形态各异，走势复杂。但是万变不离其宗，总是有章可循。

一、多重底

1. 单一多重底

指两个以上相同底部形态组成的多重底。如图 2-29 就是此类走势。

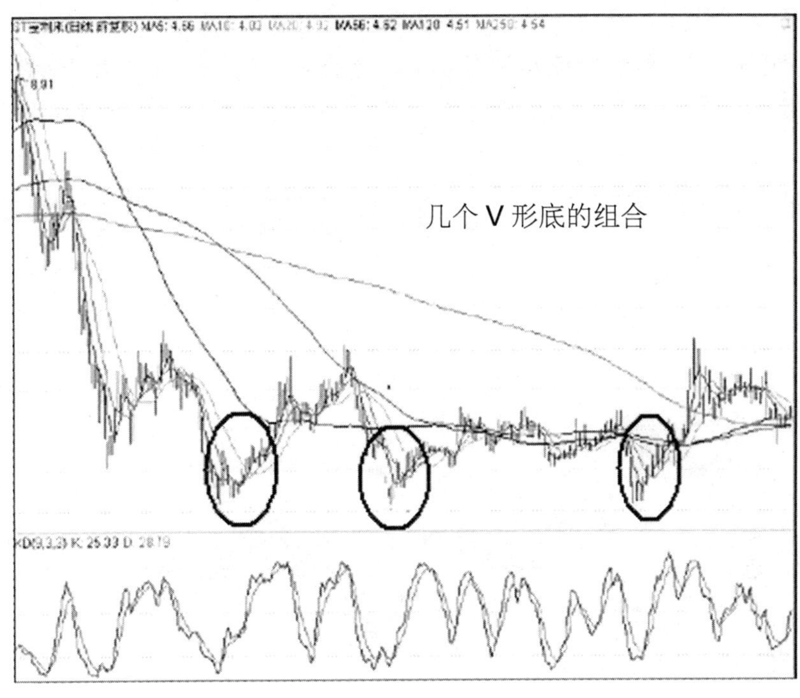

图 2-29

2．复合多重底

指两个以上不同底部形态组成的多重底。600299、600399、600640（尖底＋W 底 2005.07～2006.01）、600723（W 底＋圆弧底 2005.04～2006.01）、600738、600765、600766、600798、600840、600860、600861、600870（2005.03～2006.01）、600874、600003、600006、600007、600068、600627（2004.08～2005.04）、000001 都有过此类走势。

确定此底成功的一个重要标志是股价放量突破颈线位，回抽确认，或者不回抽直接拉起。最小升幅一般会达到颈线位到最低点距离的一倍，甚至更高。如图 2-30 所示。

3．海底

它其实是一种大型、多重、复合底。因为它筑底时间长（一般在一年以上），形态复杂，突兀起伏，就像海底世界，所以笔者称之为海底。如 600196、600456、600583（2002～2003）、600582、600739、600758、600811、600839、600859、600888、000526、000963 都有过此类走势。

其中有一种比较规则的海底形态，特征是：股价长期下跌末端出现一波跳水后，很长时间不创新低，低点基本在一个水平线上，高点起伏不定，但基本也在一个水平线上，形成一个大管簧状图形（宽度可以达到一年左右，如宝钛股份在 2004 年 7 月到 2005 年 7 月期间的走势。），这是长线主力吸筹的形态，往往是历史大底。由于在此底部中买入股票会赚取很大利润，笔者称之为“金管簧”。

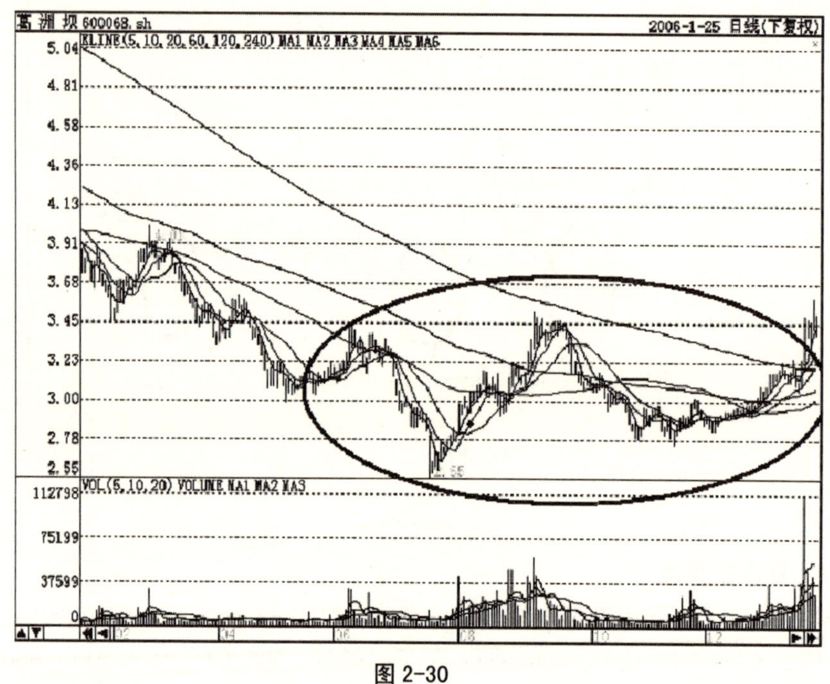

图 2-30

确定此底成功的一个重要标志是股价放量突破颈线位，回抽确认，或者不回抽直接拉起。升幅一般非常可观，所谓横有多长竖有多高。如图 2-31 所示。

二、双底、W 底

指走势出现两个位置接近的低点，形态像个 W。600256、600372、600598（2005.05～08）、600688、600777、600050（2005.03～2006.01）都有过此类走势。

确定此底成功的一个重要标志是股价放量突破颈线位，回抽确认，或者不回抽直接拉起。最小升幅一般会达到颈线位到最低点距离的一倍，甚至更高。如图 2-32 所示。

宝钛股份 600456.sh
2006-1-25 日线(下复权)
KLINE(5,10,20,60,120,240) MA1 MA2 MA3 MA4 MA5 MA6
14.28
13.58
12.89
12.19
11.49
10.80
10.10
9.41
8.71
8.01
7.32
6.62
VOL(5,10,20) VOLUME MA1 MA2 MA3
88033
58689
29344
0
05
08
10
05.01
04
07

图 2-31

北大荒 600598.sh
2006-1-25 日线(下复权)
KLINE(5,10,20,60,120,240) 4.45 4.63 4.78 4.98 5.26 5.28
5.60
5.34
5.08
4.82
4.56
4.30
4.04
3.78
3.53
A
B
C
VOL(5,10,20) 162334.00 51135.40 33329.90 28927.40
162334
135278
108223
81167
54111
27056
0

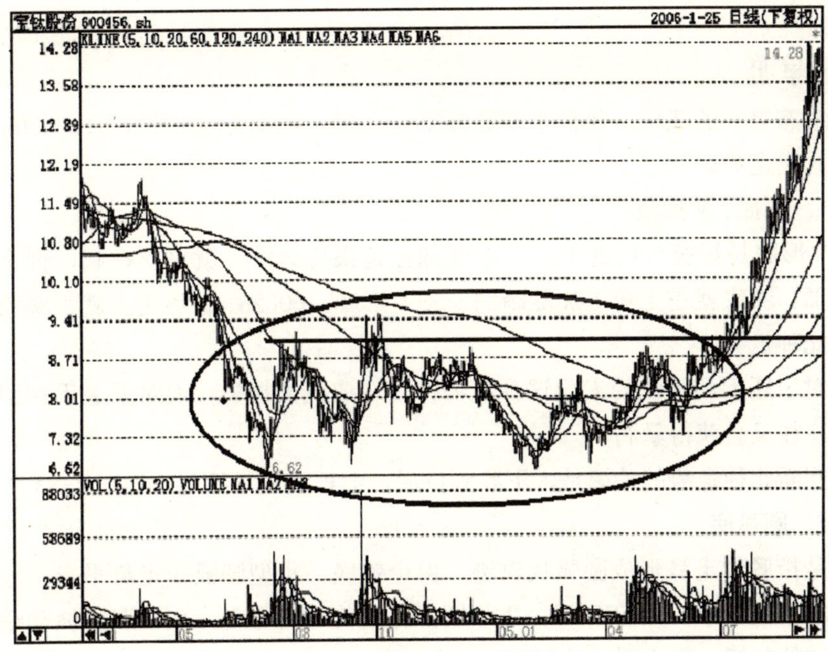

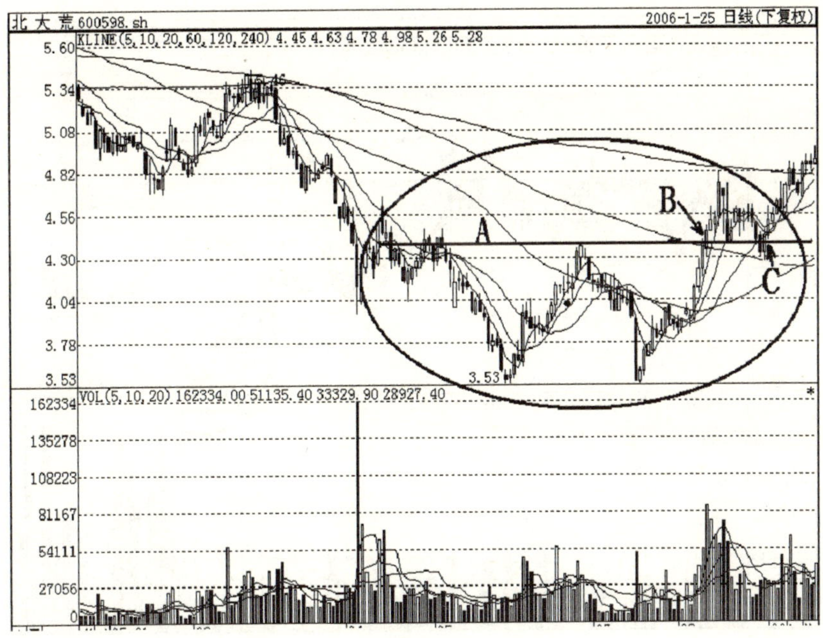

图 2-32

三、单底

形态单一的底部，包括小型圆弧底、尖底、V 形底。如 600281、600295 都有过此类走势。

1. 尖底、V 形底

V 形底是指股价快速下跌，在底部停留很短时间，就再次拉起，像个 V 形的底部。尖底就是走势更加陡峭的一种 V 形底。600281 在历史上就很频繁地出现过此种走势。

对于新手和胆怯的人，这种走势往往造成巨大损失，而对于老手和胆大的人，往往又会获得暴利。

判断此种走势的关键是，下跌到位后，会再次放量拉起。如图 2-33 所示。

2. 圆弧底

是指股价走势形成圆弧状轨迹，像个锅底。小型圆弧底走势平滑，底部股价波动幅度很小，如 600569；大型圆弧底走势相对粗糙，底部股价波动幅度较大，往往包括一组小型的底部形态。如 600008、000927 都有过此类走势。如图 2-34 所示：

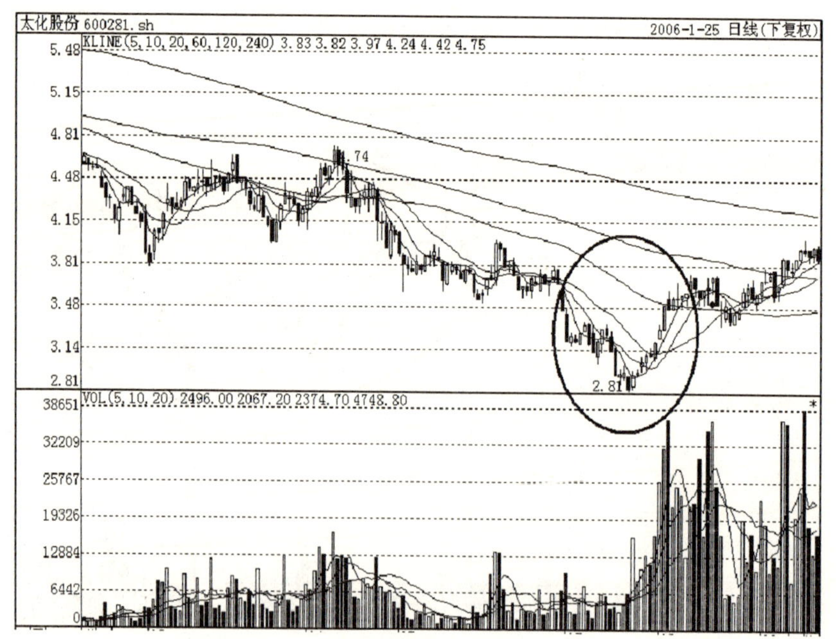

图 2-33

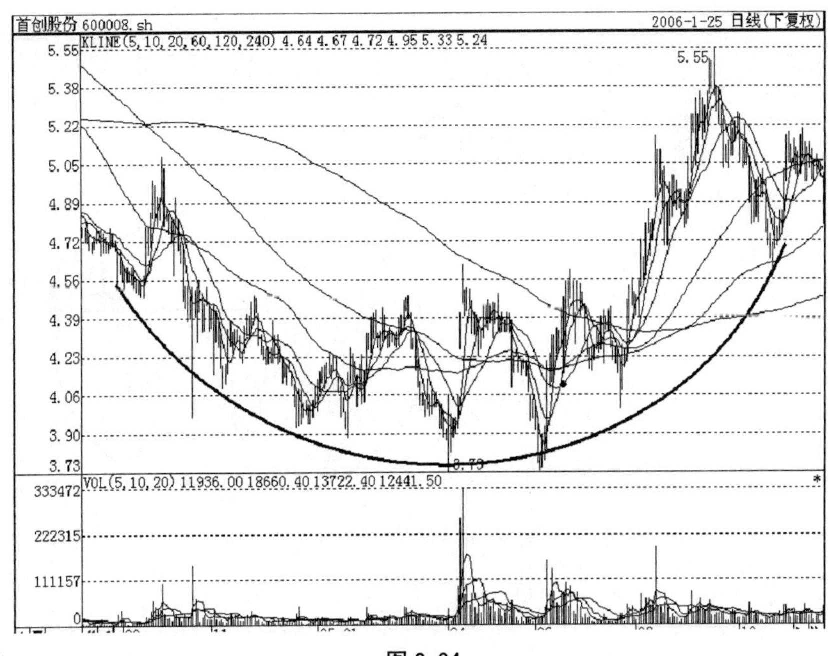

图 2-34

确定此底成功的一个重要标志是股价放量走高，升幅一般非常可观。没有量的往往走不远，就会折返底部继续筑底。如 600223 在 2003 年 8 月至 12 月的走势。

四、头肩底

是指股价在低位形成三个低点，中间的低点最低，像是头肩顶倒过来的形状。如 600600(2001.9～2002.6)就有过此类走势。这种走势很常见，如图 2-35。有的少一个肩形成单肩底，000612 在 1999 年 1～6 月的走势，如图 2-36。

确定此底成功的一个重要标志是股价放量突破颈线位，回抽确认，或者不回抽直接拉起。最小升幅一般会达到颈线位到最低点距离的一倍，甚至更高。但是有一个现象，就是越标准的头肩底，往往股价升幅越不高，而不规则的头肩底，往往股价升幅很高。

青岛啤酒 600600.sh
2006-1-25 日线(下复权)
KLINE(5,10,20,60,120,240) 7.93 7.84 7.65 7.96 7.64 7.27
10.47
10.04
9.61
9.19
8.76
8.33
7.90
7.47
7.04
6.62
6.19
5.76
D
A
B
C
VOL(5,10,20) 23474.00 17376.80 18351.00 12316.75
352077
234718
117359
0

图 2-35

KLINE(5,10,20,60,120,240) 6.14 6.08 5.95 6.00 6.01 5.51
7.55
A
2.52
B
C
VOL(5,10,20) 36264.00 32648.80 22225.80 16435.60

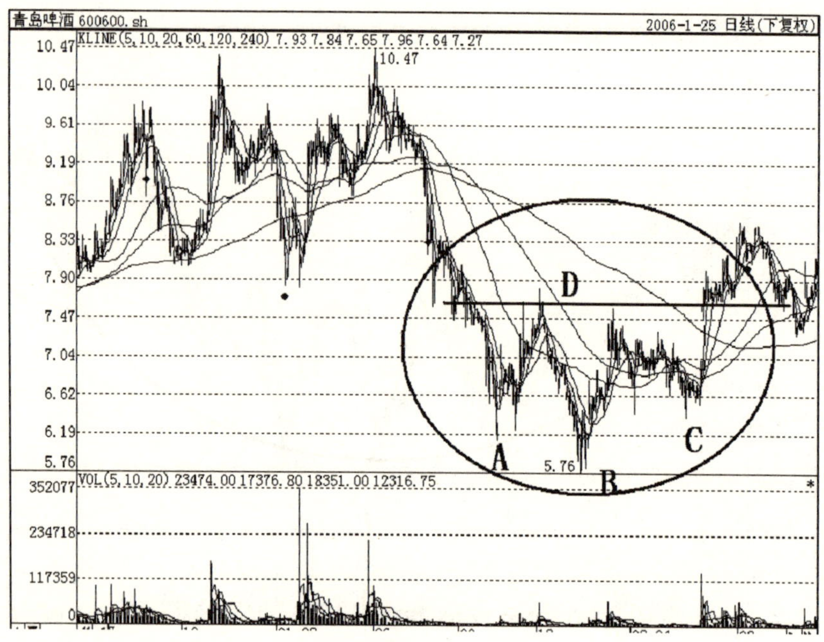

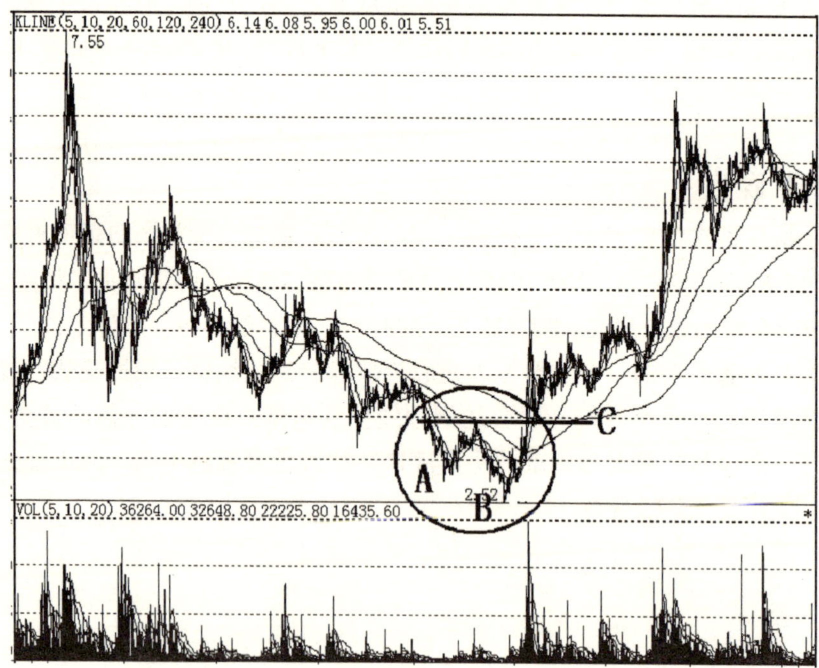

图 2-36

五、潜龙在渊

指股价走势在长期均线下方徘徊很长时间，并且股价不断创新低，像一条正在潜水的巨龙，典型的是大型的下降楔形，末端放量走高，升幅巨大。600298(2003.10～2005.07)、600332(2004.08～2005.04)、000931 都有过此类走势。

确定此底成功的一个重要标志也是股价放量突破压力位，回抽确认，或者不回抽直接拉起。如图 2-37 所示。

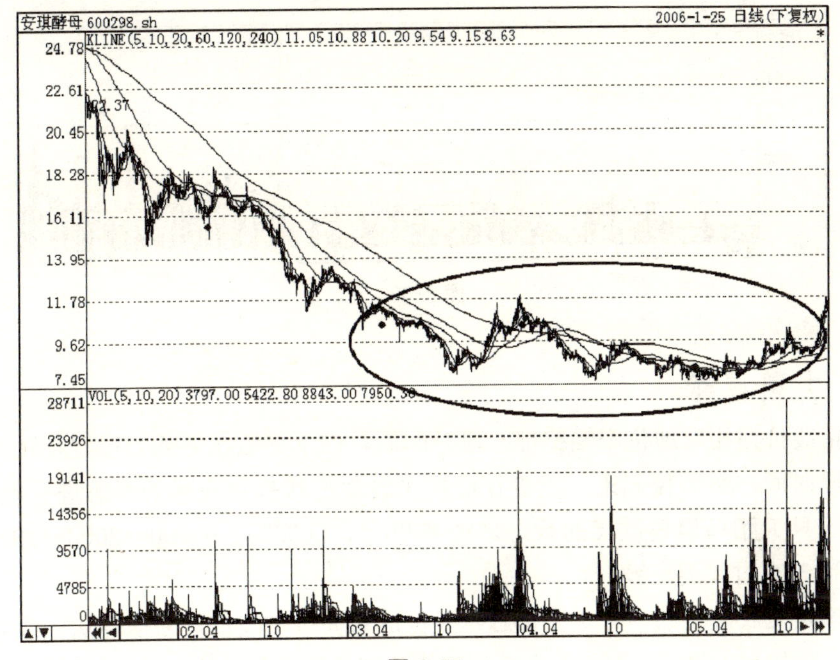

图 2-37

六、飞机跑道

是指股价在低位长时间整理缓慢攀升，走势微微上倾的形态。如 600205、600299、600832、600060、600168、600158、600388、600529、600755、600849、600897 都有过此类走势。

此走势属于慢牛走势，主力极有耐心，后期走势往往很长很高，属于长线牛股。如图 2-38 所示。

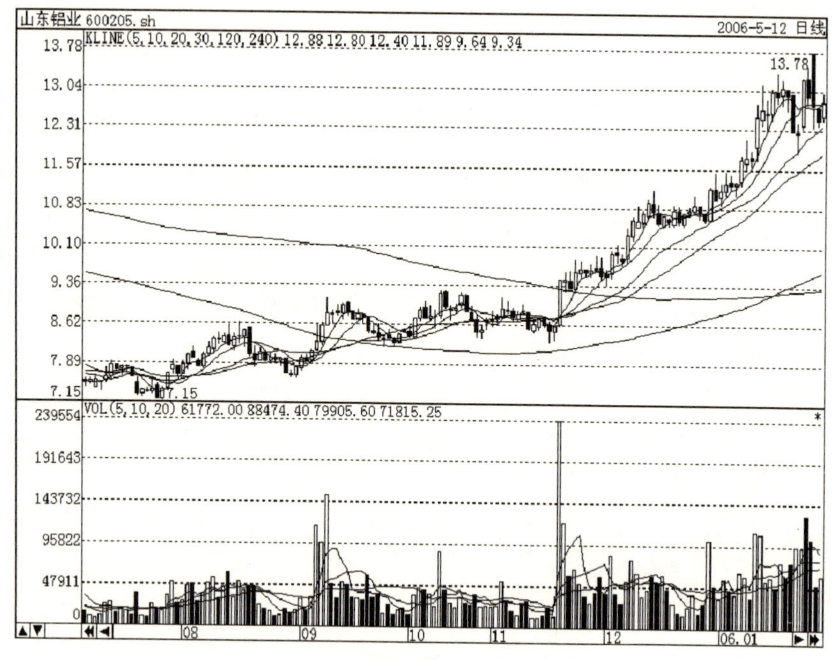

图 2-38

七、大鹏展翅

指股价在相对地位窄幅整理一段时间后，向下突破在更低的位置止跌后整理一段时间，然后拉起来，股价在前期平台附近作接近对称的形态进行整理，就像一只大鹏鸟展翅欲飞的状态。如 600015、600335、000900（2002～2004）、000938 都有过此类走势。

确定此底成功的一个重要标志是股价放量突破颈线位，回抽确认，或者不回抽直接拉起。最小升幅一般会达到颈线位到最低点距离的一倍，甚至更高。

如图 2-39 所示，A 是大鹏的身，B 是大鹏的左翅，C 是大鹏的右翅，D 是颈线。

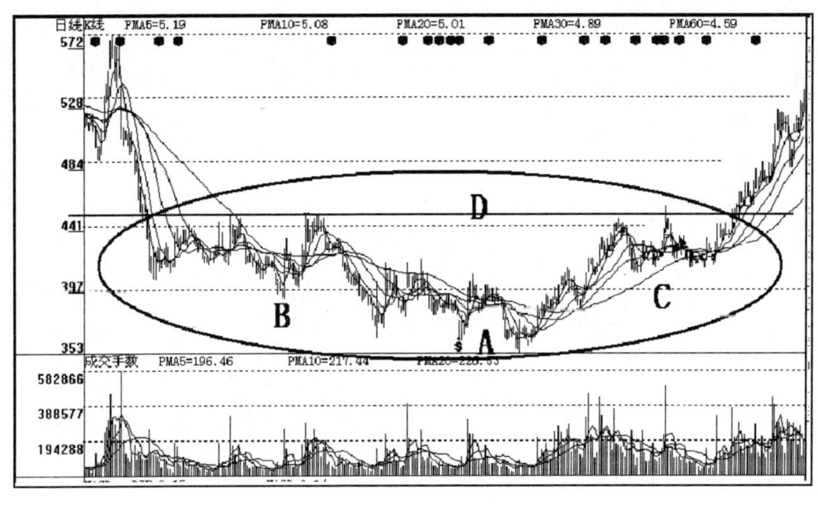

图 2-39

八、弹坑底

这种底部往往发生在熊市末端，随着巨大利空的释放，庄家凶狠砸盘，和场内投资者“同归于尽”，股价短期下跌很深，可以达到20%～30%的跌幅，并在低位徘徊一段时间，主力快速收集到一些廉价筹码，然后再次拉起来，在走势上形成一个大坑，就像重磅炸弹炸出来的弹坑一般。它与下面要说的散兵坑不同，它发生在底部，规模更大一些，持续时间更长一些。如600796(2003.11)、600001(2005.11)、600022都有过此类走势。如图2-40所示。

如果敢于在此坑里买入，短期获利将十分可观。但介入时机很关键，一般不能在第一次暴跌时介入，因为止跌反弹之后会再次下跌。最好在不再次创新低时买入，或者开始拉升的时候及时跟进。

九、楔形底

是指股价在低位波动，逐渐收窄波幅，高点、低点不断降低，像个木匠制作的楔子。此种走势一般很可靠，越大型的楔形底越可靠。如000627就有过此类走势。

确定此底成功的一个重要标志是股价放量突破压力位，回抽确认，或者不回抽直接拉起。升幅一般很高。如图2-41所示。

邯郸钢铁 600001.sh
2006-1-20 日线(下复权)
KLINE(5,10,20,60,120,240) 3.57 3.45 3.32 3.00 3.12 3.08
3.84
3.73
3.63
3.52
3.42
3.31
3.21
3.10
3.00
2.89
2.79
2.68
2.68
3.84
VOL(5,10,20) 334205.00 248663.80 173690.70 114374.50
557001
371334
185667
0
07
08
09
10
12
06.0

图 2-40

百科药业 000627.sz
2006-1-25 日线(下复权)
KLINE(5,10,20,60,120,240) 2.64 2.54 2.40 2.33 2.37 2.63
3.89
3.72
3.55
3.38
3.22
3.05
2.88
2.72
2.55
2.38
2.22
2.05
3.89
2.05
A
VOL(5,10,20) 33351.00 44174.40 36949.70 24751.95
231563
154375
77188
0

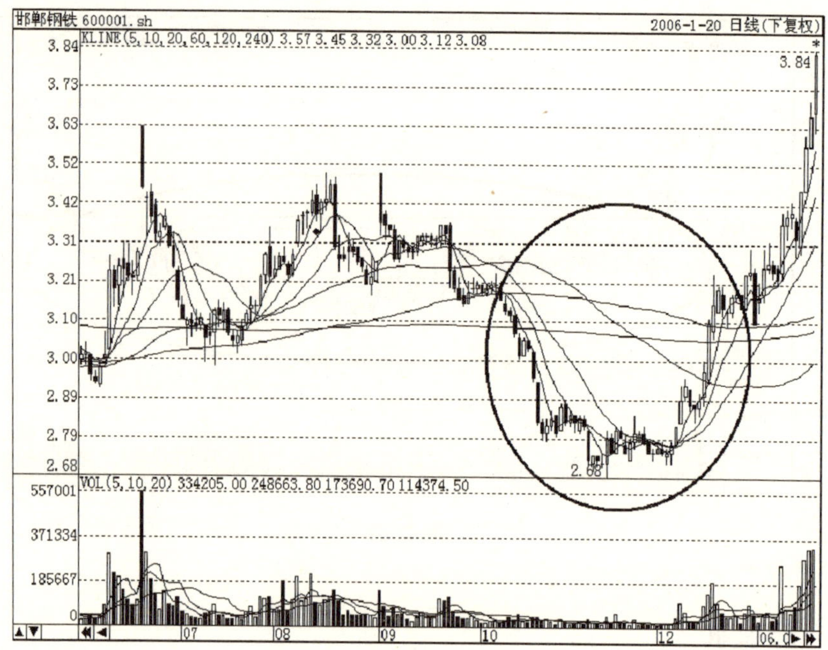

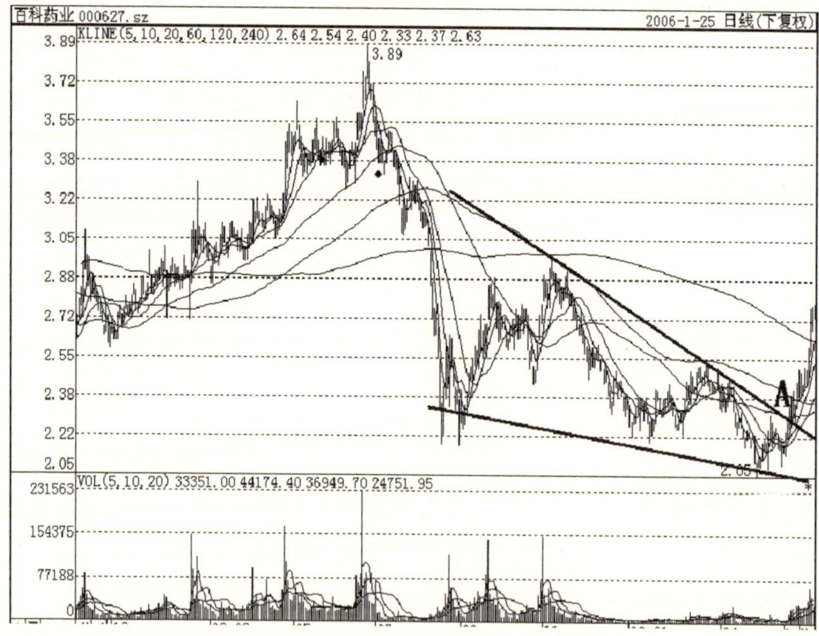

图 2-41

十、簸箕形底

是指股价在缓慢下跌途中，突然下跌，甚至暴跌，然后在低位整理一段较长的时间，逐渐收窄波幅，高点不断降低，低点不断抬高或者基本不动，像个簸箕。此种走势一般很可靠，越大型的簸箕形底越可靠。如 600316、000406、000410、600747、600487 就有过此类走势。由于在此底部中买入股票会赚取很大利润，笔者称之为“金簸箕”。

确定此底筑成的重要标志是股价放量突破压力位，回抽确认，或者不回抽直接拉起。升幅一般会很高。如图 2-42 所示。

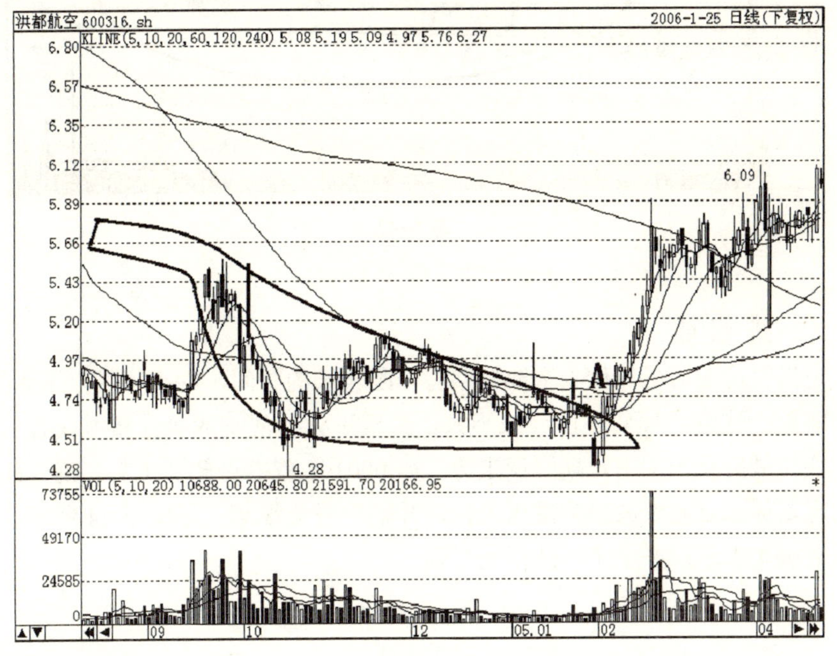

图 2-42

十一、平锅底

是指股价在历史低位收窄波幅整理一段较长的时间，低点基本在一条水平线上，像个平底锅。此种走势一般很可靠，越大型的平底越可靠。如 600316 就有过此类走势。确定此底成功的重要标志是股价放量突破颈线位。升幅一般会很高。如图 2-43 所示，股价放量突破 A 点后，产生了一波巨大升幅。

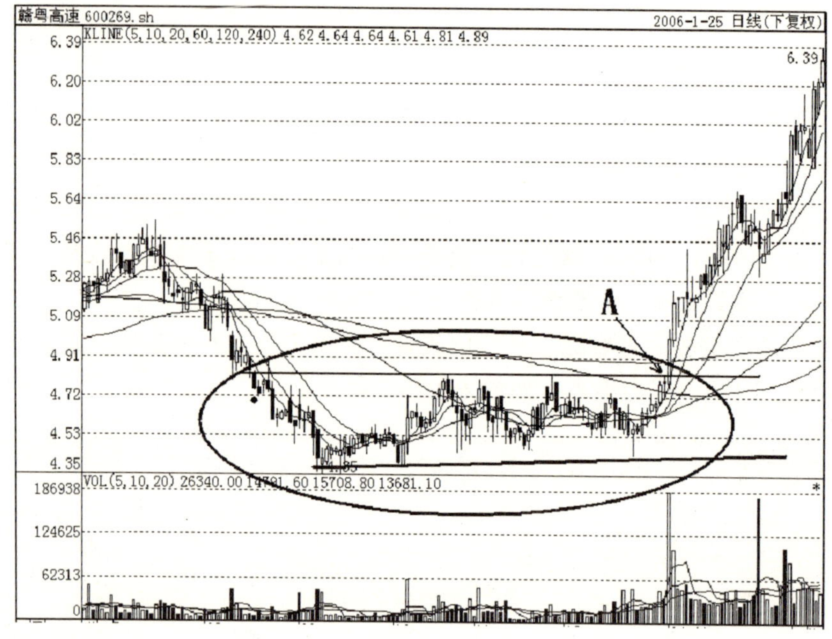

图 2-43

十二、跳板底

是指股价在历史低位收窄波幅整理一段较长的时间，高点和低点不断抬高，像个跳板。注意，倾斜角度一般不大，角度过大就演变成上升通道或者上升楔形，往往最后会产生中短期回调走势。如 600102 就有过此类走势。确定此底成功的重要标志是股价放量突破压力位，升幅一般会很高。如图 2-44 所示，股价放量突破 A 点后，产生了一波巨大升幅。

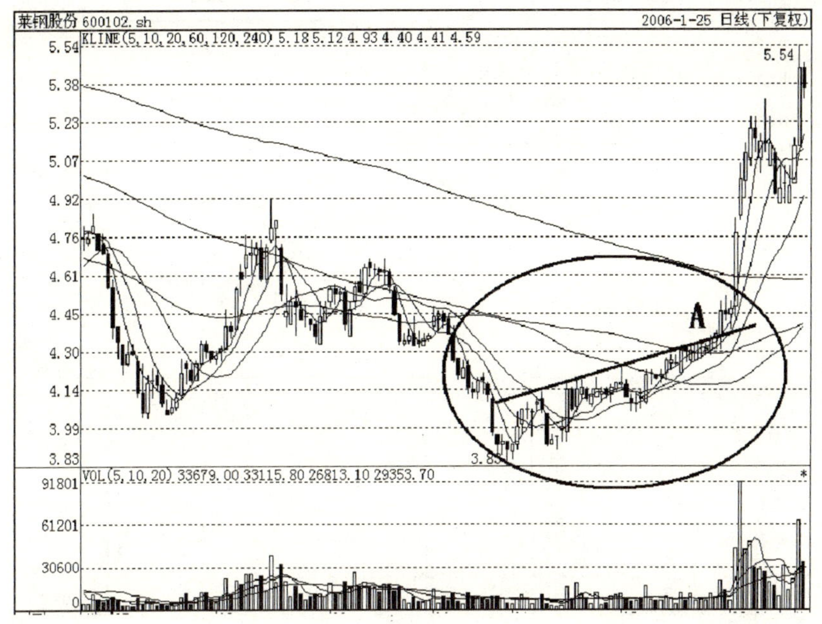

图 2-44

第三节　顶部形态

顶部形态是一种最重要的转势形态。

一、头肩顶

1. 双肩顶

指股价在高位出现三个高点，中间的最高，另两个高点像两个肩膀，左肩一般高于右肩。如 600019 (2003.12 ～2004.03)、600050 (2004.01 ～03)、600110(2004.03～06)、600111(2000.01～06)、000033(2000.04～08)、000034(2000.03～2001.05)、000532(2000.04～2001.07)、000552 都有过此类走势。

这是最常见的顶部形态，在历史高位出现，具有极高的可信性，有效跌破颈线位后，跌幅巨大，具有很大的杀伤力。形态出现后必须离场，没有则要回避。如图 2-45 所示。

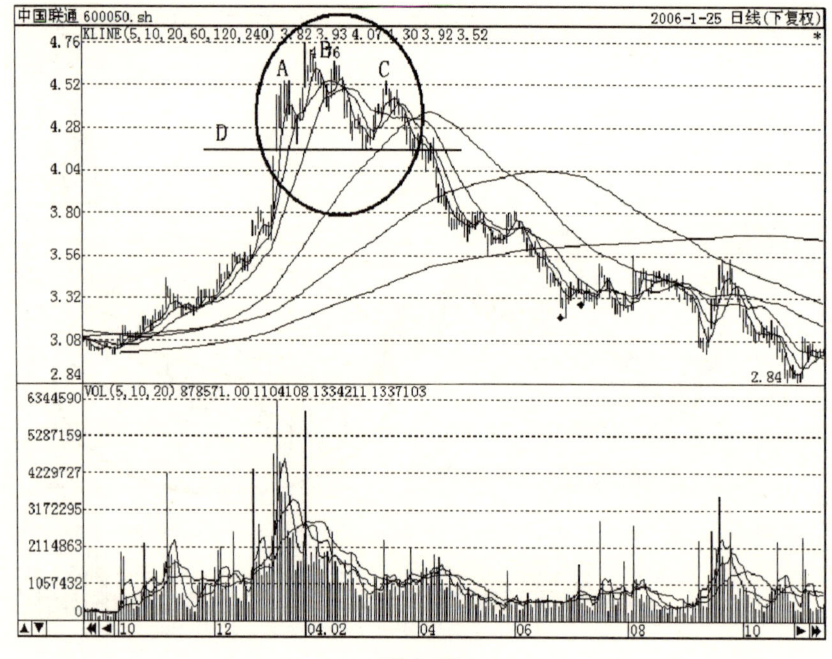

图 2-45

2．单肩顶

有时候会出现只有右肩或者左肩的走势，或者一个肩膀是溜肩膀。如000710(2001.01～06)、000711 都有过此类走势。

如图 2-46，A 是头，B 是右肩，C 是颈线。股价有效下破颈线后，跌幅巨大，超过了 50%。而图 2-47 中，A 是左肩，B 是头，C 是颈线。下跌的幅度也是非常大。

天兴仪表 000710.sz
2006-1-25 日线(下复权)
KLINE(5,10,20,60,120,240) 9.82 9.88 9.93 8.95 10.38 13.85
23.75
A
B
C
VOL(5,10,20) 6009.00 5119.20 8390.00 9147.05

图 2-46

韶钢松山 000717.sz
2006-1-25 日线(下复权)
KLINE(5,10,20,60,120,240) 5.21 5.18 5.29 5.20 6.06 5.65
8.23
A
B
C
SLOWKD(9,3,3,3) 44.30 40.25

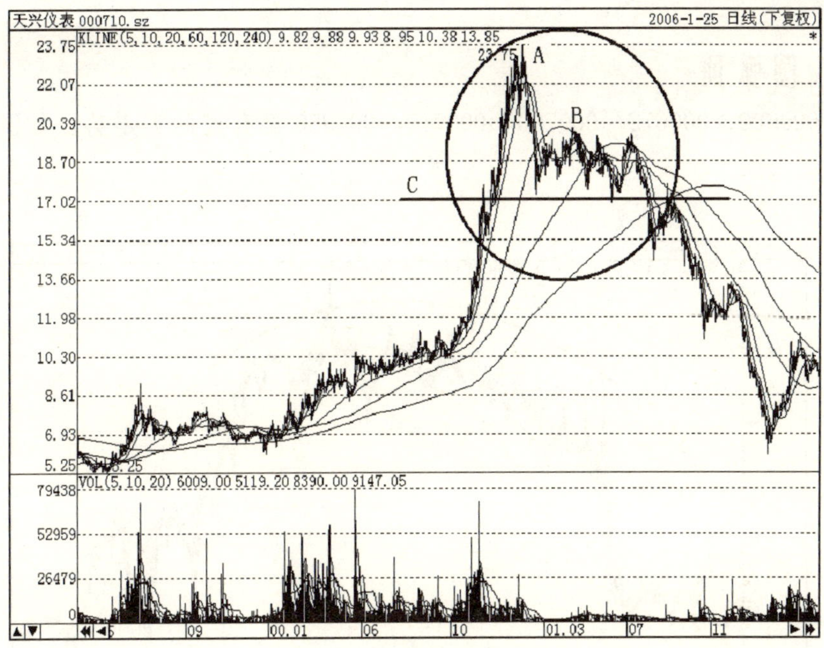

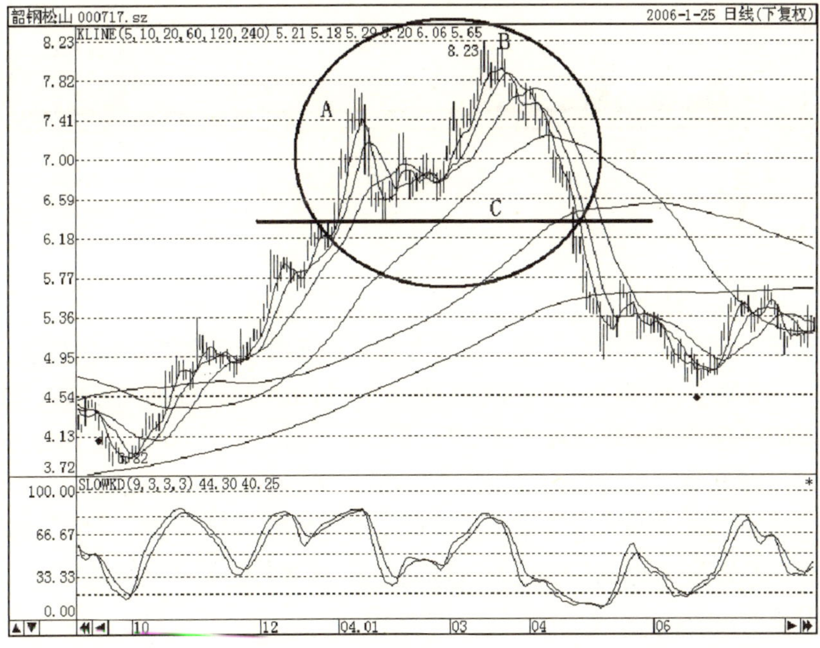

图 2-47

二、圆弧顶

000620、000672、000700、000715、000850 都有过此类走势。如图 2-48 所示。

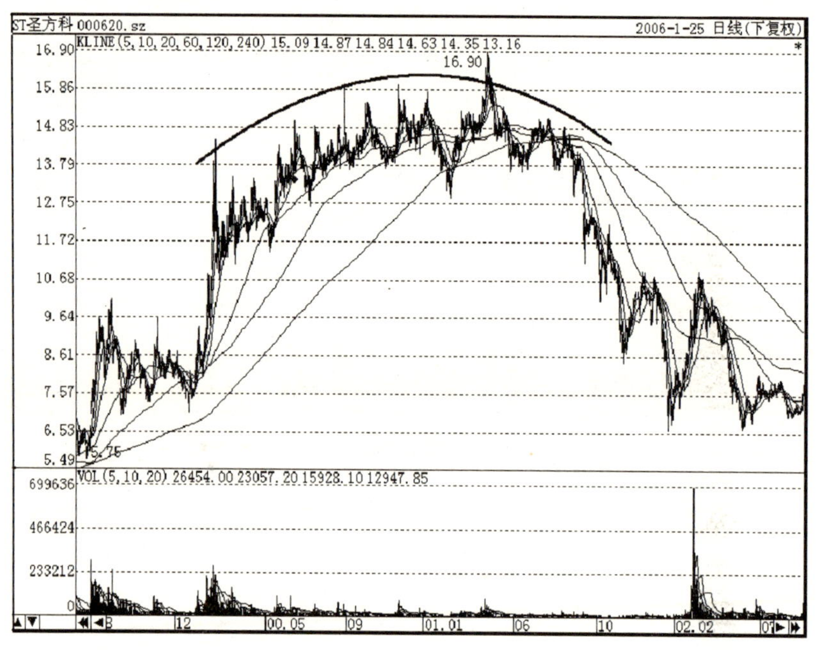

图 2-48

三、尖顶、倒 V 顶

这是一种十分常见的走势，是主力凶狠拉升所致，残酷套牢投资者。不等你反应过来，股价就已经回落很多。如 000733（2000.02.17）、000008（2000.02.17）、600864（2000.11.13）、600885（2001.07）、600117（1999.06.23）600153（1999.06）、200161（2001.01.10）、000035（2000.02.21）、000608、000612、000708、000722、000889 都有过此类走势。在尖顶中，有一类是主力利用重大利好兑现疯狂拉升股价出逃形成的，笔者称之为“欢喜峰”（与“失望坑”对应的走势）。

买入此类股票的投资者很不幸，避免买入的办法只有一个，就是不追高。别无他法。如图 2-49 所示。

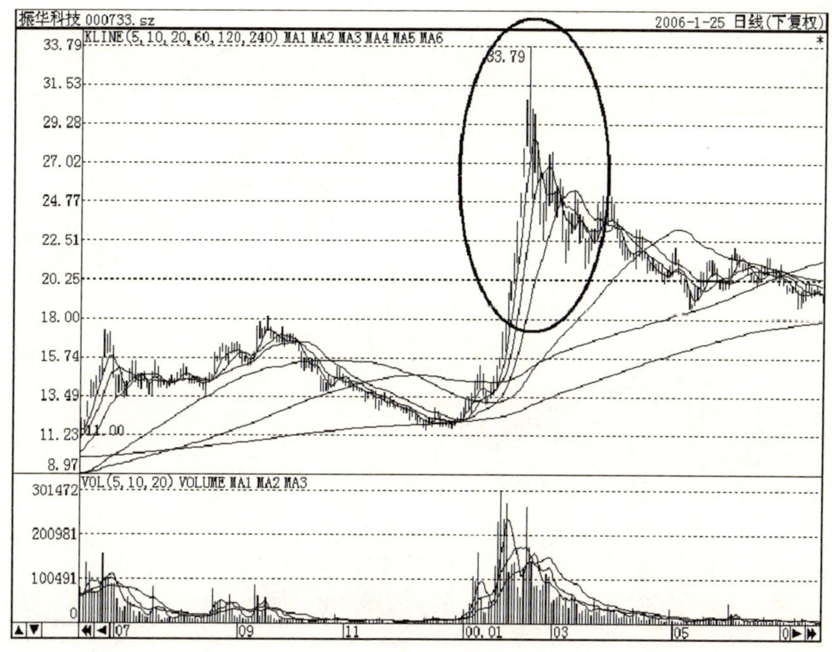

图 2-49

四、双顶、倒 M 顶

600028(2004.01～03)都有过此类走势。如图 2-50，A、B 是两个高点，C 是颈线，股价跌破颈线之后，一般至少要下跌相当于由 B 到 C 的幅度。

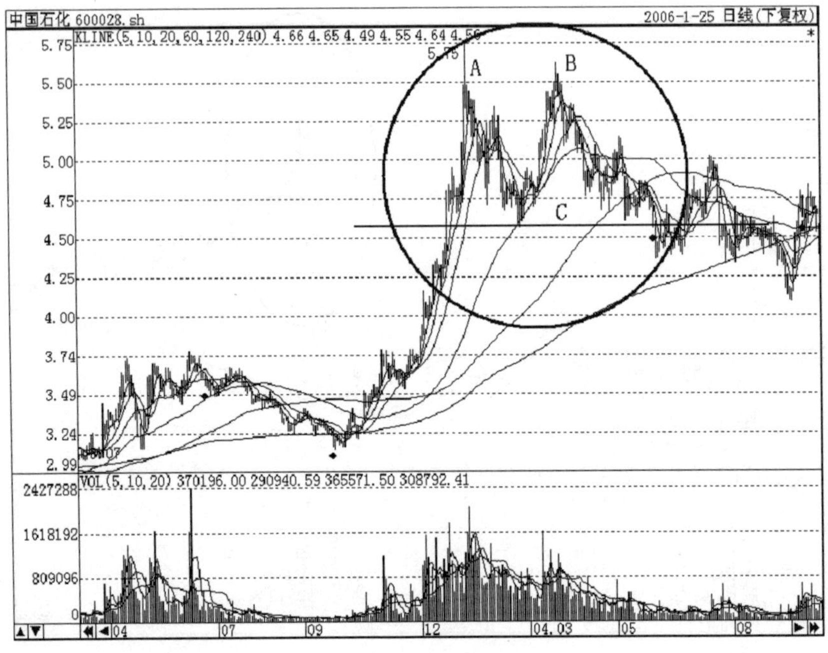

图 2-50

五、平顶

特征：没有明显的冲高形态，走势平坦，既可能向右上方倾斜，也可能向右下方倾斜，形成钓鱼形态。一般是高度控盘的庄股，如 000633、000676 都有过此类走势。如图 2-51 所示。

六、多重顶、复合顶

000607、000625、000712、000803、000890 都有过此类走势。如图 2-52 所示。

合金投资 000633.sz
2006-1-25 日线(下复权)
KLINE(5,10,20,60,120,240) 4.09 4.30 4.06 4.06 6.14 17.47
VOL(5,10,20) 70695.00 86787.20 135159.50 120310.85

图 2-51

华立控股 000607.sz
2006-1-25 日线(下复权)
KLINE(5,10,20,60,120,240) 4.06 3.99 3.88 4.08 4.84 4.87
A
B
C
D
E
F
VOL(5,10,20) 21480.00 32248.60 35011.00 23772.35

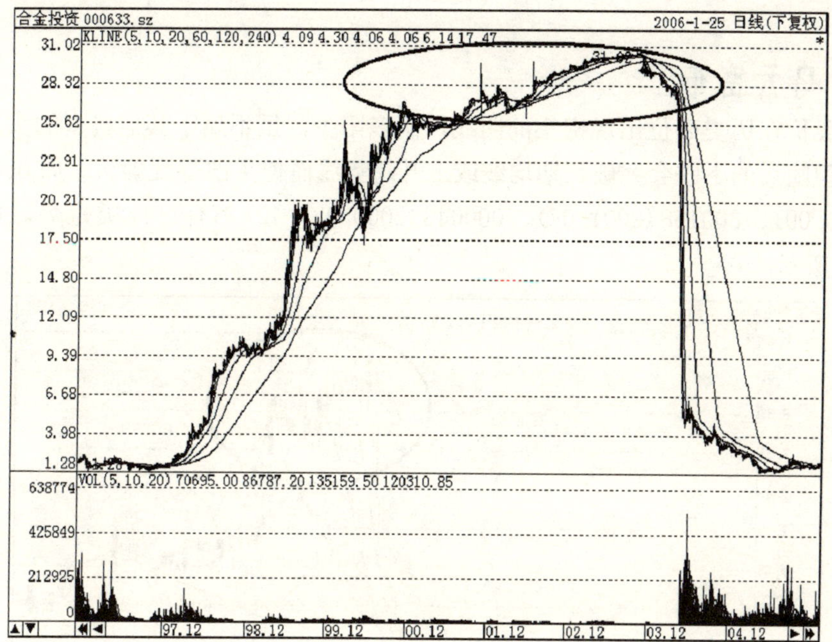

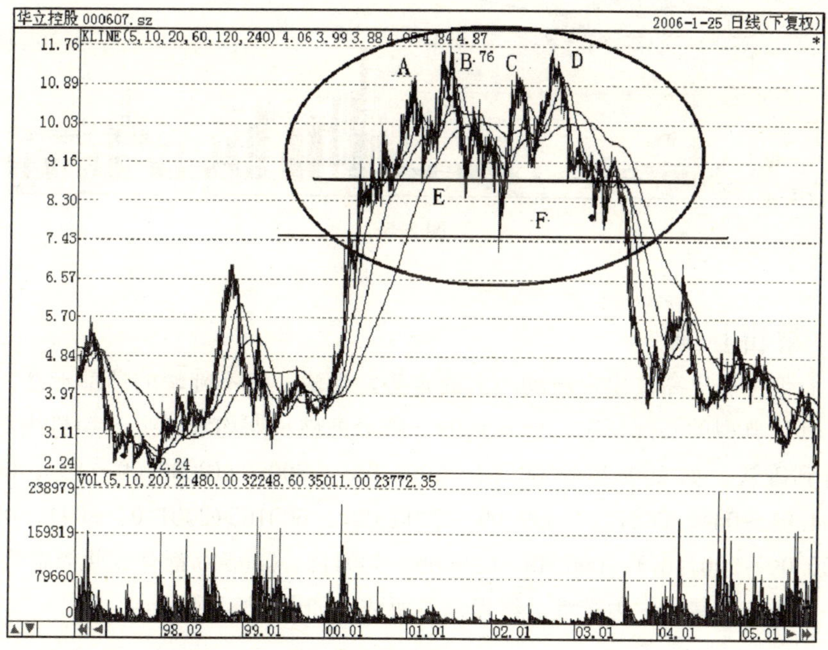

图 2-52

七、乌云密布

股价在历史高位出现密集的阴线，阴多阳少，虽不属于其他典型的头部形态，但随后的下跌会突破长期均线或上升趋势线而使头部得到确认。如 600864(2005.09)、600158(2001.07)、000048(2000.02～12)都有过此类走势。如图 2-53 所示。

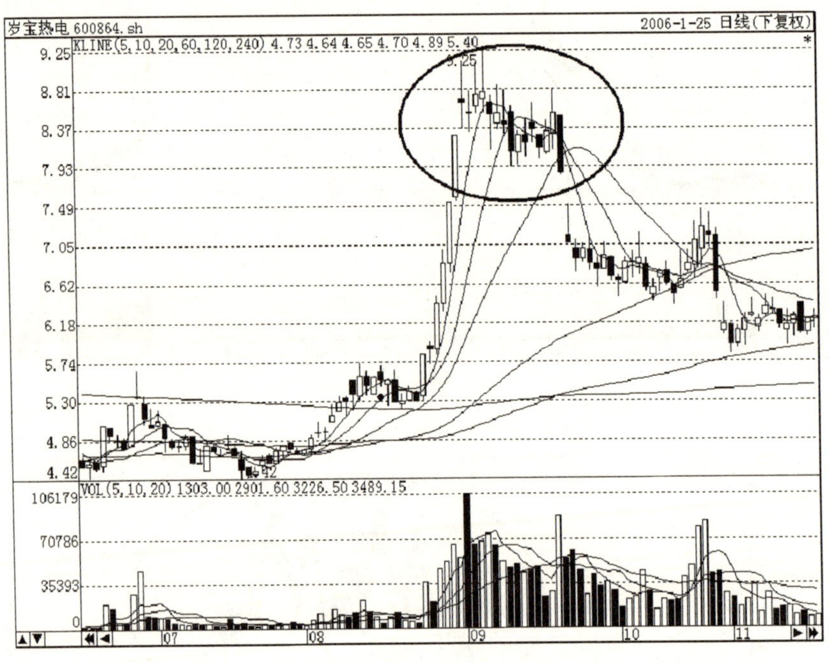

图 2-53

八、泰山压顶

股价在历史高位出现波动不大的走势，形成一串不陡峭的顶部形态，虽不属于其他典型的头部形态，但随后的下跌会突破长期均线或上升趋势线而使头部得到确认。如 600825(2000.12～2001.08)、600102(2000.09～12)、600104(2004.01～03)、600132(1999.09～2000.02)、600165(2001.01～04)、000028(2000.09～2001.07)、000049、000066、000415、000540 都有过此类走势。

此类走势属于主力控盘后缓慢出货所致。如图 2-54 所示。

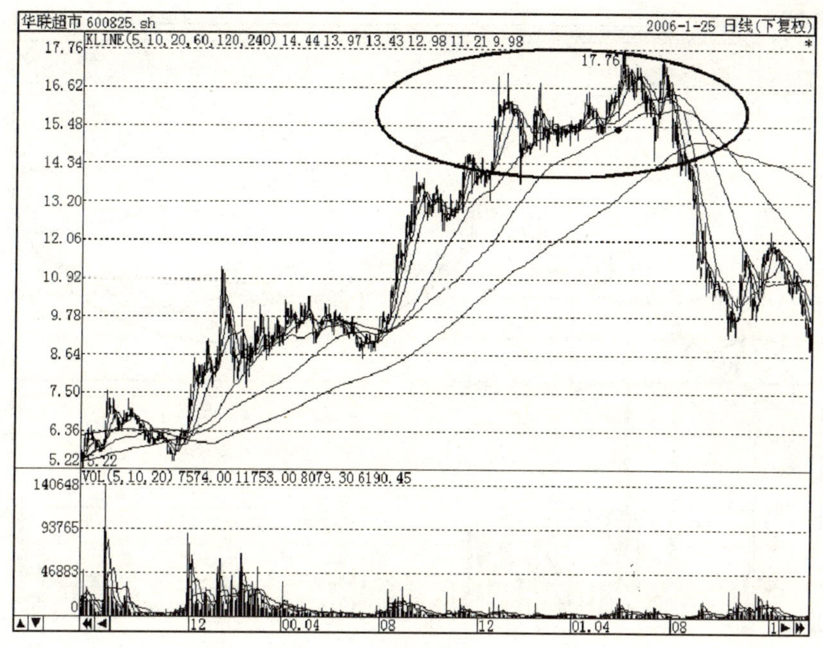

图 2-54

第四节　中继整理形态

一、中继圆弧底

股价在运行途中，包括上升和下降途中，一般多出现在上升途中，股价回落，在次低位作圆弧形整理，之后继续原来的运行方向，如 600206 最近的走势。上升途中此种走势出现之后往往出现一段猛烈的升幅，形成快马加鞭走势。

确定上升途中此底筑成的一个重要标志是股价放量突破颈线位，回抽确认，或者不回抽直接拉起。最小升幅一般会达到颈线位到最低点距离的一倍，甚至更高。

下降途中此底筑成的标志是，股价假突破或根本不突破颈线位，即开始继续下跌。如图 2-55 所示。

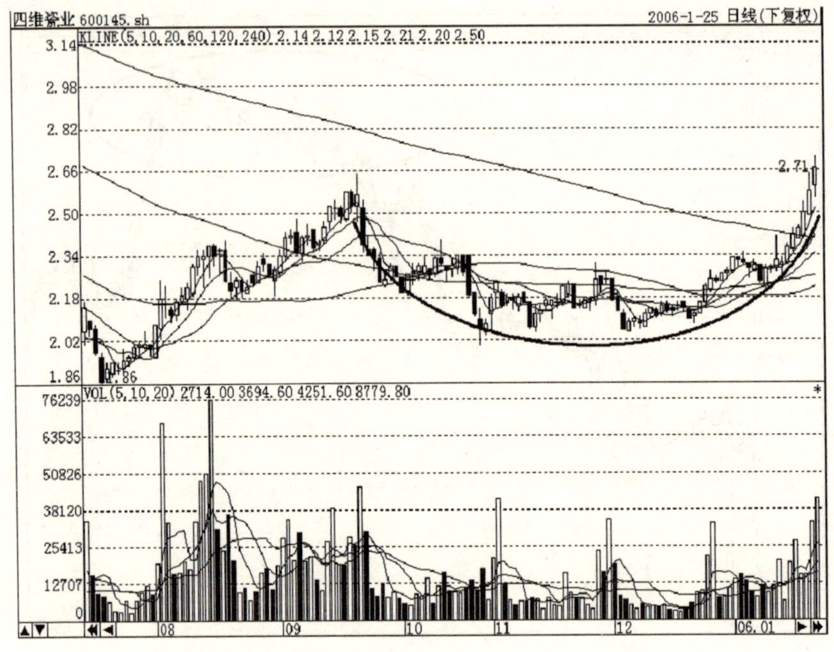

图 2-55

二、中继 W 底

股价在运行途中，包括上升和下降途中，一般多出现在上升途中，股价回落，在次低位作 W 形整理，之后继续原来的运行方向。上升途中此种走势出现之后往往出现一段可观的升幅。如 600296、600881（2005.09～2006.01）、600008 就有过这种走势。

有一种技术形态，与中继 W 底类似，也可以说是一种中继 W 底的变形，特征是：股价缓慢上升，坡度很低，或上涨一段时间后陷入长时间盘整不涨，反而借大盘调整之机，随大盘快速回调，然后在次低位整理并波动数次，低点基本在一个水平线上，或者微微上倾，整理末端不会向下突破而是向上突破整理平台，中期走势形成一个笊篱状图形（时间一般在 1～3 个月，如正邦科技在 2009 年 8～11 月的走势）。这是一种上升中继形态，由于在此中继底部中买入股票会赚取很大利润，笔者称之为“金笊篱”。

确定上升途中此底筑成的一个重要标志是股价放量突破颈线位，回抽确认，或者不回抽直接拉起。最小升幅一般会达到颈线位到最低点距离的一倍，甚至更高。如图 2-56，股价在上升途中，先后出现两个 W 底。

下降途中此底筑成标志是，股价假突破或根本不突破颈线位，即开始继续下跌。

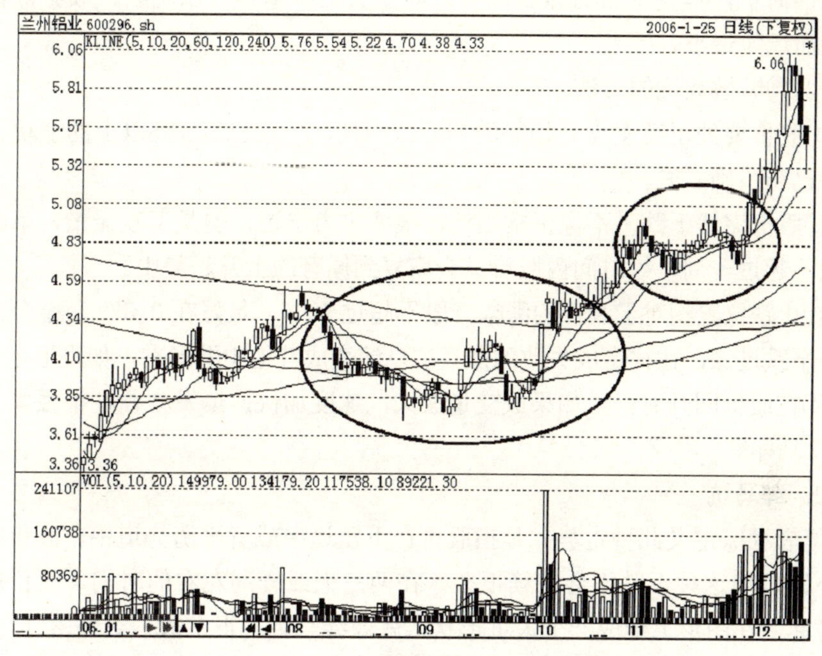

图 2-56

三、中继V底

包括散兵坑 和绊马坑等。

1. 散兵坑

股价散兵坑是指股价在震荡上行的趋势过程中突然快速下跌，但这种下跌不会持续很久，在两三天或一周左右的时间，股价就会重新上升，并很快回到原有的上升趋势中，在图形上形成一个大坑形状，就像被炸弹炸出的弹坑。如600015在2005年8月的走势就很典型。战场上，弹坑是散兵最喜欢的庇身所，躲避枪弹很有效。股价出现散兵坑是非常难得的买入时机。所以有千金难买“散兵坑”之说。

(1)散兵坑形成的原因。

散兵坑实际是主力在拉升过程中凶悍的洗盘，是为了把坐轿的浮筹震出来，是个很有效的空头陷阱。实战中很难识别是否为空头陷阱，因此新手常常栽到坑里。如果识破主力意图，充分利用此介入机会，短期会有可观的利润。

散兵坑出现时有两个买点，一是在股价散兵坑底；二是在股价散兵坑即将出现重返上升趋势之际，右侧边买入，是介入的最佳时机。后者虽失去了更低价买入的时机，但是非常有效。因为此时空头陷阱基本可以确认，顺势操作赢面更大而风险最小。

(2)判断散兵坑的方法。

①股价要处于缓慢盘升趋势的初期或中期，一般已有10%以上的涨幅，上涨趋势已初步确立时。

②股价突然下跌，不像正常回调，很像主力出逃，但是下跌无量，下跌时间一般不超过一周，短时间内股价又会恢复到原有的上升趋势中。

③止跌位置相对于股价的涨幅一般不超过50%，最好在0.382黄金分割位之内，下跌过深，往往走成失败的散兵坑，演变成其他中继形态，如鞭形走势。

④在股价回升时候，如果成交量放大，速度加快，爆发力往往很强大。如图2-57所示。

2. 绊马坑

笔者独家定义此种走势。是指股价在下跌途中或者平衡势道中，股价突然快速下跌，但这种下跌不会持续很久，在两三天或一周左右的时间，股价就会重新拉起，在图形上形成一个大坑形状，就像绊马坑。很多散户会跌落绊马坑，而主力趁机吃货或者做一次反弹。

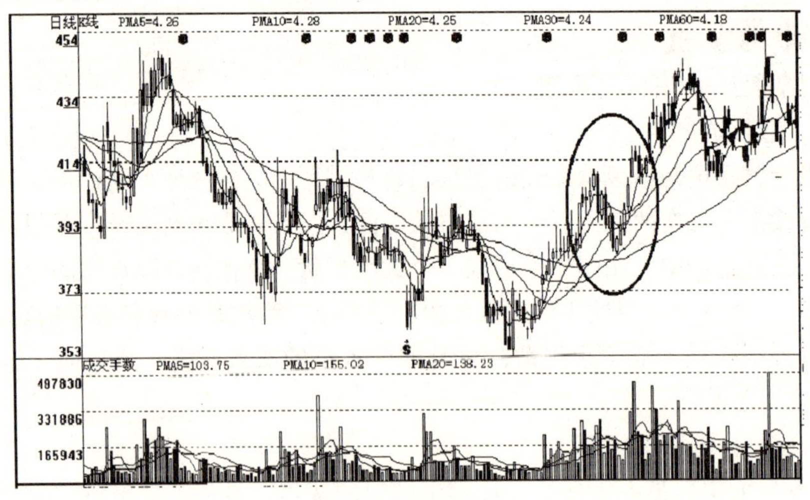

图 2-57

3. 失望坑

何为失望坑？就是前期市场对某股怀有某种巨大期望，比如高业绩、高送转、注资、重组等，结果最终落空，股价也会应声而落。比如最近的大冶特钢、罗莱家纺等，先前市场对它们有高送转预期，结果年报出来后却落空，结果当日股价暴跌。失望坑里有一类，是由于主力串通大股东恶意推出虚假报表，使业绩顷刻变脸造成的，年报还是绩优股，10几倍市赢率，可一眨眼一季报却成了垃圾股，巨亏！这导致股价暴跌，令投资者短期惨痛亏损，这就是“缺德坑”了！对待失望坑，我前期提示过大家，这是主力借机砸盘吸货，或者洗盘，坚守即可。

4. 多嘴坑

何谓“多嘴坑”？就是某只个股被一些有影响的人看好，这些人大力推荐，造成市场跟风买入严重，主力难以吃到低价筹码，于是就算计着找个由头暴跌一下。比如罗莱家纺2009年年报日的暴跌，就有这种成分。年报日前此股不涨反跌(年报公布之日前如果涨，往往分红方案会好，反之就差，因为内幕人士会提前行动)，就可以料到年报可能不精彩，就要及时出掉一部分，结果年报日如期暴跌，但是利空出尽，反而应该果断进场了。

5. 灾难坑

顾名思义，就是遇到突发的天灾人祸的时候，投资者信心会顷刻崩溃，导致抛售如潮，主力也难以招架，股价无人维护，于是形成数日甚至数周的暴跌。这种非实质性灾难，对经济、股市不会导致巨大破坏作用，只是影响心理层面的时候，主力往往顺水推舟，借机洗盘或打压建仓。

无论哪种情况，抛盘减轻后主力都会积极拉升股价，或者自救，拉高后撤退，或者进货后继续运作，要看具体情况而定。短期看，灾难一般都会导致股价临时下跌，但长期看，灾难一般不会导致股市原有趋势的逆转，牛市中灾难过后，一般会继续上涨，但在熊市中灾难则会加强熊市的趋势。

6. 友情坑

在股市中，一些主力进入某只股票后，有时候会通过短期打压股价，给合作伙伴或者未来有用的人创造低位进场的机会。所以又称“送礼坑”。表现在市场中，就是有时候股价会毫无理由的下跌，或者盘中单针探底，留下长下影线，或者连续下跌数日，但随后总是能够收复失地。

知情者，知道这是朋友之间挖的“友情坑”，不知内情的还以为股票出了问题，赶紧跟风开溜。结果，不久股价就在主力的强劲买力支持下，迅速拉回了。

不管是哪种坑，大多是主力刻意而为或是顺水推舟、借力打力，目的是使散户上当。市场上就有“老手坑里捡钱，新手坑里跌跤。”的规律。如图 2-58 所示。

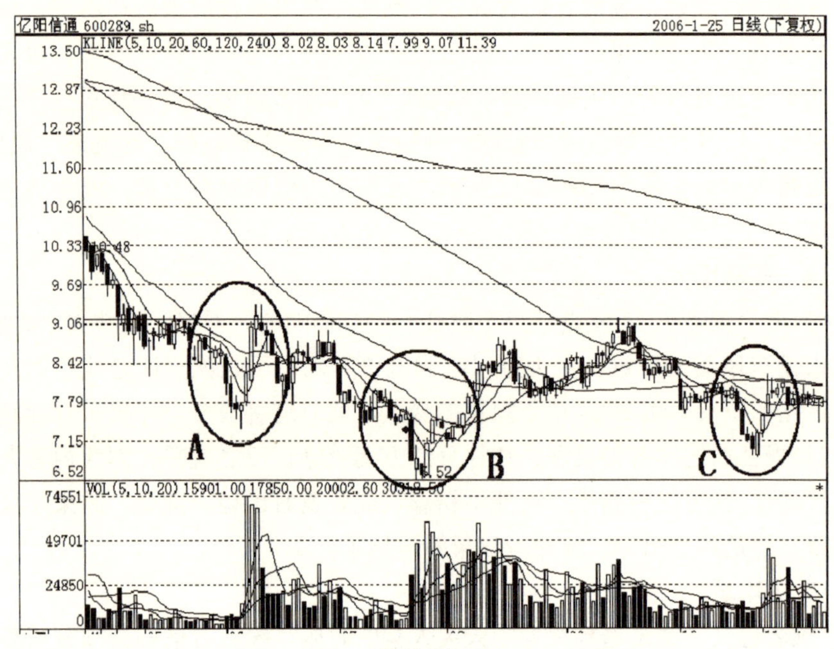

图 2-58

四、对称三角形

顾名思义，对称三角形就是股价走势形成一个高低点基本对称的三角形，又称收敛三角形。高点的连线构成三角形上边线，低点的连线构成三角形下边线。表明压力越来越大，支撑也越来越大。但是最终会形成突破，突破的方向与当前趋势状态有关，上升趋势中的对称三角形往往向上突破；相反，下跌趋势中的对称三角形往往向下突破。

对称三角形的走势表明多空双方势均力敌，但是一旦某一方打破平衡，多空将发生转换。

对称三角形也有测算涨跌幅度的功能，以对称三角形的最宽处计算，随后的涨跌幅度至少与对称三角形的最宽处相等。如图 2-59 所示。

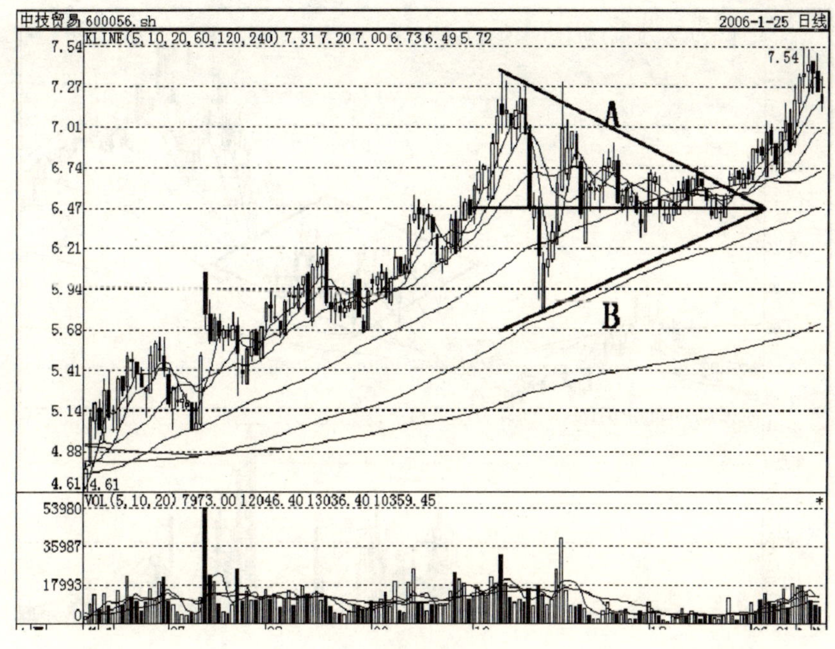

图 2-59

五、菱形

菱形是一种三角形的变形，也是一种整理形态。它由两部分组成，左边是一个喇叭形（开放三角形），右边是一个对称三角形(收敛三角形)。如图 2-60 所示。

菱形在各个阶段都可能出现，但是多见于顶部区域。在底部出现，往往构成大型圆弧底的一部分；在顶部出现的菱形，往往构成大型圆弧顶的一部分；在上升途中形成的菱形，整理结束后，往往继续上涨；在下跌途中形成的菱形，整理结束后，往往继续下跌。

菱形也有测算涨跌幅度的功能，以菱形的最宽处计算，随后的涨跌幅度至少与菱形的最宽处相等。

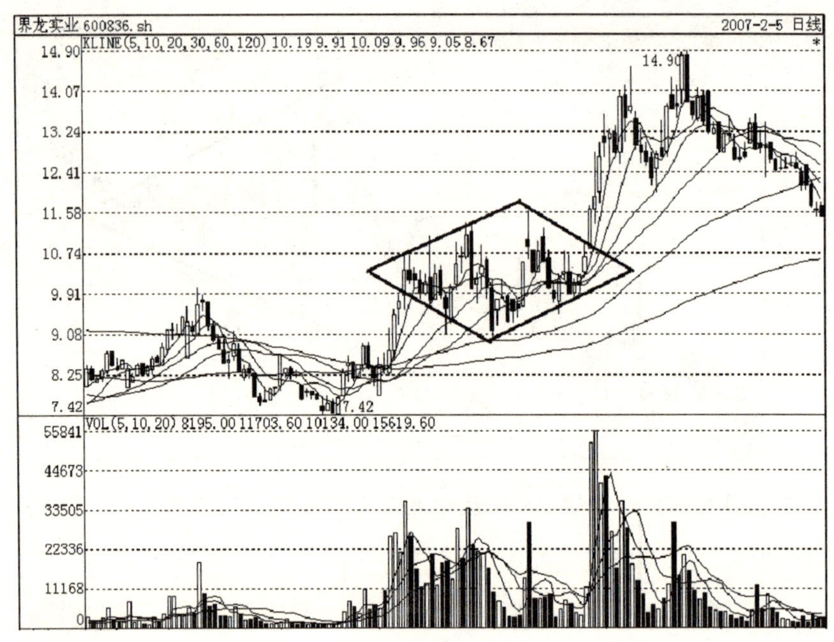

图 2-60

六、上升攻击形态

主力操作一只股票，总是要拉升的，拉升过程中，会在盘面上留下一些攻击形态。有的是自然形成，有的是刻意画出来的，但很难区别。其中三角形最容易画出来，而成为假形态。

1. 上升三角形

是指股价在快速上升一段后，在随后的横向整理过程中，高点在一个水平线上，低点不断抬高，形成一个近似三角形的形状。形成此种走势的原因，一般是主力强势控盘，将高点控制在特定位置，造成该位置压力很大的假象，但是多方力量越来越强，最终股价会向上突破，只有极少数会向下突破。

如图 2-61，600315 在 2005 年 9 月的走势，股价最终突破 B 压力线向上涨升。

2. 上升楔形

是指股价在急速上升一段后，在随后的横向整理过程中，高点和低点不断抬高，形成一个楔子的形状。形成此种走势的原因是，多方力量不断衰减，虽经努力也无法战胜空方向上突破。

图 2-61

此种走势最终往往不能继续上升，而是在楔形末端选择向下突破，只有极少数会向上突破。

如图 2-62，600840 在 1999 年 7 月的走势，股价最终突破 B 支持线反转下跌。

3. 上升旗形

是指股价以较大角度拉升一段幅度以后，开始回落整理，走势微微下倾，但角度不大，像一面旗子迎风招展，它属于强势整理形态。此种走势一般会继续上升，股价突破旗面上边压力位后，往往还有一段升幅。如图 2-63，A 是旗杆，B 是旗面上边。

4. 快马扬鞭

笔者发现，凡在大盘的重要阶段性底部，大盘指数和个股股价，会走出像甩出的鞭子一样的形状。笔者称之为“快马扬鞭”。

此种走势的特征是：指数、股价上升一段时间后，形成一段 20%左右升幅的旗杆，但不走旗形，主力会用强硬手法把股价打压下来，也不创新低，只在次低位调整一段时间，形成中继圆弧底，然后突然拉起，形象地说成是甩鞭子，一般鞭梢高于鞭杆。在牛市，鞭梢又会演变成下一波的鞭杆，从而形成一连数个鞭形走势组成的上升通道，如 600161 在 2005 年 7 月以后的走势。

600840.sh
2006-1-25 日线
KLINE(5,10,20,60,120,240) 11.34 11.31 11.57 12.63 13.47 13.29
15.74
A
B
5.50
VOL(5,10,20) 1159.00 3157.80 3158.40 2461.80

图 2-62

000723.sz
2006-1-25 日线
KLINE(5,10,20,60,120,240) 9.01 9.31 9.38 9.17 8.55 8.47
10.00
A
B
7.40
VOL(5,10,20) 21942.00 15770.20 12717.70 10026.65

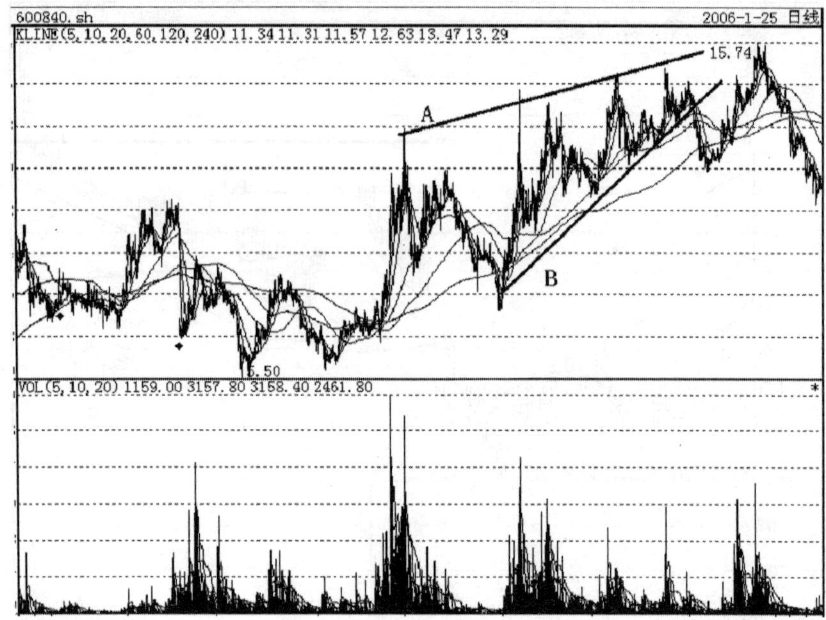

图 2-63

很多股票在历史上都有过这种走势，请看 000787、000836 在 2004 年 1 月至 4 月的走势。近期有 600206、600330、000839、000998、600219、600220、600230、600262、600263、600266、600285、600655、600755、600810、600815、600850、600883、600980、60008 等，还有很多。

很奇怪，主力会互相影响，一段时间会有很多这类走势的股票。有此种走势的股票，笔者作过粗略统计，上涨的概率明显大于下跌的概率，只有少数的股票会走出失败的下降旗形，而这部分股票很多又会在前低附近止跌，而走出双底形态，所以最后只有极少数真正下跌，特别是在大盘走好的情况下。

此种走势形成的原因是：因为主力没有吃够筹码，需要打压下来，继续吃货，但是又达不到前低附近，因为看好的人太多了，主力不能打得更低，或时间紧迫来不及打得更深，就得拉升了。

应注意的是：走出鞭形走势的股票，往往很快就会创出阶段性高点，而且很可能是中期高点，所以必须注意及时获利出局。如果此前正在形成上升通道，股价突破上轨就要阶段性出局；但跌至通道下轨处可重新介入。有效跌破下轨需止损。如图 2-64 所示。

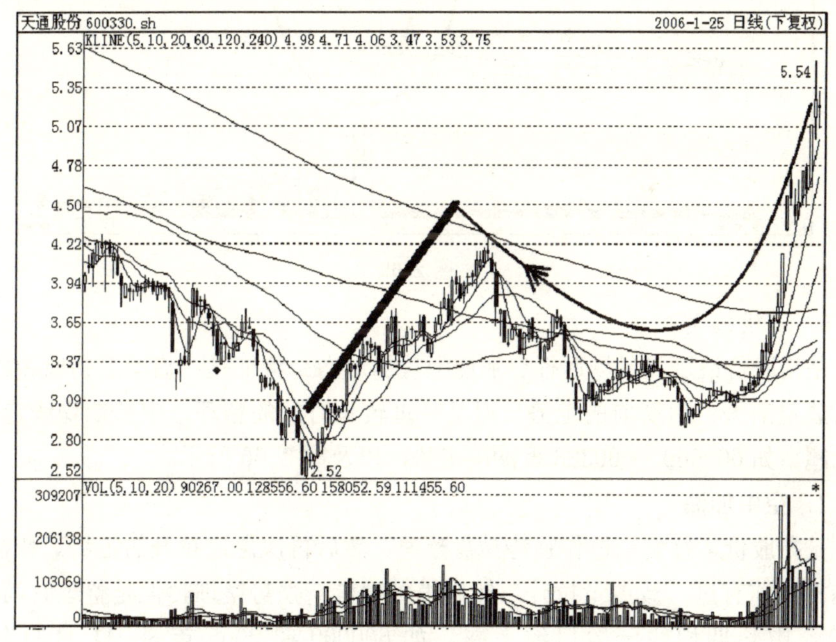

图 2-64

5. 火箭发射

是指股价突然爆发连续长阳线甚至连续涨停上攻。特征是：先放量后缩量；爆发前的走势一般是经过较长时间的整理，中长期均线走平或者上翘。如600102在2000年5月23日的走势。

如图2-65所示：A是起爆点，放量拉升的开始，仿佛火箭点火发射，逐级加速，迅速脱离底部，直插云端。

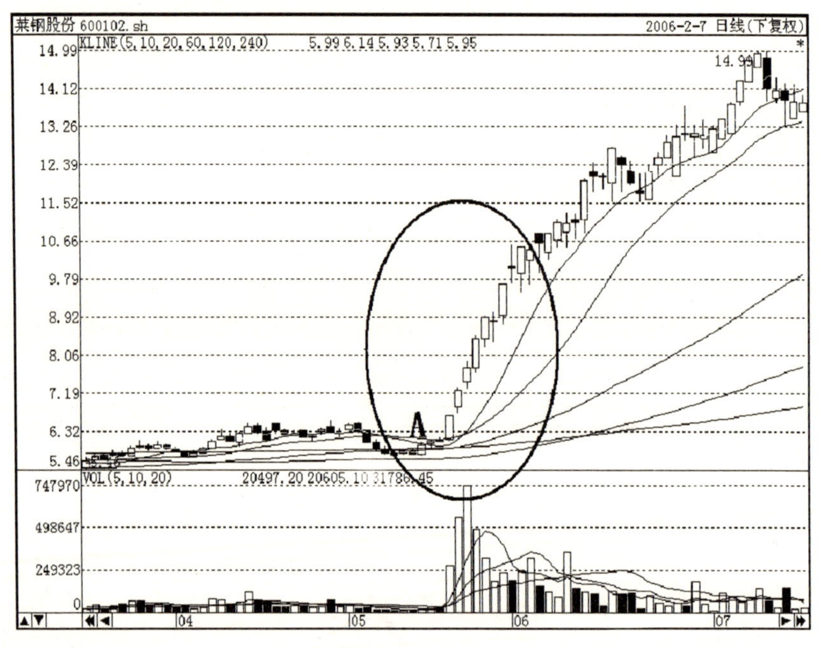

图 2-65

6. 飞机起飞

是指股价经过飞机场运行后加速上攻的形态。特征是：启动之初温和放量，然后放量渐大；启动前的走势一般是经过较长时间的整理，中长期均线走平或者上翘。如600060、600388近期的走势，以及图2-66所示。

7. 空中加油

是指股价运行到高位作强势横盘整理，然后再次急速拉升的走势。特征是：形态形成前有过一波放量拉升，然后稍微缩量，强势整理，但是整理时间不会太长，中长期均线一般已经上翘。如600000在2005年8～11月的走势、000726在2004年1～3月的走势、200262在2006年2～3月的走势。如图2-67所示。

海信电器 600060.sh
2006-1-25 日线(下复权)
KLINE(5,10,20,60,120,240) 7.53 7.40 7.14 6.53 6.23 5.77
7.96
4.52
VOL(5,10,20) 53169.00 51122.60 47521.80 44949.80

图 2-66

北方股份 600262.sh
2006-4-28 日线(下复权)
KLINE(5,10,20,30,120,240) MA2 MA3 MA4 MA5 MA6
5.85
A
B
C
VOL(5,10,20) MA1 MA2 MA3

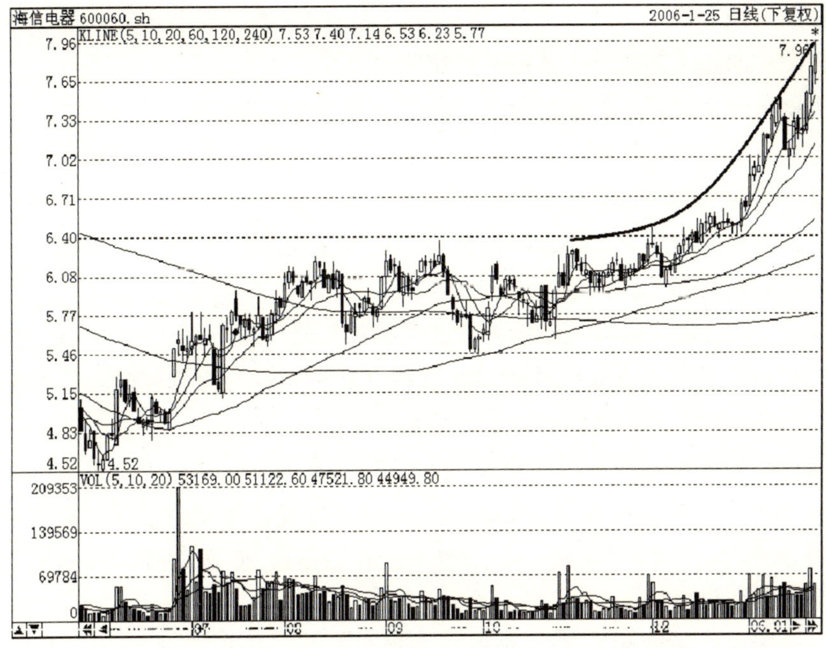

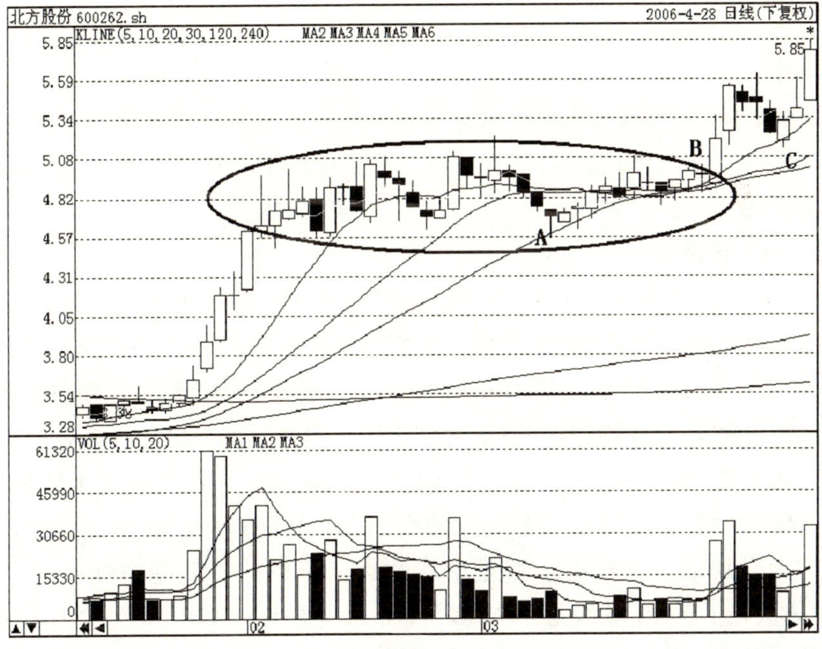

图 2-67

在第一波上涨过程中，主力很难达到出货的目的，甚至还在建仓。主力往往在空中加油之后的拉升中才能实现出货。

所以空中加油有较大参与价值，但要注意几个问题：

①第一波上涨力度越大越好。股价脱离底部区域后要有一波飙升，最好是20%以上涨幅。因为底部上涨的动力越猛，说明向上动力越强，空中加油后的继续冲击力度也就越大。如上海梅林在2000年初连拉6个涨停，短期空中加油后，继续大幅飙升。

②第一波上涨要有较大量能。上涨时持续放量一般表明主力是在快速抢筹、拉高建仓。如果突破盘整区后持续大力拉升，特别是连拉涨停时，能够缩量就更好，因为无量主力也就没有出货的机会。

③拉升后盘整期间回调时会受到短期均线有力支撑。5日均线为最强支撑线，10日均线为强支撑线，20日均线为较强支撑线。在空中加油时股价不会有效击破5日均线、10日均线，一般也不会有效击破20日均线，否则第二波上攻力度就不会很强。

④一般第二波涨幅与第一波相当，甚至更高。这要看空中加油是否强势，如果能够受到5日均线、10日均线强支撑，盘整时间短，则其第二波的涨幅往往大于第一波涨幅。而以20日均线、30日均线为下挡支撑的个股，涨幅往往不如前者。

⑤买卖时机很重要。如图2-67：A点、B点、C点都是较好的买入时机。一般10日均线、20日均线可作为止损线。只要股价不能有效跌破20日均线，就可一路持有。

8. 上升通道

是指股价运行在一个向右上方倾斜的管道内的走势。角度越大爆发力越强，但持续时间较短，很快会走出通道，演变成其他形态，如600000在2003年11月至2004年2月的走势；角度小的可能持续时间长一些，但是短期内上涨幅度较小，如600052在1999年6月以后的走势。股价回落下轨处一般是买点，达到上轨处一般是短线卖点，但对于窄幅的上升通道，中线不必在上轨处卖出。如图2-68：A线是下轨线，B线是上轨线，C点是买点，D、E、F是卖点。对于宽幅的上升通道，上轨处一般是中线卖点，下轨处一般是中线买点。如图2-69：A线是下轨线，B线是上轨线，C、E点是买点，D、F、G是卖点。无论哪种情况，突破上下轨一般情况下应当卖出。特别是股价有效跌破下轨后，一般要下跌或者回落整理较长时间。

浦发银行 600000.sh
2006-1-25 日线
KLINE(5,10,20,60,120,240) 9.47 9.21 9.18 9.48 10.50 10.70
13.18
12.75
12.33
11.90
11.48
11.05
10.63
10.20
9.78
9.35
8.93
8.50
13.18
E
D
F
B
C
A
8.50
VOL(5,10,20) 95022.00 89897.20 77488.50 74363.30
354555
236370
118185
0

图 2-68

宇通客车 600066.sh
2006-1-13 日线(下复权)
KLINE(5,10,20,60,120,240) 7.14 6.98 6.75 6.58 6.42 6.09
8.79
8.38
7.97
7.56
7.15
6.74
6.33
5.91
5.50
5.09
4.68
4.27
8.79
F
D
B
G
E
C
A
4.27
VOL(5,10,20) 46823.00 58748.80 57343.30 41931.10
186326
124217
62109
0

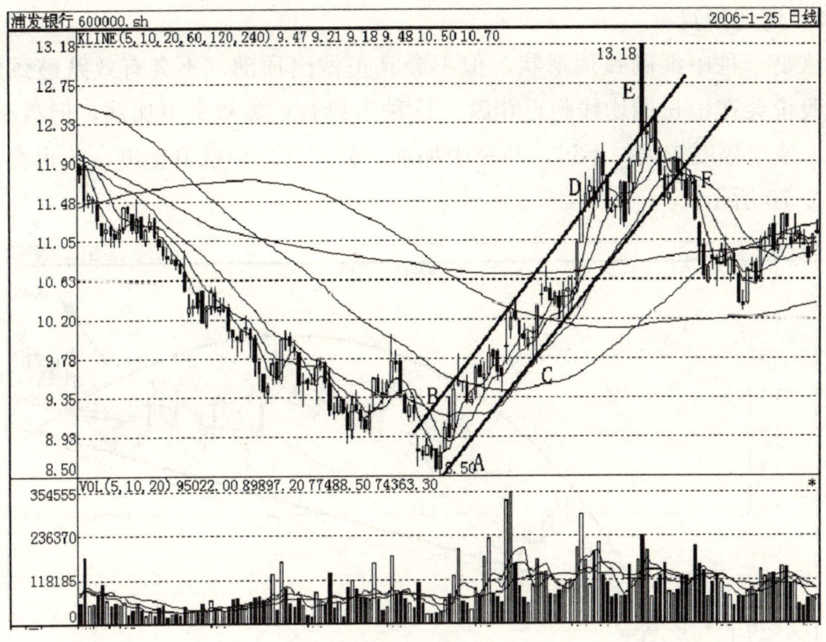

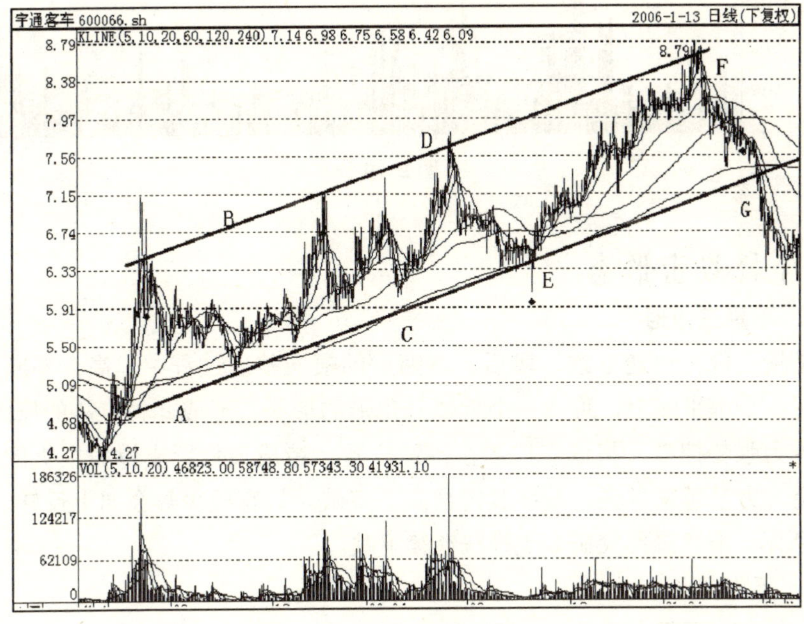

图 2-69

9. 弯弓射月

这是一种中继圆弧顶形状，但不会真正做出顶部，不会有效跌破颈线位，一般股价会在中长期均线附近止跌。这种走势有点类似空中加油，但盘整时间较长，波动幅度较大。不过，与空中加油一样，其后市涨升幅度一般也会很大。如图 2-70 所示。

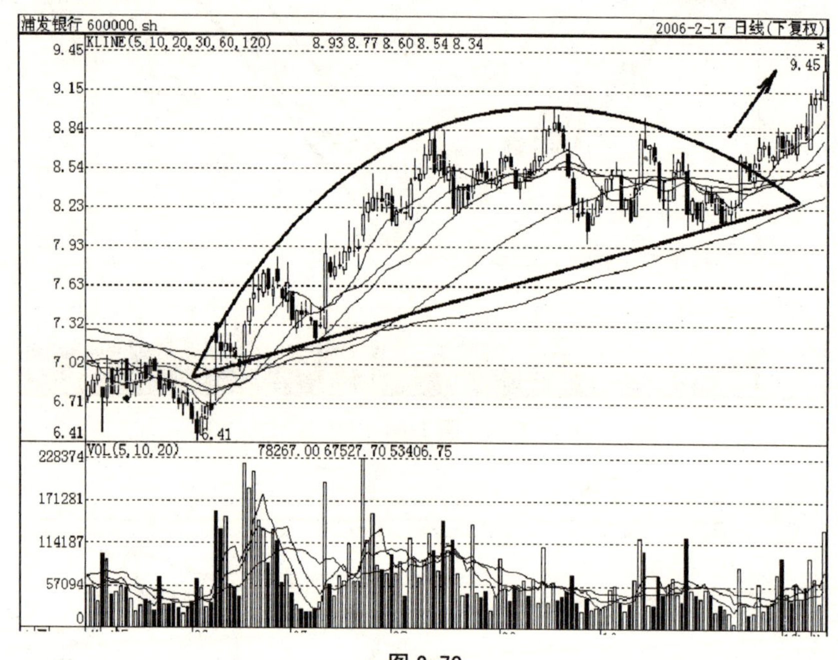

图 2-70

七、下降攻击形态

1. 下降三角形

是指股价在快速下跌一段后，在随后的横向整理过程中，高点不断降低，低点在一个水平线上，形成一个近似三角形的形状。形成此种走势的原因，一般是主力强势控盘，将低点控制在特定位置，造成该位置支撑力很大的假象，但是空方力量越来越强，最终股价会向下突破。只有极少数会向上反转。如图 2-71 所示，股价最终突破 B 支撑线继续下跌。

2. 下降楔形

此种走势下降力度最弱，股价往往最终反转，形成阶段性底部。如图 2-72 所示。

ST 南 摩 000738.sz
2006-1-25 日线(下复权)
KLINE(5,10,20,60,120,240) 1.66 1.59 1.50 1.61 1.96 2.47
4.90
A
B
1.33
VOL(5,10,20) 22667.00 22155.60 19468.80 14247.35

图 2-71

鲁 泰A 000726.sz
2006-1-25 日线(下复权)
KLINE(5,10,20,60,120,240) 6.38 6.28 6.30 6.69 7.12 8.07
10.82
5.98
VOL(5,10,20) 9403.00 11406.60 14764.20 14709.25

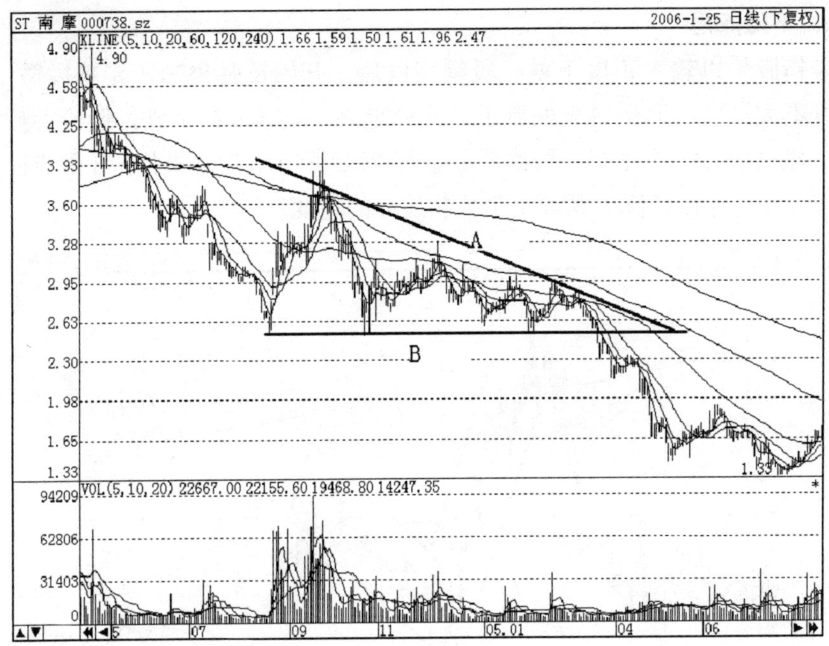

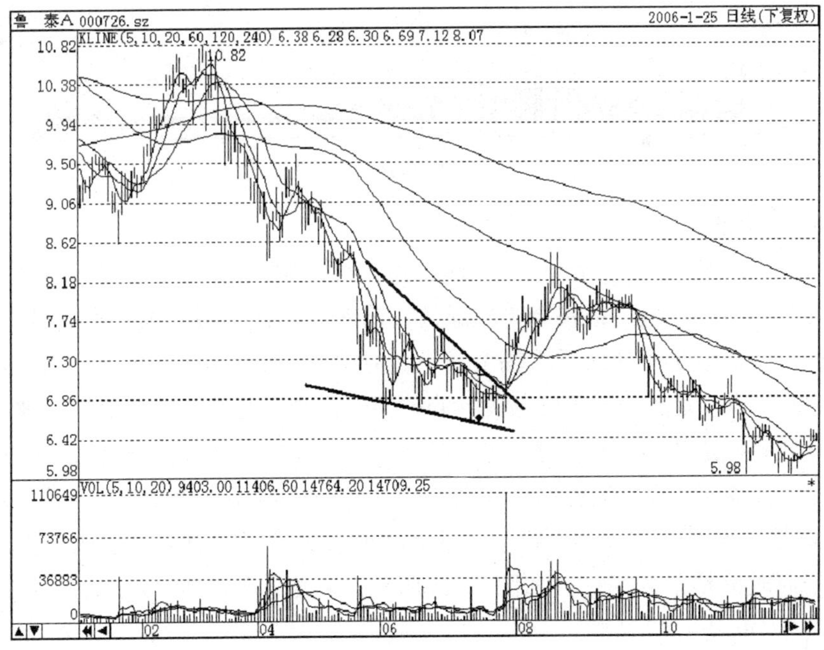

图 2-72

3. 下降旗形

是指股价以较大角度下跌一段幅度以后，开始反弹整理，走势微微上倾，但角度不大，像一面倒过来的旗子。此种走势一般会继续下跌，股价突破旗面下边支撑位后，往往还有一段跌幅。如图 2-73 所示，A 是旗杆，B 是旗面，股价跌破 B 线，一般情况下跌幅至少要超过 A 的高度。

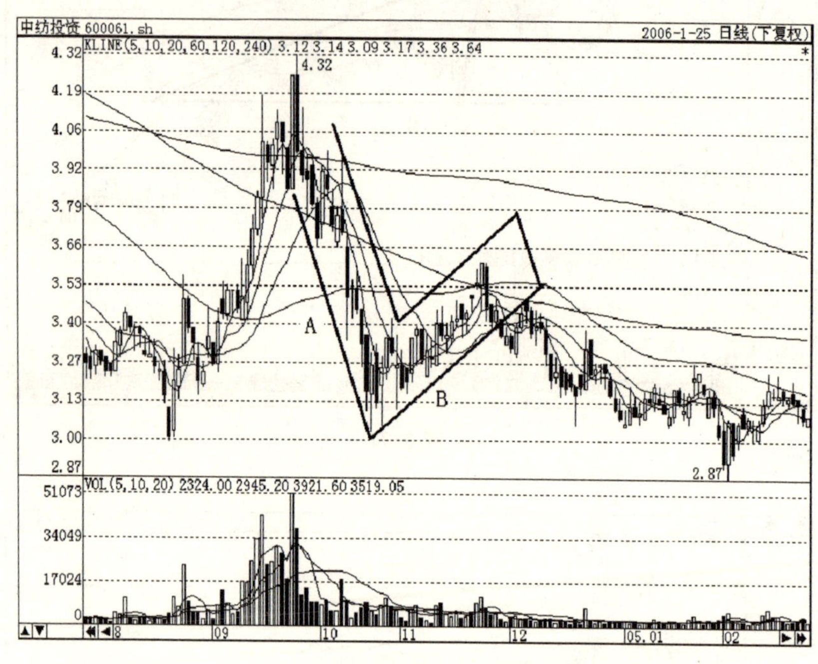

图 2-73

4. 下降通道

是指股价运行在一个向右下方倾斜的管道内的走势，角度越大跌势越强，但持续时间相对较短，很快会走出通道，演变成其他形态。角度小的可能持续时间长一些，但是短期内下跌幅度较小。对于宽幅的下降通道，股价回落下轨处一般是买点，达到上轨处一般是卖点，第一次突破上轨时一般情况下要卖出，但是有效突破上轨后可以买进，因为股价有效突破上轨后，一般要上涨较长时间，至少会横向整理一段时间。如图 2-74 所示：A 线是下轨线，B 线是上轨线，C、E 点是卖点，D、F、G 是买点。但是对于窄幅的下降通道，除非走出通道，否则任何时候都不要买进。如图 2-75 所示：A 线是下轨线，B 线是上轨线，C 点是卖点，D 是买点。

万东医疗 600055.sh
2006-1-25 日线(下复权)
KLINE(5,10,20,60,120,240) 5.17 5.15 5.08 4.97 5.11 5.10
18.71
17.40
16.09
14.78
13.46
12.15
10.84
9.53
8.22
6.90
5.59
4.28
18.71
A
B
C
D
E
F
G
4.28
VOL(5,10,20) 6709.00 7521.40 7076.50 7305.75
116097
77398
38699
0
图 2-74

万东医疗 600055.sh
2006-1-25 日线(下复权)
KLINE(5,10,20,60,120,240) 6.79 6.68 6.38 5.94 6.27 7.46
11.96
11.33
10.70
10.07
9.45
8.82
8.19
7.57
6.94
6.31
5.69
5.06
10.67
A
B
C
D
5.06
VOL(5,10,20) 12870.00 9056.80 9835.00 8654.05
65332
43555
21777
0
12
03.02
04
06
08
10
12
图 2-75

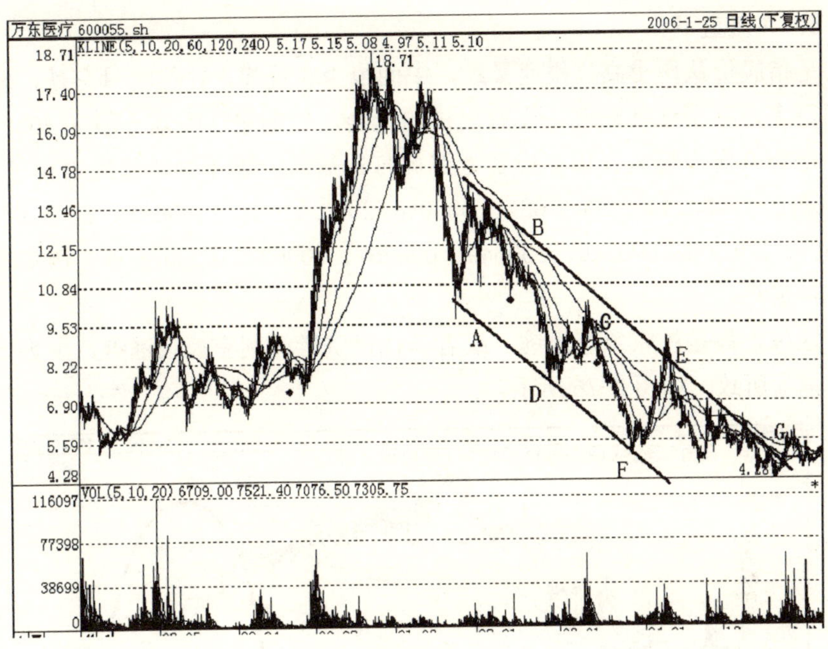

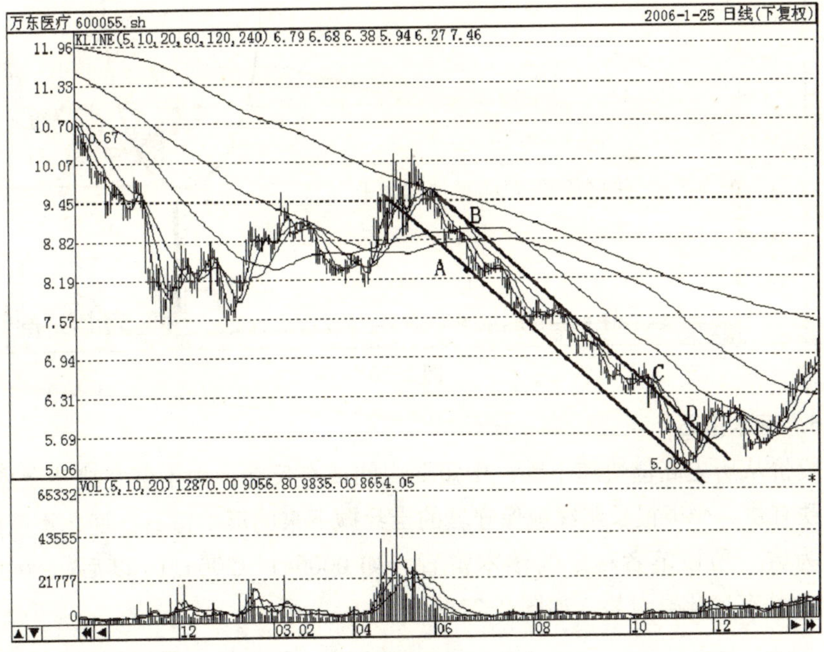

5. 飞流直下

是指股价从历史高位快速暴跌，中间很少有反弹，往往无量空跌，常常日跌幅巨大，甚至连续跌停，没有出逃的机会。短期累计跌幅一般在40%以上，此种走势杀伤力最大。很多投资者遭此打击后就一蹶不振，永远退出了市场！如600102(2000.12～2001.02)、000048(2000.12.21)、000416(2005.07.07)、000425、200306、000540、000549、000557、000633、000676等在历史上都有过这种走势。

这种走势是庄家急速出逃，或者其他投资者闻利空疯狂逃跑，主力支撑不住，崩盘所致。如图2-76所示。

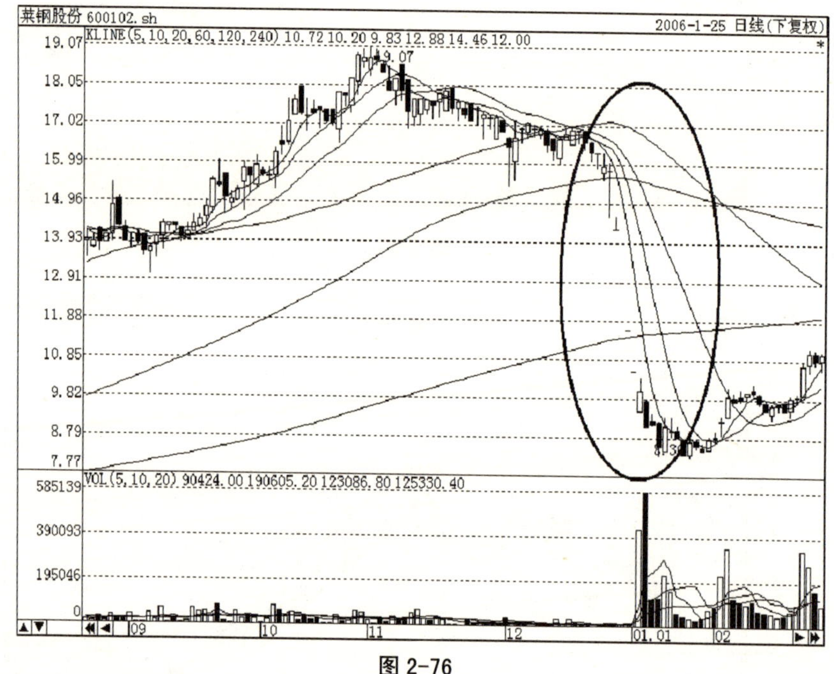

图 2-76

6. 滚木雷石

股价从历史高位快速下跌，中短期内间或有反弹，由于多空战斗激烈，往往下跌有量。一根根长阴线就像守城的士兵抛下来的滚木雷石，迎之不死即伤，避之为吉。所以笔者称之为滚木雷石。如000541 (2004.10以后)、000688、000693都有过此类走势。如图2-77所示。

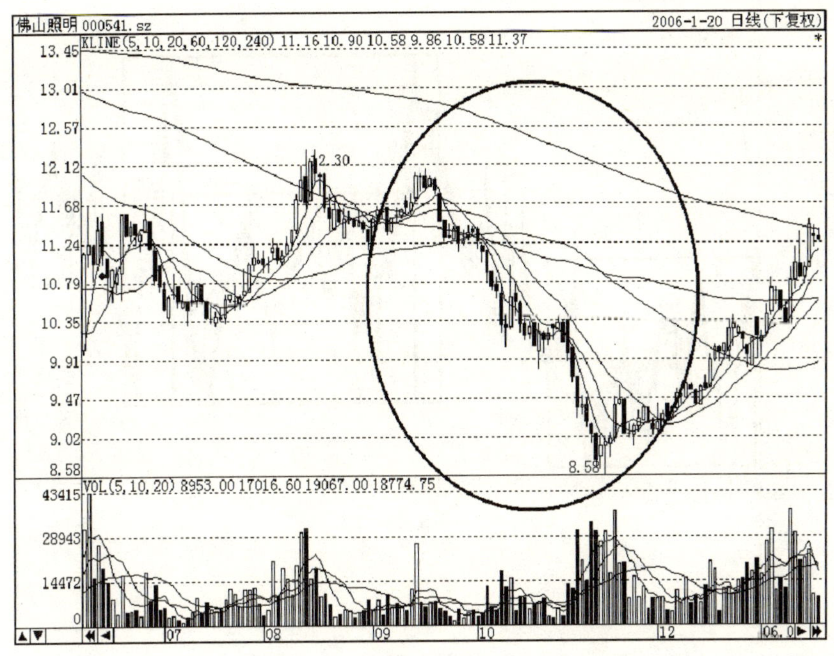

图 2-77

第五节 箱体

是指股价的高点和低点往往在一个近似矩形箱体的范围内运行。股价接近箱体顶端一般会阶段见顶回落，股价接近箱体底端一般会阶段见底回升。所以在箱体顶端附近一般要卖出，而在箱体底端附近一般可以买入。如图 2-78，在三个箱体中，A、C、F、G 是买点，B、D、E 点是卖点。

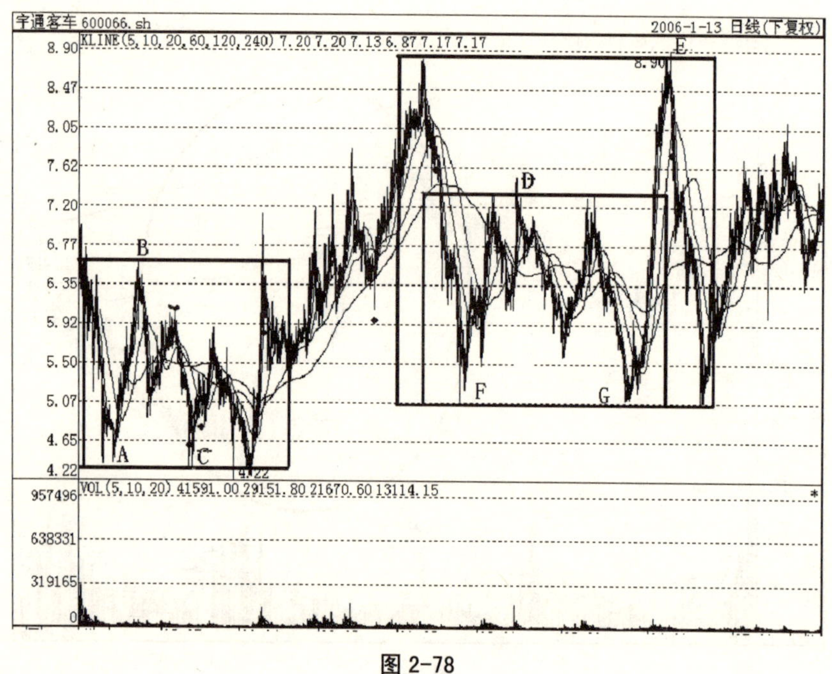

图 2-78

第六节 欺骗形态

大多数底部和中继形态都可能做成假的，以欺骗其他投资者进场或出局，达到出货离场或低吸进场的目的。还有各种各样的多头陷阱、空头陷阱等。如600645(2006.01.10 假上升三角形)、600713(2005.09～12 假头肩顶)、600725(2005.08～11 假头肩顶)、600870(2005.03～07 假双顶)、000016(1997.05～08 假上升三角形)、000422(2005.08～10 假头肩顶)都有过此类走势。如图 2-79 就是假上升三角形，图 2-80 就是假头肩顶。

多头陷阱就是针对多头设置的陷阱，一般是在通道形态末端做出上涨姿态，引诱多头买入，顺势出货离场。

空头陷阱就是针对空头设置的陷阱，一般是在通道形态末端做出下跌假象，欺骗空头卖出，顺势吸货拉升。

如图 2-81，A 点就是多头陷阱；如图 2-82 就是空头陷阱。

2.20
A
B
C
D
1.24
VOLUME: 10589.28 MA5: 14451.60 MA10: 28981.60

图 2-79

南京医药 600713.sh
2006-1-25 日线(下复权)
KLINE(5,10,20,60,120,240) 4.25 4.17 4.06 4.09 4.05 4.01
5.02
4.88
4.73
4.59
4.44
4.30
4.15
4.01
3.86
3.72
3.57
3.43
A
B
C
D
3.43
VOL(5,10,20) 11428.00 10649.40 11075.10 7093.70
62516
41677
20839
0
07
08
09
10
12
06.01

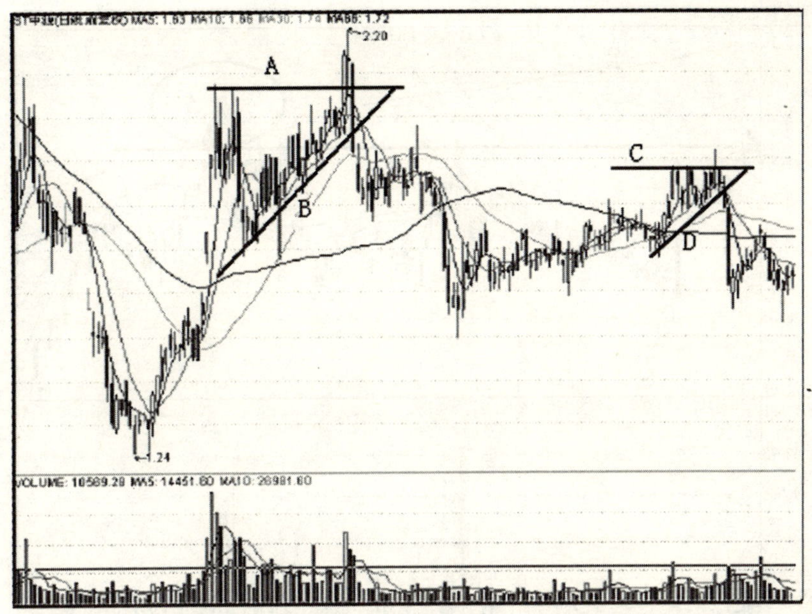

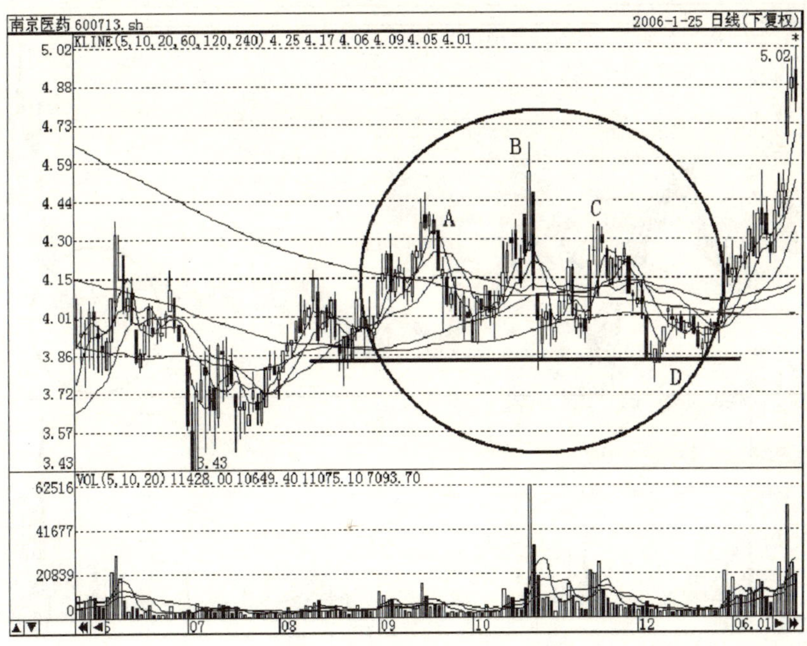

图 2-80

西藏天路 600326.sh
2006-5-11 日线
KLINE(5,10,20,30,120,240) 3.84 4.00 4.11 4.12 4.17 4.84
4.92
A
3.07
VOL(5,10,20) 5769.00 9781.40 11806.60 19608.80

图 2-81

G 华盛达 600687.sh
2006-5-12 日线
KLINE(5,10,20,30,120,240) 10.28 10.76 11.14 11.67 11.98 11.48
19.87
8.76
VOL(5,10,20) 2930.00 3180.20 4266.40 3388.55

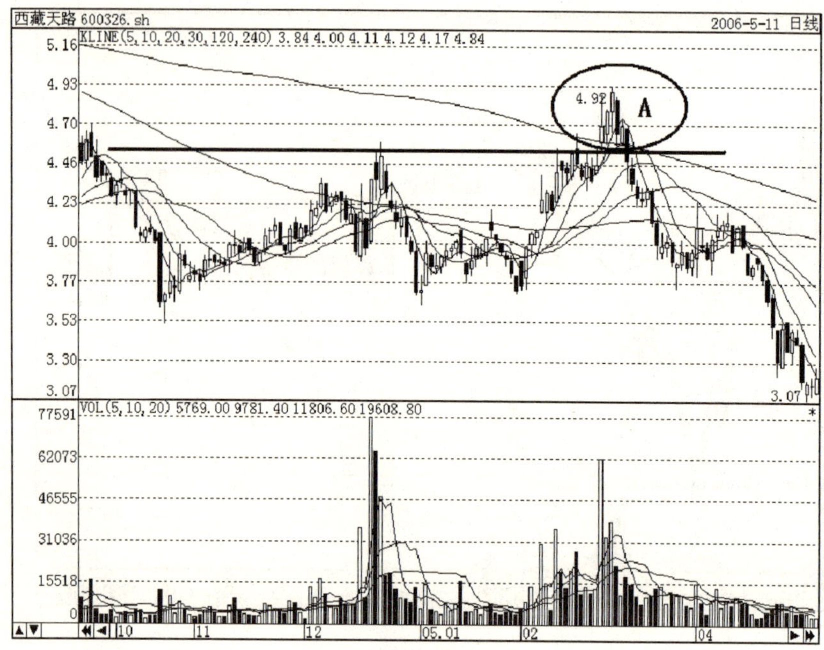

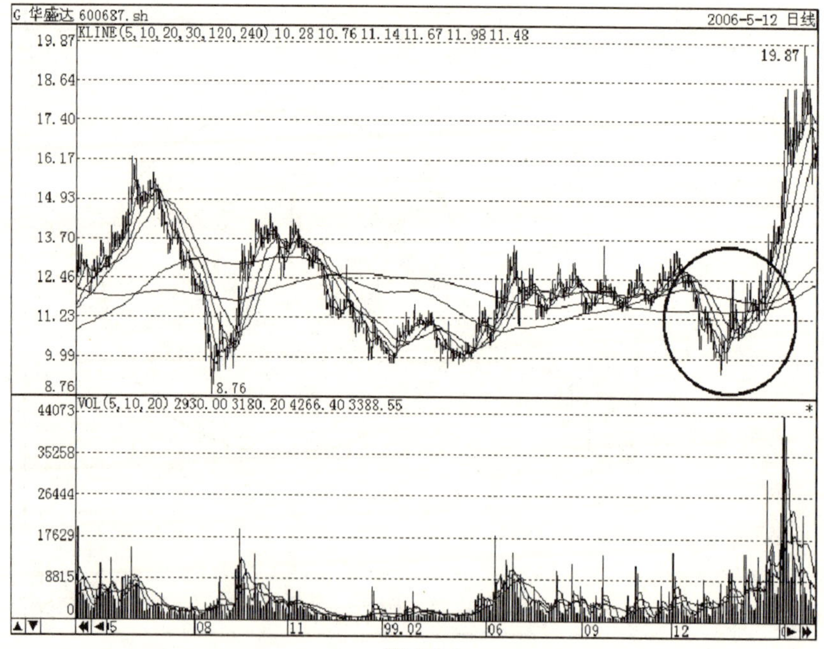

图 2-82

欺骗形态对投资者往往造成重大打击，如1997年5～8月买入000016，如果不能及时出局，将造成重大损失。所以发现假形态，要在第一时间出局。

第七节 危险的钓鱼形态

一、高控盘股钓鱼走势

此种走势的特征是：股价高高在上、成较稀少、被市场冷落、长期横盘、走势呆滞，股价常在短期均价线以上运行，主力纸上浮盈挺多，因为股价太高，严重脱离基本面，所以，出货困难，跳水是早晚的事。000549、000557、000633、000637、000639都有过此类走势。请看图2-83。

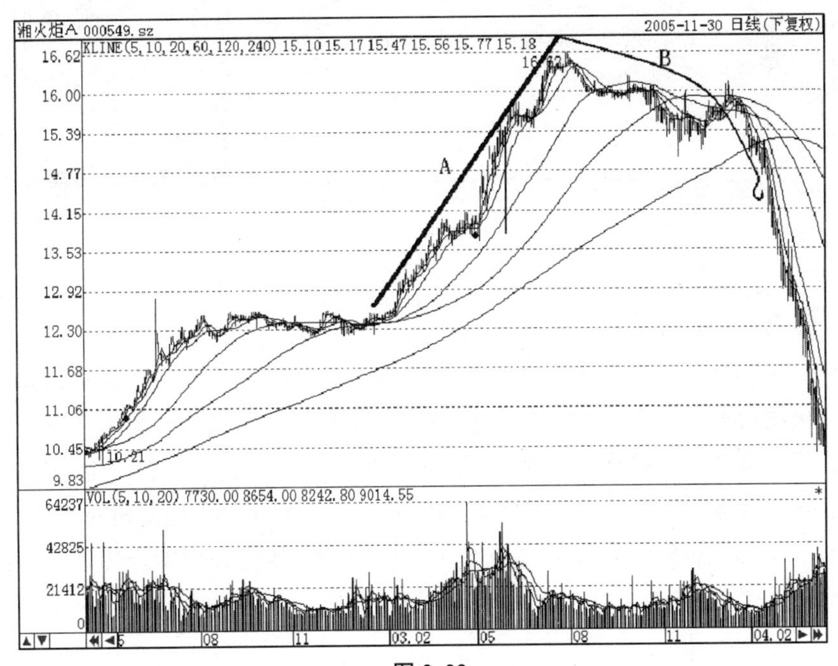

图2-83

二、中线钓鱼走势

股价在高位横盘整理，走势微微向右下方倾斜，每次回落、冲高都要套牢一批投资者，这是主力中线派发筹码所致。如000416(2004.11～07)、000503

(2000.03～10)、000730、000733、000787、000801 都有过此类走势。如图 2-84。

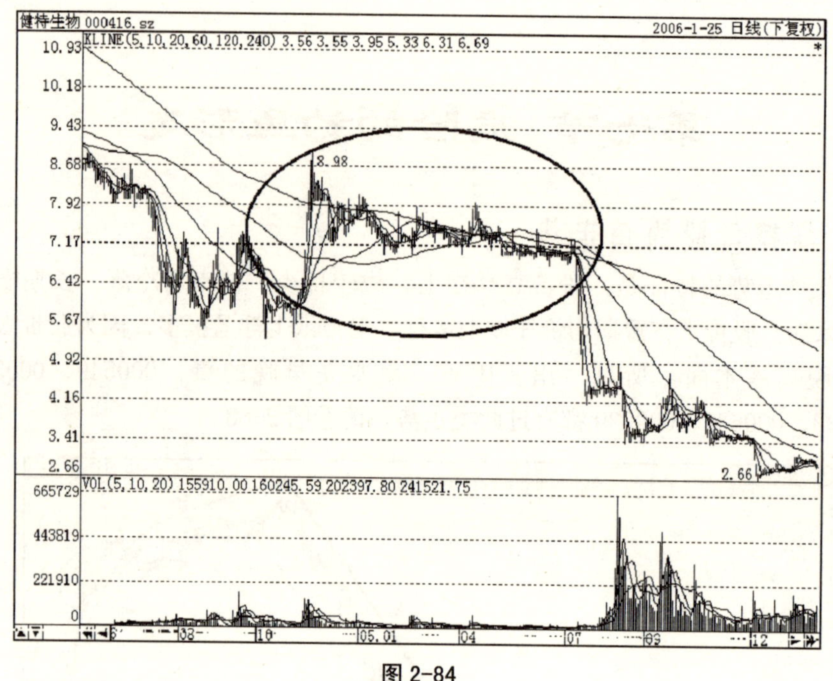

图 2-84

三、短线钓鱼走势

分时图特征：开盘迅速拉起，升幅一般在 5%以上，随后逐级回落，往往很快跌破均价线，或者围绕均价线波动，日线留下上影线，一般发生在阶段性高点、下跌途中。如果是上升途中则是吸货形态、控制交易形态，主力拉高后，有短线获利盘涌出，主力趁机吸货。发生在主力抢筹或主力拉高后不再参与时，只是为了让其他投资者在相对高位交易，以抬高市场交易成本，为进一步拉升打台阶。如图 2-85。

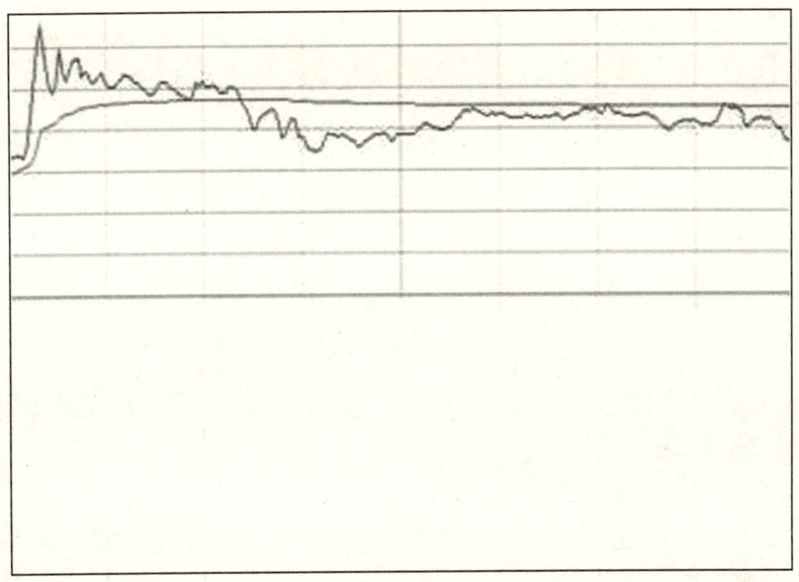

图 2-85

第三章　均线理论的应用诀窍

——彩线奏华章

移动平均线是以道·琼斯的“平均成本概念”为理论基础，采用统计学中“移动平均”原理，将一段时期内每天股价予以移动平均计算，求出一个平均值，连接成的曲线，简称均线。移动平均线可以用来显示股价的历史波动情况，借以预测股价、指数未来发展趋势。

一、移动平均线的种类有哪些

依时间长短可分为：短期移动平均线、中期移动平均线及长期移动平均线。

1. 短期移动平均线

一般都以 5 天和 10 天为计算期间，代表一周和两周的平均价。短期移动平均线可用来作为短线操作依据。如图 3-1 所示，A 线为 5 天均线，B 线为 10 天均线。

2. 中期移动平均线

大多以 30 日为参数，称为月移动平均线，代表一个月的平均价或成本，也有扣除 8 个休息日以 22 天来做月移动平均线的。

另有 60 日移动平均线，俗称季线。一般来说月均线有效性很高，尤其在股市趋势还没有明朗前，可以预示股价未来变动的方向。

如图 3-1 所示，C 线为 30 天均线，D 线为 60 天均线。

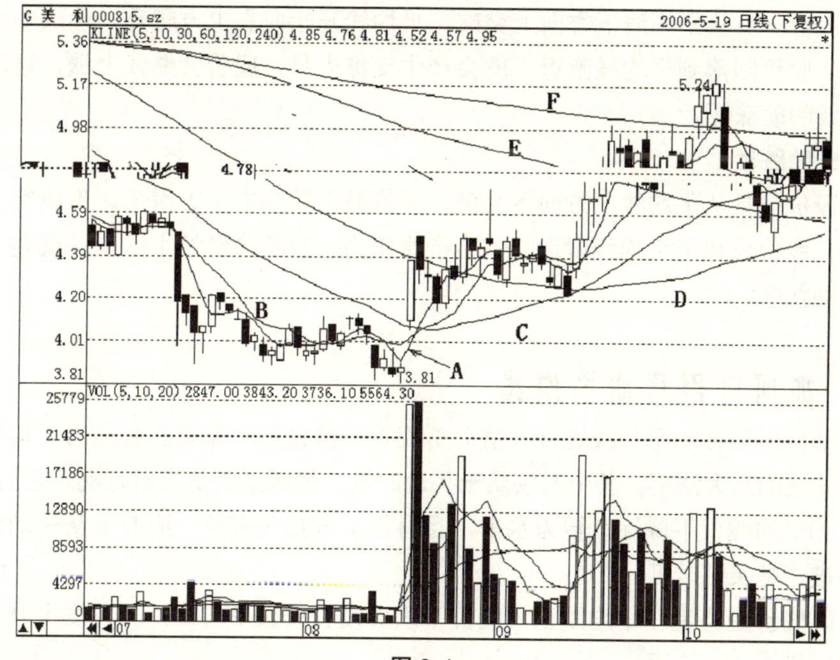

图 3-1

3. 长期移动平均线

在欧美股市，技术分析指标所采用的长期移动平均线，大多以 200 天为参数。在国内一般以 250 天为参数。如图 3-1 所示，E 线为 120 天均线，F 线为 250 天均线。

二、移动平均线有什么特性

之所以利用移动平均线来分析股价动向，是因为移动平均线具有以下特性：

1. 趋势性

移动平均线能够表示股价趋势的方向。越是长期的均线，趋势性越明显。

2. 稳定性

移动平均线不像日线会起起落落，震荡剧烈，而是起落相当平稳。越是长期的均线，稳定性越明显。

3. 滞后性

移动平均线不会轻易调头，股价涨势明朗了，移动平均线才会向上走，股价明显下跌之后，移动平均线才向下滑；股价上升之初，移动平均线却还是向下的，股价回落之初，移动平均线却是向上的。

4. 助涨性

股价一旦从平均线下方向上突破，平均线开始向右上方爬升，形成多头支撑线，股价回落到平均线附近，就会产生支撑力量，股价会继续上涨，这就是平均线的助涨性。

5. 助跌性

股价一旦从平均线上方向下突破，平均线开始向右下方滑落，形成空头阻力线，股价反弹至平均线附近，就会产生阻力，股价会继续下跌，这就是平均线的助跌性。

三、如何应用移动平均线

如何应用移动平均线进行行情分析呢？美国投资专家葛兰碧提出了运用移动平均线的八大法则。其中四条属于买进时机，另四条则是卖出时机。它们是：

①平均线由下降逐渐转为水平，且有往上方抬头迹象，而股价从平均线下方突破，是买进时机。

②股价趋势走在平均线上，股价下跌而没有跌破平均线，又再度上升，是买进时机。

③股价跌至平均线下方，而平均线短期内仍为继续上升趋势，是买进时机。

④股价趋势走在平均线下方，突然暴跌，远离平均线，极有可能反弹回升至平均线附近，是买进时机。

⑤股价趋势走在平均线上方，突然暴涨，远离平均线，极有可能回跌至平均线附近，是卖出时机。

⑥平均线逐渐从上升趋势走平，而且股价由平均线上方跌破平均线，是卖出时机。

⑦股价趋势走在平均线下方，反弹回升未能超越平均线，平均线已经有从水平反转而下的趋势，是卖出时机。

⑧股价在平均线上徘徊，而且平均线继续向下跌，是卖出时机。

应用移动平均线，要注意以下事项：

上述③与⑧两项，运用起来有较大不确定性，有一定风险，如果对平均线操作不熟练，最好不用。

上述①与②项、⑥与⑦项配合使用，效果较好。

上述④、⑤两项配合乖离率使用，效果更好。

总结上述法则，可以得出三组买卖时机：

第一，平均线从下降转为水平而有向上趋势，股价从平均线下方向上突破，回跌时如果不破平均线，是短线最佳买进时机。

第二，平均线由上升转为水平而有向下趋势，股价从平均线上方向下跌破，回升时无力穿过平均线，是短期线最佳卖出时机。

第三，移动平均线正在下落途中，股价突然暴跌，负乖离率扩大，股价有止跌反弹迹象，是买进时机；移动平均线正在上升途之中，股价突然暴涨，正乖离率扩大，股价有滞涨回落态势，是卖出时机。

四、什么是均线金叉、死叉、多头排列、空头排列

短线操作一般要参照 5 日、10 日、30 日三条均线。5 日均线上穿了 10 日均线、30 日均线，称作金叉，是买进时机；反之，则称作死叉，是卖出时机。

三条均线都向上行，5 日、10 日、30 日三条均线由上向下依次排列，称为多头排列，表明强势。股价缩量回抽至 5 日均线、10 日均线、30 日均线是买入时机。但是至于应在回抽到哪一条均线时才可以买入，要视个股和大盘走势而定。

三条均线都向下行，5 日、10 日、30 日三条均线由下向上依次排列，称为空头排列，表明弱势，不宜介入。

如图 3-2，A 点即为 5 日均线和 10 日均线金叉，随后在画圈区域内，5 日、10 日、30 日三条均线形成多头排列，股价上涨了一定幅度。

如图 3-3，A 点即为 5 日均线和 10 日均线死叉，随后在画圈区域内，5 日、10 日、30 日三条均线形成空头排列，股价下跌了一定幅度。

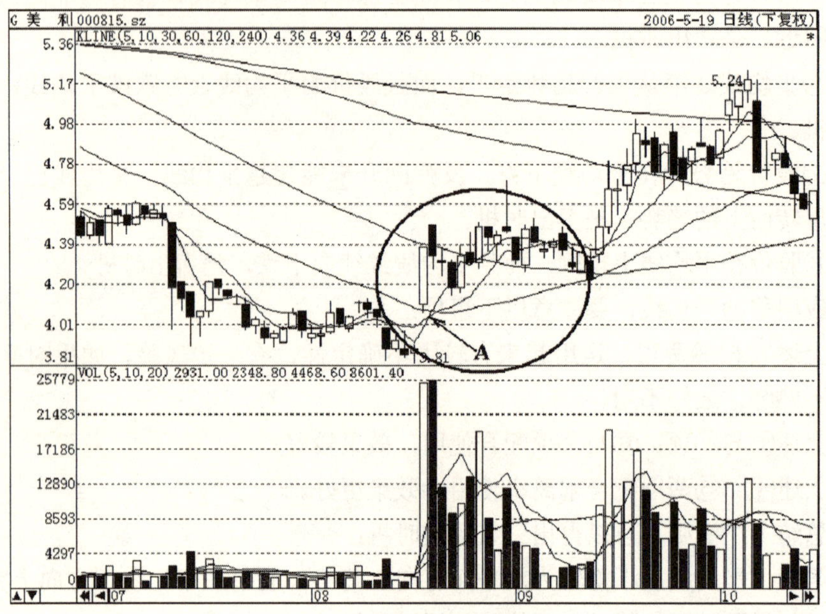

图 3-2

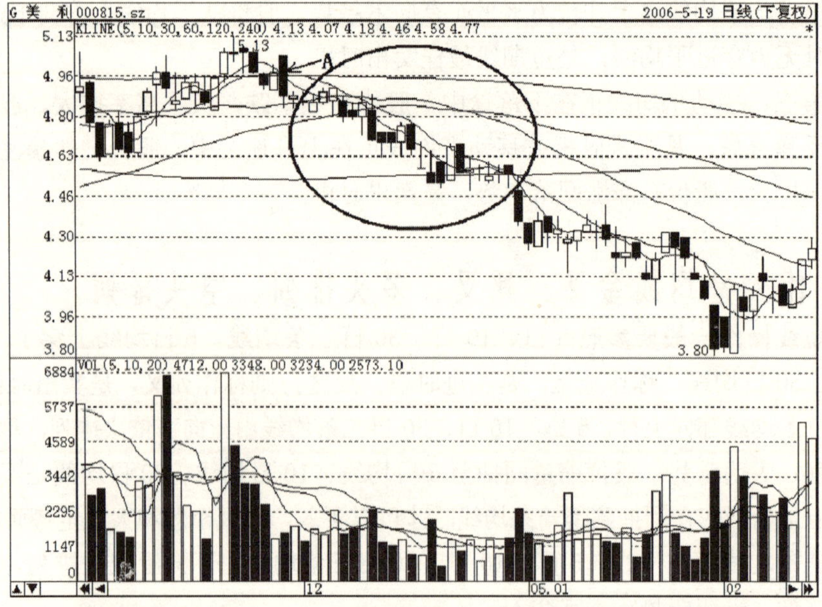

图 3-3

五、如何利用移动平均线预测后市走势

移动平均线有预测趋势的功能，但是如何预测，却比较复杂，具体分析中，务必结合大势，包括经济形势、景气周期、大盘位置等。还要对短、中、长三周期结合运用。笔者归纳了以下 14 条规律，供读者参考。

①一般讲，股市在熊市末期，股价由远离移动平均线开始再次接近移动平均线。股价离移动平均线越远，反向运动的可能越大，趋势随时可以转向。如图 3-4 所示，000060 在 2005 年 7 月 12 日，盘中出现离所有均线最远的点位，随后止跌回升，反转向上。

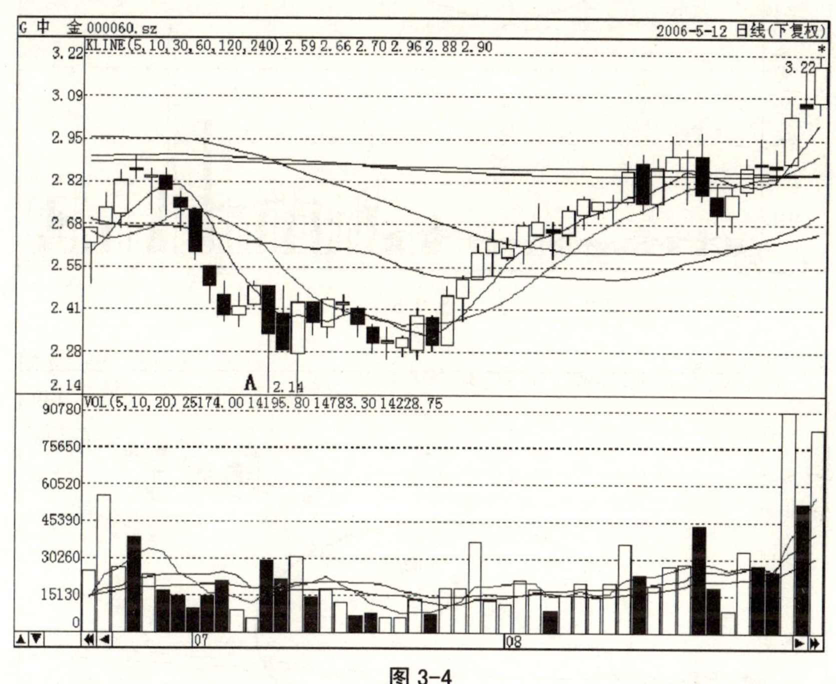

图 3-4

②一旦股价从下向上依次突破 5 日、10 日、30 日移动平均线，30 日、60 日移动平均线走平，5 日、10 日线调头向上，或走平，预示进入多头市场。

如图 3-5 所示，000060 在 2005 年 8 月，5 日、30 日、60 日移动平均线走平，5 日、10 日移动平均线向上，随后股价持续向上。

③当 5 日、10 日、30 日、60 日移动平均线均形成多头排列，预示多头市场即将进入稳定上升时期。

如图 3-6 所示，000060 在 2005 年 8 月，5 日、10 日、30 日、60 日移动平

均线均形成多头排列，说明股价已经进入稳定上升阶段。

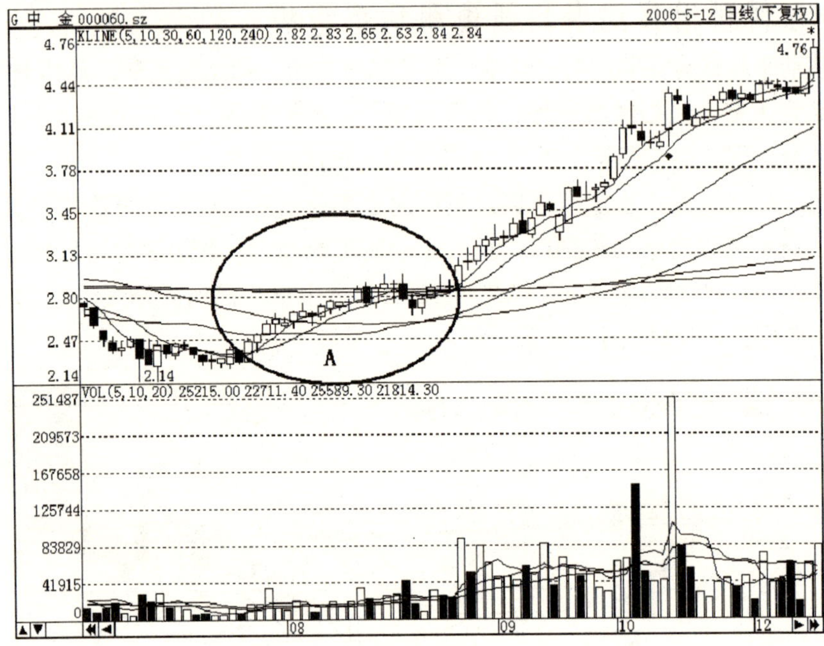

图 3-5

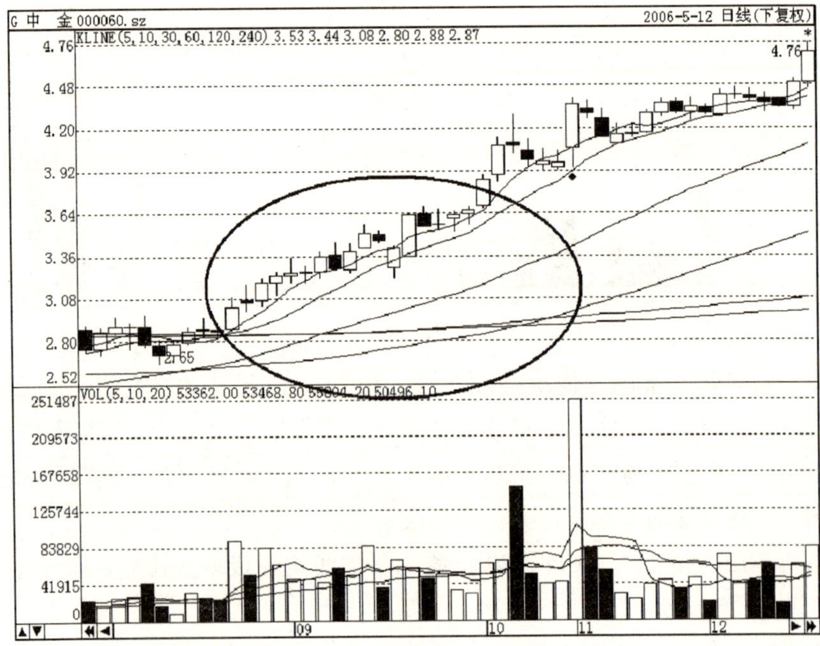

图 3-6

④当5日、10日、30日、60日移动平均线，呈空头排列，移动平均线反压在股价之上并向右下方移动，预示进入空头市场。

如图3-7所示，600839在1998年6月，5日、10日、30日、60日移动平均线均形成空头排列，说明股价已经进入稳定下跌阶段。

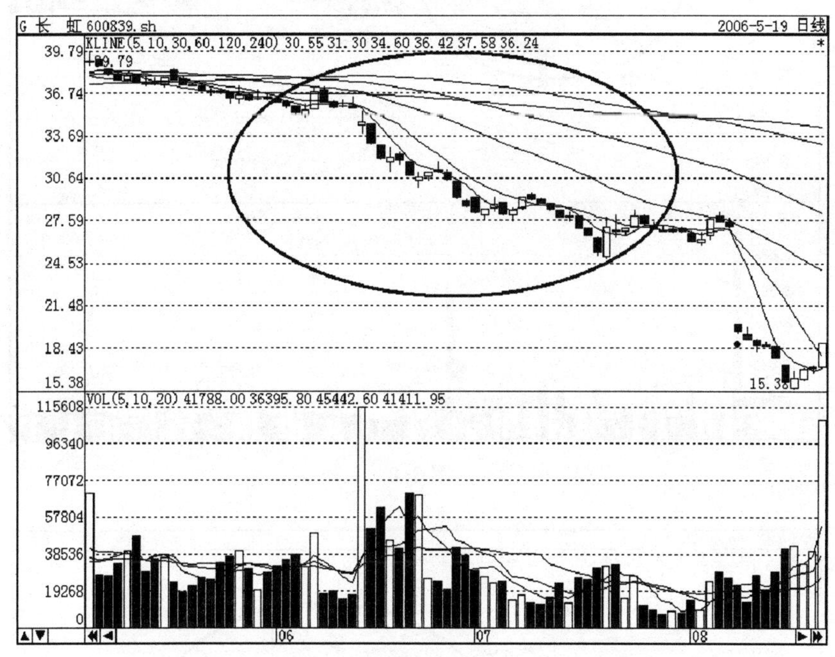

图 3-7

⑤当10日均线由上升反折向下时，30日均线却仍在向右上方移动，一般预示涨势尚未结束；但是如果10日均线向下穿越30日均线，30日均线也跟随10日均线下跌，预示中期走弱，可能下跌较深；如果60日均线也跟随10日均线、30日均线向下反转，往往预示多头市场结束。

如图3-8所示，600839在1998年2月， 10日均线向下穿越30日均线，30日均线也跟随10日均线下跌，随后股价绵延下跌，长期走熊。

⑥如果30日、60日均线处于下行中，股价向上突破5日、10日移动平均线并站稳，但不能有效突破120日均线，则往往是股价的一次短期反弹。

如图3-9所示，600840在2004年9月，股价向上突破5日、10日移动平均线并站稳，但不能有效突破120日均线，事后证明是一次反弹，反弹结束，股价继续下跌很久。

G 长 虹 600839.sh
2006-5-19 日线(下复权)
KLINE(5,10,30,60,120,240) 25.26 25.55 25.21 23.63 22.43 20.51
27.21
A
21.89
VOL(5,10,20) 50545.00 57122.40 63596.00 108615.25

图 3-8

新湖创业 600840.sh
2006-5-19 日线(下复权)
KLINE(5,10,30,60,120,240) 4.98 4.95 5.00 5.14 5.78 5.69
5.89
4.55
VOL(5,10,20) 547.00 729.80 885.40 1249.95
08
09
10
11

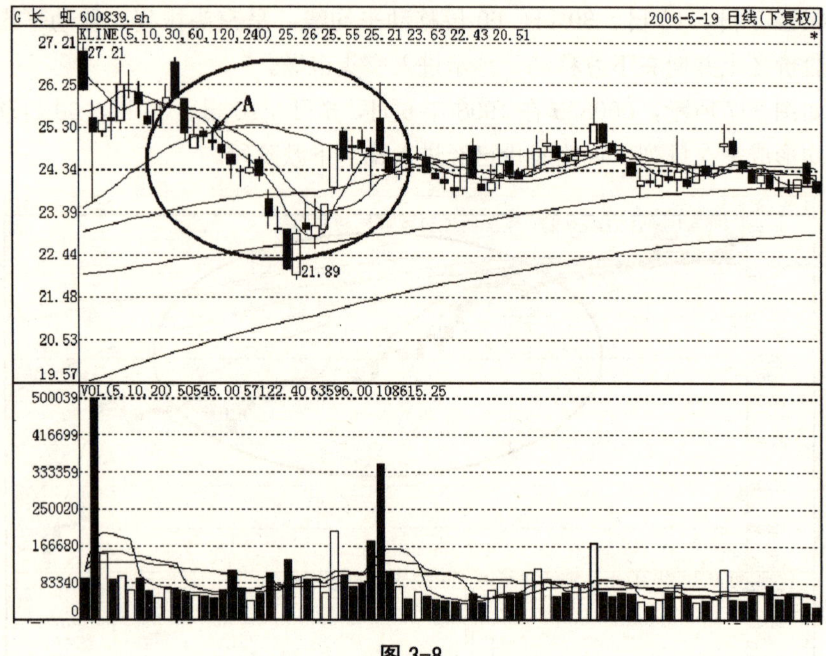

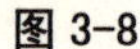

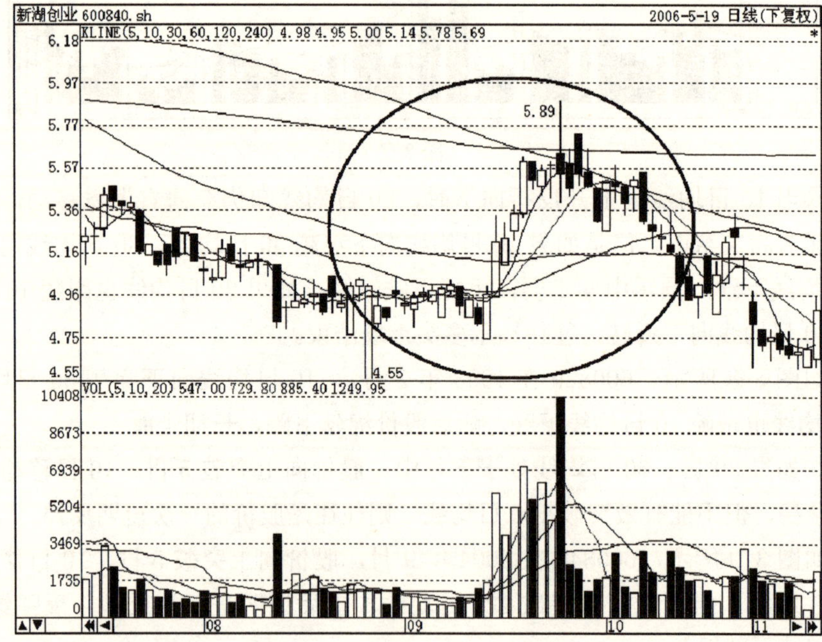

图 3-9

⑦如果 60 日、120 日移动平均线处于下行中，股价向上突破 5 日、10 日移动平均线后又站上 30 日移动平均线，且 10 日与 30 日移动平均线形成金叉，预示可能有一波较大反弹行情；如果能够有效突破 60 日、120 日移动平均线，预示后市会有一波中级反弹行情，甚至行情就此转折，空头市场结束，多头市场开始。

如图 3-10 所示，600840 在 2004 年 1 月，股价向上突破 5 日、10 日移动平均线并站稳 30 日移动平均线，且 10 日与 30 日移动平均线形成金叉，有效突破 60 日移动平均线和 120 日移动平均线，随后走出一波中级反弹行情。

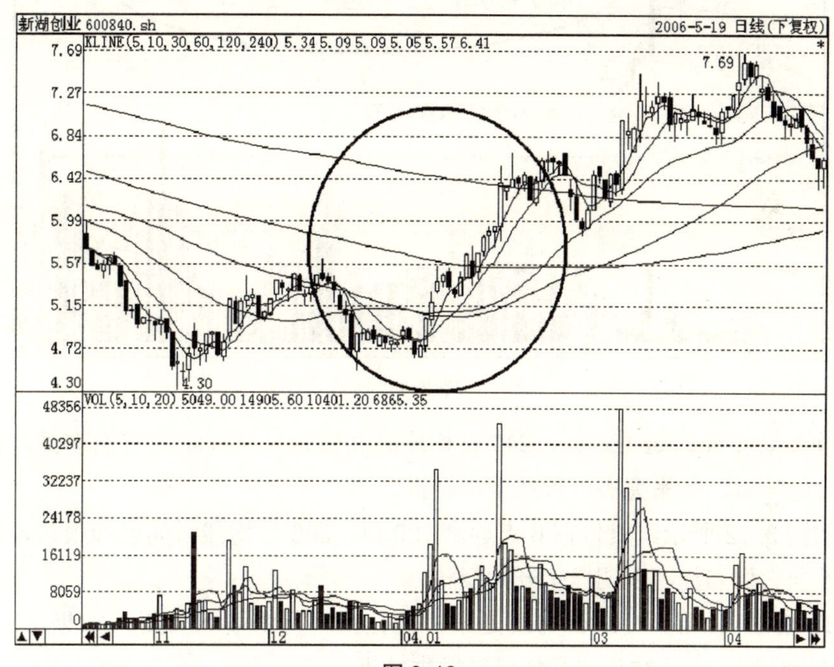

图 3-10

⑧在盘整期，5 日、10 日、30 日移动平均线会纠缠在一起， 60 日、120 日移动平均线可能走平，也可能与 5 日、10 日、30 日移动平均线发生黏连；如果 5 日、10 日移动平均线向上方突破，后市将盘升；如果 5 日、10 日移动平均线向下突破，后市将盘跌。如图 3-11 所示，000089 在 2006 年 1～3 月的走势。

⑨如果 120 日、240 日移动平均线已经在一个方向上运行超过 240 日，股价可能转折。如果 120 日、240 日移动平均线已经向上运行超过 240 日，并且股价已经远离它们，如果股价在多条短中期均线上方滞涨，则预示股价将发生向下转折；如果 120 日、240 日线已经向下运行超过 240 日，并且股价已经远

离它们，如果股价在多条短中期均线下方止跌，则预示股价将发生向上转折。如图 3-12 所示，000068 在 1999 年 8 月至 2000 年 12 月的走势。

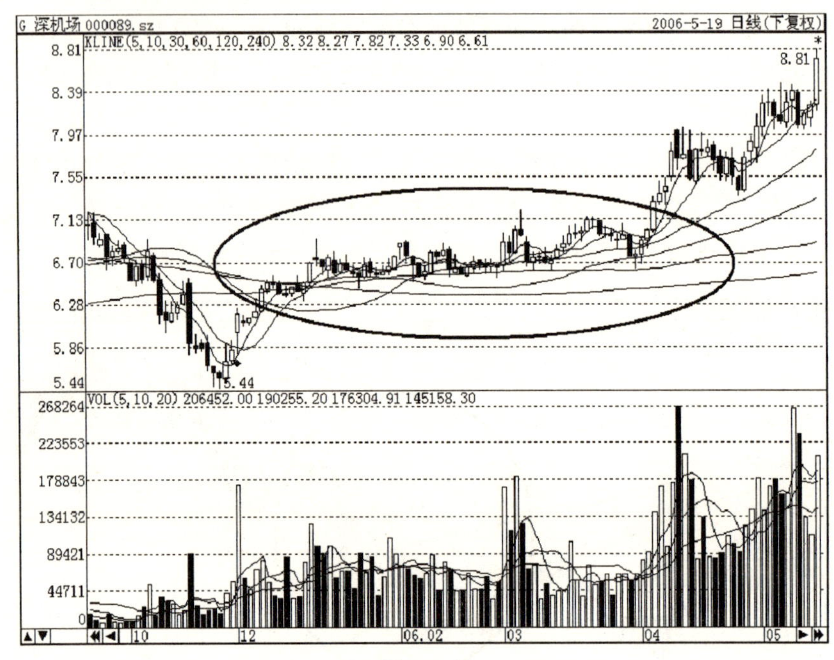

图 3-11

⑩如果股价远离 120 日、240 日均线时间较长，又开始向它们靠拢，预示股价可能转折，如果突破，行情多半转折。

如图 3-12 所示，股价在 B 点远离 120 日、240 日均线时间已经很久，随后又开始向它们靠拢，表明股价开始反转。

⑪如果 120 日、240 日均线走平，往往预示行情要有转折；如果 120 日、240 日均线调头，往往说明行情已经发生转折。

如图 3-12 所示， 120 日、240 日均线在 A 点走平，预示行情要有转折；随后 120 日、240 日均线调头向上，说明行情已经发生转折。

⑫如果 120 日、240 日均线低位金叉，预示行情将走牛，宜择机进场；如果 120 日、240 日均线高位死叉，预示行情将走熊，宜果断离场。

如图 3-12 所示，120 日、240 日均线 A 点低位金叉，随后长线走牛；120 日、240 日均线 C 点高位死叉，随后长线走熊。

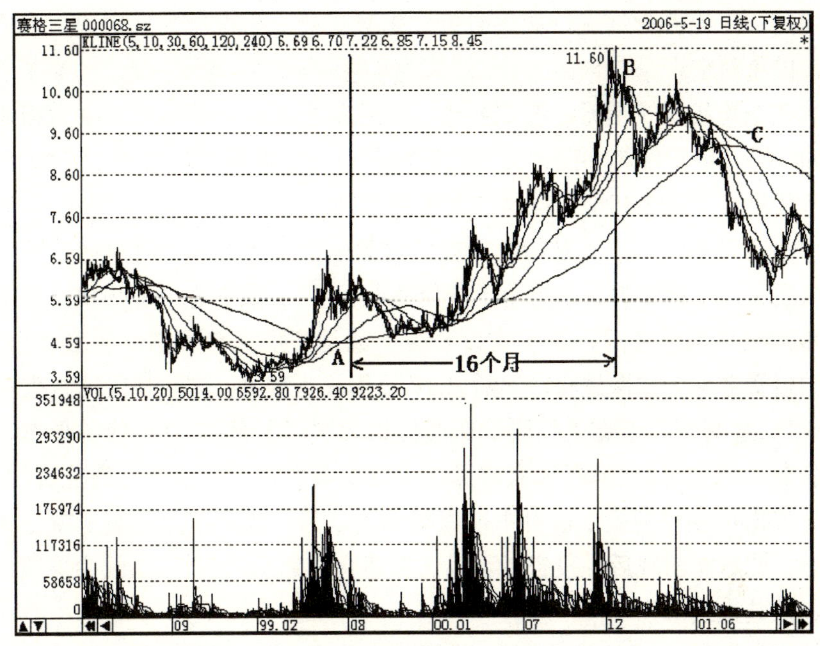

图 3-12

⑬突袭形成的信号不可靠，比如均线金叉信号，如果是暴跌之后的报复性反弹形成的金叉，此时股价、指数离金叉很远，这样的金叉往往并不能守住，随后还会再次回落而成为失败的金叉。如果金叉是水到渠成式形成的，股价、(指数)在低位整理较长时间，短期均线走平，金叉时股价、指数离金叉很近，并且金叉形成后三日内股价不再次跌破均线，这样的金叉一般能够成功守住。

如果以均线金叉为进场信号，遇到 V 形反转形成的金叉最好观察几天。特别是下跌以来的第一次金叉往往是失败的金叉，因此，最好以第二次金叉为信号。但是，无论哪种情况，如果股价、指数在金叉后再次跌破均线，也要坚决离场，千万不可侥幸。

均线死叉信号也一样，在底部出现、股价、指数转强之后，短期暴跌形成的死叉一般也不可靠，此时股价、指数离死叉很远，这样的死叉往往不能守住，股价、指数随后还会再次回升而成为失败的死叉。如果死叉是水到渠成式形成的，股价、指数在高位整理较长时间，短期均线走平，死叉时股价、指数离死叉很近，并且死叉形成后 3 日内股价不再次升破均线，这样的死叉一般能够成功守住。

如果以均线死叉为出场信号，遇到 V 形反转形成的死叉最好观察几天。特别是上涨以来的第一次死叉往往是失败的死叉，因此，最好以第二次死叉为信号。但是，无论哪种情况，如果股价、指数在死叉后再次升破均线，就要及时进场，以免踏空。

⑭几个均线买卖信号：股票要跌、要涨都会发出一些信号，主力很难掩盖自己的行踪。以均线为参照，见底涨升信号有“小荷露角”与“二度梅开”；见顶回落信号有“阴霾初现”与“二次斩首”。

“小荷露角”形态，是指股价在低位第一次向上突破10日均线的形态(笔者独家定义，不得转载并不得用于任何商业目的)。此形态一般出现在长期底部或者短期剧烈调整之后，表现在日K线上就是V形反转形态。此形态出现后，激进的投资者可以试探建仓，然后以10日均线为参照，守住持股，跌破止损。

“二度梅开”形态是指股价在低位第二次向上突破10日线的形态，如果放量长阳，更为可靠(笔者独家定义，不得转载并不得用于任何商业目的)。此形态一般出现在长期底部或者中期深幅调整之后，表现在日K线上就是W形反转形态。此形态出现后，投资者可以试探建仓，然后以10日均线为参照，守住持股，跌破止损。

从可靠性看，“二度梅开”高于“小荷露角”。打开一只个股走势图，可以看到股价真正见底回升开始上涨时，往往是在第二次突破10日均线之后。可见，10日均线是一道主力拉升时必须经过的门。

知道了这个规律，我们就不必急于进场，专等股价第二次突破10日均线之后再跟进，这么做既节省时间，效率又高，还会避免由于主力反复洗盘筑底带来的痛苦折磨。

不必怕踏空，主力要走时会告诉你：股价再次突破10日均线时，温和放量，买盘坚决，这表明主力吃够了，不想多吃了，要拉起来了。此时，你须在第一时间进场，不要犹豫，否则主力会逃空——迅速拉高，让你更不敢追了。

具体做法是：盘中突破10日均线时，只要守住60分钟，即可建立1/4仓位，确信收盘时能够守住，可建立半仓；第二日如果回落跌破10日均线，清仓，收盘不破10日均线，则建立3/4仓位。之后以收盘未能有效跌破10日均线（2日或3日)为持股理由，直到卖出信号出现再卖出即可。

“阴霾初现”形态，是指股价在高位第一次向下突破10日均线的形态(笔者独家定义，不得转载并不得用于任何商业目的)。此形态一般出现在长期顶部或者短期猛烈上涨之后，表现在日K线上就是V形反转形态。此形态出现后，投资者可以适当减仓，然后以10日线为参照，收复买回，跌破止损。

“二次斩首”形态是指股价在高位第二次向下突破10日均线的形态，如果放量长阴，更为可靠(笔者独家定义，不得转载并不得用于任何商业目的)。此形态一般出现在长期顶部或者中期大幅上涨之后，表现在日K线上就是M形反转形态。此形态出现后，投资者可以减仓，然后以10日均线为参照，收复买回，跌破清仓。

从可靠性看，“二次斩首”高于“阴霾初现”。打开一只个股走势图，可以看到股价真正下跌时，往往要在第二次跌破10日均线之后。可见，10日均线也是一道主力离场时必须经过的门。

知道了这个规律，我们就不必急于离场，专等股价第二次突破10日均线之后再减仓，这么做既节省时间，效率又高，还会避免由于主力反复洗盘筑底带来的痛苦折磨。

不必怕套牢，主力要走时会告诉你：股价再次跌破10日均线时，放量下跌，卖盘坚决，这表明主力出货差不多了，不想继续维持股价了，要抛弃式出货了。此时，你须在第一时间离场，不要犹豫，否则主力会逃多——迅速砸盘，让你不舍得卖出，或者只能在更低价位割肉了。

具体做法是：盘中跌破10日均线时，只要跌破60分钟均线，就要抛掉1/4仓位，确信收盘时不能收复，可减半仓；第2日如果收复10日均线，买回，收盘不能收复10日均线，则清仓。之后以收盘未能有效收复10日均线(2日或3日)为观望理由，直到买入信号出现再进场即可。

第四章　切线理论的应用诀窍

——一把直尺走天下

切线是指按照某种原则和方法，利用股价高低点等，对股票走势图形所画出的一些直线，这些直线大多具有支撑和压力的作用，以及趋势指引作用。切线的画法最重要，画得准确与否，直接影响对股价走势的预测。切线高手用一把直尺，通过对股价走势的准确描画、测量，就可以进行较为有效的交易操作，因此有所谓“一把直尺走天下” 的股谚。

重要的切线有支撑线、压力线、颈线、趋势线、通道线、黄金分割线、甘氏线、角度线等。

一、支撑线和压力线

股价在下跌到某一水平或点位时，往往不再继续下跌，似乎受到一条无形的线的抵抗，这条线就是支撑线，或者支持线。

股价在上涨到某一水平或点位时，往往不再继续上涨，似乎受制于一条无形的压制线，这条线就是压力线，或者阻力线。

其实支撑线和压力线代表了市场供求关系转换的临界点。所谓支撑线，就是指股价下跌过程中，需求不断增加，最终需求超过供给，股价无法继续下跌，在这一临界点上画一直线就是支撑线。所谓阻力线，就是指股价上升过程中，供给不断增加，最终供给超过需求，股价无法继续上涨，在这一临界点上画一直线就是压力线。

前收盘、今开盘、前高点、前低点、黄金分割位、重要的整数点位都可以成为强大的阻力位和支撑位，在该点位上画出的直线就是阻力线和支撑线。

阻力线和支撑线可以角色互换，支撑线一旦被突破，往往就会变成压力线；反之，压力线也会变成支撑线。一般情况下，如果股价在某个区域内累积成交量很大，形成一个密集成交区，那么如果股价突破此区域，它的上下边缘切线就会成为支撑线或阻力线。这是因为获利盘具有强大支撑作用，而套牢盘具有强大的阻力作用。历史密集成交区，如果在下方，往往对股价构成极为强大的支撑作用，如果在上方，则往往对股价构成极为强大的压制作用。而支撑线一经跌破，获利盘变为套牢盘，它将成为下一个涨势的阻力线；阻力线一旦被突破，套牢盘变为获利盘，它就会成为下一个跌势的支撑线。

当股价下跌或上升一定幅度时，如 50%或 0.618 位、阶段性的最高价时，会产生修正波动。这种上升波或下跌波向起始点回归的规律，技术分析称为股价对称性原理。之所以产生这种现象，是因为在这样的位置，市场投资者的心理预期趋于高度一致，获利盘开始回吐，套牢盘开始回补，回调介入的、抢反弹的进场等等，于是在这一带就形成一条新的支撑线或者压力线。它们实际上是投资者很难突破的心理线。

为了判断支撑线的支撑力度，笔者将其分成短期、中期、长期三种，形成时间在一个月以内的为短期支撑线，形成时间在一个月至一年的为中期支撑线，形成时间在一年以上的为长期支撑线。越是长期的支撑线，支撑作用一般越明显。

为了判断压力线的压力力度，笔者将其分成短期、中期、长期三种，形成时间在一个月以内的为短期压力线，形成时间在一个月至一年的为中期压力线，形成时间在一年以上的为长期压力线。越是长期的压力线，压力作用一般越明显。

应用支撑线、压力线应注意的事项：

①角度越是陡峭的右下倾支撑线和右上倾压力线(在一幅图中 100～120 根 K 线情况下，大于 45° 角的右下倾支撑线和右上倾压力线)，越不可能被有效突破，即使短期被突破，最终往往还会被反向突破，形成多头陷阱或者空头陷阱。

如图 4-1 所示，600428 在 2003 年 9 月到 2004 年 4 月的走势，股价突破压力线 A 后，形成新的更大角度的走势，股价虽然快速突破压力线 B，并站了 5 天，但很快反向突破，做了一个多头陷阱。这就是因为压力线 B 大于 45° 角，过于陡峭。

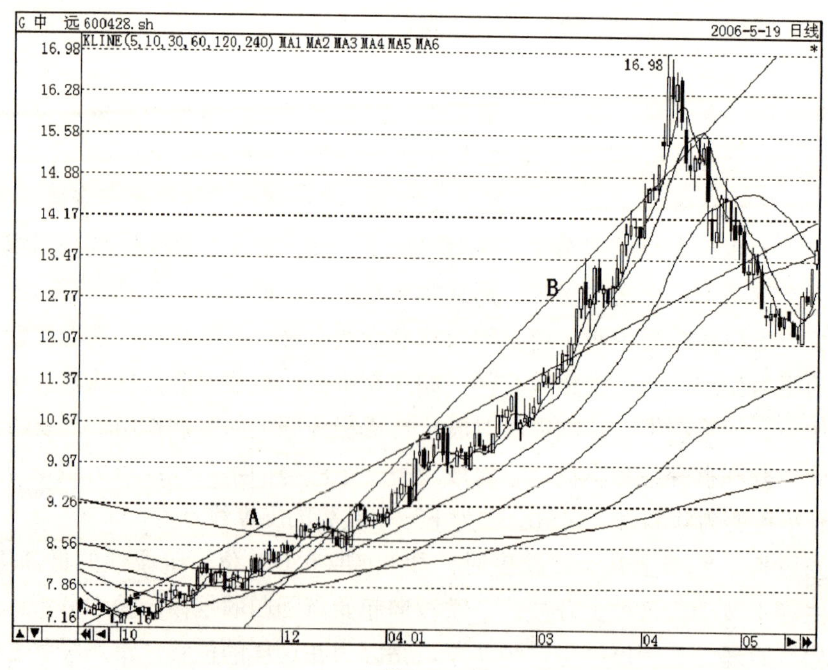

图 4-1

如图 4-2 所示，600598 北大荒在 2002 年 6 月到 2003 年 1 月的走势，股价虽然一度快速突破支撑线 A，并停留了 4 天，但很快反向突破，留下一个空头陷阱。就是因为支撑线 A 过于陡峭。支撑线 B 角度更大，从理论上讲股价不可能突破它，实际也是如此。

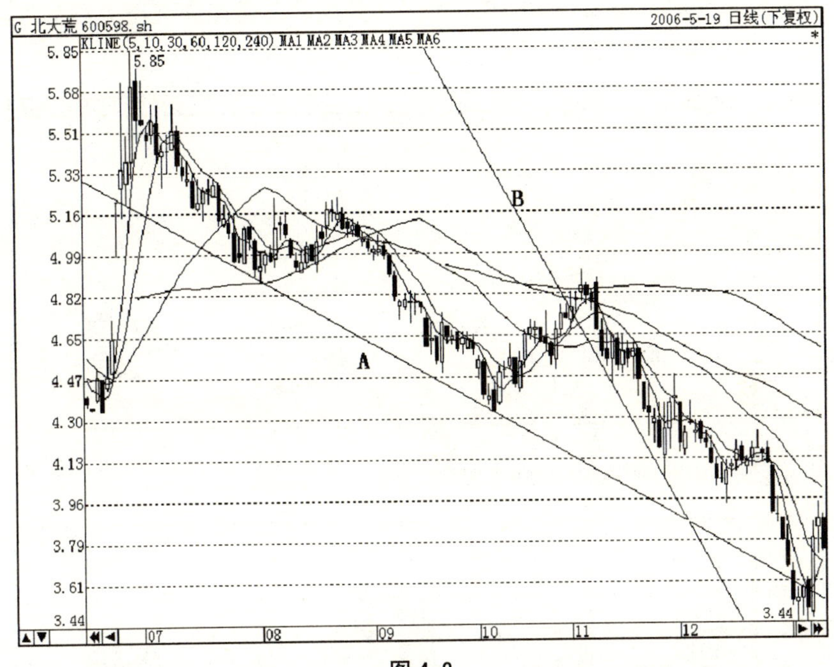

图 4-2

②支撑线很多，但真正的支撑线其实是主力感觉力不从心的砸盘受阻价位或者打压进货目标价位。一般是主力成本线、低位集中成交区、阶段性低点、历史低点等；压力线很多，而真正的压力线是主力感觉力不从心的拉高受阻价位或者出货目标价位。一般是主力利润线、高位集中成交区、阶段性高点、历史高点等。

如图 4-3 和图 4-4 所示，是 600840 在 2005 年 5 月之后的走势，股价在 A 线附近多次受到支撑，基本可以判断此支撑为主力进货目标价位，应当近场作反弹。B 线是颈线位，一旦突破，则成为强大的支撑线，无量回抽，应在 D 点及时跟进。

欺骗性支撑线、压力线包括“扛线拉”和“压线打”。

由于支撑线、压力线具有很强的技术意义，很多技术派投资者钟情于支撑线、压力线。为了使支撑线、压力线变轨，主力在运作过程中，常常对股价、指数进行人为干扰，画出失真的支撑线、压力线，以便迷惑技术派。比如在回落过程中，常常会突然拉升，幅度超出预期，这会制造一个明显高于其他高点的连线支点。笔者称之为“扛线拉”。这有两个效果：一是吸引跟风者，使自己在高位理想价位抛出更多筹码，二是将压力线向上扛起，为日后反弹时抬高阻力位，并拖延技术派进场（离场）的时间（很多技术派会在突破压力线后才进场，或在接近压力线时才离场）。

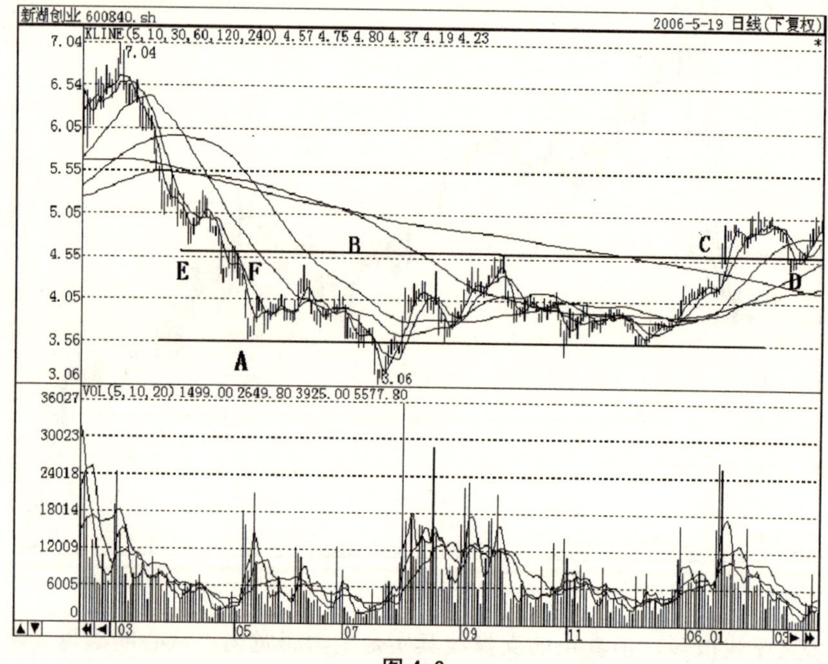

图 4-3

同样，主力也会突然打压股价和指数，幅度超出预期，这会制造一个明显低于其他低点的连线支点。笔者称之为“压线打”。这有两个目的：一是恐吓跟风者卖出，使自己在低位理想价位买入筹码，二是将支撑线向下压低一些，为日后回落时压低支撑位，并拖延技术派进场的时间（很多技术派会在突破支撑线后离场，或者在到达支撑线时才进场）。

由于“扛线拉”和“压线打”是主力惯用的手法，出现频率非常高（比如近期就出现多次，如图 4-4，A 点、A 线位置就是扛线，真实的压力线其实是 B 线；C 点、C 线位置就是压线，真实的支撑线其实是 D 线），如果你以 A 线为参照，等到突破 A 线才入场，就晚了很久了，重要的最佳入场时机早就错过了；而你要等到达 C 线才进场，你是等不到的，主力会提前在 D 线附近进场、提前拉起了。所以识别扛线拉和压线打，是反骗线的重要基本功。

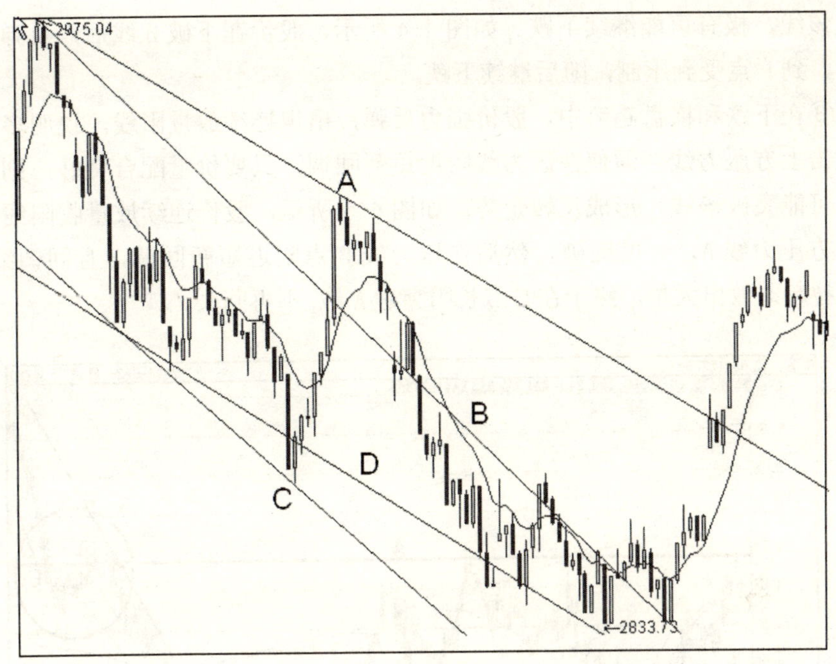

图 4-4

③在下跌趋势中，股价会在一些支撑线附近减缓下跌甚至暂时止跌，特别是第一次碰触该线，往往会有反弹，越重要的支撑线附近，反弹力度越大。但是如果反弹无量，往往难以走得太高。所以短线可以在股价第一次碰触或者瞬间突破支撑线的时候，抢一下反弹，反弹 5%～10%左右出局，最迟要在二次回落、再次突破该线的时候离场，此时支撑线就是止损线。如图 4-3 所示，股价在 B 线 E 点受到支撑反弹，如果未能在反弹高点出局，最晚也应在下破 B 线的 F 点之后离场，就可以避免随后的深幅下跌。如果二次回落不碰触该线，或者短暂刺破，随即放量走高，往往预示支撑有效，如果恰好是在中长期低点，可能见底回升，甚至反转，此时可以加码跟进。如图 4-3 所示，股价在 B 线 D 点就是绝佳的买点。

④在下跌趋势中，股价抵达支撑价位时，如果反弹力度微弱，阳线短小，且没有成交量放大配合，说明支撑力度不够。随后股价极有可能有效突破该线。如图 4-3 所示，股价在 B 线 E 点受到支撑反弹，但是不能放量，随后下破 B 线继续下跌。

⑤在下跌趋势中，股价突破某支撑价位后，如果反弹力度微弱，阳线短，阴线长，且没有成交量放大配合，说明该线已经变为强压力线，股价很难有效

回破该线，极有可能继续下跌。如图 4-4 所示，股价在下破 B 线后，反弹不能放量，到 F 点受到压制，随后继续下跌。

⑥在下跌和横盘趋势中，股价强力反弹，出现连续放量阳线，说明多头开始突击上方压力线，即使在压力线附近短暂回调，只要价量配合良好，则股价极有可能突破该线，形成反转走势。如图 4-5 所示，股价连续放量收阳线，突击上方压力线 A，一度突破，然后在压力线 B 点附近短暂回调，且回调缩量，再次拉起即放出大量，终于在 C 点长阳突破 A 线,不再回头。

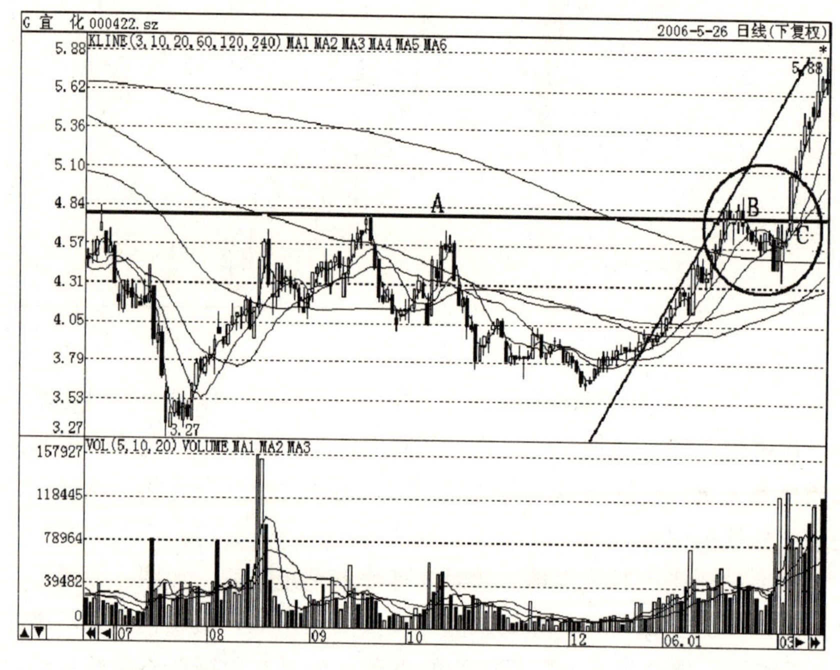

图 4-5

⑦在压力线附近经过一段时间的盘整或者瞬间突破，而后长阴下跌，说明压力线有效，股价可能回落整理，甚至深幅下跌。

如图 4-6 所示，股价突击上方压力线，但在 A 点，连续巨量收阴，随后股价一路回落。

⑧在压力线下方经过一段时间的盘整后，出现放量长阳线向上突破，突破后迅速回落，但是回落无力，股价极有可能再上台阶。

如图 4-7 所示，股价突破上方压力线 A 线后，迅速回落至 B 点，但是回落力度很小，随后股价继续攀升，创出新高。

中原高速 600020.sh
2006-5-26 日线(下复权)
KLINE(3,10,20,60,120,240) 6.75 6.61 6.45 6.16 6.98 7.42
8.82
A
5.68
VOL(5,10,20) 117986.00 104700.00 94299.50 91963.15
12
05.02
05
08
10
06.01

图 4-6

亿阳信通 600289.sh
2006-5-19 日线(下复权)
KLINE(3,10,20,60,120,240) 11.02 10.30 9.80 8.43 8.28 9.26
11.42
A
B
6.52
VOL(5,10,20) 26146.00 39367.00 39938.60 42824.85
06
07
08
09
10
12
06.01

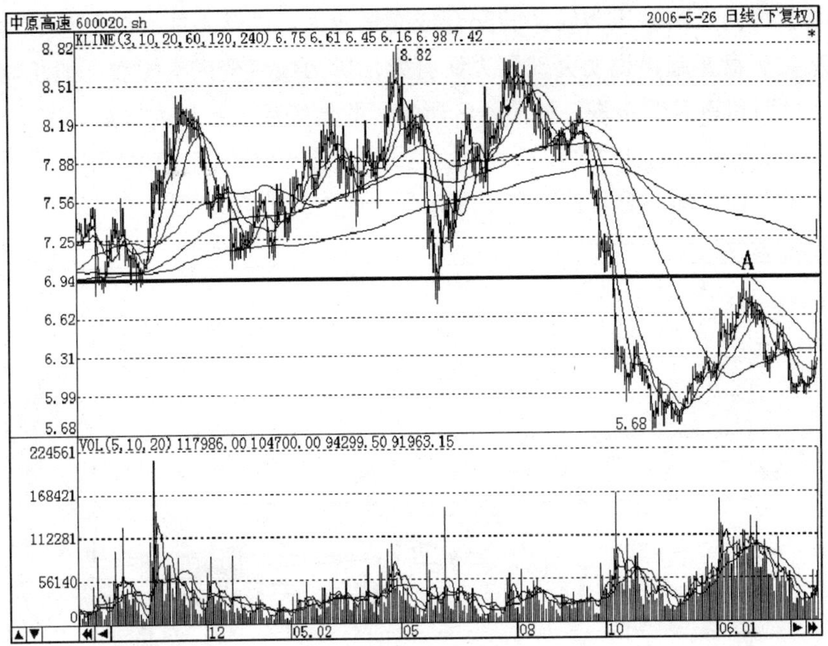

图 4-7

⑨股价向上突破压力线，若配合成交量放大，回落不能有效回破该线，能够再次被买盘托起，说明突破压力线有效，压力线将变成支撑线，股价将继续上涨。此时可以及时跟进。如图 4-8 所示，股价突破上方压力线后，又在 A 点、B 点两次放量收阴，大力回抽，甚至单日返回压力线下方，或盘中瞬间反突压力线下方，但是随后总是被买盘迅速托起，股价立即大力度回升。

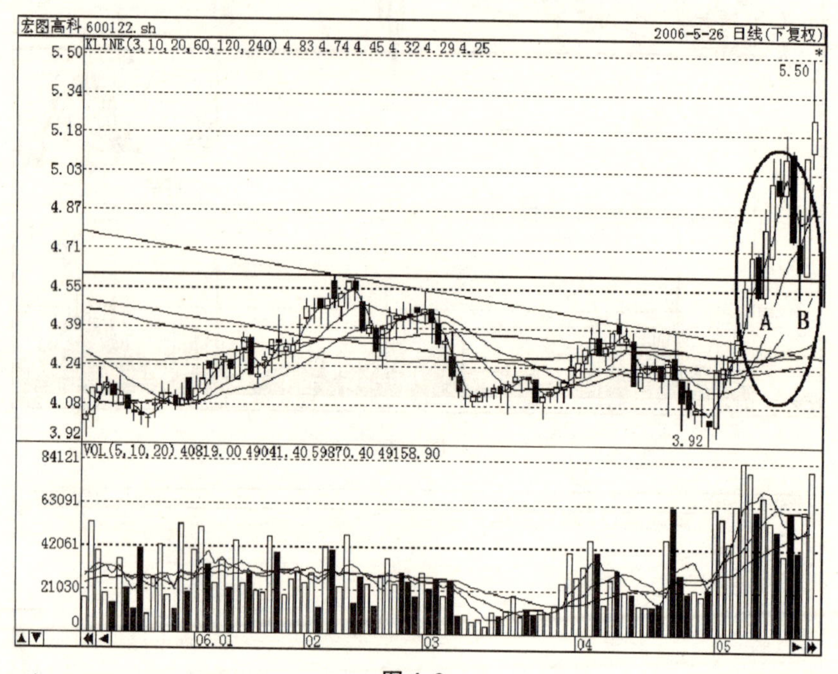

图 4-8

⑩股价瞬间突破压力线，但不能有效突破，随后很快调头回落或者虽突破阻力线，但成交量不配合，可能是假突破，应观望或者出局。

⑪当股价向上突破压力线后，如果成交量不再放大，而是缩量整理，应观望等待回落，但如果回落不放量，或者不再回落，一般可以确认突破有效，可以做多。因为压力线被有效突破后，股价一般都会有一段升幅。

如图 4-9 所示，股价突破上方压力线后，在 B 点缩量回落，随后拉起进行高位盘整，然后再次缩量回落，随后再次被买盘迅速托起，虽然缩量但是股价能够稳住，说明主力已经高度控盘。

⑫在上升趋势中，遇到压力线，阳少阴多，涨缩量，跌放量，说明压力有效，宜暂时作空。

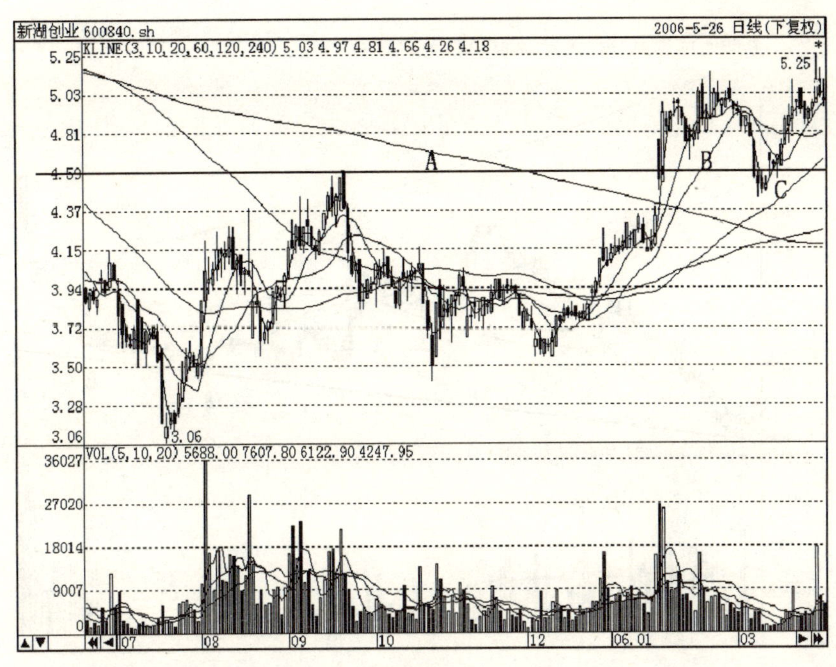

图 4-9

⑬股价在支撑线附近盘整一段时间后，出现放量长阳线，说明支撑有效；股价在支撑线附近盘整一段时间后，出现一根长阴线突破，股价一般会再下台阶。如图 4-10 所示，股价在 A 点获得支撑后，进行了多日盘整，最后在 B 点放量收阳，随后股价一路扬升。

⑭股价在较高位向下跌破支撑线，往往预示行情可能转势。如图 4-11 所示，股价在历史高位，跌破支撑线 A，随后确认趋势反转，长期走熊。

⑮股价向下跌破支撑线，如果成交量配合放大，反弹不破该线，往往预示跌势继续，应及时出局。

⑯股价向下遇到支撑线，虽不立即跌破，但只是缩量整理，方向不明，宜观望。

⑰在长期下降大趋势中，如果反弹突破第三条中期压力线或者离现在最近的第一条长期压力线，往往预示下降大趋势可能结束。

如图 4-12 所示，上证指数四条长期压力线 A、B、C、D，指数在突破离当时最近的第一条长期压力线 A 后，宣告熊市结束，牛市来临。而当时恰好已经突破从最近高点以来的第三条中期压力线。

攀渝钛业 000515.sz
2006-4-12 日线(下复权)
KLINE(3,10,20,60,120,240) 2.60 2.83 3.14 3.99 4.59 5.60
5.60
5.28
4.96
4.65
4.33
4.01
3.69
3.37
3.06
2.74
2.42
4.65
A
B
VOL(5,10,20) 24211.00 34412.60 26267.40 21228.45
130160
97620
65080
32540
0
08
09
10
11
12
06.01

图 4-10

G 银　动 000519.sz
2006-5-26 日线(下复权)
KLINE(3,10,20,60,120,240) 5.16 4.80 4.59 4.53 5.26 6.06
24.06
24.06
22.05
20.05
18.04
16.03
14.02
12.01
10.00
8.00
5.99
3.98
A
VOL(5,10,20) 8600.00 11657.40 8101.00 7058.85
145540
109155
72770
36385
0
99.08
00.06
01.04
02.02
12
03.10
04.08
05.06

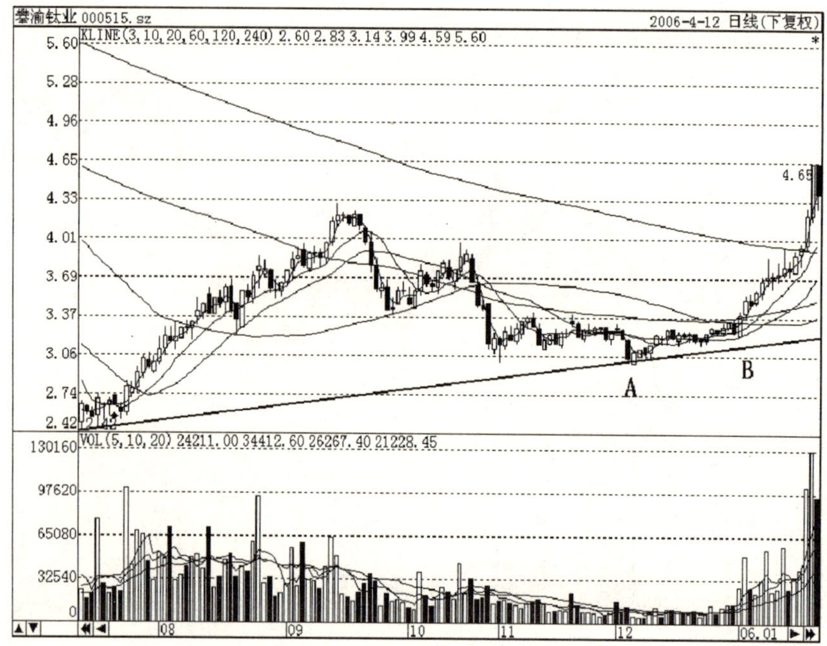

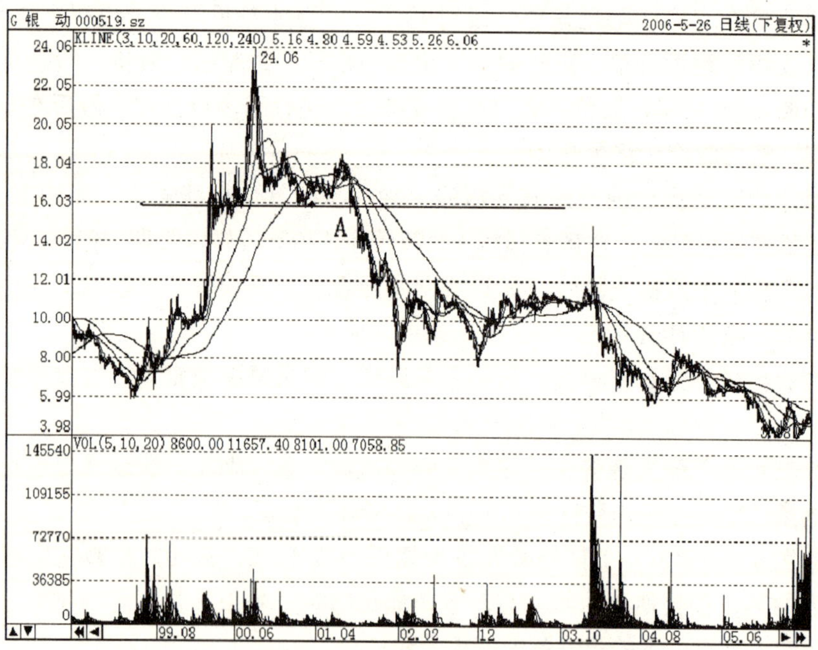

图 4-11

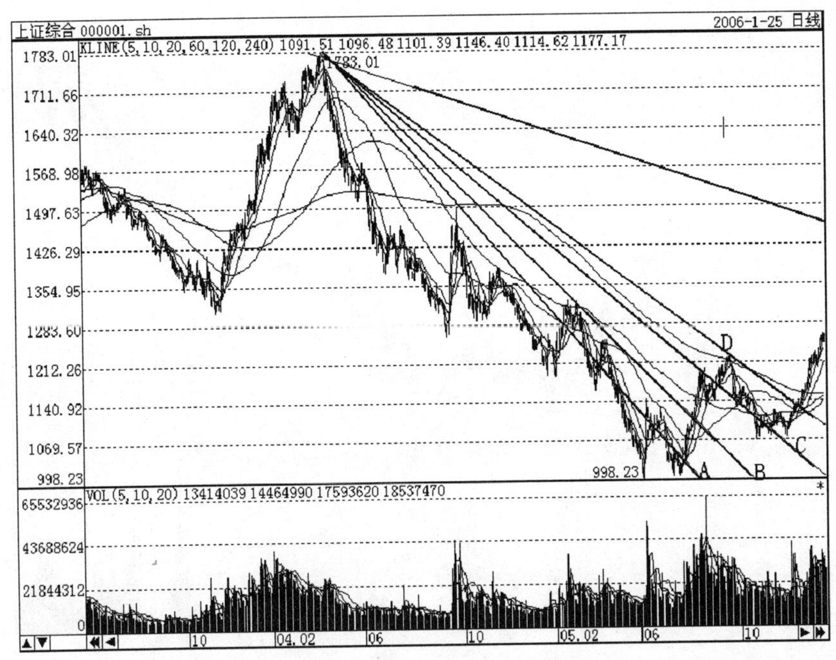

图 4-12

⑱在长期上升大趋势中，如果股价跌破第三条中期支撑线或者离现在最近的第一条长期支撑线，基本宣告上升大趋势结束。

如图 4-13 所示，上证指数四条长期支撑线 A、B、C、D，指数在跌破离当时最近的第一条长期支撑线后，宣告牛市结束，熊市来临。

⑲一般来说，指数很难一次突破长期压力线，而要经历再一次熊市之后的牛市才有可能突破它。如图 4-14 所示，2001 年牛市顶没有突破上一轮牛市的压力线 B 和 D，直到 2007 年才突破。所以未来 2 年指数即使可能会突破 6124 点，但终极点位不会突破以 6124 点为支点的上一轮牛市的上升压力线 F，要在下一轮牛市才有可能突破它。

⑳同样，指数也很难一次向下突破长期支撑线。如图 4-14 所示，以 1996 年 2 月低点为第二支点的支撑线 C 和以 1995 年 5 月低点为第二支点的支撑线 E，1996 年之后的历次调整一直没有能够跌破，直到 2002 年后才跌破。而原始长期支撑线则非常难以被跌破，如以 1994 年 7 月低点为第二支点的 A 线，指数经过十几年才跌破它，而且仅仅短期跌破，不久又被收复。所以，以 2005 年 998 点为第二支点的更长期的支撑线 E 则更难以被跌破，至少短期内不会被第一次大级别调整跌破，它最早在下一轮大熊市才能被跌破。未来任何跌破它、接近它的点位都是长期底部区域。

上证综合 000001.sh
2006-5-26 日线
KLINE(3,10,20,60,120,240) 2222.59 2225.51 2212.87 2154.31 2089.34 2042.07
2245.44
A
B
C
D
307.87
VOL(5,10,20) 17901196 15223330 17588426 18478840
93.02
94.02
95.02
96.02
97.03
98.04
99.05
00.06

图 4-13

2007年10月
6124.04
1997年5月1510点
1993年2月1558点
1992年5月
1429点
2001年2245点
2005年6月998点
1994年325点
1996年1月512点
A
B
C
D
E
F
G

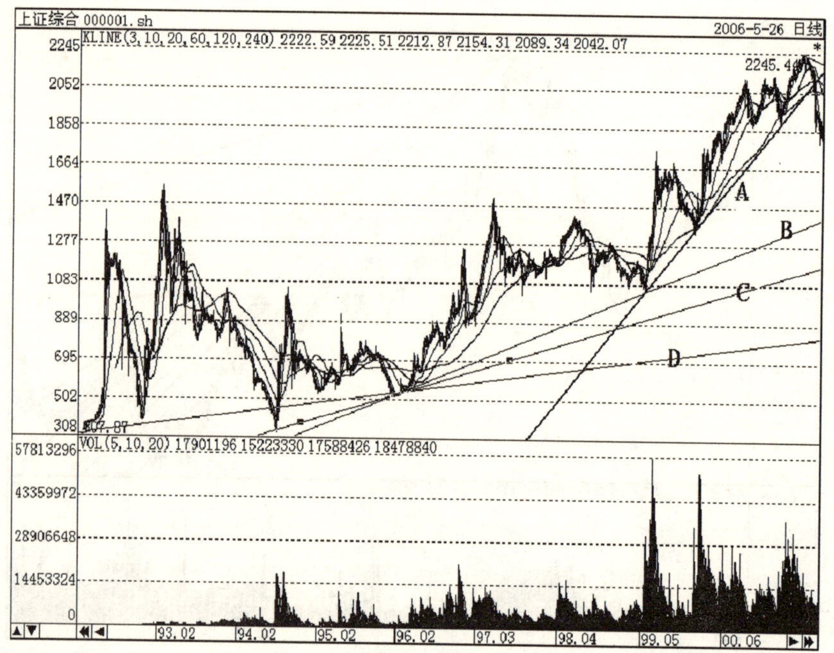

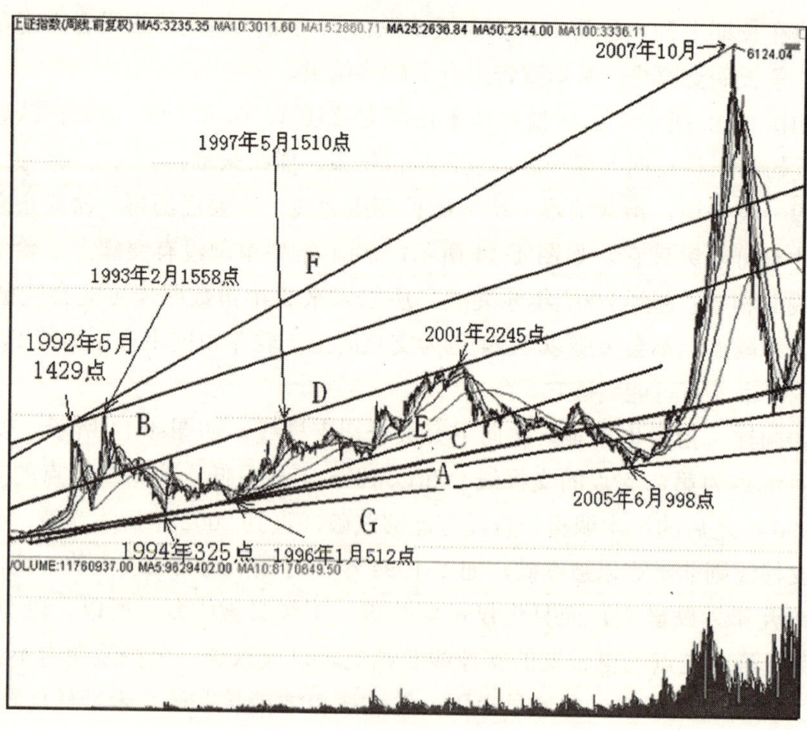

图 4-14

㉑原始长期支撑线、压力线会规定未来相当一段时间的股价波动区间。如图 4-14 所示，指数在 A 和 B 所划定的上下区间运行了 13 年。而指数在 G 和 F 所划定的上下区间预计将运行 20 年以上。

二、趋势线

最重要的切线是趋势线。

所谓趋势线，是指指数和股价走势高点的连线或低点的连线。趋势线分上升趋势线(上升支撑线)与下降趋势线(下降压力线)。趋势线是支撑线和压力线的一种。

1. 上升趋势线

上升趋势线又分为短期、中期、长期、超长期、原始上升趋势线，中期上升趋势线最为常用。上升趋势线就是行情启动点与后面上升行情调整产生的低点相连接起来的直线。上升行情在调整中所产生的低点发生了新的改变，上升趋势线就要相应修正。上升趋势线一旦被破掉，往往会成为以后走势的压力线。

上证指数的上升趋势线对于指数头部判断具有重要意义。

短中期上升趋势线很重要，它可以帮助你确认阶段性头部。如 2005 年 7 月 21 日的 1009 点和 8 月 19 日回调的 1132 点的连线是其短期的上升趋势线，是第一根趋势线。短期上升趋势线很快会被新的调整和反弹破掉，需要修正。短期上升趋势线经过几次修正后，上升角度降低，就形成了中期上升趋势线。破掉任何一根趋势线就逃顶都算是成功的。但如果按照第一根逃顶，很容易错过主升行情，而跌破第二、三根短期上升趋势线，辅以技术指标、形态、均线分析，判断顶部准确律会大大提高。2005 年 7 月 21 日的 1009 点和 8 月 31 日的 1140 点连线是矫正后的第二根上升趋势线，破掉后行情结束了。

长期上升趋势线也很重要，它可以帮助你确认更大的头部及历史性头部。利用趋势线可以很容易判断 2001 年 6 月 14 日 2245 点见顶。1999 年 12 月 29 日 1341 点和 2001 年 2 月 22 日 1893 点连接起来的中长期上升趋势线位于 2061 点左右。“ 5•19”行情启动点 1999 年 5 月 17 日的 1047 点和 1999 年 12 月 29 日 1341 点连接起来形成的长期上升趋势线位于 1980 点。2245 点见顶下跌，轻易破掉了这两根长期上升趋势线。要知道破掉哪个级别的上升趋势线，则标志相应级别的行情结束。因此，破掉上面所说的两根长期上升趋势线后，上证指数持续下跌了 4 年！如果你只懂得上升趋势线的运用，当时也一样可以确认历史性大顶，并成功逃脱。

上升趋势线的主要作用就是确认顶部，它是你的最后一道防线，破掉趋势线走为上。但是，对于岛型反转、强大利好消息导致的短期井喷行情等简单型头部，趋势线反应很慢甚至无法反应，利用上升趋势线逃顶，就不太适合。如1995年5月18日的井喷行情、“6•24”井喷行情等。虽然运用上升趋势线逃顶，比运用形态、均线分析逃顶要慢一些，但是准确率更高。

如图4-15：在跌破A、B、C任何一条趋势线之后，都应该离场，最迟也应该在跌破C线之后出局，才能避免在历史顶部套牢，否则必将面临灭顶之灾。

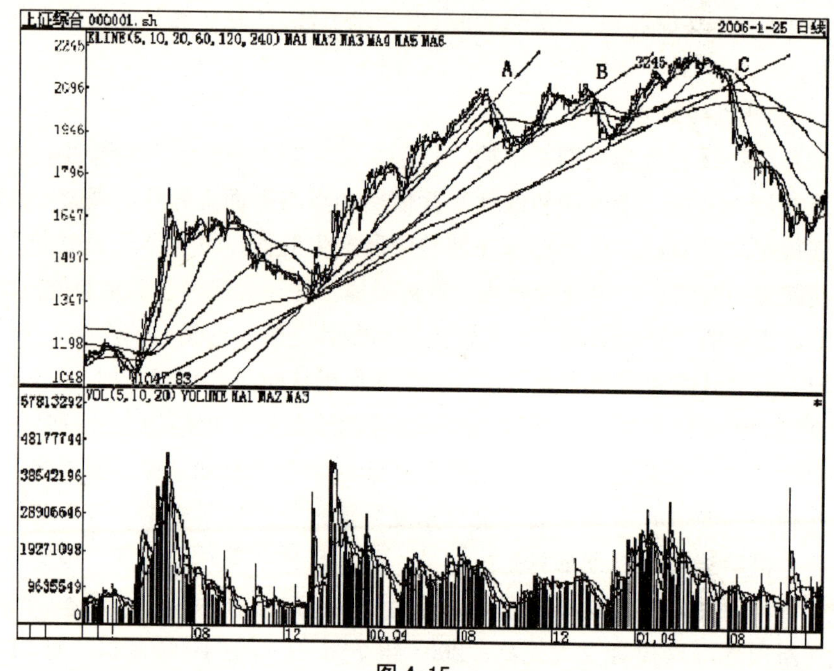

图4-15

2. 下降趋势线

下降趋势线又叫下降压力线，是指指数或者股价形成的高点所连接成的直线。

下降趋势线又分为短期、中期、长期、超长期趋势线。中期下降趋势线最为常用。下降趋势线就是行情转折点与后面下降行情反弹产生的高点相连接起来的直线。下降行情在反弹中所产生的高点发生了新的改变，下降趋势线就要相应修正。下降趋势线一旦被破掉，往往会成为以后走势的支撑线。

上证指数的下降趋势线对于指数底部判断具有重要意义。

短中期下降趋势线很重要，它可以帮助你确认阶段性底部。如2003年4月

16 日的 1649 点和 7 月 17 日的 1540 点的连线是其短期的下降趋势线，是第一根趋势线。2003 年 11 月 24 日突破之后产生了一波中级反弹行情。

长期下降趋势线也很重要，它可以帮助你确认更大的底部及历史性底部。利用趋势线可以很容易判断 2005 年 6 月 6 日 998 点见底。同样，破掉哪个级别的下降趋势线，则标志相应级别的行情开始。因此，破掉两根长期下降趋势线后，上证指数持续下跌了 4 年的熊市可以宣告结束了。如果你懂得下降趋势线的运用，就可以确认历史性大底，并成功抄底，肯定不会踏空。

如图 4-12：最迟在突破 C、D 线后介入，也不会在历史底部踏空。

3. 应用趋势线的注意事项

①上升趋势线是波段低点的连线，不是波段高点的连线；下降趋势线是波段高点的连线，不是波段低点的连线。

②越是长期的趋势线，一旦被成功突破后，被反向突破的可能性就越小。

③在没有被跌破之前，上升趋势线就是支撑线，可以对每一次回落构成支持；在没有被升破之前，下降趋势线就是压力线，可以对每一次回升构成压制。

④当股价有效跌破上升趋势线时，就是卖出信号；当股价有效突破下降趋势线时，就是买入信号。

⑤指数或股价随着某一固定趋势移动的时间越长，该趋势就越可靠；但是该趋势越长，也就越有可能随时被改变，虽然大方向可能还会维持很久。

⑥每一条上升趋势线，需要至少两个明显的低点；每一条下跌趋势线，则需要至少两个高点。

⑦趋势线角度越陡峭(大)就越容易被横向整理所突破，而形成新的趋势，因此角度越小越有意义。

⑧趋势线对股价有很强的吸引力，股价离趋势线越远，越有可能回升或者回落。特别是股价在上升或下跌的末期，都有加速上升和加速下跌的现象，一旦出现加速远离趋势线，往往预示反转即将出现。

⑨趋势线是重要的心理价位线，越是中长期的趋势线，越有效，因为主力一般不会逆大势强行突破，那样成本太高，因而股价非常有可能继续沿着已经形成的趋势线移动，而不会轻易改变运行方向。

⑩瞬间或者仅一个交易日突破某条趋势线，不是有效突破，该趋势线仍然有效；收市价突破趋势线超过 3 日，并且超越 3％才有效。

⑪当股价突破下降趋势线时需要有大成交量的配合才有效，但是向下跌破上升趋势线则不需要太大的成交量。

⑫随着股价高低点的不断出现，必须不断地对原来的趋势线进行修正，这样才能找出更有效的趋势线。高低点最多的线和最有意义的高低点的连线，是最有效的趋势线。

三、黄金分割线

所谓黄金分割线是指依据黄金分割率对股价或指数位置所画的预测线。

将该项定律引用在股票市场，预测股价变动的高低点，具有较高准确性。该方法成为股票投资人常用的股票技术分析方法和标准之一。

黄金分割线主要是用来判断股市大势，或个股多空转换的价位与时机。当然，投资者还要结合当时的经济和政治环境变化，作出股票买卖的决策。

1. 测顶功能

当股市上涨时，特别是在上涨了一定时间和幅度之后，投资者最困惑的问题是哪里是顶。而依照黄金分割率画线，能大致预测股价的反转区域，从而使投资者更容易确定卖出时机和位置。

当股价上涨幅度接近或达到 0.382、0.618 位置时，会出现较大压力，股价有可能回落甚至反转下跌。

黄金分割率的 0.382 的一半即 0.191 也是重要点位。这样可以得到 4 个点位：0.191、0.382、0.809、1。在上升行情中，预测股价上升的能力和可能反转的价格，将前低点乘以上述 4 个比率，就可以得到相应的价格，从而对可能达到的幅度进行大致的预测。

例如，某股最低价为 10 元，自 10 元起涨时，我们就可以计算出多个压力价位，即：10×(1+0.191)=11.91 元；10×(1+0.382)=13.82 元；10×(1+0.618)=16.18 元；10×(1+0.809)=18.09 元；10×(1+1.0)=20 元；以此类推。

如图 4-16 所示，华夏银行，自 3.5 元一线见底回升以来，每次遇到的阻力，进行盘整或震荡的位置基本符合黄金分割率。

2. 测底功能

当股市下跌时，特别是在下跌了一定时间和幅度之后，投资者最困惑的问题是哪里是底。依照黄金分割率画线，能大致预测股价的反转区域，从而使投资者更容易确定买入时机和位置。

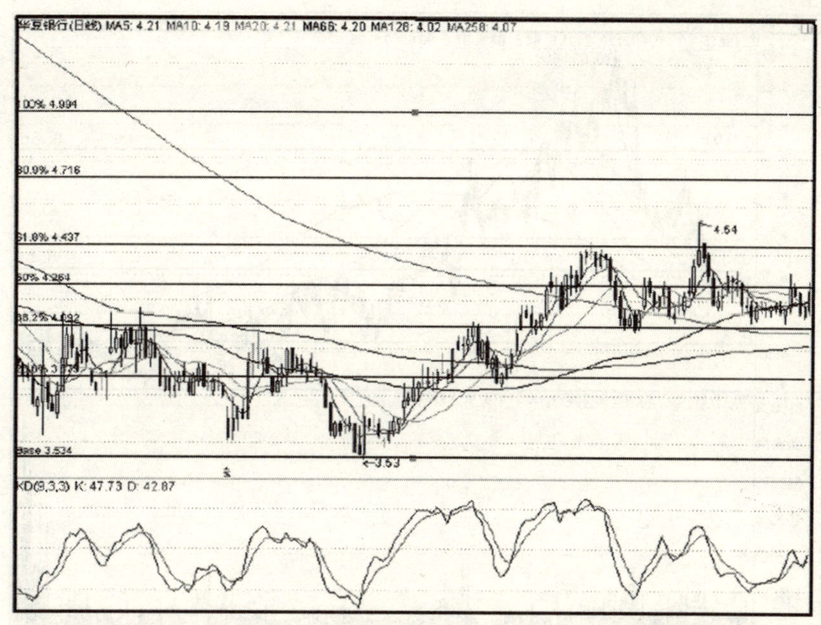

图 4-16

根据黄金分割率，股价的跌势也会在下跌幅度达到或接近 0.191、0.382、0.618、0.809 以及整数倍位置时容易受到支撑，股价有可能反弹甚至反转上升。

例如，某股最高价为 10 元，股价自 10 元起跌时，我们可以计算出多个不同的支撑价位，即 10×(1-0.191)=8.09 元；10×(1-0.382)=6.18 元；10×(1-0.618)=3.82 元；10×(1-0.809)=1.91 元。以此类推。

需要注意的是，由于个股容易受到主力人为的操纵，而指数是整体走势的反映，不易受到较大影响，更为综合、平衡，也就越接近自然运行规律本身。所以，黄金分割率对于指数的预测比对于个股预测更为准确。

如图 4-17 所示，股价自 10.59 元下跌以来，每次遇到的支撑、反弹，进行盘整或震荡的位置基本符合黄金分割率。

G 华 能 600011.sh
2006-5-26 日线(下复权)
KLINE(5,10,20,60,120,240) 5.64 5.83 5.87 5.90 6.00 6.95
10.59
0.191
8.56
0.382
6.54
0.5
5.3
4.22
VOL(5,10,20) 20582.00 20627.00 27418.90 29837.35
04.03
07
10
05.02
06
09
06.01

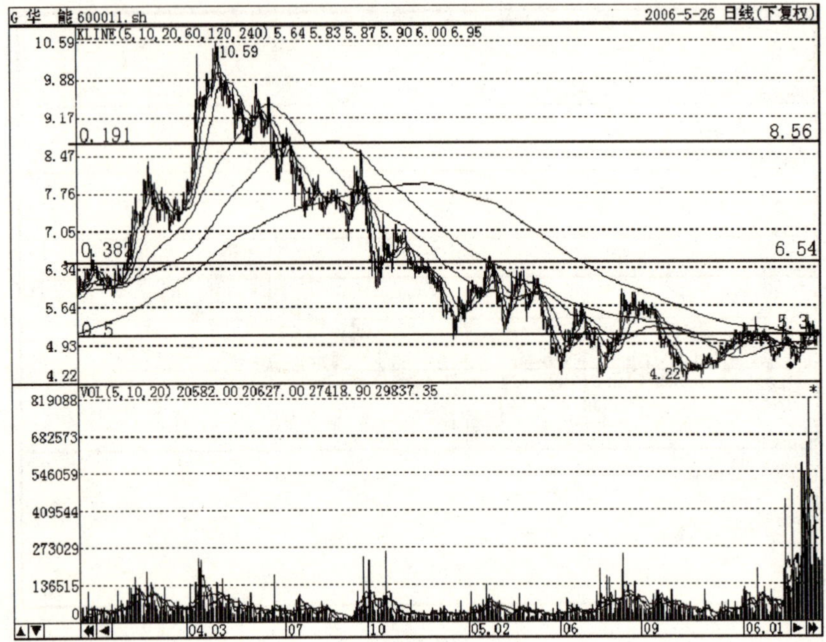

图 4-17

第五章　波浪理论的应用诀窍

——踏浪宜从容

波浪理论是美国人拉尔夫·纳尔逊·艾略特(R.N.Elliott) 在 1938 年提出的，一套股市走势预测理论和价格趋势分析工具。其精髓是股市走势的十三种形态和波(Waves)。

波浪理论虽然得到广泛应用，但人们不得不承认它是最难了解的理论和最难精通的分析工具。

波浪理论认为，股票等商品价格的波动，都与大海的波浪一样，一浪接一浪，具有周期循环的规律性；投资者可以根据这些波动的规律性预测指数和股价未来的走势，并据以决定买卖时机。

一、波浪理论的基本观点

①股价和指数的上升、下跌将会交替进行，周而复始。

②股价和指数波动由推动浪和调整浪两个最基本的形态构成。推动浪又可以分成五个小浪，即第 1 浪、第 2 浪、第 3 浪、第 4 浪、第 5 浪，所谓五浪上升。调整浪也可以分成三个小浪，即 A 浪、B 浪、C 浪。五个上升推动浪，三个跌调整浪，一共八个波浪，所谓“八浪循环”。

③八个波浪构成一个循环，一个循环完成，会进行下一个八浪循环。

④许多波浪可合并为更高一级的浪，也可以再分成更低一级的小浪。

⑤波浪理论三部分中，形态理论最为重要，黄金比率次之，时间再次之，因为时间不会改变波浪的形态，波浪既可以延长，也可以缩短。

⑥1、3、5 三浪中，3 浪必须是最长的一个波浪。

⑦黄金分割率是波浪理论判断浪幅的数据基础。常见的转折点比率为 0.382、0.5、0.618。

⑧4 浪的底必须高于第 1 浪的顶。

⑨波浪理论实质反映的是群众心理。参与市场的人越多，准确性就越高。所以波浪理论更适合于指数，对个股的有效性就差些。

二、波浪的划分

波浪理论虽然认为，市场走势划分为上升五浪和下跌三浪，但是具体如何划分，却十分复杂。

由于每一个上升－下跌的完整过程都包含八浪循环，大循环中又有小循环，小循环中还有更小的循环。也就是大浪含小浪，小浪含细浪，细浪含微波等等。而且推动浪和调整浪还会出现延伸浪等变化形态，就使对浪的划分更难以做到准确无误。

如图 5-1 所示，波浪经典形态：在一组八浪循环中，可以分成无数低级的八浪循环，而这八浪循环本身还是更高级别的循环中的 1 浪和 2 浪。

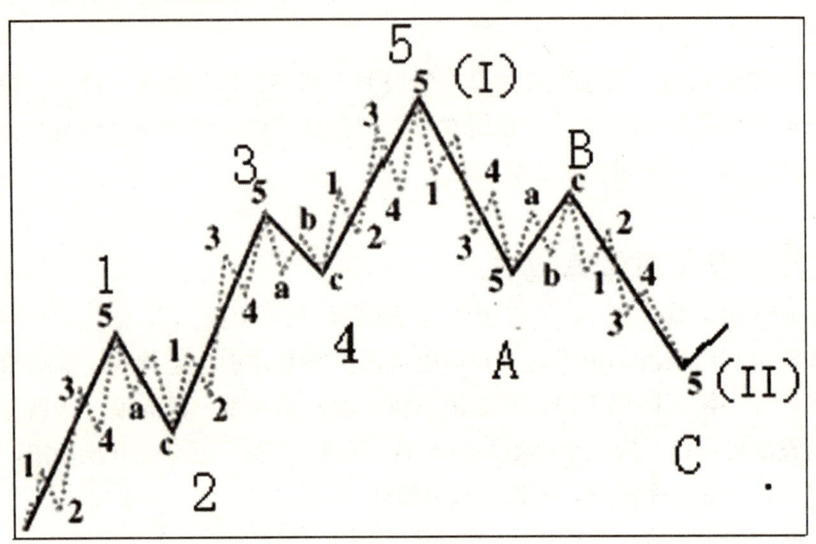

图 5-1

再如图 5-2，在上证走势中，可以发现一组八浪循环，而其中又可以分成次级的八浪循环，而这八浪循环本身还是更高级别的循环中的 1 浪和 2 浪，当前正运行在第 3 大浪初始阶段，所以有人预测，未来将有 10 年的大牛市，理论根据就是 3 浪应当长于 1 浪。

从浪的基本形态和特征看，大致可以做如下界定：

1 浪是一个新的循环的开始，是上升浪，属于筑底初期的转折阶段。此时往往对应空头市场末期，最后一跌之后，市场极度悲观，买方力量很小，上涨时间和幅度不会很大，一般上涨仅仅能够达到 10%～20%左右，而多数第 1 浪之后的第 2 浪调整的幅度却很深。一般而言，1 浪是推动五浪中最短的一波。

2 浪是下跌浪，属于筑底末期，对第 1 浪的确认阶段。此时投资者往往不能确认熊市结束，持筹心态非常脆弱，一有风吹草动，还会纷纷抛售，并造成很大调整幅度，有时甚至几乎吞噬第 1 浪的上升成果。第 2 浪调整结束，常常构筑头肩底的右肩和双底的右底。

需注意的是，2 浪不能创新低，创新底说明第 1 浪不是真正的 1 浪，随后的上升浪才可能是真正的 1 浪。

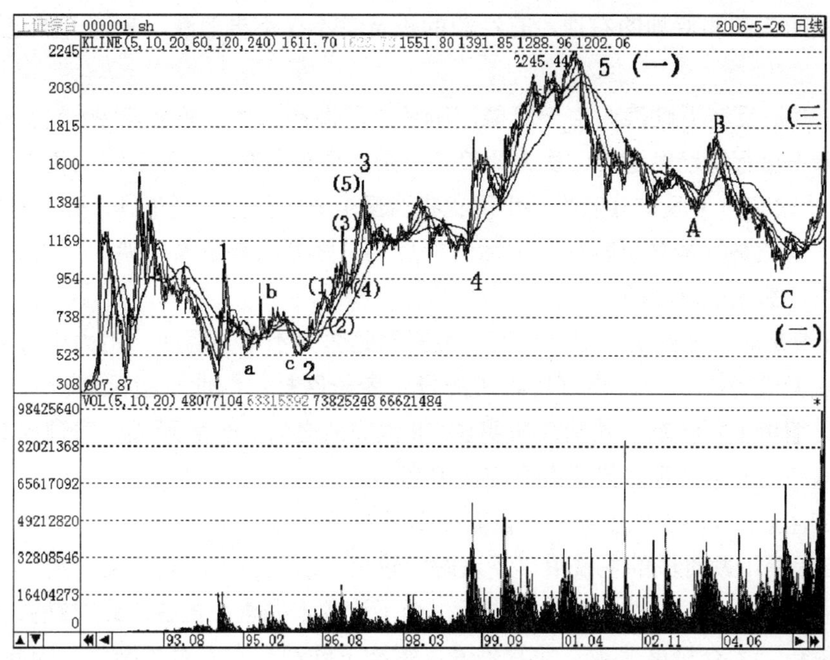

图 5-2

3 浪是主升浪，其上涨时间最长，幅度最大，也是最有爆发力的上升浪。3 浪发生在底部确立、投资者信心大大恢复之时。此阶段，成交量会持续放大，很多重要压力位往往轻松得以突破，投资者基本一致看多，追涨热情极高，上涨幅度经常超出市场的普遍预测。

4 浪是对主升浪的调整浪，基本上已经属于上涨末期、筑顶初期阶段，走势往往十分复杂，常常走出旗形、三角形、楔形等。第 4 浪调整结束，常常构筑头肩顶的左肩和双顶的左顶。

需注意的是，4 浪不能创新高，创新高则说明是 3 浪延长浪，或是已经进入第 5 浪；其低点不应低于第 1 浪的高点，低于 1 浪高点，则说明目前只是第 2 浪，前边的所有浪都还属于第 1 浪的子浪而已。

5 浪是上涨趋势的延续，已经是最后一涨，可能很猛烈，但多数走势很复杂，力度已经不如 3 浪，涨幅一般要小于 3 浪。在此阶段，龙头股票已经提前走软，补涨股成为指数主要推动者，题材股、绩差股往往比绩优股、大盘蓝筹股表现更好。这一浪投资者已经谨慎，分歧开始出现，散户情绪仍然很高，主力借机出货，常常筑顶成功，套牢大批投资者。

5 浪中往往出现量价背离、技术指标背离等现象。5 浪完成之后，一般构筑头肩顶的头部和双顶的右顶。有经验的投资者不仅不再追涨，反而开始逢高离场。

A 浪是反转下跌浪。由于可能刚刚还创了新高，大众投资者热情尚存，多数人看不出行情已经逆转，认为此浪还只是一个短期回调，然后还会再创新高。所以 A 浪有时下跌十分勉强，出现犹犹豫豫走势，甚至平缓下倾，作强势状。

但毕竟是行情转折阶段，主力出货后期，随着跌势逐渐明朗，主力离场更加坚决，暴跌是迟早的事。

B 浪是对 A 浪的确认浪，此时一般下跌趋势尚不十分明朗，主力出货未尽，所以就假装再起一波，将盲目跟进的投资者一网打尽。此阶段涨势一般较弱，往往呈缩量上行特征，回抽性质明显。B 浪完成之后，一般形成头肩顶的右肩，或者双顶的右顶。很多投资者会在此浪套牢。

应注意：B 浪不能创新高，创新高则说明仍是第 5 浪。

C 浪是下跌阶段的主跌浪，下跌时间较长，跌幅巨大，具有很大的破坏力。因为主力还有最后一些压箱货要出手，会不计成本抛售，再者，此时跌势明朗，进入熊市，大众极度悲观，非常恐慌，每次下跌都会有人跟风抛售。因此，此阶段往往出现普遍下跌现象，最坚挺的股票也会补跌。

三、浪幅的计算

波浪理论推测股市的升幅和跌幅是以黄金分割率和菲波纳奇数字计算。

计算的起算点很关键，可以是转折点，也可以是上 1 浪的高点或低点，因此会有不同的结果。不同的结果之间是浪幅的高低点区间。一般与实际点位相差不会很大。

四、波浪理论的不足

①一个完整波浪循环在走完之前，很难判断是否结束。

②对于波浪的性质，人们经常出现分歧，不同的人会有不同的判断。

③实际上，股票升跌次数绝大多数不按五上三落这一固定模式出现。波浪理论认为有些浪无意义，不能算数，这使数浪具有很大主观性。

④波浪理论的浪中有浪，并且可以无限伸延的论断，使推测浪顶、浪底的运行时间完全成为主观猜测。

⑤艾略特的波浪理论基于大众心理分析，是主观分析工具，而市场受多种因素影响永远不会按固定模式机械运行。完全按照波浪理论操作，风险肯定大

于收益。

⑥由于个股受到人为操纵，股价走势带有很大主观性，主力不会画出大家一看就知道的走势。因此，波浪理论并不适合于个股走势预测和买卖时机的判断。

总之，由于波浪理论过于复杂，数浪方式变化多端，笔者基本不予信赖，因此，建议投资者不要单独使用，必须结合基本面和其他分析工具使用，才有可能获得较好的效果。

第六章　定性定量分析法

我们进行技术分析，首要目的是定性分析，然后还要进行定量分析。比如进行顶部、底部、反弹、反转的判断，就是定性分析的过程；而对反弹幅度、回调幅度、牛市上涨幅度、熊市下跌幅度的判断就是定量分析的过程。

尽管技术指标企图通过概率、统计等定量分析达到定性分析的目的，大多数技术指标基本上仍只能归属于定量分析的范畴。

股市技术面指标主要有：涨跌幅度、涨跌速度、成交量、换手率、成交分布、反弹反转概率、资金净流入、资金净流出、散户持仓比例、机构持仓比例、投资者赢利指数(笔者独创)、开户数变化等等。

下面简要介绍几个重要的数量指标。首先我们不得不了解一下“黄金分割率”和“菲波纳奇数列” ，它们和股市运行的关系非常密切，而它们之间也存在近乎神奇的关联。

1. 黄金分割率

黄金分割率，又名黄金分割律、黄金率，即把已知线段分成两部分，使其中一部分对于全部的比等于其余一部分对于这部分的比。黄金分割最基本的公式就是把 1 分割成 0.618 与 0.382，根据不同情况，还可以演变成其他几种计算公式，如 1+0.618、1+0.382、0.618/2、0.382/2 等。

黄金分割率在宇宙、自然中的反映无处不在，而在人类艺术、生产、生活中自觉不自觉的应用也是十分普遍。符合黄金分割比率的运动和结构，给人的感觉总是非常完美、和谐、稳定。而不符合黄金分割率的运动和结构总是缺乏美感，不稳定，不和谐。

股市运动作为宇宙运动的组成部分，也不能脱离这个规律的作用，人们已经发现在股市运动诸多方面存在黄金分割率的身影。指数涨跌时间、幅度等方面的一定范围内的比率就存在黄金分割的现象。如，一个上涨趋势中的回调和上涨时间的比率、回调幅度和上涨幅度的比率往往很接近黄金分割数字。计算黄金分割的关键是准确找到起算点，一般来说，要选取走势比较清晰的趋势的波段转折点等关键点位进行计算才有效。

需要注意的是，涨跌空间达到黄金分割位的时候，如果时间恰好对应菲波纳奇数字，就极有可能发生变盘。如：2001 年 6 月开始的下跌，在跌到第 144 个交易日、1339 点前后时，指数才出现较大反弹。而 1339 点与 2245 点之比为 0.620，和 0.618 极为接近！

为什么会发生这样的规律，好像冥冥之中有一种无形的力量在左右着市场呢？笔者认为，除了神秘的宇宙法则的作用外，投资者心理预期对此也有很大作用。即使主力不以为然，忘记了它，在这样的位置上，他也会感觉到一股和他操作方向相反的巨大阻力，因为有很多投资者开始根据这个规律操作，主力有时候会顺势而为。久之，这个规律因为不断扩散、逐渐影响更多人而最终得到强化(具体应用详见第四章内容)。

2. 菲波纳奇数列

即 1，1，2，3，5，8，13，21，34，55，89，144，233，377，610，…

这个数列有以下特性：

①第三个数字等于前两项数字之和。

②数列和黄金分割率有密切关系：相邻的两个数之比十分接近 0.618，如 13÷21≈0.618，21÷34≈0.618，34÷55≈0.618，…；相隔两个数的比十分接近 0.382，如 13÷34≈0.382，21÷55≈0.382，34÷89≈0.382，…。

由于菲波纳奇数字存在许多神奇的特性，它几乎存在于宇宙天体运动、生物活动、日常生活等所有领域，因此被称为“神奇数字”。

有人研究发现菲波纳奇数列和股市趋势转换的时间之窗有关。它可以预测股价可能会在何时转势，在上涨趋势中遇到与菲波纳奇数列数字对应的时间之窗，存在形成高点的可能；在下跌趋势中遇到与菲波纳奇数字对应的时间之窗，有形成低点的可能。对过往指数走势规律研究发现，一些重要顶部和低部往往出现在神奇数字附近。如：2001 年 6 月开始的下跌，在跌到第 89、144 个交易日前后时，指数才出现较大反弹；2003 年 4 月为起点的下跌，到第 144 个交易日附近才出现较大反弹。因此，我们在遇到与菲波纳奇数列对应的时间之窗时，就要警惕变盘的发生。当然，仅有时间是不够的，还要结合空间，即上涨下跌幅度来判断时间之窗的性质。如果上涨幅度比较大，与数列对应的时间之窗就有可能向下变盘；如果下跌幅度比较大，就有可能向上变盘；如果波动幅度不大，根据进入整理前的趋势和当前位置，存在三种变盘可能，即下跌趋势继续下跌、上涨趋势继续上涨、高位向下变盘、低位向上变盘。

研究发现，在短期趋势中，连续上涨(下跌)3、5、8 个交易日往往发生回调(反弹)；在中期趋势中，连续上涨(下跌)21、34、55 日往往发生较大幅度回调(反弹)。在中期趋势中，神奇数字对应的交易日比较重要，如果回调（反弹）不能在某个周期结束，则这个趋势很可能会成长为下一个级别的趋势。如：某一中期趋势的回调(反弹)不能在第 34 个交易日结束，则这个趋势很可能会延续到第 55，甚至第 89 个交易日。一个不破 30 日均线的中期趋势一般不会超过 144 个交易日；如果趋势超过 144 个交易日，进入下一个级别的趋势——年度趋势的可能就大大增加了。一般而言，89、144 个交易日是非常关键的时间，指数在这两个时间附近往往出现逆向波动，如果恰好遇到重要阻力或者重大利空、利好，趋势极有可能发生逆转。如，自 2003 年 4 月的高点 1748 点的下跌到 11 月 13 日的 1307 点，用时 140(接近 144)个交易日；自 1307 点上涨到 2004 年 4 月高点 1783 点，又用时 96(接近 89)个交易日。

不过，神奇数字与市场的高度接近，并不是可以非常容易发现的，也难以简单套用。实际应用中，情况常常非常复杂，有时在日线级别一致，有时又在周线级别一致。如：虽然过后我们可以发现是在周线级别 21 周一致，然而我们常常会在日线级别中的第 55、89 日作出可能发生较大转折的判断，亏损于是发生。而且不同的起算点，又经常导致结果的差异。即使从最低(高)点起算，上涨(下跌)时间也不会严格按照数列的顺序运行。实际上，每一次次级趋势的运行时间常常是随机对应一个神奇数字。这就使判断转折时间成为比较困难的工作。当然，神奇数字常常会和它最接近的数字相伴，如：上涨 144 日，下跌往往会达到 233、144、89 日，至少也是 55 日左右。在牛市中，一个已出现的上涨周期神奇数字的后一个回调周期神奇数字往往较小；而在熊市中，一个已出现的上涨周期神奇数字的后一个下跌周期的神奇数字往往较大。如：自 2003 年 11 月 1307 点上涨到 2004 年 4 月高点 1783 点，用时 96(接近 89)个交易日，而自 2004 年 4 月高点 1783 点下跌到 2005 年 6 月 998 点，用时长达 275 日(接近 233)。

需要注意的是，可以影响股市运行的外部随机因素很多，股市运行不可能严格按照这个数列运行，只能是在数列数字前后的一个区间内发生变化。

3. 股价运行幅度和速度

笔者尝试不考虑外界因素的情况下，试图单就股价自身运行的速度(这里指环比速度，不是平均速度)和幅度找到一些规律。主要发现以下规律：

①反弹、回调多发生在完整浪形出现之后，也就是说 3 浪上升之后，第 4 浪才有较大可能发生，而第 4 浪出现后，第 5 浪的概率加大，其幅度也更容易判断；一段时期、一段趋势内，各波段细分趋势在长度、速度上存在对称性、相似性。

②一般情况下，投资者可以根据前一阶段数个波段的长度，通过简单计算得出下一个等级别波段的预期长度。

比如，我发现很多股票有这样的主升趋势规律：如果存在清晰的五浪，最高点常常基本相当于前两个高点之和。于是可以用如下公式计算新高点：

$$C \approx A+B$$

公式中，C 为未来新高点数值；A 为前面相隔的一个高点数值；B 为前高点数值。C 肯定是近似值，与实际点位相差 10%也应该属于合理范围。

③相似股票之间运行速度、幅度类似，极点产生的位置、逆向波动的幅度，基本可以根据前一阶段运行幅度、速度计算出来。

比如，如果存在清晰的 5 浪，最低点常常基本相当于前两个次低点之差。公式如下：

$$C \approx A-B$$

公式中，C 为未来新低点预期数值；A 为前面相隔的一个低点数值；B 为前低点数值。C 肯定是近似值，与实际点位相差 10%也应该属于合理范围。

而次级调整波段低点的变化稍微复杂，与调整浪起点、前低点、次高点有一定内在联系。关键是找到运行速度的基因——环比速度基本相等，可以通过环比速度预测，公式如下：

$$\text{环比速度 } X = (A-B)/A \approx (C-D)/C$$

$$\text{即 } D \approx C(1-X)$$

公式中，D 为第三波段低点预期数值，A 为波段最高点数值，B 为前低点数值，C 为波段次高点数值。D 肯定是近似值，与实际点位相差 10%也应该属于合理范围。

需要注意的是，这个公式一般应用于同一个趋势中，也就是说在 A、B、C 浪中，走出 A、B 浪后，判断 C 浪低点；而且一般在小级别趋势中比较吻合。但是上一轮 4 年熊市走出来的大型下跌三浪竟然也惊人地吻合，感觉不应该是巧合，也许真的有一些内在的动力在推动着。

同样，次级反弹波段高点数值与反弹浪起点、前高点、次低点存在一定内在联系。也可以通过环比速度预测，公式如下：

$$\text{环比速度 } X = (B-A)/A \approx (D-C)/C$$

$$\text{即 } D \approx C(1+X)$$

公式中，D 为第三波段高点预期数值；A 为波段起点数值；B 为前高点数值；C 为波段次低点数值。D 肯定是近似值，与实际点位相差 10%也应该属于合理范围。

而且，很多例子表明，$D=C\times1.382$，而一旦出现第 5 浪，则最高点 $E=B\times1.618$，黄金分割率又在暗暗起作用。

需要注意的是，这个公式一般应用于同一个趋势中，也就是说在 1、2、3

浪中，走出1、2浪后，判断3浪高点；而且一般在小级别趋势中比较吻合。但是在以往大型牛市走出来的大型上升三浪也基本吻合，根据这个公式我判断未来牛市顶点大约在6866点。计算方式如下：

$$X=(B-A)/A=(2245-326)/326=5.88$$

$$D\approx C(1+X)=998\times(1+5.88)=6866$$

以上例子说明股价(指数)具有一定可计量性，这些规律和物体运动速度、摆动频率具有渐变性和惯性有关。由于股价运动基因短期不会发生突变，我们就可以通过这个基因(标志性启动点位、转折点位的比例关系，以及单位时间内的运动幅度)大致计算出下一个阶段的速度和幅度。

4.多种指标的结合使用

(1)多指标结合判断大型顶部。

因为股价运行是三维的，即股价、时间、成交量三位一体。在低潮的时候，股价低，成交量小，主力进货所需时间长，而在高潮时，股价高，成交量大，主力出货所需时间较短。

主力吸筹、出货的时间规律以及成交量和价格之间存在一定内在关系，笔者发现下面一组公式可以大致描述它们之间的关系：

$$V_1\times T_1\times\beta\approx V_2\times T_2;\quad P_1\times T_1\times\beta\approx P_2\times T_2;$$

$$(P_1+V_1)\times T_1\times\beta\approx(P_2+V_2)\times T_2\times\beta$$

公式中，P_1代表底部价格；T_1代表底部时间；V_1代表底部成交量；P_2代表顶部价格；T_2代表顶部时间；V_2代表顶部成交量；β代表波动级别因子(一般取值1～2，大级别牛市取值2，中等级别牛市取值1.5左右，小级别上涨取值1。)

上述公式的意义是，一旦某只股票已经符合某一公式，我们就要警惕顶部已经完成，或者观察是否有可能发展为更大级别的牛市，并提前做好随时离场的准备。

当然，上述公式是个大致的关系式，并不一定每一只股票，每一个时期都完全符合。而且，不同的股票或者在不同时期会与不同的公式大致符合。

由于$P_1<P_2$，$V_1<V_2$，所以$T_1>T_2$是必然的。这说明底部时间更长。所以，大家只需要在最低点前后一段时间介入就可以获得很大利润。有的高手专门在筑底完成之后突破之时介入，效率很高，而且避免了筑底时的反复折磨。

(2)多指标结合判断顶部和底部。

作中长期趋势的技术定性，需要多种定量指标结合运用，才能保证较高的准确率。这些指标中，年平均线指标状态、上涨下跌时间最为重要。

判断顶部和底部，应该引入以下指标：指数、历史高点、年平均线、周成交量。笔者发明了顶部和底部的计算公式：

顶部 =1+2+3+MA240↓+Vol↓-20%

公式中，1 代表指数上涨超过 1 年；2 代表创新高超过两个月或接近历史最高；3 代表已经超过 3 个月不创新高；MA240↓代表年线高位走平后向下拐头；Vol↓代表周成交量不再创新高；-20%代表指数已经从最高点回落超过 20%。

底部 =1+2+3+MA240↑+Vol↑+20%

公式中，1 代表指数下跌超过 1 年；2 代表创新低超过两个月或接近历史最低；3 代表已经超过 3 个月不创新低；MA240↑代表年线低位走平后向上拐头；Vol↑周成交量不再创新低；+20%代表指数已经从最低点上涨超过 20%。

上述公式的意义是，一旦某只股票已经符合公式，或者已经具备公式中的多项条件，我们就要警惕顶部(底部)已经完成，或者观察是否有可能发展为更大级别的牛市(熊市)，并提前做好随时离场(进场)的准备。

笔者对于股市的分析，很多都是进行定性定量分析，即使是对概率的计算，也属于定性定量分析范畴。当然，由于股市发展的无限性、影响股市波动变量的复杂性，决定了我们只能主要采取对历史数据的不完全归纳法来分析判断，因此其准确性只能接近而不可能与实际情况完全一致。这一点，读者要心中有数。

第七章　常用技术指标应用技巧

技术指标是人们利用统计学原理和概率理论以及动量学等基础学科，对股票交易数据的各种对比关系，进行计算得出的运行轨迹，它有预测和分析功能。但是由于它是对过去的数据进行计算，所以有滞后性。因此，有的指标，特别是短线指标容易受到主力的操纵而失灵。而且，不同的股票在不同的时期，也会有不同的指标适合其走势的特点，因此，要注意综合运用多项指标，不可盲目迷信某一个指标，否则可能遭到主力的暗算。

任何技术指标就像一件兵器，总是有一些使用技巧、诀窍。不懂技巧、不明诀窍的人，用了可能会伤到自己。比如，在上涨趋势中，进场技术信号相对更可靠，下跌趋势中，则卖出信号更可靠。如果你在上涨趋势中，执著地按照普通参数设置的超买信号卖出股票，多数情况下会卖得太早，错过主升浪。如果你在下跌趋势中，执著地按照普通参数设置的超卖信号买入股票，多数情况下会买得太早，而陷入主跌浪。所以，仅仅知道一个技术指标的常规用法还不够，还要知道其精髓和特殊规律。

需要注意的是，最有参考价值的是技术指标的背离程度，而不是这个指标当前数值的高低。

但是，一般的背离比较容易识别，比如指数走高，而指标走低，这是典型的普通背离；还有一些非典型的特殊背离现象，比如：指标和指数同时走低(走高)，但是其中一个速度慢、一个速度快，斜度明显不同。这也是背离，是一种“相对背离”，有的可以作为操作依据。具体说，技术指标和股价的背离主要有以下几种：

第一种，同指标背离。包括拐点背离、中途指标股价交换背离，拐点背离又包括普通背离(绝对背离)、特殊背离(相对背离)。

(1)普通背离。

一般是股价和超买超卖指标的背离，股价上涨创阶段新高，而指标不涨反落，不再创新高，此时指标高点连线与股价高点连线方向明显相反。如果连续出现这个现象，阶段顶部概率极大。在哪种K线级别出现，就预示哪种K线级别顶部出现。这就是“顶背离”。反之，股价下跌创阶段新低，而指标不跌反涨，不再创新低，如果连续多次出现这个现象，底部概率极大。在哪种K线级别出现，就预示哪种K线级别底部出现。这就是“底背离”。

(2)相对背离。

一般是股价和超买超卖指标的背离，股价上涨创阶段新高，而指标上涨速度明显下降，不再跟随创出新高，指标高点连线与股价高点连线相比，方向可能并不相反，但明显角度更小更平缓。如果连续多次出现这个现象，阶段顶部概率较大。反之，股价下跌创阶段新低，而指标下跌速度明显下降，不再跟随创新低，指标高点连线与股价高点连线相比，方向可能并不相反，但明显角度更小、更平缓。如果连续多次出现这个现象，底部概率较大。

(3)中途指标股价交换背离。

是指与前述拐点背离相对的一种背离，在上升途中，股价未创阶段新低但指标却创出新低(一般以上涨趋势的第一个指标高点之后的股价回调低点为参照)，如图义 A 点回落低点为参照，其后数个回落低点一个比一个高，但这些低点所对应的 KD 指标一个比一个低，形成典型的“上升中途交换背离”。或者在下跌途中，股价未创阶段新高但指标却创出新高(一般以上下跌趋势的第一个指标低点之后的股价反弹高点为参照)。如图 7-1，以 A 点反弹高点为参照，其后数个反弹高点一个比一个低，但这些高点所对应的 KD 指标一个比一个高，形成典型的“下跌中途交换背离”。

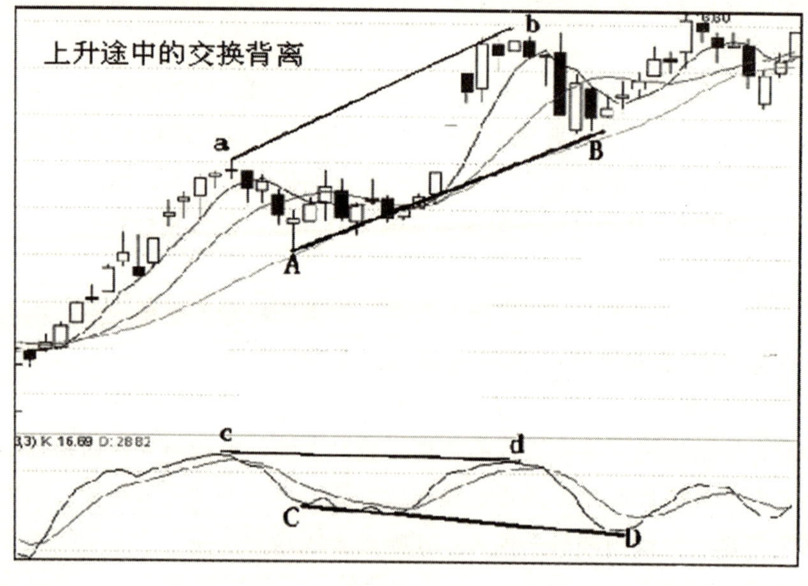

图 7-1

观察发现，在交换背离出现之前常常会出现一次“拐点背离”，股价见过一次阶段高低点，如图 7-2，ab 和 cd 就是一个拐点背离。交换背离的出现常常会否定刚刚出现的“拐点背离”，使其失效。如果以该“拐点背离”为依据离场或进场，往往造成失误。所以交换背离具有重要的确认作用。作用原理类似于矫枉过正，是主力刻意而为的结果。

技术指标与股价的背离在各种涨跌趋势类指标、超买超卖类指标、腾落指标中均可出现。

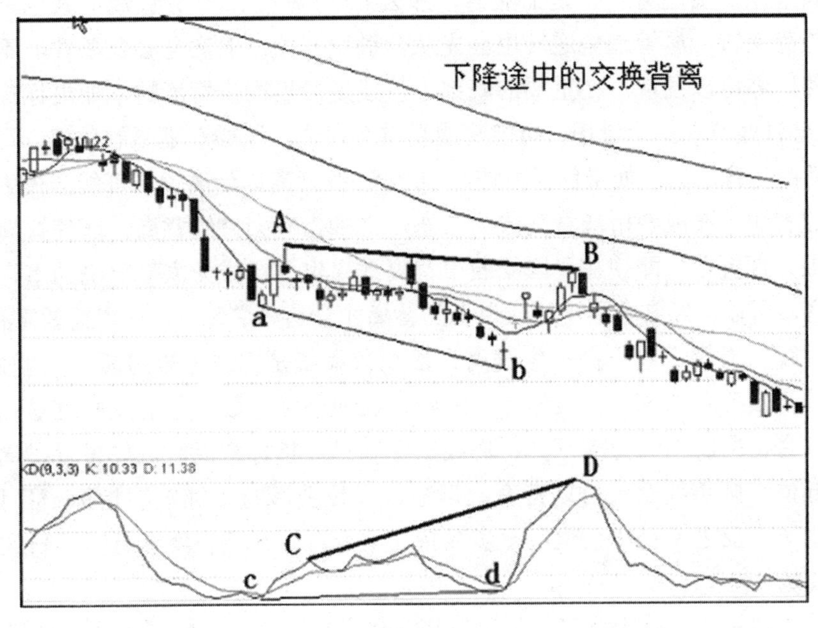

图 7-2

第二种，异指标背离。

是指不同指标在顶部、底部的指示出现背离，一种指标上涨，而另一种指标下跌，或者相反。此时，要考察指标的参数周期是否相同或相近，如果相同或相近，说明可能顶部或底部即将到来。

应用指标背离需注意：

①最近的背离之前没有明显的波形，此背离往往无效。按此介入将会由于过于提前而遭受损失。

②同一指标的背离在不同时间尺度上同时发生，或者不同指标在同一时间尺度上同时背离，具有较好的指示效果。

比如 MACD 指标，在周线、日线、60 分钟线上同时发生背离，中长线变盘的概率达到90%以上；在60分钟线、30分钟线、15分钟线上同时发生背离，短线变盘的概率达到90%以上。

③弱市不需要日线顶背离即可发生变盘，强市不需要日线底背离即可发生变盘。弱市中要以60分钟线、30分钟线、15分钟线为指示，可以做T+0的品种甚至可以15分钟、10分钟、5分钟线为指示。

④月线＞周线＞日线＞60分钟线＞30分钟线:这是指的趋势，也是指的技术指标的有效范围。

如果在日线趋势中，是上涨的，那么60分钟线、30分钟线下跌也不足以认定趋势逆转，尽管趋势逆转也会先从分钟线开始，但它是必要条件，不是充分条件。你可以发现，在重要的底部，日线是最后产生背离的，如果你提前按照60分钟线背离提示进场，可能会遭受重大损失。同样在重要的顶部，日线也是最后产生背离的，如果你提前按照60分钟线背离提示离场，可能会失去一段可观的利润。在成熟市场背离成为常态，许多指标会持续背离，而使背离的参照效果大打折扣。即使在我国，股市背离效果也已经成为家喻户晓的事，不再是秘密，所以，经常会出现三次以上的背离才会趋势逆转。这一点需要重视。

月线、周线一般不会产生背离，日线背离就是主要考察对象。一般而言，对于趋势投资者来说，日线趋势不逆转，就应坚定持股。总的原则就是：中长线要以月、周线指标为准，月、周线指标和日线指标背离时，如果月、周线指标在低位，则长线仓位可以持有，但短线仓位要减持，如短线指标一旦见底，仍可进场。反之，长线仓位应逐步减持、清仓，短线仓位继续持有待日线见顶也要离场。

趋势逆转一般始于背离，如果日线背离产生，趋势逆转，不要指望仅以30分钟线背离就可以结束该逆转后的趋势，至少要以60分钟线的背离为参照考虑趋势逆转的可能。当然，在上涨趋势中，日线背离后回落，可能不会等到日线底背离后反转，所以，有必要打提前量，参照60分钟线的底背离进场；同样，在下跌趋势中，日线底背离后反弹，可能不会等到日线顶背离后再反转回落，所以，有必要参照60分钟线的顶背离先行离场。

实践根据：能够产生顶背离的上涨是强势上涨，能够产生底背离的下跌就是弱势下跌。对于明显强势、弱势的趋势，不要指望短期反趋势会比它更强或更弱。首次背离一般不会彻底扭转趋势，中长期趋势的逆转往往会产生在日线三次背离之后。

⑤指标和指数（股价）长期背离，但是指数（股价）并不反转。这可能是指标

参数不灵敏，需要优化设置；也可能是市场极弱、极强导致的一种钝化反应。

⑥实践证明，运用技术指标的有效方法不是考察指标的高低和钝化与否、交叉与否，而是背离与否、背离程度、背离次数。

对于技术指标的原理和计算方式本文不作探讨，仅对部分常用指标的运用要点加以精解。

最近几年，市场人士还创造了一些新的技术指标，有的还迅速流行起来，得到投资者的广泛应用。

这些指标倒也没有太多独创意义，只不过是对已有指标的一些改进，或者对多个指标的综合应用等。比如含量 K 线指标、主力成交量、主力参与度指标等等。大家也可以进行一些研究和应用。

一、KDJ

KDJ(Stochastics)是最为普及的指标之一，中文名称是随机指标。它综合了动量观念、强弱指标以及移动平均线的优点，是波段操作的重要指标。如图 7-3 所示。

它的应用原则是：

①确认超卖区：D 值 <20%或 J 值 >10%，此时可以适量介入。

②确认超买区：D 值 >80%或 J 值 <100%，此时可以适量沽出。

③低位 K 值线上穿 D 值线，称为金叉，为买入信号，做多。

④高位 K 值线下穿 D 值线，称为死叉，为卖出信号，做空。

⑤KD 值于 50%左右徘徊或交叉时，信号无意义。

⑥KD 值与股价走势发生牛背离，可以确认高点；反之，发生熊背离时，可以确认低点。

⑦在牛市行情中，J 值高位钝化，徘徊两次以上才能确认高点；在熊市行情中，J 值低位钝化，并徘徊两次以上才能确认低点。

⑧因为主力可以操纵股价短期走势，常常会使短线本指标失灵，中长周期本指标更为有效。

如图 7-3：A 是 J 值线，B 是 K 值线，C 是 D 值线，D 是死叉，E 是金叉。

二、MACD

MACD(Moving Average Convergence Divergence)，中文名称是平滑异同平均线。是根据长、短两条不同周期的平均线之间的离差值变化，来研判断行情。

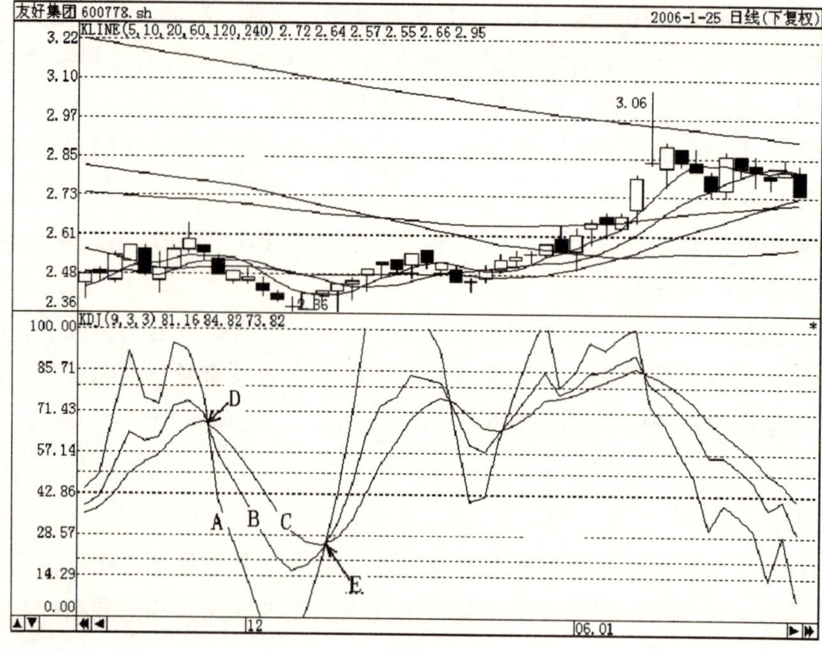

图 7-3

如图 7-4 所示。

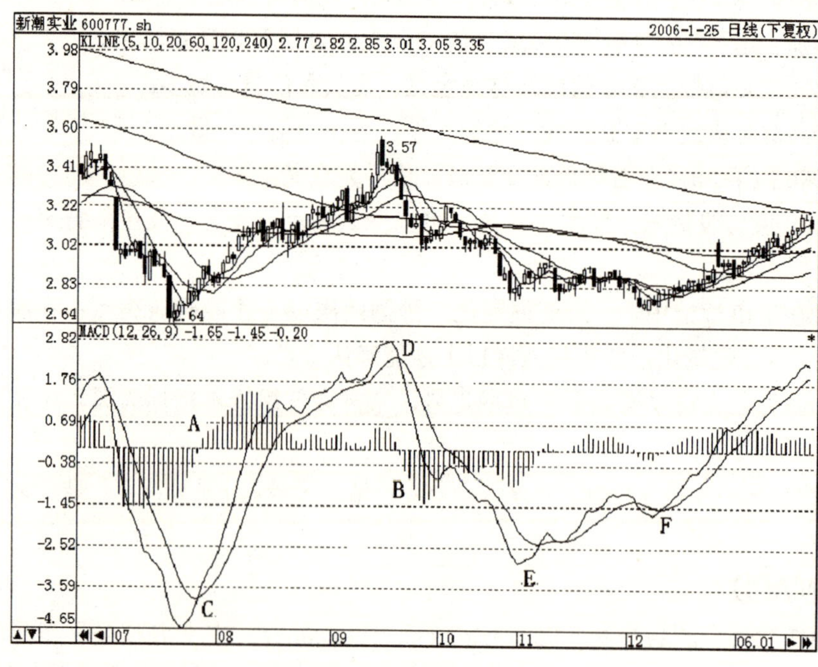

图 7-4

它的应用原则和方法是：

1. 根据柱状图判断行情

①红柱持续变长(见图 7-4, A 点)，是涨势，股价可能继续上涨，应持股或买入股票。

②绿柱持续变长（见图 7-4, B 点)，是跌势；股价可能继续下跌，应持币观望或卖出股票。

③红柱开始缩短，说明涨势即将结束，股价可能下跌，应卖出股票而不能轻易买入股票。

④绿柱开始缩短，说明跌势即将结束，股价可能止跌反弹或进入盘整状态，可以少量建仓而不要轻易卖出股票。

⑤红柱消失、绿柱开始放出时，是股市转势信号，表明涨势或高位盘整行情即将结束，股价可能下跌，应卖出股票而不能买入股票。

⑥绿柱消失、红柱开始放出时，是股市转势信号，表明跌势或低位盘整行情即将结束，股价可能上涨，应持股待涨或者买入股票。

⑦股价不断走高，而红柱却一根比一根短，或者红柱一堆比一堆小，说明产生了顶背离，应该考虑卖出。

⑧股价不断走低，而绿柱却一根比一根短，或者绿柱一堆比一堆小，说明产生了底背离，应该考虑买进。

2. 根据 DIF 和 MACD 的交叉情况判断行情

一般而言，DIF 向上交叉 MACD 为买点(见图 7-4，C 点)，DIF 向下交叉 MACD 为卖点(见图 7-4, D 点)。具体情况如下：

①当 DIF 和 MACD 都在 0 线以下时，如果 DIF 向上升破 MACD，形成“黄金交叉”，表明转强，股价可能止跌上涨，可以买进股票或持股。

②当 DIF 与 MACD 都在 0 线以上时，如果 DIF 向上升破 MACD，形成“黄金交叉”，表明处于强势，股价可能再次上涨，可以买进股票或持股。

③当 DIF 与 MACD 都在 0 线以上时，如果 DIF 向下跌破 MACD，形成“死亡交叉”，表明股市将由强势转为弱势，股价可能暴跌，应该卖股票而不能买股票。

④当 DIF 和 MACD 都在 0 线以下时，如果 DIF 向下跌破 MACD，形成“死亡交叉”，表明股市进入极弱市，股价可能将再次下跌，应该卖出股票或者观望。

3. 根据 DIF 和 MACD 的位置变化判断行情

①当 DIF 和 MACD 同时大于 0，并且向上运行时，说明处于多头行情，可以建仓或持股待涨。

②当 DIF 和 MACD 同时小于 0，并且向下运行时，说明股市处于空头行情，可以卖出股票或者持币观望。

③当 DIF 和 MACD 都大于 0，但是都向下运行时，表明行情退潮，股票可能下跌，可以卖出股票或者持币观望。

④当 DIF 和 MACD 都小于 0，但是都向上运行时，表明行情见底，股票可能上涨，可以建仓或者持股待涨。

⑤当 DIF 和 MACD 同时大于 0，股价的高点比前一次的高点高，而 MACD 的高点却比前一次的高点低时，叫做牛(顶)背离，此时暗示股价将很快会反转下跌。

⑥当 DIF 和 MACD 都小于 0，股价的低点比前一次的低点低，而 MACD 的低点却比前一次的低点高时，叫做熊(底)背离，此时暗示股价将很快会上涨。如图 7-4，F 点。

三、RSI

RSI(Relative Strenth Index),中文名称是相对强弱指标。在一段时间内，上涨幅度代表多方力量，下跌幅度代表空方力量，两种力量的对比决定了个股及大盘所处的状态是强势还是弱势。如图 7-5 所示。

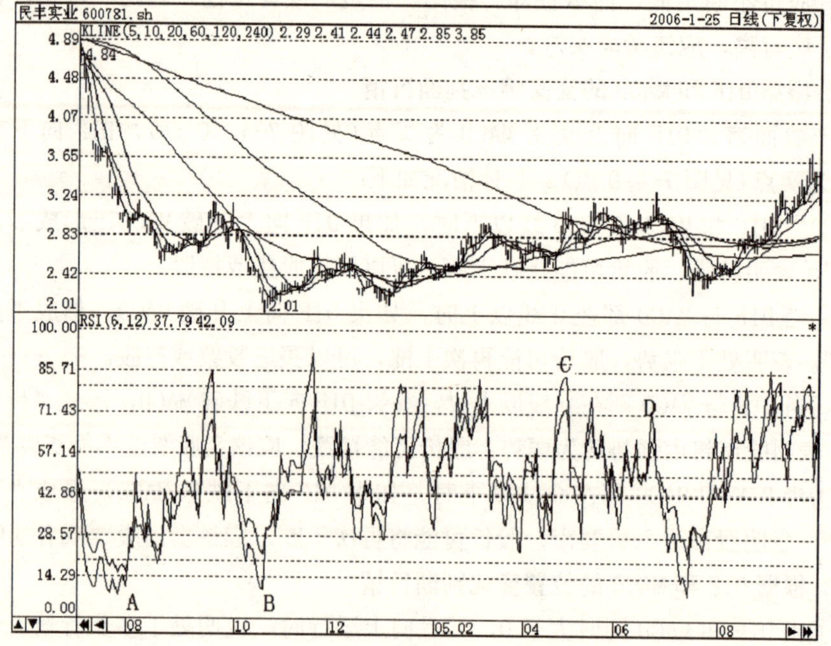

图 7-5

它的应用原则是：

①一般有长短两条不同周期的 RSI，及快速 RSI 和慢速 RSI。

②快速 RSI 在 20 以下水平由下往上交叉慢速 RSI，是买入信号。

③慢速 RSI 在 80 以上水平由上往下交叉快速 RSI，是卖出信号。

④从值的变动范围看，有以下规律：

当 0＜RSI ＜20 时，极弱，超卖，适宜做多；

当 20＜ RSI＜50 时，弱势，空仓；

当 50＜ RSI ＜80 时，强势，持股；

当 80＜ RSI ＜100 时，极强，超买，适合做空。

⑤股价一波比一波低，而 RSI 却一波比一波高，股价往往反转上涨（如图 7-5，B 点）；股价一波比一波高，而 RSI 却一波比一波低，股价往往反转下跌（如图 7-5，D 点）。

四、SLOWKD

该指标对于中期走势比较有效。如图 7-6，B 点与 A 点比，股价更低，但是指标不再创新低，发生背离，此时股价反转向上走出一波上扬行情。而 D 点与 C 点比，股价更高，但是指标不再创新高，发生背离，此时股价反转向下走出一波下跌行情。

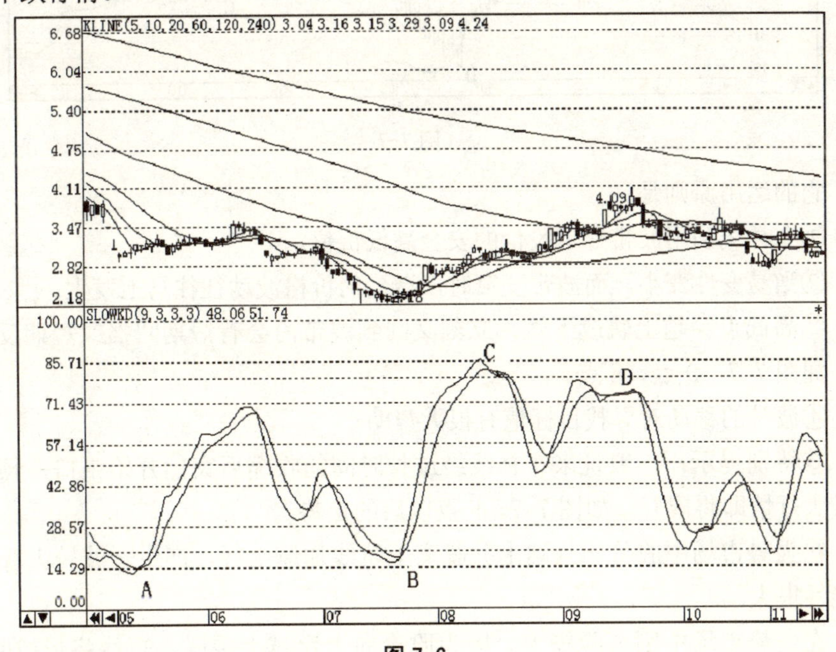

图 7-6

五、BOLL

BOLL(Bolling Bands),中文名称是布林线，它利用统计学原理，求出股价的标准差及其信赖区间，上下限范围不固定，随股价的变动而变动。如图 7-7 所示。

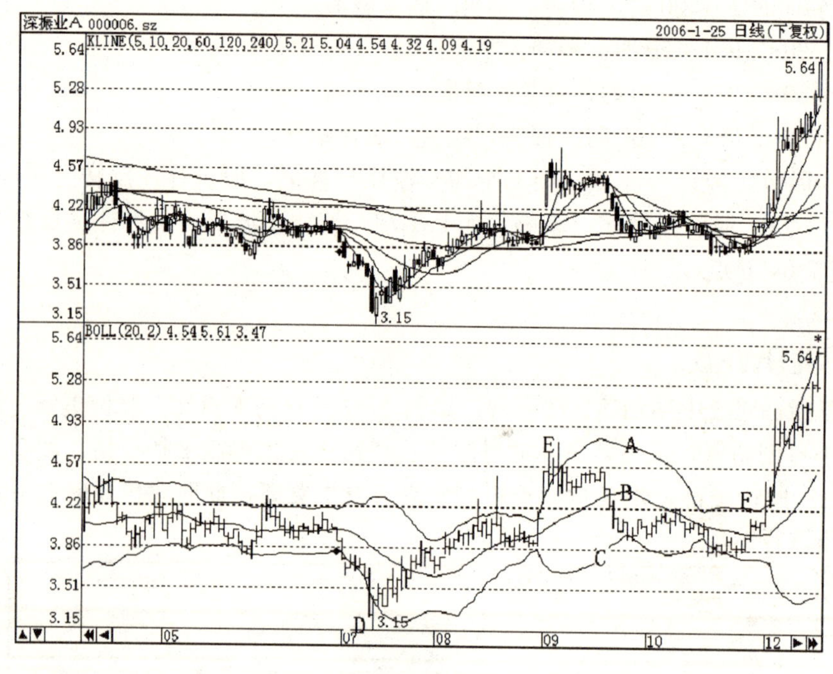

图 7-7

它的运用原则是：

①布林线利用波带显示股价的安全高低价位。

②当易变性变小，而波带变窄时，激烈的价格波动往往马上发生。

③高低点穿越上轨或下轨，立刻又回到波带内会有短期回挡或短期反弹发生，如图 7-7，D 点、E 点。

④波带的移动对寻找目标值有很大帮助。

⑤特别提示：一般说来布林线经过长时间的收缩后突然开始张口，预示着一较大行情即将展开。如图 7-7，F 点以后的走势。

在强势市场中股价一旦站上并脱离上轨线加速上行，产生一波较大行情的可能性很大。

在弱势市场中则风险较大。因为股价向上穿越上限时，短线将形成回挡，操作上为短线卖出的时机(如图 7-7，E 点)。股价向下穿越下限时，短期将形成反弹，操作上为短线买入的时机(如图 7-7，D 点)。

布林线在水平方向移动时，不会出现大起大落，通常走箱形整理行情。当股价在上限和中线区之间运行，并且日线 BOLL 轨道上轨开始上行的时候，多处于上升行情，以持股为主。

当股价在下限和中线区行走时，并且日线 BOLL 轨道下轨开始下行的时候，股市较弱，随时有下跌的危险，应以轻仓为主，或者空仓持币观望。

六、CCI

CCI(Commodity Channel Index),中文名称是顺势指标。它主要是表现极端行情的走势。如图 7-8 所示。

图 7-8

它的应用原则是：

①CCI 的常态区间为－100～＋100。

②CCI 从－100 之下，由下往上突破－100 时(见图 7-8，A 点)，是买进时机。

③CCI 从常态区间由下往上突破＋100 时(见图 7-8，B 点)，是短线介入时机。

④CCI 从+100 之上，由上往下跌破+100 时(见图 7-8，C 点)，是卖出的时机。

⑤CCI 从常态区间由上往下突破-100 时(见图 7-8，D 点)，是短线卖出时机。

七、BIAS

BIAS 的中文名称是“乖离率”。乖离率是表示当前股价偏离移动平均线程度的指标。由当日收盘价减移动平均线之差与平均线的比值计算得出。乖离率有不同周期，如对应于 10 日移动平均线的 10 日乖离率，相对于 20 日移动平均线的 20 日乖离率等。乖离率有正负值，当日收盘价在移动平均线之上，乖离率为正值；当日收盘价在移动平均线之下，乖离率为负值。

理论上，乖离率数值没有固定的上下限，围绕 0 值上下摆动，因此，乖离率属于摆动指标。但对于不同周期的走势，应该有一个较为合理的采样指标范围，并要随时调整。

对乖离率数值连接成乖离率曲线可以进行较为直观的研究。

它的应用方法是：

(1)数值信号应用法。

乖离率表示当前股价偏离移动平均线的程度，是对移动平均线买卖信号中“远极必返”规律的定量化指标。因此，乖离率与移动平均线的买卖信号相一致。

当正乖离率数值过大时，表明股价在移动平均线之上距离过远，可能会回落，是卖出信号；当负乖离率数值太小时，表明股价在移动平均线之下距离过远，可能反弹，是买入信号。当乖离率接近 0 值，或小幅波动时，表明股价处于盘整时期，后市方向不明。

(2)图形信号应用法。

通过乖离率曲线图形来研究买卖信号，首先要确定一个合理的周期和采值范围，一般不宜周期过长，适中较好，并且要根据市场所处阶段和个股的股性确定。不同市场的乖离率数值分布可能不同，同一市场的不同时期(多头市场、空头市场和平衡市场)和不同股票的乖离率数值分布也不同。

长期乖离率曲线比短期乖离率曲线波动幅度大。短期乖离率曲线比长期乖离率曲线波动频率大。所以短线投资，一般参照短期乖离率曲线。但是，乖离率数值区间定的过小，会导致操作过于频繁，成功率相对不高。乖离率数值区间定的过大，又会漏过小行情，但不会漏掉大行情。所以适合中长线投资者参照使用。

如图 7-9 所示，股价在 A 点，正乖离过大，随后股价反转下跌；股价在 B 点，负乖离过大，随后股价反转上涨。

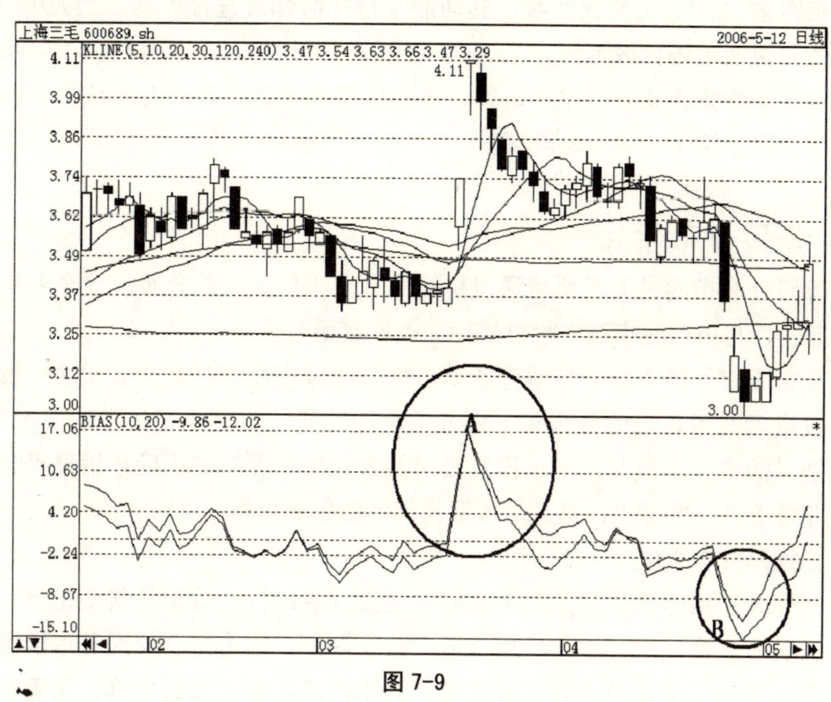

图 7-9

八、DMI

DMI 的中文名称是趋向指标。

该指标用于判断市场趋势是否发生转变。该指标可以在涨势形成的时候，立刻引导投资者进场，并且能够在适当的时机提醒投资者离场。不过，要注意的是，该指标只适用于市场趋势明朗期，对盘整的牛皮市道，该指标就力不从心了。

DMI 指标有四条线，第一条是 PDI，第二条是 MDI，第三条是 ADX，第四条是 ADXR。

PDI 和 MDI 的交叉信号可以指导投资者买卖。当 PDI 向上交叉 MDI 时，买进；而 PDI 向下交叉 MDI 时，卖出。但是，该指标反应过快，不适合在投机性较强的市场环境中运用于股性较活跃的小盘股，否则容易落入主力设下的陷阱。

第三条 ADX，又称方向线，是投资者的操作线，当 ADX 线在 50 以上向下转折的时刻，市场往往发生转变，此时可以逢高减持，甚至获利了结。当 ADX 线在 20 以下向上转折的时刻，市场也往往发生转变，特别是对于连续下跌已经处于历史低位的股票，就是买进时机。这个指标准确性比较高。

第四条 ADXR，又称评估线，其功能是对行情性质进行评估。当 ADXR 在 25 以上时，说明市场比较活跃，当 ADXR 逐渐下降到 25～20 之间时，市场就进入趋势不明的牛皮市状态。这个时候，该指标基本失效，投资者应该启用其他指标，或者停止操作，进入观望状态。

九、筹码分布指标

筹码分布指的是某股票流通股持仓成本在不同区域的分布。这个名字是中国人起的，与中国股市过去投机盛行，类似赌场有关。

其实股市投资也是一种博弈活动，赚钱的过程在某种意义上和赌博投机类似：投资者要用自己的资金买下别人手里的筹码，再把自己的筹码卖给别人，得到别人的资金。因此，对于投资股市的人，深刻理解和正确运用筹码分布指标就非常重要。实际上，这是笔者最为倚重的参照指标。

1. 筹码分布原理

筹码分布指标反映的是在不同价位上投资者的持仓数量及其变化情况。它和个股股本、换手率、波动周期、散户持仓周期、主力持仓周期等市场现象密切相关。建立一个筹码分布的数学模型并不困难，但是做到准确、精确是不容易的。准确的筹码分布指标，一定是多个市场变量样本的精确组合。采样越多，越能够接近真实状态。但是市场的波动经常具有非理性因素，所以做到精确是比较困难的。现在很多分析软件都有这一指标，可以提供筹码分析功能。但是准确的程度并不一样。

筹码分布的理论基础是，不同投资者有不同的获利了结的习惯。主力一般不会在赢利低于 30%时卖出大部分股票，市场环境向好的时候，主力倾向于获利 100%以上才会减持部分或者卖出全部股票仓位，至于彻底出局的最高涨幅，当然和该股票的当前赢利状况和未来赢利预期有关。而散户投资者，最容易卖掉股票的获利幅度是 10%～20%。所以自最近低点算起，在 30%以内的卖盘基本都是散户投资者的筹码，而机构大户可能还在吃货呢。这个规律可以提示我们，不必在涨幅很小的时候就急于全部清仓、彻底离场，至少要留下大部分仓位，这是牛市捂股的市场基础。

2. 筹码分布理论的应用方法

(1) 筹码分布的形态。

筹码分布的基本形态主要有两种：筹码集中形态与筹码发散形态。

考虑位置和趋势，筹码分布有多个状态，主要有低位集中、高位集中、向上发散、向下发散、独峰集中、多峰集中等。筹码密集形态是指一只股票在某一个价位区域停留、波动了较长的时间，在换手充分的情况下，此价位区域以上和以下的筹码就会向这个区域集中，有时候该只股票的大部分筹码都会聚集在这个上下 20%左右的价格空间内。笔者称这种状态为筹码集中状态。见图 7-10，图中右侧中下位置的水平山峰状图形。

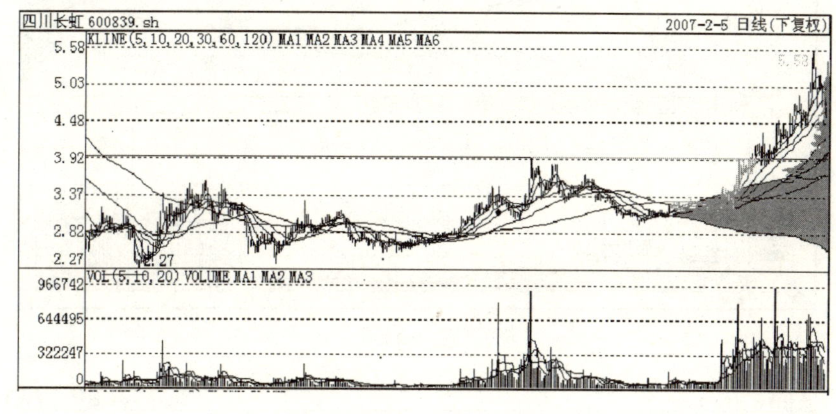

图 7-10

筹码发散形态是指一只股票的筹码在一个比较宽幅的价格空间之内分布，没有筹码特别集中的位置。笔者称这种状态为筹码发散状态。筹码发散体现的是股价正处在大幅上升或下降过程中的筹码移动状态。股价向上涨的时候，如果市场上对该股预期好，持仓会相对稳定，筹码就会一路均匀分布，而不会一下子都从底部跑到高位。见图 7-11。

股价向下跌的时候，如果市场上对该股预期好，持仓也会相对稳定，筹码就会一路均匀分布，而不会一下子都掉下来。如图 7-12。该股从 30 多元跌到 11 元(2002 年 1 月)，下跌幅度达到 66%，筹码分布的范围就分散在 66%区域内，在如此广阔的价格空间内的筹码分布就是筹码发散。不过，这种状态不会永远继续，随着时间的流逝，交易的持续，股价在某一区域不再下跌，较长时间横盘震荡之后，就会有一些套牢盘割肉卖出，也会有新的投资者买下高位套牢筹码。筹码就逐渐向下转移，最终可能在某一区域再度集中。从此图上可以清晰地看到，很多投资者深度套牢。高位的筹码被套很多，后来也都逐渐割肉，损失极为惨重。

四川长虹 600839.sh
2007-2-5 日线(下复权)
KLINE(5,10,20,30,60,120) 4.75 4.70 4.53 4.38 3.98 3.58
VOL(5,10,20) 723102.00 462150.00 408321.19 410725.09

图 7-11

浪潮信息 000977.sz
2007-2-5 日线(下复权)
KLINE(5,10,20,30,60,120) 12.86 12.63 12.78 13.34 14.31 16.11
VOL(5,10,20) 2730.00 5615.20 5166.00 3514.95

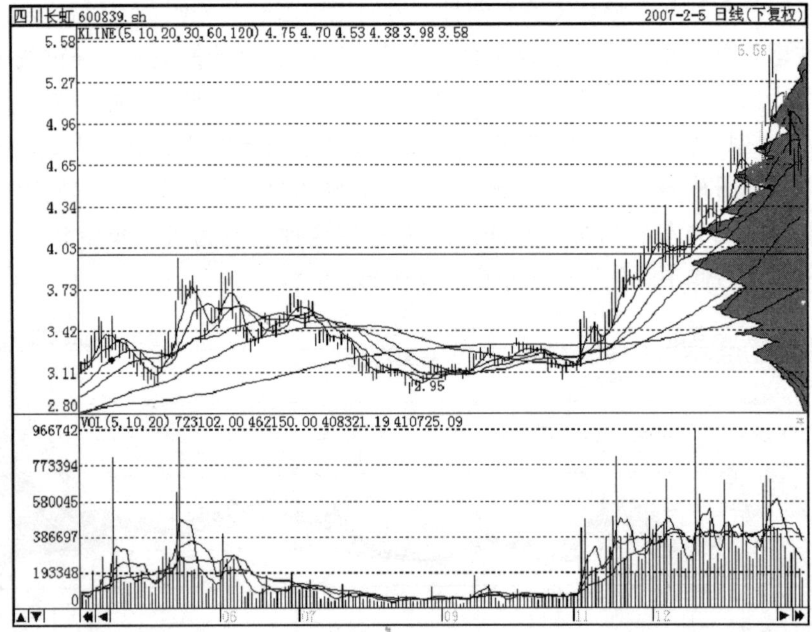

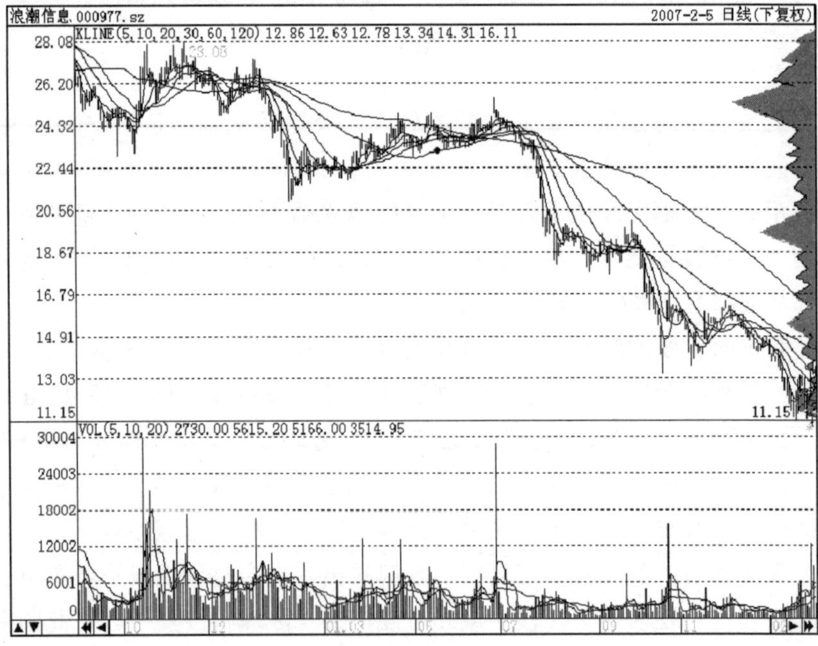

图 7-12

(2)筹码分布状态和股价变动的关系。

筹码分布和主力动向、股价走势的关系非常密切。

低位集中之后，常常形成一个阶段底部区域，股价向上突破密集区之后往往产生一个很大的涨幅；高位集中之后，常常形成一个阶段顶部区域，一旦股价向下突破密集区，往往产生一个很大的跌幅；多峰密集往往暗示主力多次集中吸筹和出货的过程；向上发散，是上涨的必然现象；向下发散，是下跌的趋势体现。

如果股价可以在密集区自由上下穿越而不须放大量，说明主力控盘很高，或者当时市场环境很好，投资者持筹心态相当稳定。

如果向上突破，伴随巨量，说明解套欲望极为强烈，如果在熊市末期，可能说明主力吃货力度很大。如果随后能够缩量上涨，说明主力已经高度控盘，持有流通股数量很大，比例很高。

如果在高位向下突破，伴随巨量，说明买盘很大，护盘很坚决，当然也不排除是主力的阴谋。至于是洗盘还是出货 ，这要看随后的走势。如果突破之后持续多日放量下跌，说明主力出货坚决；然后又缩量下跌的话，说明主力可能弃守了。

(3)筹码低位集中。

筹码低位集中，是指股价从一个高价尤其是历史最高价大幅下跌之后，在相对的低价区的一个较为狭窄的空间内形成的集中。见图 7-10。相反，筹码是在高价区集中分布，就称为筹码高位集中。需注意的是，股价的高和低是相对的，股价 5 元的不一定是低价，50 元的也不一定是高价。价格的高低是和股票的质地、公司的前景密切相关的。所谓低价，也就是和自己的历史高价相比较而言，一般在 60%以上的折价，才算低价。

筹码在低位再次集中的过程，就是投资者发生大规模的较为彻底的换位的过程，表示高位套牢盘基本割肉出局。需注意的是，如果下跌超过 60%，还要割肉离场的基本都是散户。一般而言，主力大户，特别是机构不会在这个时候割肉离场。主力由于掌握足够多的资金，能够发动反弹甚至反转，没有必要割肉，除非资金链断裂，否则通过反复波段操作，一定会挽回损失。

股市上散户和主力永远共存，但是散户和主力的行为经常是相反的，散户们在割肉的时候，主力们很可能就是在吃货。所以，筹码的低位集中过程很可能就是主力耐心吸筹的过程。

但是，发现筹码低位集中之后，立即跟进也是有很大风险的。因为主力进货不是一件能够快速实现的事情，需要漫长的时间，即使筹码已经低位集中，主力也不一定吃足了筹码。此时，主力可能在低位集中区反复震荡很长时间，不断低吸廉价筹码并提高市场成本，甚至继续打压，让股价再下一个台阶，以便吃到更加便宜的筹码。如果你介入过早，很可能经不住长时间的折磨而放弃，甚至在主力深幅打压制造空头陷阱的时候，不得不在坑里割肉止损。

如图 7-13。600840 新湖创业，在 2005 年 7 月至 2006 年 1 月期间产生了低位集中过程，但是其股价到了 2006 年 1 月以后才开始大幅上涨。如果你在 2005 年 7 月份买入，就要忍受近 7 个月的反复震荡的折磨。

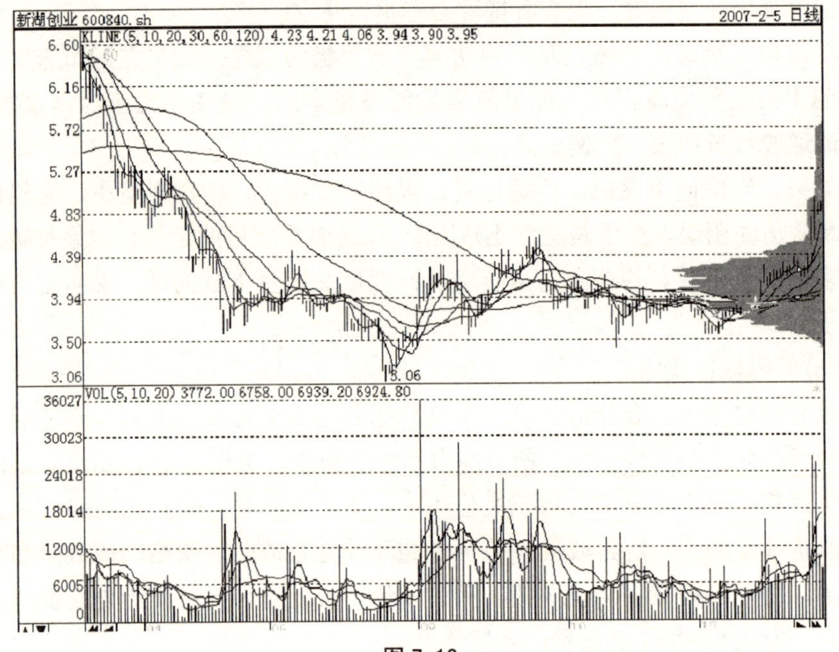

图 7-13

鉴于一般散户缺乏耐心，过早地买进开始低位集中的股票也许不是件好事。买入低位集中的个股的最佳时机是股价开始脱离底部，向上突破密集区，确认中级行情已经开始的时候。如果确认主力已经高度控盘，跟进就更加安全可靠。

根据低位筹码集中可以判断阶段底部是否形成，具体思路如下：

首先要看股价下跌幅度，所在低位是否真正够低最为重要。有的股票股价自高位集中区向下突破之后，跌了 30%～50%左右的时候，在相应市场条件下也会形成一个密集，不过这种密集还不能算是低位集中。笔者考察发现，下跌 30%～50%的股票常常还会继续下跌。而跌幅超过 50%，达到 60%以上的时候，形成的密集才可能是真正的低位集中，才有可能形成阶段性底部。否则就很可能是一个下跌中继形态。

跌幅不够大，下跌不够充分，老主力就不会充分出局，新主力就不敢轻易进场，以免接了飞刀伤了自己。所以，这样的位置即使有筹码集中现象，我们也不能确认卖出的筹码是散户抛出的，同样也不能确定买盘是主力的。因为主力需要至少30%左右的空间震荡出货，也需要至少30%左右的空间震荡吃货，而且主力还要保证50%以上的利润空间，无利可图的傻事主力是不干的。所以，如果不向上打出足够的未来下跌空间，主力很难赚到钱，当然出货下跌的时候，也就一定超过50%之后，才有再次介入的价值。

(4)筹码高位集中。

筹码高位集中，是指股价从一个低价尤其是历史最低价大幅上涨之后，在相对的高价区的一个较为狭窄的空间内形成的集中。见图7-14。前面讲到，股价的高和低是相对的，判断高位要结合大势环境和个股的基本面。所谓高价，也就是和自己的历史低价相比较而言，一般要有100%以上的涨幅，才算得上高价。

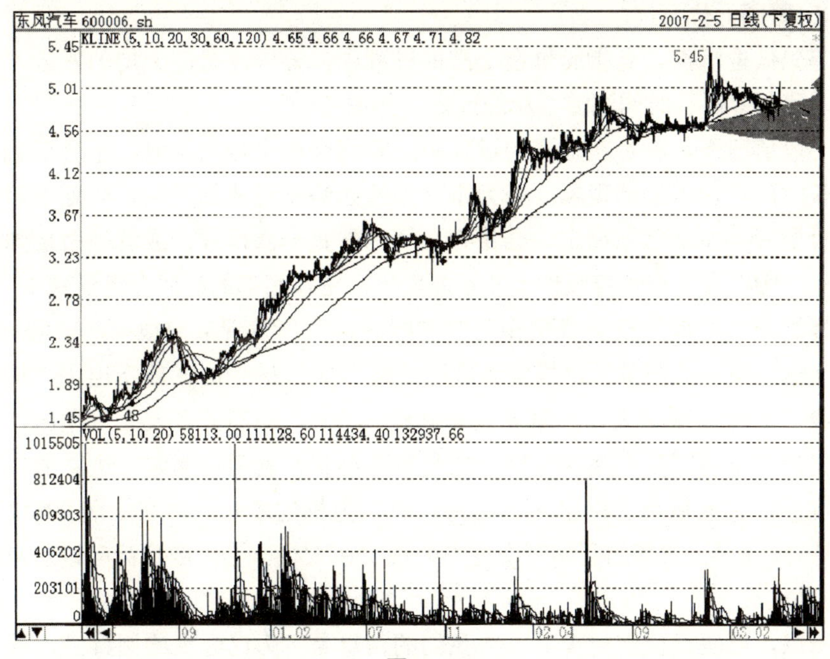

图7-14

筹码在高位再次集中的过程，也是投资者发生大规模的彻底换位的过程，表示低位获利盘基本获利出局。但应注意的是，如果上涨超过100%以上才离场的基本都是主力。因为，一般而言，散户不会坚持到这个时候就会离场。当然，主力运作一只股票，没有100%的空间是不能获利的。所以，即使在不到100%的位置就发生了筹码密集，那也很可能是一个中继的整理形态，随后继续上涨的可能很大。

由于散户和主力的行为经常是相反的，主力们在派发的时候，散户们很可能就是在吃货。所以，筹码的高位集中过程基本就是主力缓慢出货的过程。

但是，发现筹码高位集中之后，立即跟风出货，也存在踏空的风险。因为存在主力拔高建仓的可能，形成所谓的空中加油，这在牛市环境里经常会发生。况且就是主力出货，也不是能够一蹴而就的，也需要漫长的时间，即使筹码已经高位集中，主力也不一定派发了大部分筹码。此时，主力可能在高位集中区反复震荡一段时间，不断逢高派发筹码并提高市场成本，环境允许的话，甚至继续拉升，让股价再上一个台阶，以便在更高的价位上出货。如果你过早卖出，很可能踏空主升浪，或者经不住上涨的诱惑重新杀入，却落入主力制造的多头陷阱。

(5)筹码低位沉淀。

筹码低位沉淀，是指股价在上涨的过程中，筹码没有向上均匀发散，而是形成了底部筹码长时间沉淀不动的现象。如图7-15。

一般情况下，股价在上涨的过程中，筹码会向上均匀发散，不会形成底部筹码长时间沉淀不动的现象。因为市场上涨趋势刚形成的时候，尚处于熊市末期，投资者心态非常不稳定，会认为上涨仍然是一次反弹，或者当做反弹对待来操作，所以大家会随着股价上涨不断卖出，留在底部的筹码会逐渐减少。

根据一项对散户投资者操作习惯进行的调查，发现散户很少在获利30%以上才卖出股票。大部分散户投资者赢利达到10%～20%的时候就卖出了。如果某只股票，上涨幅度很大，大量筹码获利超过30%，却不见有人大量抛出，这些筹码仍然牢牢地锁定在底部区域，做雷打不动状，就可以断定，进驻的实力机构高度看好它的后市上涨空间。因为只有主力机构才有毅力在上涨30%以后还坚定持有。而且，30%的利润对于主力来说实在太少，主力的目标应该远远高于这个价位。

所以，筹码低位沉淀现象，给我们的信息是主力已经大比例持筹，并且短期不会轻易出手。遇到这种情况，可以考虑介入，因为这很可能是一只未来的大牛股。一般在回落的时候买入还是安全的，股价还会在整理之后继续上涨，所谓千金难买牛回头。

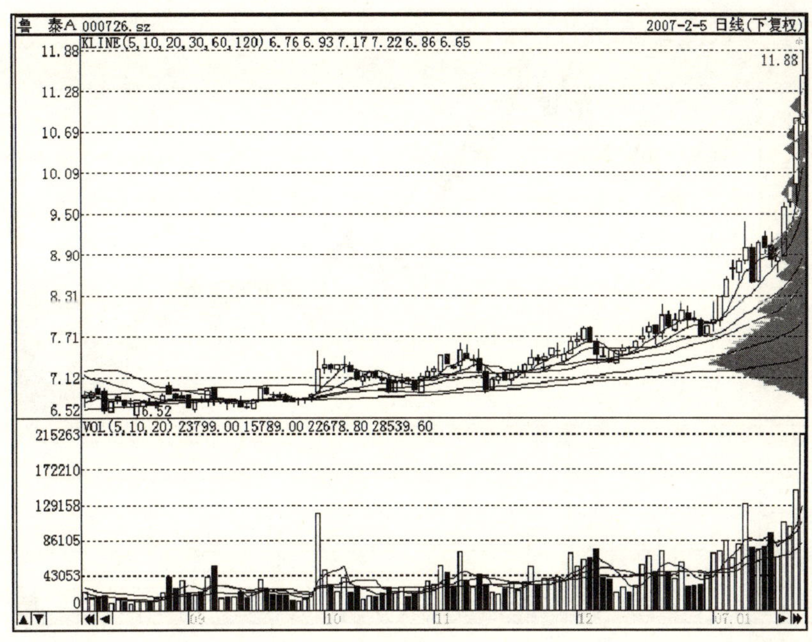

图 7-15

(6)筹码多峰集中形态。

股价在低位集中，出现一个密集区，像一座高高的独立的山峰，叫独峰集中，如图 7-13。股价在低位集中之后，上涨或下跌过程中，会出现多次集中的过程，有时候，前面的密集峰没有消失，又出现一个，甚至多个位置更高或更低一些的密集区，就是筹码多峰集中形态。出现两个筹码密集的山峰形态的时候，形成筹码双峰集中，如图 7-16。双峰形态比较常见，也比较具有技术意义。

笔者经过研究发现，双峰集中形态的形成并不完全一样。有的双峰形成的时候，高位峰已经先行存在，低位峰则在随后一段时间形成。这种情况属于主力主动寻套，故意再次把股价打下一个台阶，以便吃到更廉价的筹码。

有的双峰形成的时候，低位峰先形成，而高位峰是在随后一段时间形成的。这种情况，往往是主力吃货不足，拉高一段时间后，继续震荡吃货形成的。低位峰筹码沉淀，高位峰是套牢盘解套和获利盘兑现形成的。当然，高位峰也有可能是主力出货形成的，特别是高位峰和低位峰距离比较大的时候就要考虑主力是否在出货了。需要注意的是，高位峰形成之后，如果股价发生下跌，回落到高位峰以下，而低位峰还没有消失，就极有可能是主力受到外力打击，暂时退守。低位峰的存在，恰恰说明主力出货不充分的事实。投资者可以趁机在两峰之间的位置狙击主力，做一把胜率较大的反弹。如果低位峰在反弹的时候迅

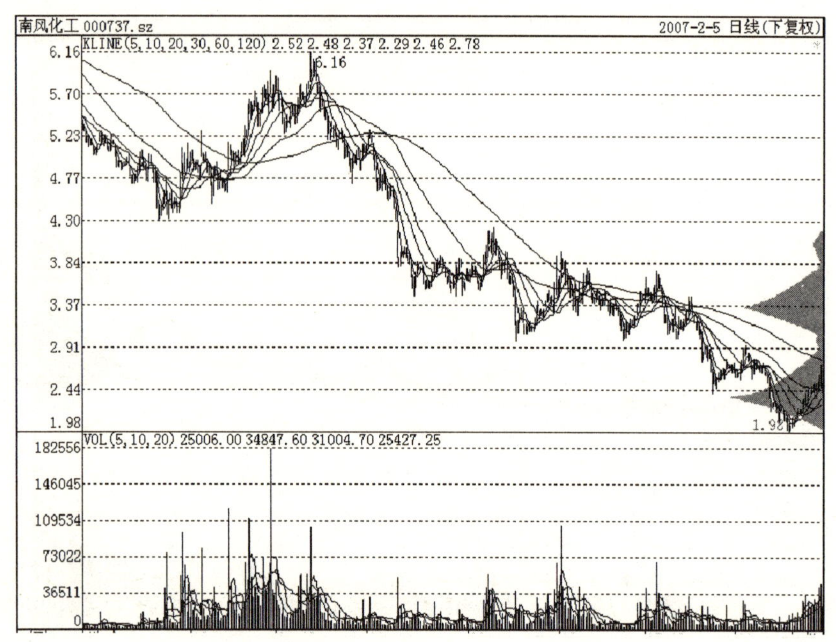

图 7-16

速消失，就要谨慎，防止主力弃庄而逃。

低位筹码集中双峰，两峰顶之间一般有 20%～30%的空间。这是主力故意做出来的，因为我们前面讲过，散户获利 10%～20%最容易卖出。所以，主力拉升 20%～30%后，会打压一下股价，迫使不坚定的投资者下决心卖掉。同时，还有一个规律，就是投资者深度套牢的时候不容易割肉，而浅套的投资者割肉就容易得多。所以，主力为了让深套的筹码出售，就会让股价反弹到套牢密集区之下 10%左右的位置，使投资者由深套变为浅套，这时候就会有很多的投资者看到损失已经减少而选择微亏离场了。

当股价上涨到两峰之间的位置时，会受到来自下方获利盘和上方割肉盘的抛压。对此，主力是乐见的。主力可能还会加剧这种抛压，故意在此区域加大震荡烈度，诱使散户抛出筹码。这种位置，上有套牢盘，下有获利盘，抛压本来就比较大，如果股价没有在压力下重新回落到低位峰附近，反而在两峰之间强势横盘，这种情况说明有大资金顶住了抛压，就要给予高度关注，随时准备跟进。如果强势横盘之后，上下双峰逐渐消失，而两峰之间逐渐被填平，进而形成了一个新的密集峰。这是主力强力介入的表现。如图 7-17，就是随后由图 7-16 演变而成的。

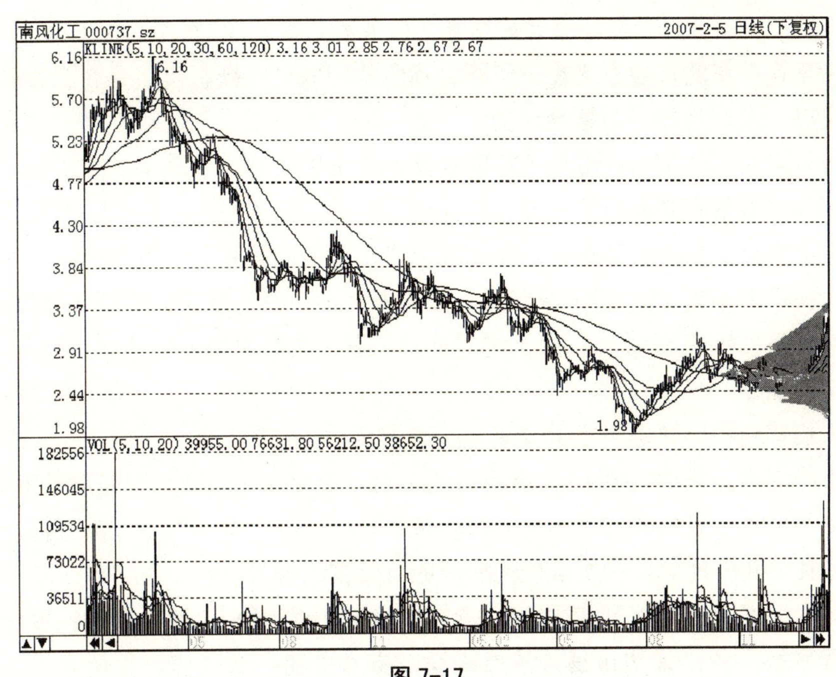

图 7-17

如果股价受阻回落，则可能是该股票无主力关照，投资者不能盲目介入，暂时观望为宜。

(7)筹码密集突破的规律。

云开日出，登机起航。

笔者把股价创阶段高点回落，获利筹码分布显示套牢盘 90%以上的情况，称为“乌云满天”形态。此种形态往往预示后市偏空，中期可能要下跌或者在低位整理。而股价一旦经过一段时间的整理，再次向上突破筹码密集区，获利盘达到 99%以上时，笔者称为“云开日出”形态。此种形态往往预示后市偏多，中期可能股价上涨或者进入高位整理。

如同方股份，2009 年 8 月 12 日，该股下跌，套牢盘达到 93%，结果继续下跌多日，并在次低位整理相当一段时间。2009 年 12 月 25 日、2010 年 4 月 8 日该股分别在盘中获利盘达到 99%以上，随后都走出一段中期上涨行情。此时跟进，立刻就能享受到赚钱的快乐。

十、换手率

所谓换手率，是指单位时间内，一只股票的成交量占流通股总数的百分比。

换手率的计算公式：

换手率＝成交量／流通股总数×100%。

考察换手率的重要意义在于了解目标股票的成交活跃程度、是否天量见顶、地量见底，以及判断主力持仓比例。

一般股票软件都有计算换手率的功能，这可以说是一项基本功能了。

1. 通过换手率判断行情

据笔者对部分个股的观察，发现换手率和股价的关系有以下规律：

日换手率不到2%，属于低级别，股价非常不活跃；换手率极低，特别是经常连续多日换手率不到1%，属于绝对地量，就说明行情极度低迷，这往往是历史底部的征兆。

人们普遍将日换手率小于3%的成交量称为“无量”。

日换手率达到3%～5%时，属于较低级别，成交开始活跃，但是股价变动仍然波澜不惊；日换手率不到4%，维持3%上下，说明主力动作不大，行情沉闷，此时往往伴随着地量，构筑阶段性底部的可能性比较大。

日换手率5%～8%，通常称为“带量”，属于中等级别，股价变动幅度极大；中等级别换手率，说明市场关注度提高，主力可能有所动作，行情开始活跃，涨跌幅度加大。此时往往伴随温和放量上涨，处于拉升股价阶段；如果处在下降趋势，那可能是加速下跌的前兆。

日换手率8%～12%，通常称为“放量”，属于较高级别，股价涨跌幅度往往很大，往往是放量上涨或者下跌；较高级别日换手率经常会发生在对重要的阻力位或者支撑位的突破的时候，有时候会见到阶段性高点。

日换手率12%～20%以上，通常称为“巨量”，属于高级别，股价变动非常大；特别是达到15%左右的时候，盘中震荡剧烈，往往是放量暴涨或者暴跌，构筑阶段性头部的可能性比较大。对重要的阻力位或者支撑位突破的时候也会出现高级别日换手率。

日换手率20%～25%，属于极高级别；日换手率25%以上称为“成交异常放大”，一般在小盘股才有如此高的日换手率。出现20%以上日换手率，基本上属于天量见顶范畴，往往会见到历史高点。

2. 通过换手率计算主力持仓比例

笔者经过研究，发现通过换手率计算主力持仓比例和成本是基本准确的。

根据底部的换手率，我们就基本能够测算出主力的持仓比例和成本。

大家知道，主力在底部吃足筹码之后，才会拉升。那么，我们就要计算主力底部建仓期间的总换手率。判断底部的方法，请大家参照本书其他章节。一个重要的判断标准是，股价在低位有效升破年线，并且至少在年线以上徘徊两周以上。

投资者如果希望跟随主力，就最好找一个超强的主力，也就是控盘超过50%的主力，而且持仓比例越大越好。因为统计表明，一个股票的涨幅与主力持仓比例基本成正比。

据统计，在股价上升阶段，主力成交量一般约占总成交量的30%，在下跌阶段主力成交量一般约占总成交量的20%。由此，可以大致计算，在一段时间内，总换手率100%，主力可能持仓20%左右；总换手率200%，主力可能持仓40%左右；总换手率300%，主力持仓60%左右。

很多时候，当股价从底部起来后总换手率超过200%时，市场有转好态势，低位筹码已经没有多少可以吃到的了，这时候主力会加快吸筹，也就是拔高建仓。而当总换手率达到300%左右时，主力持仓比例基本达到目标，这时候主力将要急拉股价，进行突破，拉升前后一般会有强行洗盘动作。

通过计算总换手率，就可以大致判断主力的持仓比例，从而使我们能够找到最佳介入时机，并据以决定介入程度。值得注意的是，此法对刚上市的新股准确率比较高。对于其他股票，就要判断长期底部，相对难以把握一些。

需注意的是，这个办法不适合那些超级大盘股，只适合大机构一般不染指的中小盘股。对那些大盘股，也不必使用这个办法，因为机构持仓动态信息会在十大股东栏清楚显示。机构大致持有多少比例及其变化趋势很容易算出来。

第八章　如何读懂即时盘面的信息

——操盘天机大泄漏

一、高开有何意义

有时候，股价在开盘时会跳空高开，这意味着什么呢？这往往是强势表现，说明追涨的人多，以低价就买不到，必须以更高的价才能买到。当然也有可能是主力故意做盘，吸引注意力，借机出货；或者为了突破关键价位,但是主力不希望拉阳线引起跟风，故意做成阴线；或者为了洗盘，高开低走伴随放量会有震仓的效果；或者是利用散户和短线投机者有逢高减仓的习惯，拉高吃货；或者是主力试盘，探查上方抛压是否沉重。具体是哪种情况，需要长期观察并根据当前的走势和形势来判断。

如果确认是低位突破，可以适时介入。买入时机一般在回落的低点，但不一定会回落到前日收盘价附近。

如果是逃逸缺口，高开高走，可以适度现价追进。

二、低开是何道理

有时候，股价在开盘时会跳空低开，这意味着什么呢？这往往是弱势表现，说明杀跌的人多，以高价就卖不出，必须以更低的价才能卖出，于是低开。当然也有可能是主力故意做盘，吸引注意力，借机砸盘吸货；或者是主力为了使图形好看故意收出低开高走的大阳线；或者是主力送礼，故意把筹码低价卖给关系人。具体是哪种情况，这也需要长期观察并根据当前的走势和形势来判断。

在低位或者拉升途中放巨量跳空低开，一般是洗盘行为。特别是有些高控盘股开盘时会出现大幅跳低(5%以上)的情况，同时集合竞价成交几十万、上百万股。这往往表明主力还没有完全出局，可能准备拉升，这时候的大幅跳空低开是一种最后的洗盘，投资者可以跟进。

如果确认是高位突破，必须及时出局。卖出时机一般在反弹的高点，但不一定会回到前日收盘价附近。

如果是逃逸缺口，低开低走，应当现价离场。

三、尾盘突然拉高的意义

有时候，一只股票全天成交稳定，走势波澜不惊。但是最后几分钟内突然拉高。这一般是属于偷袭的情况。如果在底部，是一种拉升信号，主力计划拉高吸筹，或者已经吃饱，希望快速拉升。

如果是下午收盘前瞬间拉高，即收盘前半分钟内突然出现大买单，把股价拉到很高位置，有的由绿变红，有的由微涨到大涨，甚至涨停。如果在高位，这往往是由于主力资金实力有限，为了节约资金，又能让股价收在较高位置，或突破具有较强阻力的关键价位,采取的尾市突袭，瞬间拉高手段。尾市偷袭就是防止大多数人反应过来卖出。如果第二天，主力开盘就大量卖出，股价低开低走，就更加证明了主力出逃的目的。

四、尾盘突然砸低的意义

有时候，一只股票全天走势不温不火，但是最后几分钟内突然大单砸盘，股价暴挫。这也是属于偷袭的情况。如果在底部，是一种逼多、诱空信号，主力计划压低吸筹。如果在顶部，就有可能是逃空，特别是随后连续放量下跌，基本可以判断主力出逃。

如果是下午收盘前瞬间砸低，即收盘前半分钟内突然出现大笔大卖单牺牲很大价位猛烈抛出，把股价砸到很低位置，甚至跌停。这往往是主力故意把日K线做成光脚大阴线、十字星、阴线等恶劣图形，以恐吓持股者从而达到震仓洗盘、抢筹的目的。如果第二天能够轻松拉起来，就是典型的震仓、洗盘行为，在股价涨幅不大，上行趋势不便的情况下，基本就是主力在打压、震仓，目的是吃到更多廉价筹码。有时候，特别是在高位，就可能是主力计划第2日高开大涨进入涨幅榜，从而引起市场的关注，诱使其他投资者的跟进。

五、盘中瞬间大幅拉高股价的意义

有时候，主力会在盘中突然大幅(7%以上，甚至瞬间涨停)拉高股价，但是不能持续，往往瞬间回落。主力的目的一般是做长上影线，也可能是试盘，试探上方抛压是否沉重；或者遇到强大阻力，暂时放弃上攻，进行洗盘蓄势；或者是主力高价买入关系人的筹码；或者是无主力个股，个别大户拉高减仓做差价。

遇到这种情况，一般要冷静，最好不要跟风。要仔细观察主力下一步动作，并结合大势判断未来走势。如果在底部，瞬间拉高，就极可能是试盘，试探上方抛压是否沉重；或者遇到强大阻力，暂时放弃上攻，做出上影线，吓唬散户，诱使散户卖出，进行洗盘蓄势。此时，以持股为主。如果是在顶部，瞬间拉高，如果放量不收涨停，就有可能是拉高出货。此时，最好减持，甚至清仓。

六、盘中瞬间大幅砸低股价的意义

有时候，主力会在盘中突然大幅(7%以上，甚至瞬间跌停)砸低股价，但是不能持续，往往很快拉回。主力的目的一般是做长下影线。也可能是试盘，试探下方支撑是否强大；或者遇到强大支撑，暂时放弃砸盘；或者是主力把筹码低价卖给关系人；或者是故意做出长下影线，吸引投资者注意；或是主力资金不充足，先抛出部分股票回笼资金，然后迅速拉升；或者是无主力个股，个别大户砸盘进货做差价。

遇到这种情况，最好不要恐慌，虽然不必立刻跟风卖出，但是必须考虑卖出。首先要认真观察主力下一步动作，并结合大势判断走势。如果在底部，瞬间砸低股价，往往是为了进货。可以在拉回的瞬间，或者走稳以后跟进。如果是在顶部，瞬间砸低股价，就可能是突然袭击买盘，进行出货，可以跟风卖出，或等拉回后，择机卖出。因为在高位，不能跟风买，但是可以跟风卖。特别是达到止损价位，就更要立刻卖出，防止跌停而失去卖出的机会。

七、分时盘中黄白线走势的意义

白线是指数，其走势主要受大盘权重股左右；黄线是所有股票的指数，主要体现小盘股的走势。二者的走势基本一致，但不完全一致，有时候平行，有时候合拢，有时候分开。

指数上涨时候，如果黄线在上，表明小盘股会比较活跃，大多数股涨得好；相反，如果黄线在下，可能是大盘股做指数。特别是如果黄线在上，白线突然向上贴近黄线甚至后来居上，很可能是大盘股在诱多，掩护出货。

上升趋势中，黄线在上，白线在下时，笔者称黄线为“黄金线”，白线为“白银线”。如果二者构成一个喇叭形，笔者称之为“金喇叭”，金喇叭一般吹响的是进攻的“冲锋号”。而在牛熊转换时，尽管指数短期仍在上涨，但黄白线易位，白线在上，黄线在下时，笔者称黄线为“黄铜线”，白线为“白铝线”。如果二者构成一个喇叭形，笔者称之为“铝喇叭”。铝喇叭一般吹响的是撤退“集结号”。

连续多日黄线在上，白线在下，距离均匀，说明长势健康。相反，可能是指数行情，警惕出货。特别是白线在上，而黄线突然下跌，要考虑，大盘股护盘掩护个股出货。

指数下跌的时候，如果黄线在上，表明大多数股票，特别是小盘股下跌趋缓，大盘股补跌，或者故意打压指数；特别是白线突然靠拢甚至下穿黄线，很可能是在故意打压指数。相反，如果黄线在下，可能是大盘股做指数护盘，掩护出货。如果连续多日黄线在下，白线在上，距离均匀，说明跌势明显，单边下跌，形势很糟。有时候会加速下跌，投资者要注意回避。

很多时候，黄线或者白线突然垂直向上猛拉很高很快，无论谁在上方，都是短线出货的好机会，尤其是在弱势市场。

在各种走势中，二者的背离最应该注意，背离往往意味着短线变盘的可能加大。如果在阶段高位，白线上涨，而黄线下跌，暗示大盘将要下跌；反之，如果在阶段低位，白线下跌，而黄线上涨，暗示大盘将要上涨。

八、变幻莫测的内盘和外盘

所谓“内盘”是指以买方成交的合约。所谓“外盘” 是指委托以卖方成交的合约。 “外盘”和“内盘”之和就是成交量。

因为卖方成交的委托纳入外盘，如果外盘大，往往说明大多数卖的价位都有投资者承接，意味着买力强大，看涨；而以买方成交的纳入内盘，如果内盘比较大，就说明大多数买入价都有投资者卖出，意味着卖方力量强大。如果内盘和外盘相当，说明买卖力量相近。

通过对外盘、内盘数量的大小和比例的分析，投资者会发现主动性买盘和主动性抛盘的多少，从而可以判断主力动向，因此是一个可以参考的短线指标。

这是一般而言。但是如果你希望单纯以内外盘的大小来判断当日股价走势的强弱以及今后的走势，并据以进行短线买卖，可能会上了主力的当。由于主力的故意做盘行为，外盘和内盘的数量所反映的含义会失效，外盘大，股价不上涨；内盘大，股价也不下跌。加上各种外力因素，问题会更加复杂。

事实上，内外盘之比在很多时候并不能真正反映股票走势的强弱，主力会做出虚假的内外盘。比如，当某只股票经过暴炒后，在高位整理，明显是出货的时候，盘中却常常出现买单比卖单大的情况，显示外盘大。但实际上是主力用大买单托着，引诱散户用更高的买价追涨，而它却使用天女散花的手法，一小笔一小笔地出货，见到别人的大买单，当然主力也不会放过。如果卖盘把股价砸下去了，主力会及时撤单，避免接了别人的货。一旦抛盘减轻，主力又会故伎重演。

有时候其他大户卖出单子较大，会一下子把主力的托盘给砸掉，盘面上就会出现卖单寥寥无几的现象。为了避免露馅，主力一般会及时再次补个大单顶住抛压。这个时候看，外盘经常大于内盘。如果做短线，快进快出还行，否则必然被套，让你很久不能解套。

当然，一旦下跌趋势形成，主力也就顾不得那么多了，大家都卖出，主力哪敢轻易承接，索性加入砸盘行列，这时候内盘就真的远远大于外盘了。股价就会出现连续暴跌，甚至连续跌停的惨烈状态。

与此相反，当一只股票长时间大幅度下跌之后，在低位整理，明明是主力进货的阶段，但是内盘却往往人于外盘。造成这种现象的原理，就是主力用比一般投资者买单大的单子托住股价，而在不同价位上用多个更大的单子压住股价，人们常常会被上面的大卖单欺骗，以为主力要出货，股价会继续下跌，就纷纷卖出，但是散户的卖单一般比较小，只有几十手，甚至几手。此时主力还不会拉抬股价买入，只是一小笔一小笔地蚕食。有时候还故意把买单越挂越低，这就造成主动性卖盘大于主动性买盘，即内盘比外盘大。然而，这种情况不会长期持续，总有一天，主力不再满足于低位吃货，而且也吃不到货了，那就会拉升吃货了。这时候，外盘就不会小于内盘了。

上面两种情况是主力吸筹和出货时的欺骗手段。如果不知道这个规律，只看表面信号，就常常做了和主力相反的操作。所以，必须要明白股价处于什么位置，同时结合大盘环境，才能下结论。

不过，大多时候股价位置并非局限上述两种情况，而是持续上升，或下降，或在箱体里震荡，这时候判断内外盘的真实含义可能更为准确。

当股价走上升浪时，多数情况下外盘大于内盘。一个常见现象是，频繁出现大买单渐次推高股价，不时有主动买盘跟进，量增价升。一旦连续多日出现外盘大于内盘的现象，股价同步温和上升，我们就可以适时跟进。但是短期涨幅过大以后，也要逐步逢高减持，甚至阶段性离场。因为，接下来股价会见顶回落，内盘将大于外盘。一旦持续多日内盘大于外盘，我们又要考虑出局了。

与此相反，而股价下降过程中，多数情况下内盘大于外盘，此时最好不参与。

大家可能发现，股价涨停时，所有成交都是内盘，内盘远大于外盘，但预示的却是上涨动力巨大。而股价跌停时，所有成交都是外盘，外盘远大于内盘，但预示的却是下跌意愿强烈。

虽然分析内盘和外盘的大小对判断股价的走势有参考作用，但是必须结合股价所处的位置、大盘所处的位置，以及成交量的大小和筹码的分布状态进行综合分析，绝对不能只顾纠缠细节而忘了大势。

九、为什么大卖单黑压压股价还是上涨

主力在拉升股价的时候，往往会高挂卖单，在二三挡挂大买单，再用隐单慢慢啃掉上方卖单，形成一个股价夹板，迫使其他投资者卖的价更低，买得价更高，或者无法成交。从而更轻松地拉升股价。

所以遇到大卖单压盘，股价仍然走高的情形，就要考虑主力是否在进货或者拉升。

有时候，买卖挡第二、三、四，或者第二、三、四、五分别挂大单，这是主力控制股价在当前价位的手段。

十、为什么大买单汹涌澎湃股价照跌不误

主力在压低股价的时候，也往往会高挂卖单，在二三挡挂大买单，再用隐单慢慢啃掉下方买单，形成一个股价夹板，迫使其他投资者卖的价更低，买得价更高，或者无法成交。从而更轻松地压低股价。

所以遇到大买单托盘，股价仍然走低的情形，就要警惕主力是否在出货。

十一、一些特殊的买单数据有什么含义

有时在即时买卖盘面会出现一些数字，如 114、1114、1444、4444 等。是不是某种暗示？它们是不是有什么含义呢？答案是有的。这往往是场内主力在警告其他投资者，不要抢庄，或者暗示即将拉升。还有一些主力操盘手之间特别约定的数字，类似于电报密码，只有主力操盘手才能明白。当然也有可能是偶然产生的或者故意欺骗投资者的把戏。不必过于看重这些数字，按照自己的计划操作就是了。

十二、成交极度稀少的含义

成交极度稀少是指个股盘中买卖单稀稀落落，成交极少，日换手率不足 0.5%，有时候一天只成交几手。这种情况往往出现在行情极度低迷的时候。

如果在历史低位，说明人气极低，缺乏关注。一旦成交量温和放大，有资金介入时可以跟进。如果在高位，就是主力高度控盘，K 线呈典型的高度控盘股走势，但股价过高，无人捧场，买气极低。该股往往即将崩盘，回避为上。

十三、偶尔出现的大单的含义

所谓大单，一般是指成交手数在1000手以上的买卖单。笔者认为仅以成交股数衡量单子大小并不准确，因为不同的股票股价非常悬殊，有的每股只有几元，有的超过百元。所以，要和股价挂钩，不同的股价，大单的概念不一样。对于10元左右的股票，1000手算是大单，以此为参照，5元左右的股票，2000手才算得上大单；50元的股票，200手就算是大单；100元以上的股票，100手也算是大单了。因为散户通常是不敢，也没有实力一次买入10万元的。

在行情活跃的时期，经常会有大单出现；在行情低迷的时期，会少有大单出现。

考察大单，实际上就是考察主力活动情况。大单频繁、有规律地出现，一般表明主力积极活动，行情活跃。否则，就表明行情黏滞，尚无突破可能。

如果偶尔出现大单，没有明显规律，对股价走势也没有明显影响，一般说来，这样的单子是个别大户随机交易的结果，并不是主力行动的征兆。我们不能以看到有大单出现，就急忙跟进买入或者卖出，必须连续观察一段时间，确认有规律出现才可以考虑是主力活动。

对于盘中比较有规律地出现一些特别大的单子(与大多数单子相比，别的单子只有几手、几十手，而每隔一段时间就出现多出两位、三位的数百手、上千手的大单)，就要引起警惕。这些特别突兀的大单很扎眼，也就能起到震撼人心的作用。至于是什么目的，要看处于什么阶段。处在底部，大卖单是主力恐吓散户，诱骗散户卖出；处在拉升途中，就是震仓洗盘；处在顶部，大买单就是诱惑散户买入的迷魂药。

十四、只见成交不见挂单的意义

一般来说，很多交易者会提前挂出单子等待成交，以免耽误了时间，失去交易机会。这个时候，我们会发现买一卖一的挂单被买盘或者卖盘慢慢啃噬，直至消灭，原来的买二或卖二又变成了新的买一或卖一。上涨的时候，就是卖单被不断吃掉的过程。

但是有的时候，我们会发现只见成交活跃，大单频频，却不见买一卖一有大单挂着。这是怎么回事呢？原来是主力正在即时成交。这往往出现在行情活跃、投资者下单踊跃的时候，而主力认为机会不能失去，就直接轰击买卖盘，买一卖一根本不能站住脚，几乎看不到挂单生成。这种隐性成交的情况，不是很多见。

遇到这种情况，就要小心，要考虑主力是不是急于出货，或者抢货，又不想让股价变动过大，以防跟风盘大量涌出。如果在阶段高低点，也要考虑主力正在对倒，目的是控制股价，使买卖盘产生疑惑，改变交易节奏。

十五、令人兴奋的涨停板有何意义

涨停大家都知道是什么意思，但是对于其内在含义，特别是对于开盘即涨停和盘中涨停、尾市涨停。单次打开涨停、反复多次打开、再封住，或者封不住等现象的意义，恐怕不是很好理解。

开盘即涨停意味着什么呢？涨停又为哪般？涨停打开，我们怎么办呢？

开盘即涨停说明市场非常强势，投资者疯狂抢购；或者主力急于拉高。

有时候涨停板会打开，这是因为主力抛盘所致。目的或者是诱使其他投资者卖出，或者是出货，或者是兼而有之。

第一次涨停板打开有时候是可以追的，时机是回落幅度不大，抛盘变小，放量回升再次封涨停之前。如果伴随大盘放量上攻，可出击龙头股的第一个涨停，随后继续上攻的概率很大。

第二、三个涨停如果多次打开，封单不大，表明主力不坚决，一般不宜追进。而无量涨停之后的放量涨停，表明主力开始出货，此时介入风险已大。笔者从来不追击高位涨停板。要知道，有时候，当天会从涨停变成跌停，让你一天损失20%以上。

当然，在强势市场，也有主力利用涨停快速吸筹，然后直接高举高打，不歇气，拉到目标位之后，快速出货，这是一气呵成的操作手法。如图所示，600151在2006年4～5月的走势。

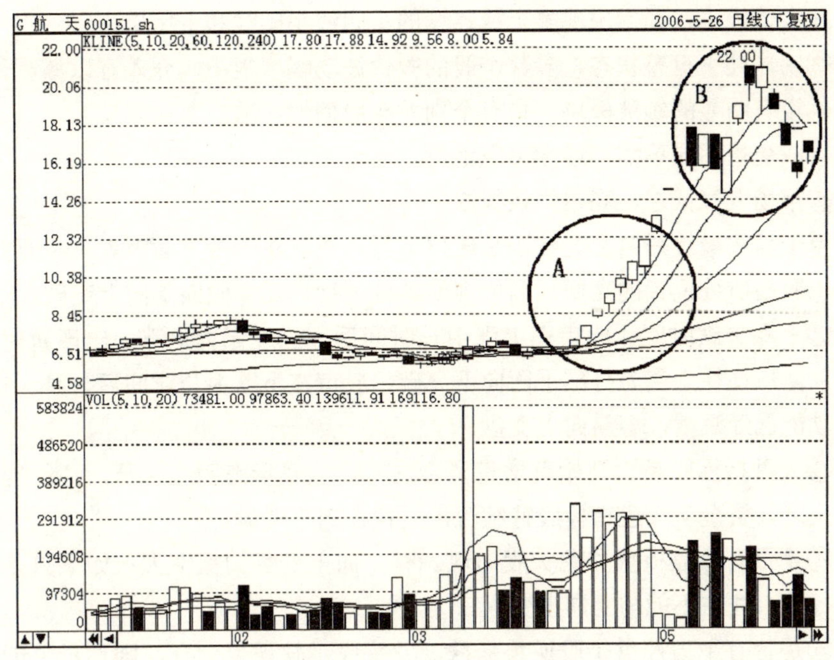

十六、令人沮丧的跌停板如何应对

跌停说明市场非常弱势，投资者疯狂抛售；或者主力急于砸低所致。开盘即跌停预示情况非常严峻。

开盘即跌停怎么办呢？跌停打开又怎么办呢？

开盘即跌停的时候，也要加入卖方行列，这叫跟风卖出，错了也要出。要知道“不能跟风买，可以跟风卖”，这是规避风险的重要原则。

有时候跌停板会打开，这是因为主力抵抗所致。目的或者是诱使其他投资者买入，或者是吸货；或者是兼而有之。

第一次跌停板如果打开一般是要出局的，时机是打开的一瞬间。第二、三个跌停之后不宜再盲目杀跌，但是，如果是爆炒过的纯粹题材性庄股，那就需要不惜一切代价出局。

十七、变盘前的征兆

股市变盘前，会出现一些征兆：

①指数或者股价在一个狭小的区域内震荡整理，涨跌空间不大，上下两难，

日K线实体较小，经常出现多个或连续的小阴线小阳线和十字星。

②明显处于盘整状态，多数个股的股价波动幅度很小，介入难以赢利。

③没有明显的领涨板块，只有个别龙头股悄然上涨。

④成交量明显萎缩，连续出现地量。

⑤市场人气低迷，观望气氛很浓。

至于盘局最终是向上突破还是破位下行，要取决于多方面因素，主要有：

①股指所处位置的高低。高位容易破位下行，反之倾向于向上突破。

②上涨下跌时间。股市在上涨很长时间后，已经无力上涨，出现暂时多空平衡，之后往往由空方打破平衡向下突破；股市在下跌很长时间后，跌无可跌，做空动能已经衰竭，容易向上变盘。

③大盘指标股是否开始有增量资金进入，筑底形态明显，是，往往向上变盘；反之，资金从大盘指标股持续流出，往往向下变盘。

④是否有热点板块和龙头股出现。有，向上变盘的概率大；如果只是超跌反弹行情，往往不能马上向上变盘。

⑤是否有主力控盘个股逆势暴跌，龙头股走软现象。有，则预示可能向下变盘。

十八、阳线不一样，阴线有不同

1. 阳线和阳线不一样

阳线在日线上看不出什么名堂，但是在分时上有的是单边上扬，有的是拉高钓鱼形态，有的是收市前急速拉高，即“打尾市”。其意义各有不同：

单边上扬的最好，如果量能温和放大，说明有资金持续介入，上涨比较可信。投资者可以及时介入。

如果是钓鱼形态，股价在低位尚好，如果股价在高位，往往是出货形态，要小心，观望为上。

如果是打尾市，多半主力另有所图，必须警惕。有股要考虑卖出，无股避免介入。

2. 阴线和阴线有不同

阴线在日线上看不出什么差别，但是在分时上有的是单边下跌，有的是开盘就砸到低位全天低位徘徊，有的是收市前急速砸低(见本章四)。其含义也不一样：

单边下跌，毫无抵抗说明有资金持续离场，下跌比较有效。尽量及时离场。

开盘就砸到低位全天低位徘徊，如果是在上升中途，往往是吸货状态；如在下跌之初或中途，常常是极度弱势但有人控制并抵抗的特征。尾市急跌，如前所述，往往也是主力为了第二天买到更低价的刻意行为。

十九、价量异动的含义

所谓价量异动，是指盘中价量突然发生显著超出平常水平的变化。对于价格，如果近期波动幅度不大，走势平稳，某日盘中突然拉升或者打压超过 5%，就属于异动。对于成交量，突然成倍增加，一般达到 5 日均量 2 倍，或者达到上一交易日成交量的 3 倍，就属于异动。

价量异动主要有意外大幅跳空高开、放巨量跳空低开、尾市放量拉高、尾市放量打压、盘中瞬间大幅拉高、盘中瞬间大幅砸低、盘中异常放量等。

下面谈谈盘中异常放量。

在任何位置都可能单日盘中骤然出现超出平常数倍（一般是 5 倍以上）的巨量买卖盘。如果早盘 1 小时换手率超过 5%、上午换手率超过 10%、单日换手率超过 20%以上，就算是成交量异常放大。成交量异常放大往往是主力为了引诱散户买入或卖出，故意制造的放量上涨或者下跌的假象。如果股价放量却滞涨，OBV 指标背离，一般是出逃现象，就要回避或者跟风卖出。这就是所谓的骗量现象的一种。

如果价升量增，均线多头排列、OBV 指标快速上扬，可能主力资金展开强力拉升，短线后市看涨，可以适当跟进。

价量异动，肯定是主力故意而为，具有很强的目的性。既可能是机会，也可能是陷阱。投资者需要擦亮眼睛，仔细辨别，认真分析之后，才可以行动，否则极有可能上了主力的当，而做出错误的操作决定。

对一种特殊巨量——巨量标杆的认识：

1. 巨量标杆的概念及其产生的原因

巨量标杆，笔者独家定义。专指股价在相对低位、上升途中放出的天量，明显高于前期的日成交量几倍、十几倍，甚至超过前期顶部的巨量。往往是主力突袭重要阻力位获得成功，通吃前期获利盘和套牢盘所致。

2. 巨量标杆成立的条件

①无论 K 线实体是阴是阳，只要求成交量大到前量数倍以上。

②短期内（3～5 个交易日）不能跌破巨量标杆当日最低价。

③股价后期（一般 20 个交易日内）要突破巨量标杆出现当日的最高价。

巨量标杆确认后，可以择机买入。

3. 巨量标杆测算后期涨幅

只要巨量标杆确认，未来股价经常会到达标杆当日价的两倍以上。故有所谓“底量超顶量，必定前途无量”之说。

4. 操作规则

①如果放巨量之后，不能突破巨量当日高点，且随后低点被跌破，巨量标杆不成立。无论标杆 K 线阴阳、标杆量大小，都应放弃。

②巨量标杆确认后，可以介入，但应该轻仓，不超过 50%仓位。巨量标杆出现后，股价往往连续上涨，然后出现一段 5～15 天的调整。既有可能是快速回落，也可能是横向震荡，最好在回落到位，或者震荡结束重新启动之时介入。

③快速发现巨量标杆的方法：如果不能盯盘，需要每天复盘查看每只股票。如果能随时盯盘，可以查看“今日总金额排名”栏，寻找开盘后半小时内成交量排在第一，特别是本身不是大盘股的个股，发现后就要密切关注它。如果 60 分钟成交量就超过和覆盖了前期的较大量，接近最大量，此量就极有可能是巨量标杆。

二十、其他几种盘面语言及其意义

①大盘上涨，同时个股涨多跌少，涨势是真实的，市场属强势；大盘上涨，个股涨少跌多，说明是主力在拉抬指标股，涨势虚假，不宜进场。

②大盘下跌，同时个股跌多涨少，说明跌势真实，大盘属弱势；大盘下跌，但下跌股却少于上涨股，说明是主力在打压指标股，跌势虚假。

③热门板块退潮，缺乏替补板块，板块不能轮动，行情可能接近尾声。

④盘面经常出现大手笔买卖，买进时一下吃掉上方好几个挡位，表明大户在进货；反之，如果经常有大卖单轰击掉买盘的好几个挡位，则表明有大资金出货。

⑤无论什么位置，成交量巨大，而股价涨幅却不大，量价背离明显，可能下跌；在低位，成交量极度萎缩，量缩价跌，可能随时反弹。

⑥分时成交均匀分布，表明没有大资金，如果不均匀，特别是起伏较大，表明有大资金在场。

⑦大盘下跌，个股逆势上涨，该股后市看涨，若在高位，也有故意示强的可能，须防范随后大盘走稳时反而下跌。

⑧大盘上涨，个股逆势下跌，该股后市看跌。若在低位，也有故意示弱的可能，须防范随后上涨。

⑨洗盘和出货最重要区别是成交量，一般而言，洗盘会缩量，出货会放量。而分时上，洗盘往往比出货还跳跃，震荡更剧烈。

⑩在上涨趋势里，开始有大单买卖、成交十分活跃的股票，说明有大主力参与，后市看好。

⑪大盘上涨时放量，跌时缩量，量能均匀放大，说明量价关系正常，有利上涨；大盘上涨时缩量，跌时放量，或者量能过于突兀，量价关系不正常，可能是主力在诱多，须防回落。

第九章 交易的时机、方法和技巧

——买得早不如买得巧

很多时候，我们不能获得较大利润，甚至亏损，是因为我们交易的时机掌握得不好，交易方法不科学、不合理、不正确。或者不了解主力操盘习惯，经常被一些假象迷惑，导致频繁失误；或者不知道判断主力的目标价位，盲目地介入一只股，然后听天由命。所以，我们有必要在策略和技术上澄清一些问题。

一、如何确定阶段性高低点

阶段性高点的特征是：中线指标见顶，出现卖出信号；一大批个股纷纷急速拉高后回落整理，涨停个股由多变少，开始出现跌幅较大甚至跌停的股票；涨幅较大个股明显走软，有高位放量出货现象。

阶段性低点的特征是：中线指标见底，出现买入信号；一大批个股纷纷急速会落，跌停个股由多变少，开始出现大涨的股票；涨幅较小个股明显走强，有低位放量进场现象。

二、如何确定即时盘中的高低点

一般高点产生在盘中拉升过急，远离均线而又抛压巨大无法稳住时。强势可以达到5%～10%，弱势也可以达到2%～5%。

一般低点产生在盘中急挫，远离均线抛压枯竭买盘增加的时候。强势可以达到1%～3%，弱势则可以达到4%～10%。

三、根据即时盘面确定卖出时机

上午十点半左右是一个经常产生当日高点和阶段性高点的时间。牛市卖在收盘，或是第二天上午冲高的时候；熊市卖在早盘。中长线投资者，不必密切关注即时盘面变化情况，可在相对高位区域随时卖出。对于短线投资盘，卖出时要结合即时盘面的形势，确定具体卖出时机，可以获得更大的利润。

①高开低走伴有大笔成交的个股，要立即卖出。因为中国股市存在大幅高开之后往往走低这个规律。所以先卖出一般是对的。特别是存在以下情况就要卖出：

整体涨幅过大，主力有拉高出货嫌疑；

并没有实质特大利好可以支持这种突破性暴涨；

高开低走收巨量长阴时卖出，因为次日必有探底动作；

股价高开的但是不能冲破重要阻力位；

同板块涨幅过大，龙头股已经走软，跟风补张明显；

高开之后缩量或者巨量都要警惕；

多项指标已经严重超买，钝化明显，不能支持继续上涨。

②某日涨停，第二天股价不能继续高开高走，反而冲高回落，甚至开盘即跌破昨日收盘价，如果价位较高，说明主力急于出逃，应及时卖出。

③分时图出现多次反复急跌又缩量拉回，主力震荡出货可能较大，卖出。

④龙头股或领涨股出现跌停，持有的同板块个股有跟风迹象，必须立即出逃。

⑤某日涨幅居前，第二日即陷入调整的个股，如果不是当前热点，考虑卖出。说明主力实力不强，单日行情的可能性较大。

⑥出现钓鱼走势，股价冲高，一旦买盘不济，开始掉头向下，就要卖掉。

⑦尾盘进入跌幅榜，先行卖掉为宜。回避可能出现的利空。

⑧个股大涨之后第二天上午十点半以前冲高不涨停，卖出。尤其是在平衡市，最好见好就收，锁定利润。

⑨尾市急拉，又处于高位盘整状态，是卖出时机，一般随后总有低吸机会。

⑩在高位首次出现跌停板，考虑第一时间卖出。

⑪放量冲过阻力位，但是很快被打回，卖出。

⑫高开高走不涨停，涨幅达到6%以上，卖出。特别是最近的追高盘，最好兑现短线利润，防止由赢利变成亏损。

⑬无量冲高，卖盘蜂拥而出之际，及时跟风出局。

四、根据即时盘面确定买入时机

任何市道都是在下跌之后买入才安全。熊市不易买股，牛市和平衡市最好买在早盘下探的时候。股价回落到昨日收盘价以下，适合买入。特别是短线投资者买入股票，要注意以下分时特征：

①整体涨幅不大，盘中突然放量上涨，有突破迹象，及时跟进。

②底部首次涨停，涨停打开时，可以在回落3%左右跌不动的时候适量买入，并可于再次巨量推升逼近涨停之际买入。

③形态较好，上午开盘时成交量迅速放大的股票，考虑买入。

④龙头股、领涨股涨停，或者冲上涨幅榜，同板块强势个股有跟风迹象，可迅速买入，一般短线可有5%左右的利润。

⑤早盘放量推升，第一波涨幅不大(不超过3%)，分时股价线回调缩量明显，第二波强力拉起，即将超越第一波高点之际，可以跟进。

⑥早盘放量推升，半小时成交量明显超过5日内均量，又是当前热点，或者即将成为热点的股票，当日涨停的概率比较大。可于盘中及时适量跟进。

⑦早盘高开，回落不破均价线，或者不破昨收盘价，强势明显，可在放量拉起的时刻跟进。

⑧低开，但是没有实质利空，买盘踊跃，大手笔成交，股价上涨时，可及时跟进。

⑨昨天刚启动的强势股，如果当日仍强势，继续走强的可能很大，可逢低跟进。

⑩尾盘急跌，但是没有实质利空，可适量介入。

五、明日股价预测方法

股价在正常运动过程中，涨跌幅度不会太大，上涨下跌幅度可以大致预测一下。如果连续上涨多日，下一个交易日可能回落，其回落幅度大致在昨日开盘价到收盘价的一半处；如果连续走平，下一个交易日可能上涨，上涨幅度大致是昨日开盘价到收盘价的一半。这样对于中长线买卖股票的投资者，在第二日吊篮子和埋单就有了一个大致的标准。当然如果走势更强或更弱，相应的价格可以调高或调低一些。当然对于即时操作的短线投资者，还是在盘中寻找买卖时机最好。

六、如何吊篮子、埋单

吊篮子就是提前挂出高卖价等待成交的方法。

埋单就是给出低买价等待成交的方法。

这两种方法一般只适合没有时间看盘的投资者，由于成交与否不具有确定性，有时候会失去交易机会。

这种委托交易的方式，一般限于中长线投资者。短线不宜采用。笔者挂单，一般采取以下方式：

①低挂买单，一般出价低于昨日收盘价的2%～3%，这是最常见的盘中下探位置。根据当前趋势强弱决定上下浮动幅度，强势，高挂一些，到低于昨日收盘价的1%～2%；弱势就低挂一些，到低于昨日收盘价的4%～5%。

②高挂卖单。牛市环境，一般挂高于昨日收盘价4%～8%，这是最常见的盘

中上冲位置。根据当前趋势强弱决定上下浮动幅度，强势高挂一些，到6%～10%；弱势就低挂一些，到3%～5%。

③可以挂出梯形买单，比如分别在-1%、-2%、-4%位置挂出买单1000手、2000手、3000手。

④可以挂出倒梯形卖单，比如分别在5%、7%、9%位置挂出卖单1000手、2000手、4000手。

七、为什么要分笔买入和卖出

因为再聪明，再有经验，你也毕竟不是主力，并不知道主力必然会怎么操作。所以必须留一手，否则你刚买了，它又下跌了，你止不止损？或者刚卖了，它又涨了，你追不追涨？

所以目标确定之后，可以分几笔买入和卖出，这样基本上可以买到较低的价，卖到较高的价。注意止损价要以成交均价为基准确定止损价。

八、怎样追涨杀跌

如果判断一只股票肯定上涨，有必要追高买入时，挂单可以高于昨日收盘价或即时价2%左右，但是一般不要高于3%。这样既能够确保及时成交，又不必付出更多的成本。如发现枪打出头鸟的机会时，极端看好后市，唯恐不能成交时，可以用涨停价挂单。不过笔者并不提倡这种做法，因为有时候主力会制造多头陷阱，涨停开盘，却跌停收盘，让追进的投资者当天损失20%，这在历史高位尤其需要注意防范。

如果判断一只股票肯定下跌，有必要杀跌卖出时，下单可以低于昨日收盘价或即时价2%左右，但是一般不要低于3%。这样既能够确保及时成交，又不必造成更多的损失。极端看坏后市，唯恐不能成交时，可以用跌停价挂单。笔者有过这种做法，成功止损，避免了更大的跌幅。有把握的投资者不妨一试。

九、怎样止损

1. 什么是止损

所谓止损，就是买入股票后，允许股价有一个回落的空间，但是回落幅度要有限制，达到限制就卖出股票，从而防止损失继续扩大。

2. 为什么要止损

因为没有人能够保证判断趋势永远正确，一旦判断错误，如果不能及时防止损失扩大，后果不堪设想。这就有必要将损失控制在一个可以接受的范围内。止损不能规避风险，本身也具有一定风险，但是它可以使你避免遭到更大的风险。

我的原则是，决不入套。“短线吃套心态不妙，中线吃套只有祷告，长线吃套没钱买药。”单说心态不妙就很可怕，那极有可能使你陷入恶性循环之中。在熊市和平衡市中，必须止损。

止损必须注意的是：一定要在买入股票的同时制定止损计划、确定止损价位。而且不要临时变卦，宁可错了也要执行计划。所谓“宁可错过，不可做错”，错过一个机会还有别的机会，做错了就真正造成损失了。

3. 如何设置止损位

根据个人承受能力不同，可以设置不同的止损价位。注意不要太高或者太低，太高容易频繁止损，太低容易造成巨亏，失去了止损的意义。

下跌幅度达到多少时要止损要根据个股股价的活跃程度，较为活跃的个股可以把幅度设置大一些，较为呆滞的个股要把幅度设置小一些；还要根据行情强弱、操作周期长短等因素。在强势市场中，止损位应相对高些；平衡市、弱市中，止损位应相对低些。如果强市进行短线操作，可以设在2%～4%之间，强势股尤其是热点板块的龙头股，回调很少超过5%。在平衡市和弱市中，可以设在5%～10%。

设置止损位就要有参照价位或者参照系统，一般有以下空间和技术指标参照系：

①买入价以下的一定幅度；

②双底形态的上一个低点价，下降三角形等形态的低点连线价；

③上升趋势线、支撑线；

④缺口的附近；

⑤上升通道的下轨；

⑥头肩顶等头部形态的颈线位；

⑦10日、20日、125日、250日移动平均线；

⑧当20天PSY移动平均线大于0.6，PSY的5天移动平均线下穿PSY的20天移动平均线时；

⑨SAR发出卖出信号；

⑩MACD出现绿色柱状线；

⑪长、中、短期威廉指标全部见顶；

⑫股价下穿布林带的上轨线、中轨线等；

⑬上一高点和上一低点。

另外还可以实行“时间止损法”：

为了避免等待很久之后，还是不得不止损，不仅损失了金钱，而且耽误了时间，还可能丧失其他投资机会，为此，可以实行时间止损法。具体止损时间，根据交易周期而定，如对某股进行短线操作 4 天，买入后无论股价涨跌，只要超过 4 天，就应坚决出局。为了精确止损，可以结合空间止损法。

超短线可以采取“一根 K 线止损法”

“一根 K 线止损法”是指买入后，在随后的走势中要以上一根或买入价所在 K 线的最低价为止损价，跌破即卖出；相反，下跌趋势中，卖出后，即以上一根买入价所在 K 线的最高价为止损价，突破即买入。优点是很灵敏，可以避免较大损失，缺点是可能导致操作频繁提高成本，因此，不适合在盘整行情应用，一般只用于趋势之中。

4．牛市止损秘诀

如果你不是高手，千万不要在暴涨之后买。建议小阳线或者阴线买，这样很难被套，如果不幸买后即回落，要多等一天。因为在牛市，涨升途中，经常只回调一天，一根阴线，第三天装腔作势的继续跌，即时盘面会出现 2 根阴线，但此时不坚定者，就会止损出局。其实此时正是介入的好时机，因为尾盘很可能拉起，形成十字星甚至阳线。如 600206(2006 年 1 月)、600330(2006 年 1 月)。

牛市止损应设在 5%左右，最好不要设在 5%以内，否则很容易被主力震出。因为当前主力经常采用暴跌洗盘的手法，单日跌幅经常会超过 5%。

牛市止损要慎重。但新手仍要止损，因为如果你买在阶段高点，也可能短期无法解套。所以还是要止损，即使一段时间以后很可能会解套。

5．熊市止损秘诀

如果不幸遇到熊市或者熊股，任何时候都要止损，不要指望反弹，可能根本不会有反弹。就算是有反弹，反弹带来的微薄利润，比起继续暴跌带来的损失，不可同日而语。

十、怎样止盈

1. 什么是止盈，为什么要止盈？

很多人会抄底会低买，但就是把握不好卖点，不是卖早了，错过主升浪，就是卖晚了，损失最佳获利机会，甚至利润又回到原地。所以有 “会买的是徒弟，会卖的是师傅”之说。

出现这种问题，其实就是不会止盈所致。

所谓止盈，就是股价达到目标位，如果不再继续上升，甚至回落，就要果断卖出。止盈就是保住赢利，制止损失继续扩大。从这个意义讲，止盈也是止损。

2. 如何设置止盈位？

笔者建议实行“得寸进尺法”，即在买入股票股价上涨获利达到一定程度，如超过 5%后，就将止盈位移至建仓价之上 2%，这是你的保赢点。如果继续上涨超过 7%，就将止盈位移至建仓价之上 4%，再继续上涨超过 11%，就将止盈位移至建仓价之上 8%；一旦超过 12%，止盈位和现价之间的距离要适当拉大，可以达到 5%，这样，可以防止被主力洗盘震洗出去。

下跌幅度达到多少时止盈要看股价的活跃度，较为活跃的个股可以把幅度设置大些，较为呆滞的个股要把幅度设置小一些。

与止损一样，止盈也可以结合技术指标进行(参见止损位设置)。

3. 牛市止盈秘诀

牛市初期一般不需要止盈。但是满足以下条件应当止盈：

①个股前途不明，主力短线思维明显。

②短期涨幅过大，如 20 日内涨幅超过 30%，10 日内涨幅超过 20%，5 日内超过 10%，技术指标严重超买。

③从上一个低点累计升幅在 40%以上，一般一个波段升幅在 40%～60%之间。

④相对高位单日涨幅超过 7%，而又不能封住涨停，技术指标严重超买。

⑤涨停之后，放出天量，无法再次封住涨停。

⑥追涨买入，短线目标已实现。

⑦月线第三次不创新高。

牛市也要止盈，因为如果你买在阶段高点，也可能短期吃套，破坏操作节奏，影响心态。所以还是要止盈，即使一段时间以后很可能会继续涨。特别是大盘系统性牛市顶部确立，非职业投资者，应该立即离场，坚决不再操作，至少休息一年以后再考虑重返市场，因为下跌一年以上才有长线机会。这是笔者血的教训换来的经验。

4. 熊市止盈秘诀

熊市必须止盈，因为熊市下跌是大势，反弹有了利润，不及时获利了结，很可能纸上富贵一场，转眼化为乌有！

熊市对技术指标，特别是超买指标一定要信赖。有一个指标达到高位并钝化就必须卖出，不要指望还有暴涨行情。

熊市只能参与较大反弹，为了提高反应速度，要根据涨势强弱分别参照 60 分钟线、30 分钟线、15 分钟线背离情况及时止盈。

5. 我的平衡市波段止盈绝招——拐点止盈法

如果股价已经处在宽幅盘整或者刚刚进行过一段较大幅度上涨，股价已经来到高位，有再次陷入深幅回落或进入长时间横盘的局面，此时，为了防止侵蚀利润、踏空后动板块丧失时间成本，就可以采取“拐点止盈法”。

6. 无需止盈

就是前面讲到的死缠烂打之法。如此操作，不到目标当然不需要止盈。所以这是一种最省心的办法，很适合不能实时看盘的上班族采用。

十一、长线交易方法

一般而言，长线买卖时机的重要性不如中短线买卖时机那么紧要。特别是对于战略投资者，似乎任何时候都可以对目标股票进行建仓或者卖出。

但是实际上，对于职业投资者而言，把握长线买卖时机，对于利润最大化也是非常重要的。

除了控股、兼并等时效性紧迫的投资活动外，笔者建议，买入目标股最好等待中长期底部出现。技术上，就要看月线指标是否见底，至少周线指标调整到位，低位反复钝化之后，超过两周不创新低的时候进场为宜。而卖出时，最好等待中长期顶部出现。技术上，就要看月线指标是否见顶，至少周线指标涨升到位，高位反复钝化之后，超过两周不创新高的时候出场为宜。

做长线，把软件 K 线图参数设置成 60 日均线、120 日均线、240 日即可。低位股价有效突破 60 日均线建仓，继续有效突破 120 日均线、240 日均线加仓；反之，高位股价有效跌破 60 日均线减仓，继续有效跌破 120 日均线、240 日均线则是清仓的最后机会。

十二、中线交易方法

一般而言，中线只需重仓一二只股票，手里要留点现金，逢高卖点股票，逢低买回来，滚动操作会很安全。具体买卖方法如下：

强势市场，买入看周线，技术指标见底走强，具体买入时机看日线，日线指标见底放量回升时即可买入；卖出看周线，技术指标钝化后在高位形成背离或至少徘徊两次以上后才可以卖出；具体卖出时可以看日线的顶部信号，技术指标钝化后在高位形成背离或至少徘徊两次以上后放量回落时再卖出。

弱势市场和平衡市，买入看周线，技术指标见底走强，技术指标钝化后在低位形成背离或至少徘徊两次以上后才可以考虑买入，具体买入时机看日线的底部信号，放量回升时才可以跟进。卖出看周线，有一个技术指标见顶就要考虑卖出；具体卖出时可以看日线的顶部信号，有一个指标见顶就要卖出。

我的秘密中线交易技术——拐点操作法。

笔者观察发现，在上涨或下跌行情中，股价如果转势，则股票日线收盘价总有一天会出现收盘价不创新高、不创新低的情况——即出现日线拐点。因此，我们就可以在收盘价不创新高的时候卖出，笔者称之为“拐点卖出操作法”；在收盘价不创新低的时候买入，笔者称之为“拐点买入操作法”，统称“拐点操作法”。

“拐点卖出操作法”的具体运用方法如下：股价在上涨或下跌较大幅度后往往进入一段长时间盘整状态，但是个股可能开始反弹或者继续活跃、轮动上涨。为防止股价回落侵蚀利润，此时须密切注意个股走势。在日线上，连续上涨之后，第一个收盘不创新高之日，股价高点连线和收盘价连线出现拐点，则应考虑卖出。如果是刚刚突破前期平台，平台（前高点）突破日后第二日不创新高可以忽略，第三日如果上涨创新高，继续持仓或加码，若第三日不创新高视为假突破，卖出。

“拐点卖出操作法”适合阶段性主升浪行情，特别是小盘股的阶段性主升浪，常常一气呵成，中间基本不会制造收盘回落走势。如果抓住这种主升浪，赢利常常非常可观。如广晟有色自 2010 年 9 月 21 日见底回升以来，连续拉出长阳，期间无一日收盘价不创新高。投资者可以一直持有，直到 10 月 18 日收盘不创新高时，即可考虑择机卖出。再如中钢天源自 2010 年 10 月 20 日见底回升以来，连续拉出长阳，期间也是无一日收盘价不创新高。投资者可以一直持有，直到某日不创新高时再考虑择机卖出，获利将十分丰厚。

需注意的是，某些股票的主力为了对付使用拐点技术的投资者，主升浪走势在日线上反复较多，还有一些大盘股一般不会连续拉长阳，对于这些股票，日线拐点常常是骗线，看日线往往导致频繁离场(如明星电力在 2010 年 9 月 27 日以后的走势)。此时，周线更具有参考价值，可以在第三次周线收盘价不创新高之时离场。

“拐点卖出操作法”的技术优势，是可以省却绞尽脑汁根据各种技术指标寻找卖点的辛苦，并可以避免因为看到技术指标钝化恐高、害怕调整而过早出局。缺点是可能导致操作频繁提高交易成本。

“拐点买入操作法”的具体运用方法如下：此种方法一般在平衡市或者牛市中运用，与熊市的抢反弹方法的要领略有区别(熊市中也可以运用拐点操作法抢反弹)。

股价在宽幅盘整或者上涨途中，往往会有大幅回落，但是回落之后仍会继续上涨。如果前期止盈减仓或者仍空仓，为防止踏空，此时须密切注意个股走势：在日线上，连续下跌多日之后，第一个收盘不创回落新低之日，股价低点连线和收盘价连线出现拐点，则应考虑买入。如果是突破前期平台，平台(前低点)突破日后第二日不创新低可以忽略，第三日如果下跌创新低，应继续空仓或减持，第三日不创新低视为假突破，买入。

需注意的是，某些股票的主力为了对付使用拐点技术的投资者，主跌浪走势在日线上反复较多，还有一些大盘股一般不会连续下跌，对于这些股票，日线拐点常常是骗线，看日线往往导致频繁进场。此时，周线更具有参考价值，可以在第三次周线收盘价不创新低之时进场。

“拐点买入操作法”的技术优势，是可以省却绞尽脑汁根据各种技术指标寻找买点的辛苦，并可以避免因为看到技术指标钝化害怕转势而过早进场被套。缺点是可能导致操作频繁提高交易成本。

长线、短线都可以运用拐点技术，但 K 线周期选择要适当。长线至少要用周线，最好用月线，一般在月线第三次不创新低时才考虑买入，第三次不创新高时才考虑卖出。短线则根据个人嗜好选择不同分时 K 线进行操作，但一般不要选择太短的周期，如 15 分钟以下的周期。

十三、短线交易方法

在大势不明朗的时候，为了不参与走势中的不确定因素，避免被动参与过多、过大的调整，可以用短线操作的方法，以尽量避开风险。短线操作的原则是：不企图赚大钱，有利即可，不亏就行。

强势市场，买入看60分钟线，技术指标见底，放量回升时即可买入；卖出看日线，技术指标钝化后在高位形成背离或至少徘徊两次以上后才可以卖出，卖出时再看60分钟线的顶部信号，放量回落时必须卖出。

一般不要在弱势市场做股票，只有短线除外。因为也只有弱市适合做短线。弱市也有强势股，做短线要做强势股。弱势市场和平衡市，买入看日线，技术指标钝化后在低位形成背离或至少徘徊两次以上后才可以考虑买入，买入时再看60分钟线的底部信号，放量回升时才可以跟进。卖出看日线，有一个指标见顶就要考虑卖出。

同时可以参照均线指标，一般在股价超过20日均线20%左右时可以卖出，牛市可以到30%以上再卖；平衡市在股价达到20日均线25%左右时可以卖出，熊市达到15%就要考虑卖出了。

适当采取T+0操作。就是在一个交易日内，高挂卖单，同时低下买单。前提是已经持有某股票，并预测随后有冲高回落或者回落后还能拉起来的走势。对于走势活跃、震幅大的个股比较有效；对于走势呆滞的大盘股效果较差。

另有超短线买卖方法，根据不同操作风格和喜好，以及目标品种的走势特点，可以使用30分钟线、15分钟线、5分钟线，或者结合使用之。

做短线最重要的是参与热点、介入强势股，要参与有人气的股票，避免提早介入冷门股。尤其是超短线，必须买入涨势良好，即将爆发的热点股。热点要通过成交量和换手率来判断，每日的量比排行和成交金额排行，基本就是短线黑马集中营。操作热点的具体方法如下：

①坚持“右侧交易”。什么是“右侧交易”呢？一般是指，在股价下跌到反弹趋势中，以股价底部最低点为界，凡在底部左侧就开始低吸者，属于“左侧交易”，而在股价见底回升形成涨势后才跟随介入的，就是“右侧交易”。

在一个交易日内也有“左侧交易”与“右侧交易”之分。凡是股价开盘起涨时追击的是“右侧交易”；而等待盘中回落再在低点买入的就是“左侧交易”。

这个方法要求，股价强势上涨初期就要介入，一旦股价露出疲态，或者短线技术指标见顶就要离场。

②寻找热点股，必须有准备、有耐心，切忌临时跟风、胡乱抓股。行动要快，正常下单、临时纠错都要果断，要坚持操作纪律。

③目标股票的攻击力要保持良好，形态健康，上涨动力十足，否则，必须立即离场。这是短线选股的首要准则。

④短线操作热点股，最好在强势大盘背景下。否则会有逆水行舟的感觉，因为一般主力不会逆势而为，特别是短线主力更看重大势的配合。大盘强势的特征是：当日涨幅榜有多只股票涨停，多数股票上涨，只有少数下跌；如果整板涨停，或者涨停超过 5 只，其余多数超过 7%以上，属于大盘超强。此时适合短线操作，可以选择涨停板块后起个股，甚至追涨停。

如果当日没有涨停股，且涨幅超过 4%的股票不足 3 只，同时跌幅超过 5%的很多，有跌停股出现，说明市场较弱，需谨慎操作。 如果开盘半小时内，个股涨幅都小于 3%，跌幅超过 7%的超过 10 只，多只个股跌停，说明市场极弱，要避免短线操作。

⑤短线交易个股技术条件：

5 日均线、10 日均线金叉，股价二次向上突破 5 日均线、10 日均线，股价沿 5 日均线攀升不超过 5 个交易日，股价保持在 5 日均线之上，但仍没有远离它。

分时量比至少同比达到 1 倍以上，有大单攻击，日成交量要大于 5 日均量 1.5 倍以上。

日线处于低位，多个指标见底，有指标背离现象；最好周线也在低位，或者处于强势中。

股价处在短线攻击形态临界点，如三角形末端、棋形末端、跳空高开回探低点之际、空中加油末端等。

⑥交易步骤：

先判断大盘强弱，如果强势，再看涨幅榜，寻找涨幅领先的当前热门股，但是最好不要选择涨幅已经超过 5%的个股，防止回落。最好操作提前预选好的股票。

找出其中量比放大 1 倍以上的股票。

检查初步选定的目标股的日 K 线、周 K 线图是否符合条件。条件满足即可买入。

买入后密切关注走势，一旦出现卖出信号，或者达到预定目标，就要果断出局。

⑦笔者的短线独家绝密技术：

复合短线交易技术：“拐点 + 均线”操作法。

此处拐点是指日线收盘价不创新高、新低，均线是指收盘价突破 5 日均线或者 10 日均线。

操作方法：

日线收盘价不创新高，减仓一半，如果接下来跌破5日均线，清仓；如果股价随后收复失地，再次进场。

日线收盘价不创新低，建半仓，如果接下来升破5日均线，满仓；如果随后股价突破失败，坚决止损出局。

须注意，此法不宜在极端位置(长期高点和低点)使用。

十四、长假之前的买卖策略

每到“五一”、“十一”、春节等长假期之前，大家都会面临一个持股还是持币过节的问题。这个问题本来不是一个问题，但是由于节日时间较长，存在的不确定性较大，利空利多消息又常常出现在过节期间，所以很多投资者会选择减持一部分股票，手上留出一定比例资金以备不时之需，保守的投资者甚至还会清仓出局。

但是我打个比方，假如您是一个投资者，与朋友合股、合伙做一项事业，我要问，您是不是在春节、“五一”、“十一”长假来临的时候就退股、退伙呢？ 相信您一定认为我的问题很可笑，也许您出国一年半载都不会退伙。这个比喻虽然不能和炒股完全相提并论，但是也有相通的道理。

而在本质上，买股票与此相同。买股票之后，您也就是公司的股东，公司的事业也就是您的事业，如果看好公司的事业，是不是也就不会为了短期的不确定性而改变长期投资的策略和目标。

笔者发现了一个规律，那就是，长假过后，行情往往顺延原有的趋势。也就是说，原来是上涨趋势，节后还会上涨，原来是下跌趋势，节后还会继续下跌。在牛市，节后往往行情会加速上涨。比如2006年的几个长假之后，都出现了加速上涨的行情。

为什么会这样呢？因为，牛市的趋势、惯性不会轻易改变。并且，在放假期间，很多赚了钱的朋友会到处宣传炒股的好处，这会刺激更多的热钱在节后加速流入股市，而场内资金的做多意愿压抑了多日之后也要发泄出来，迫切希望追回休市期间的涨幅，所以节后才会发生井喷。而在熊市，情况正好相反，节后也就更加加速下跌了。

建议：牛市持股过节为主，如果节前急拉，可以在节前或节后逢高减持一部分，待回落之后回补。短线有感觉的朋友，可以高抛低吸，没有时间和精力跑短线的朋友，最好继续捂股以待中期高点的出现。熊市中，因为短线操作为主，长假之前空仓离场最好，以防止节假期间出利空，造成更大损失。牛皮市道节前不宜重仓，但也不必清仓，因为该清仓的早就清仓了，不要在最后几天才想到清仓。一般来说，中短线投资者在节日前至少要提前两至三周减仓或清仓才能卖出好价钱。长线投资者则应以持仓或空仓观望为主，而不必根据节假日买卖股票。

对于双休日，一般情况下可以不必在意，但是在平衡市道，方向不明，并且利空预期较为强烈的时候，建议周五上午冲高的时候，对获利较大的品种，特别是对其中业绩较差的，要予以减仓，甚至清仓。

十五、遭遇暴跌时的买卖策略

如果突然遇到暴跌，本能的反应是在第一时间卖出。尤其在历史高位，更要如此应对。因为暴跌必然有暴跌的原因，避免扩大损失的唯一方法就是果断斩仓。股语云：不能跟风买，但是可以跟风卖。

但是，需要注意的是，在牛市初期和中期，主力往往用单日暴跌手段达到洗盘震仓目的。无论大盘还是个股，都有一个现象，就是温和上扬一段时间，会在某一天突然来一次暴跌，出现日线长阴线，一举击穿多条均线。虽然走势看上去极为恶劣，但实际上这是一次极好的短线介入时机。

在熊市里，一旦发生单日暴跌，往往很难站立起来，经常是短暂弱势反弹之后，继续滑落下去。而在牛市，单日暴跌往往是主力刻意而为的。所以，在熊市里，一旦发生单日暴跌，最好立即出局，最迟也要在反弹之后走人，即使不反弹也要离场。因为没有无缘无故的暴跌，不是洗盘，就是主力大力出货，或者就是即将发生重大利空的前兆。而恶劣后果的可能性更大，这时候规避风险是最佳选择。

在牛市里，对付单日暴跌走势有两个好招，一招就是上涨多日以后，逢高减持，不要高位追涨，否则一旦下跌，就有可能被动止损。而止损之后，股价又往往立即快速上涨，把你丢在短期底部，让你懊悔，激你气急败坏、慌不择路加价追回，等你追进，可能又砸一次，再次陷你于亏损境地，令你两面挨耳光。另一招就是，要有好的心态和意志，无论主力怎么折腾，就是坚决不下马。如果这样，主力就拿你没有办法。

仓位较重的投资者一旦遇到暴跌而发生止损(一般止损价 5%，所以主力故意一下跌到 7%～8%，就是逼你止损)，不要被打懵了。要密切关注第二天的走势，如果第二天不再继续放量下跌，反而有抢筹迹象时，就应该在第一时间买回。这样操作虽然成本提高了，但是能够避免踏空，甚至还能获利很多。因为在牛市里，暴跌之后往往随后很快就会快速反弹，甚至再创新高。

而对于轻仓、空仓的投资者，遇到暴跌时，可以下意识地在暴跌日收盘价和第二天上午惯性下跌的低点果断买入，短线获利机会极大。笔者认为，对待牛市暴跌的原则应该是：暴跌之后不要轻易卖股，心里没底可以观望，感觉是震仓就应坚决进场。

十六、遭遇调控政策时的买卖策略

不可否认，中国股票市场调控还处于政策市范畴，政策调控的手段短期内不会消失，国家的行政干预还会很多。中国股市历史上的重要顶部和底部都有很强的政策印记，相信将来一段时间内历史还将重演。

纯经济的手段往往见效较慢，比如提高利率、提高存款准备金率等。只有一些行政的手段效果才强烈。如果说提高利率、提高存款准备金率等经济手段，对市场趋势影响不大，不能很快导致牛熊转换的话，我们可以慎重对待，小心操作，继续做多为主。但是，对于提高印花税、资本利得税这样的政策，就必须做出反应。因为，出台这样的直接针对股市的利空政策，就意味着，管理层强烈地认为股市过热了，应该打压了。出台政策的位置就是中期敏感位置，属于政策顶范畴，市场主力很少敢于逆势操作的，即使短期突破了该位置，中期看，一般还是要回落到之下的。

我们不妨回顾一下我国前几次印花税调整对A股产生的影响：

1991年10月，印花税率调整到3‰，半年后上证指数从180点飙升至1429点，升幅近700%。

1992年6月12日，原国家体改委和国家税务总局联合发文明确按3‰的税率缴纳证券交易印花税，且按买卖实行双向征收。随后指数稍作盘整即开始下跌，从1100多点一直跌到300多点，跌幅超过70%。

1997年5月12日，证券交易印花税率由3‰提高到5‰，股指当天就形成高点，此后下跌了500点，跌幅超过30%。

1999年6月1日，国家税务总局将B股交易税率降低为3‰，B股从此步入一段牛市行情。

2001年11月16日，印花税率降低到2‰，股市随后上涨了100多点。

2005年1月24日起，证券(股票)交易印花税税率进一步降低为1‰。随后不久历史低点出现，一轮轰轰烈烈的大牛市展开。

从中外不同国家的股市各种调控政策看，加息影响不明显，但是提高印花税、资本利得税，市场反应会很强烈。历史上凡是提高印花税、资本利得税这样的政策出台后，往往股市要进入调整，至少也是中期调整。如台湾，曾经因为征收资本利得税事件，导致一次大股灾。所以，将来出现提高印花税、资本利得税这样的政策，大家还是逢高出局，避避风头为好，顶风炒作后果堪危。

如果突然遇到这种利空出台，本能的反应是，要在第一时间卖出。至少也要减掉一半仓位。尤其在历史高位，管理层认为市场过热的时候，必须如此应对。

这样应对，将来一定会有较好的低位入场的机会。因为主力向来对政策是十分敏感的，历史底部如果频出利好政策，主力就会停止做空，转而做多。同样，历史高位如果频出利空政策，主力就会停止做多，转而做空，进行反向操作。政策不明朗，主力就会盘整，让股价横着走，待形势明朗后再选择突破方向。

就拿股价过高，市场过热，政策打压时，主力就会反向操作来说：因为既然股价已经高启，市场追高意愿不强了，往上做很吃力，就不如往下做。一只股价 10 元、市盈率较高的股票，如果继续向上拉升，成本会很大，但是市场火暴，只要调整就会遇到巨大买力，往下做也会很吃力，时间成本和资金成本都很大。这个时候主力很无助，被动做多很无奈，继续暴拉可以出货，但是波动太剧烈恐遭查处。特别是主力已经高位减持了大量筹码，持仓比例大大减少的时候，主力心里很希望有一个外力帮助自己砸盘，自然渴盼管理层出手，届时也可以把造成散户损失的责任推给管理层。一旦管理层出手打压，主力会在政策打压的时候，借力顺势砸低股价，比如打到 5 元。这样成本很低，而且股价跌下来之后，投资价值会明显加大。主力可以在市场一片恐慌中，迅速低位建仓，环境好转之后，再次拉升，攻击前期高点，甚至创出新高。这样一来，由 5 元涨到 10 元和由 10 元涨到 20 元空间一样大，但是所需资金量却有天壤之别，面临的政策风险也小得多。

所以，对于绩差股、题材股、基本面不明朗的股票，过度炒作之后，一旦遭遇政策打压，大家务必第一时间出局，主力极有可能顺势反向操作。如果不及时退出，短期内就可能跌去 30%，甚至 50%，使账面极为恶劣，短期就蒙受巨大损失。然后主力在低位会反复震荡，低吸高位套牢筹码，深套的投资者往往经不起折磨，含恨割肉出局。即使你不出局，将来也只有解套的份，而主力又赚了一个 100%！这就是血淋淋的资本市场，弱肉强食的丛林法则。

但是，只要宏观经济趋势没有改变，个股基本面发展趋势也没有改变，最终股价还会朝着本来的方向运动。所以，在牛市的宏观经济大背景没有逆转的情况下，即使遇到政策打压，市场调整之后，还会有重新走强的机会。而在熊市的宏观经济大背景下，即使遇到政策支持，市场短期可能会有反弹，甚至大幅上涨之后，很可能仍然继续下跌。

十七、借助风险提示实现利润最大化

从 2005 年 1000 点以来，提示风险的声音就没有断过。3000 点前后有很多重量级人物出来喊泡沫，喊风险，结果大盘不予理睬，一路走高，只二三个月就涨了 30%多！因此踏空和减仓的投资者懊悔不已。

高层频频提示风险，其用意是好的，他们也有责任提醒已经近于疯狂的投资者。因为他们明白股市的运行规律，最后一定是急速拉高的阶段，是投机资金大规模进场的阶段，也是残酷套牢普通散户的阶段！所以，这是有言在先，意思是：将来下跌，赔了钱，你们别赖政府，别埋怨别人，只能怪你自己太贪。

笔者发现，在刚刚有重量级人物出来警示的时候，风险其实还不大，市场的惯性还会继续发挥作用。对此，我的策略就是，依然持股做多，并且利用大盘震荡回落的机会加大进货力度。但是，当所有相关领域重量级人物都出来呼吁打压股市的时候，虽然股市可能仍然我行我素地拔高一段时间，我们还是要小心的，最好逢高减持涨幅过大、特别是短期急升的品种。

可以看到，风险提示必然引起市场震荡，加大投资者的疑虑，可以帮助主力清洗获利盘和浮动筹码，而对于立场坚定的长线投资者，往往不起作用。当然一旦很坚定的人都受不了了，行情可能就要加速了，加速之后自然是筑顶的过程。同时，风险提示也会因为吓跑了散户，导致主力不得不用更多的资金护盘，从而提高了主力的成本，主力会变本加厉赚回来！这就是震荡之后往往会有强劲的、报复性回升的道理。

所以，我对于风险提示是很感激的，是人家的提示给我提供了逢低进场的机会，并且提高了警惕性，不至于乐极生悲，不会疯狂追涨，避免了高位套牢，也就保住了利润，实现了利润最大化。

但是对于个股的风险提示，倒是可以见机行事。比如下一个问题介绍的突发消息公布时，往往伴随着风险提示，有的时候股价连续上涨或下跌，也会发出风险提示。但是过往经验看，牛市环境里的风险提示常常被主力利用，成为进行洗盘、建仓的手段。投资者高度重视风险提示，但是不要被风险提示诱骗导致反向操作。

十八、个股突发消息之后的买卖策略

上市公司经常会发布一些对股价可能产生重大影响的消息，有的是利空消息，如预亏、将被 ST、*ST 或暂停上市、发生巨额债务、卷入诉讼或发生导致业绩将受到严重影响的大事件等等。有的是利多消息，如扭亏、摘帽、恢复上市、诉讼获胜、债务减免、大股东注入优质资产、获得一次性投资收入等等。

如果您恰好持有或者计划买入这样的股票，需要谨慎从事。对于正常的消息，长线投资者不必过于关注，对于短线投资者来说，可能就要引起注意。否则可能失去机会，甚至造成亏损。特别是临近收盘时候突然传来的消息，市场会过度反应，坏消息会导致尾盘急跌，第二天早盘仍然会惯性低开，直到消息得到确认才可能止跌；反之，好消息会导致尾盘急涨，第二天早盘仍然会惯性高开，直到消息确认，股价才可能根据消息的实质意义发生相应运动；遇突发利空，立即斩仓，极有可能避免短线的巨大损失；遇突发利好，立即跟进，很有可能抓到短线利润。这就是尾市理论，运用得当，对短线投资还是有所裨益的。

大多数情况下，对消息的应对，要结合市场发展阶段，具体情况具体分析，不可一概而论。

比如在历史底部，利空往往多于利多。即使出利多，市场反应也不明显，投资者处于麻木状态。这时候反而要小心，说不定主力出货还没有结束，还有最后一跌。如果出利空，但是股价下跌之后，很快就能止跌回升，放量明显，换手加大，说明有资金进场抢筹， 这时候倒是可以在止跌之际进场抢反弹。甚至做一波中线反转行情。因为股市有低位利空不跌见底，高位利多不涨见顶的规律。

而在历史高位，利多往往多于利空。即使出利空，市场反应也不明显，投资者处于麻木状态。这时候一定要小心，说不定主力正在出货，也许只是最后一涨。如果出利多，但是股价上涨之后，很快就回落，放量明显，换手加大，说明有资金离场， 这时候要在滞涨之际逢高派发。

在牛市环境，个股拉升途中，利空消息有时候对股价没有显著影响，顶多短暂震荡一下，甚至被主力利用达到洗盘目的。利多消息更是火上浇油，促使股价飞涨。

而在熊市环境，个股下跌途中，利多消息有时候对股价根本不起作用，顶多引起短暂反弹，甚至被主力利用达到减仓目的。利空消息更是雪上加霜，促使股价暴跌。主力常常就是利用坏消息落井下石，借以把股价打到远远低于其正常区间的位置，自己趁机掠夺套牢割肉筹码。

1．公司将被 ST、*ST、退市等消息

在任何阶段都可能出现这种消息，但是在历史低位我们就要逆向思维，不妨把利空作利好对待。因为，在历史低位买到廉价筹码很难，庄家会借助投资者对 ST 制度和退市制度的恐惧，在公告前后打压股价，有时会打压到 1 元以下，甚至几毛钱。然后以极低的成本通吃筹码，待市场环境好转的时候，猛烈拉升，很短时间内就能够使股价翻几番。拉到高位的时候，再发布扭亏公告，让投资者预期摘帽，在大家纷纷买入的时候，主力顺势出逃。

所以，如果股价处于历史低位，可在消息出台后的几个交易日内择低点适量介入，反弹后出局。如果认为业绩已经到了谷底，即将转折，可以加仓，等待扭亏、摘帽、预盈消息公布的时候出局。对于发布公司即将退市公告，消息出来后，还是要立刻出局，这叫宁可信其有不可信其无。否则一旦成真，你的本钱就有可能血本无归了。

这种股票一般是典型的庄股。高位介入风险极大，越是扭亏摘帽越是危险，反而是发布亏损公告和戴帽公告的时候安全些。因为这种股票基金等阳光机构一般不会介入，只有和该公司关系密切的资金，甚至就是大股东，才能成为主力。

2．赢利减少、发生亏损等消息

一般而言，这是实质性利空。特别是由于经营不善、行业转冷、政策不支持等原因导致的首次亏损，必须引起高度重视。投资者必须认真分析今后的发展趋势，及时做出判断，确认后市不乐观就要及时出局。如果是牛市环境，发生亏损就要引起警惕。特别是首次亏损，要仔细分析亏损的原因，如果是经营发生了问题，还是出局为好。如果在牛市末期，股价涨幅很大的情况下，出现这种消息，建议马上离场，因为真实亏损程度可能更大。

但是，很多黑马股产生于低位亏损股，原因就是亏损之时正处于历史低位，股价早就对亏损产生了反应，公告的时候已经跌无可跌，但是主力会借机打压吃货；或者实际上并不亏损，只是通过某种会计核算方法，做成亏损的账面而已。当然熊市阶段，宏观经济比较差，暂时亏损也是正常的。如果已经是多次亏损之后，业绩已经转好，亏损程度已经减低。消息出台后，倒是可以择机介入。

3. 公司发生巨额债务、卷入诉讼等消息

这些消息中性偏空。这种股就是大家所说的问题股。这种情况即使是真实的，也会成为主力的地雷，借机打击散户。而且有时候完全是小题大做，这些消息，乍一听不得了，似乎天将要塌下来，实际上冷静一分析，很正常。哪一个上市公司没有巨额债务，哪一个上市公司没有打过官司？

所以，当出现这样的消息的时候，持有的可以继续持有，计划买入的，可以在股价走稳后，逢低介入。由于市场上可以选择的公司很多，笔者不主张专门买那些问题股。

4. 公司由于经营之外的原因导致业绩将受到严重影响的消息

实际上这些原因往往是偶然的、一次性的，对公司的长期经营和业绩不会产生根本影响。但是，主力往往趁机煞有介事地加以渲染，吓得很多散户匆匆逃跑。持有此类股票的投资者，必须对该原因进行理性分析，对于诸如受到自然灾害等原因暂时影响生产的情况，如果能够很快恢复生产，不必过分看空。对于影响不确定的事情，还是暂时出局为好。

5. 不分配，或者少分配的消息

这种消息经常出现在历史底部或者主力介入不深、筹码不够的时候。明明业绩很好，投资者普遍预期高送派，结果消息一出，市场哗然，主力借势打压，很多投资者，特别是没有经验的短线投资者经不住打击，夺路而逃了。但是，在今后仍然会推出高送配的朦胧利好预期下，主力会继续拉升股价，直到达到目标价位。半年、一年以后，高送配推出，在投资者纷纷追捧的时候，主力却趁机出逃了。

对于这种情况，笔者建议大家不必理会，既然这次不分红送股，说明今后还有机会。不妨继续持股，甚至趁回落加仓。

6. 扭亏、摘帽、赢利增加

有些公司公布扭亏、摘帽、赢利增加的时候，正处于股市上升初期或者中期，可能属于实质性利好。投资者可以持股，如果股价不高，可以逢低介入。如果处于历史高位，涨幅又比较大，高位放量明显，即要警惕主力借机出逃。一旦发现高位异常放量、滞涨、短期暴涨，要出局。对于 ST、*ST 公司连续涨停之后，一旦打开涨停，放量收阴线的时候，必须第一时间斩仓。

7. 恢复上市

对于此种消息，已经持有的投资者肯定欢欣鼓舞，终于熬出头了，在经过数月，甚至数年的炼狱般的煎熬后，终于可以解套出来了。但是上市首日不设

涨跌幅限制，股价往往一步到位，如果不逢高出局，极有可能纸上富贵一场。因为随后可能持续暴跌，甚至连续跌停，丧失出局的机会。

而没有该股的朋友，建议还是观望为上，不必刀口添血。

8．诉讼获胜、债务减免、获得一次性投资收入等

这些消息中性偏多，对公司长期经营发展影响不大，不构成买卖决策依据。但是如果提前知道这类消息，比如知道某股所属的某公司即将上市，就可以提前买入该股票，在消息明朗后，特别是某公司已经上市的时候，可以逢高减持，如果已经涨幅偏大，可以出局。

9．大股东注入优质资产、整体上市、收购兼并等

这种消息一般属于实质性利好。但是对于注入资产类消息，要防止大股东作假。因为曾经有先例，注入的并非优质资产，业绩短暂表现后又再度滑坡了，但是股价却遭到一轮爆炒。所以，遇到此类消息。首先要核实真伪，并判断其价值大小。并要结合股价所处的位置，判断是不是主力故意为出货而制造的题材。如果消息出台的时候，股价已经高高在上，放量滞涨，主力出逃迹象明显，建议逢高减仓，或出局。

对有整体上市预期的股票，可以提前入驻其中，待消息公布的时候，趁暴涨之际减仓、出局，待回落之后，适当回补，整体上市之日一般还会高开，市场环境好的话，甚至继续上涨一定幅度。那时候中短线投资者就要逢高减持了。当然对于优质资产，也可以长期持有。

对于收购兼并等消息，总体是利多消息，特别是目标股股价一般在消息明朗前就已经上涨，因为总有先知先觉的投资者。消息明朗之后，如果市场环境适合，往往还会加速上涨一段时间。持有的投资者，建议坚定持有。计划介入的投资者，可以在传闻刚刚出现的时候，或者消息出台前后适量介入，消息明朗后根据短期涨幅决定卖出。投资者要防止假收购真炒作，不了了之的情况。但是只要短期暴涨，成交量极度放大，就要考虑主力出逃的可能。投资者应当见机行事，一味盲目死抱并不足取。

十九、根据主力成本测算股价涨幅

市场上有这样的规律：一般情况下，主力炒作一只股票，目标股涨幅至少要在50%以上，多数要在100%以上。因为，按照运作成本，主力拉高100%，利润也就是40%左右。幅度太低，根本没有什么利润，无利可图的傻事，谁也不会做的。

所以，只要算出主力的成本，就能判断出股价的大致涨幅了。就是成本价加上 50%～100%的空间，差不多就是中线主力的运作空间。

但是如何计算主力的成本呢？有的分析软件带有这个功能，那就好办了。没有这个功能，我们就自己算。方法如下：

以中线主力对中小盘股的建仓平均时间计，一般是 50 个交易日左右，我们就以 50 日均价线为参照，可以认为 50 日均价就是主力的成本价，虽然有一定误差，但是误差 10%左右，不影响对大势的判断。

长线主力底部建仓的时间、机构对大盘股建仓时间一般是半年到一年左右，约 120 个交易日。我们要计算长线主力、机构的成本价，就以 120 日均价线为参照，可以认为 120 日均价就是主力的成本价，或者根据底部盘整时间，找到最佳成本均线，那样误差就更小。

二十、根据主力控盘度测算股价涨幅

所谓控盘度，也就是主力持仓比例。很多时候，主力控盘度与股价上涨幅度成正比。

很多时候，我们会希望在合适的时候跟上主力，搭一段顺风车。进场早了可能遭到主力的无情蹂躏，常常被洗出局，并损失时间和精力。所以有必要判断一只股票是否有主力关注，并判断主力介入程度。

考察主力控盘度，首先要看股本大小，主力是长线投资还是短中线炒作。超级大盘股，单一主力很难炒作，也就不谋求绝对控盘。但是对于那些大盘蓝筹股，很多主力也会合作运作，由单一主力，变成一群主力，效果也不差。特别是在基金等阳光机构大量出现以后，在监管逐步加强的情况下，像以前那样黑箱操作很难了。由于好股票稀缺，于是就出现了机构扎堆的现象。但是机构之间似乎达成了某种默契，他们分别相当于一个主力的很多个分仓。所以，他们能够合力把一只大盘股拉升很多，2006 年有很多类似于 601398 工商银行这样的超级大盘股也走出了暴涨行情，就是明证。因为，他们持仓占流通量的比例也很大，达到了控盘的程度。考察主力持仓比例，仍然不会过时。

单一主力更喜欢中小盘股，因为股本小，需要的资金量少，好控制。

对于中等盘子以下的股票，中长线主力至少要拿到 20%以上流通筹码。短线主力，一般也要拿到 20%以上的流通筹码，最少也要拿到 15%以上的流通筹码。只有控制 20%的流通筹码才能基本控制股价，顺利炒作。持筹 20%以下，只有在市场极为乐观的大牛市环境才能炒作，否则根本控制不了股价。

持筹20%～40%的时候，股性会很活，但是由于在外浮筹仍然很多，拉升起来有较大难度，上涨幅度不会很大。

如果持筹达到40%～60%，就是基本控盘了，股票的活跃程度也会大大提高，主力基本上可以随心所欲操纵股价，不出意外，上涨幅度会很大。

如果持筹超过60%，可以认为是绝对控盘了，但实际走势会比较呆板，因为筹码都在主力手里，主力懒得频繁买进卖出，股性活跃程度就下降，走势会很机械。因为绝对控盘，主力可以拉升到尽可能高的价位，历史上的超级大牛股多数属于此种控盘程度。笔者发现600497、000726等在启动之初就基本达到绝对控盘程度，相信后市涨幅不会很小。

产生以上规律的原因如下：根据两极分化原理，据统计，每只股票都存在短线投资者，也就有20%筹码最为活跃，属于浮动筹码。同时，每只股票都存在长线投资者，他们很少买卖股票，股票会沉淀下来，因此，总有大致20%左右的流通量基本是锁定的。还有60%的筹码掌握在中线投资者手里，属于相对稳定筹码。主力要做的就是把20%浮动筹码收到手里，使市场上浮筹大大减少。然后再逐步把中线投资者手里的相对稳定筹码中的一部分抢过来，抢到一半，就能控制50%流通盘了，由于长线投资者帮助锁定了20%，就相当于主力控制70%的流通盘。达到这样的控盘程度，主力就可以控制股价了。

根据主力的控盘度，我们就可以决定介入的时机和程度了。

但是如何判断主力控盘度较高呢？

根据经验，如果股价走势出现下述特征之一，就可以大致判断主力建仓已经完成，或基本完成，主力已经有能力锁定筹码。

①用很小的成交量就能大涨，甚至可以轻松封住涨停，频频出现虚量大阳线现象。

这是因为，主力经过一段时间的收集，手里已经掌握了足够多的筹码，除散落在其他投资者手里的沉淀筹码，浮筹已经很少，在场投资者对该股立场坚定，抛盘很少了，此时用很少的资金就能轻松地涨上去。如果能轻松拉涨停，则说明主力吃货已近尾声，已经具备了控盘的能力，并可以随心所欲地控制盘面。

②走势我行我素，基本不理会大盘。大盘涨它不涨，大盘跌它也不跌，能够走出独立行情，这往往表明大部分筹码已被主力锁定。当指数下跌，有人跟风卖出时，主力能够主动把筹码接住，防止廉价筹码被别人抢去，下跌势头也不能延续。相反，指数上涨时，往往有游资抢筹，如果主力还不想发动行情，

就会进行凶狠的砸盘，止住股价上涨势头，制造抛压沉重的假象，不让其他人发现自己的意图，防止被热钱搅乱自己的操盘计划。这时k线形态往往会出现含量小阳线，多日走势则呈横向盘整，或沿均线小幅盘升态势。

③在大盘低迷或整理期，不是随波逐流，而是主动搅动市场。多日k线走势上下起伏，没有规律，但是股价能够控制在一个较窄的空间内，做箱体运动，既能不破箱顶，也能不破箱底；分时走势上窜下跳，剧烈震荡，成交量时而萎缩，时而放大，但总体上萎缩明显。委卖价格、委买价格之间的差距常常很大，经常相差几分，甚至相差几角，并且游移不定。成交不规则、不连续，常常过几分钟才成交一笔，甚至十几分钟才有成交。分时走势平直死板、转折突兀，成交量极度萎缩。出现这个现象的原因，是因为主力已经控制大部分筹码，需要清洗掉其他获利盘，提高散户持仓成本，并打击散户的持股信心。

④利空不跌反涨，或者当天仅仅小幅回调，甚至低开高走，第二天仅仅略微低开就拉起，甚至直接高开高走，股价能够迅速复位。这是因为，突发利空时，主力或者早有准备，或者措手不及，为了避免散户捡到更便宜的筹码，并且防止股价失控，就必须顶住抛压。此时可以发现，抛盘可能汹涌，但是接盘更多，如果承接有力，抛盘很快就会衰竭，稳住股价下跌势头，随后几个交易日，甚至第二天股价又被主力推到原来的水平线。

二十一、根据流通股股东持股数量判断主力动向

如果希望找出主力介入已经很深，可能提前启动的股票，或者希望判断某只股票主力介入程度，实力强弱，或者希望判断当前股价处于什么状态，后市主力的动向，我们可以考察该股的流通股股东人均持股量。

但是，很多时候，这是一件比较困难的事情。因为个股千差万别，流通股数量差异十分悬殊，有的只有几百万股，而有的达到几十亿股。所以，找到一个固定的持仓量标准比较困难。具体情况，还要具体分析。以下途径可以帮助我们做出大致判断。

1. 考察流通股股东人均持股数量

一般而言，人均持股3000股以下的时候，主力介入不深，或者没有主力；人均持股3000～5000股，主力介入较深，可能成为庄股；人均持股5000～10000股，主力介入很深，可能成为控盘强庄股；人均持股10000股以上可能成为绝对控盘强庄股。根据流通盘大小，还要上下浮动一些。以人均持股3000～5000股时介入时机较好，这时候主力建仓工作差不多完成了，股价也刚

刚开始拉升，上涨幅度还不大，未来可能有很大上涨空间。如果人均持股量超过 5000 股，特别是超过 10000 股，往往该股的涨幅已经很大，未来上涨空间就比较小了，而风险却大大增加了，此时介入跟庄，好比与虎谋皮，风险大于收益，以短线操作为主，要快进快出。一旦出现异动，破位下跌，就要在第一时间卖出。

2. 考察股东人数变化情况

如果某股股东人数由几个月内变化不大，开始减少，就表明有主力进场收集筹码，此时可以逢低跟进。如果某股股东人数在一段时间持续平稳减少，然后突然快速减少，就表明主力开始加大进货力度，此时股价绝对涨幅不大的话，可以及时跟进。如果股价在高位，股东人数由几个月内变化不大，开始增加，说明主力开始减仓，此时介入要小心；如果股东人数持续增加，表明主力持续出货，此时最好不要介入。如果股东人数与上期比突然增加很多，表明主力强力出货，此时坚决不要介入了。

3. 考察十大股东持股情况及变动情况

考察某股的持股情况，可以发现机构对该股的态度。如果在十大流通股东中，绝大多数是机构投资者，特别是券商、信托、私募基金、QFII、基金等，说明实力机构十分看好它。如果某些机构持股数量和比例很大，而这些机构很可能就成为该股的控盘主力。特别是同一属系关系的大机构同时跻身十大流通股东行列的时候，该机构群就是控盘主力。如果连续几个季度，这些主力机构增仓，说明机构看好，后市看涨，即使目前仍处于跌势；反之，下跌概率加大，即使目前仍处于涨势。因为股市有主力越买越跌，越卖越涨的规律。

需要注意的是，这些数据一般是每季度、半年、一年才公布，等我们看到的时候，其时效性已经大打折扣。对于时间就是生命，形势如战场瞬息万变的股市来说，一味地依赖过往数据，具有很大的危险性。对于稳定性较强的大盘股，这些数据相对稳定一些，可用价值也大一些。而对于一些小盘题材股，主力行踪飘忽不定，那些数据只是他们的影子，按图索骥，往往会慢一拍，难以奏效。

以上情况是根据对过去庄股成长——衰落过程进行的不完全统计得出的数据，规律性尚待进一步验证。特别是，在未来超级大盘股不断发行的情况下，流通股数量会出现大规模增长，控盘规律也会相应变化。比如，现在大盘股，往往是由一大群机构共同把持，所谓群庄。他们之间会有合作，共同推高股价或者压低股价，这种手段和坐庄也没有本质区别。就是独庄也已经改头换面，变成几个相互看似没有关系的机构共同来运作，而以前大多数是以自然人股东出现的。

监管政策不断完善，机构也会应时而动，不会一成不变。如何变化，需要大家与时俱进，不断摸索。

二十二、根据不同类型股票和主力决定买卖时机

不同的股票，会有不同偏好的主力。不同主力运作方式很不相同。虽然步骤和环节大同小异，但是在具体战术上确有很大差异。

对于大盘蓝筹股，主力运作周期会很长。由于业绩好，被市场普遍看好，大家争抢，所以主力进货时间很长，有时可以达到一年以上，持续拉升时间很长，可以达到一年以上，甚至两年。出货时间也会很长，会长期在高位反复震荡出货，形成高位平台，持续半年甚至一年。观察这种股票运行轨迹，会发现波段不很明显。这种股票调整幅度往往不深，而且喜欢横向整理，很少大幅暴跌，很少长时间调整。企图做波段的投资者，常常会做丢，不得不追高买回。

喜欢大盘股的朋友，就要有耐心。但是，为了避免和主力一起消耗过长时间，可以在主力建仓基本完成的时候进场，也可以在主力开始拉升之初跟进。大盘股拉升起来也不一定软，反而有时候更加强硬。如 601398 工商银行，作为最大规模的上市公司，上市后不久就猛烈拉升，短期股价就翻番了，此情此景令投资者瞠目结舌。这是因为能够运作大盘股的资金都是超级大资金，实力相当雄厚。合力拉抬，力量也会大得惊人，有排山倒海之势、摧枯拉朽之力。

所以，一旦进入大盘股，就要坚决一路持有，不到目标位，不见筑顶完成迹象就不要急于出局。这种股票有过一段大幅拉升以后，往往会横向整理几个月，此时投资者可以暂时出局，介入其他尚未拉升的股票，如此可以提高资金使用效率。待整理即将结束，可能继续拉升的时候，再次及时跟进，就可以充分享受主升浪。这种股票的顶部常常是圆弧顶、平顶、复合顶、多头顶等。甚至长期高位横盘，主力极其缓慢地派发，或者高抛低吸反复运作。所以，一旦开始筑顶，投资者也有充分的时间离场，不必在调整低点匆忙出局。可以等待每次拉高向上冲击平台高点的时候分批减持。

对于小盘股、题材股，主力倾向于波段运作，运作周期相对比较短。由于题材隐蔽，业绩不好，很少受到散户关注，主力很容易就收集到筹码，一旦市场环境转好，主力会借机炒作一把。拉升时间一般会很短，也许半年，也许数周。但是短期涨幅会很高，拉升角度会很大，暴利效应很大。一旦股价过高，

炒作难度加大，就迅速出货。然后想方设法把股价打压下来，达到目标价位后，再次吸货，开始新一轮运作。整个过程非常紧凑，短而快，效率极高。

喜欢短线操作，性急的朋友可以适当关注小盘股。底部形成之后，拉升之初可以择机跟进。拉升过程中，主力洗盘会很剧烈，介入之后要心态稳定。小波动不出局，大波动要高抛低吸。由于主力运作时间短，周期性强，投资者不必抱长期投资的态度，见好就收常常是不会错的。

由于不同主力风格不同，拉升手法和时间很难一概而论，出货手法也不尽相同。但是总的来说，拉升时间不会很长，长则几个月，短则只有几周。这种股票倾向于快速拉高，快速出货，从而铸造类似于尖顶、头肩顶、双顶这样的高效率顶部。所以，一旦开始拉升，特别是短期涨幅巨大，就要准备随时逢高出局。最晚在顶部形态出来之后，必须及时出局。否则常常会遭遇暴跌，使利润大幅缩水，甚至造成巨大损失。

二十三、如何把握年报、半年报期间的投资时机

我国股市，每逢年报期间，就有业绩浪之说。笔者考察发现，年报期间走势较好的股票，一般是绩优股，有高送转预期。因此并不是所有股票都会上涨，业绩差的，或者业绩突然变脸的股票还会下跌。所以，对于绩差股有年报业绩地雷之说，投资者唯恐避之不及。

提前布局绩优股，一般会有好的回报。抓业绩浪，务必提前动手早作打算，切忌等到业绩预告出台之后再匆忙追进，因为那时候，消息已经明朗，市场已经周知，股价必然已经高高在上，此时介入，不但获利空间很小，甚至会短线买在高点上，要忍受一段时间的套牢之苦，有时候忍不住可能割肉，而股票却继续上涨。

早作打算，就是要在年初的时候就开始考察目标绩优股的情况，对年报是否优异有个较为确定的判断。这可以从过往业绩发展情况，主要是看一、二、三季报情况，如果前三季业绩出众，第四季报也不会很差，年报自然会好。

考察确认业绩之后，还要预测是否存在高送转的可能。一般而言，有可能高送转的股票一般有以下条件和特征：

①业绩优秀；

②净资产高，有送转股的基础；

③公积金较高、滚存未分配利润丰厚；

④属于新股、次新股，未曾爆炒，股价相对不高；

⑤最近两年内尚未大比例送转股，有高送转的潜力和条件；

⑥最近两年内没有进行过增发配股等再融资活动；

⑦有融资计划。连续高回报，可以为日后融资创造有利条件；

⑧股本较小，一般总股本低于2亿股，流通股低于8000万股。

在买入前，还要考察技术面：股价近期是否已经爆炒，整体涨幅是否已经巨大，股价已经严重透支业绩，如果是，就不要急于介入。可以等股价回落整理之后再买，但是要短期持股；如果涨幅不大，市盈率指标很低，就可以大胆介入。此类个股一般在股权登记日前后才会见到历史高点，所以至少可以持有到股权登记日和除权日前后。而且此类个股，还有填权的可能。特别是在牛市里，除权后股价会回落整理一段时间，主力减轻一些仓位，然后还会再起一波，甚至创出新高。所以调整到位的时候，可以逢低介入，做一把填权行情。但是必须结合当时的市况，如果大市不好，赢利预期就要降低。

而对于绩差股，最好还是提前出局，免得踩上地雷。要出局也要提早，否则极有可能抛在低点上，因为大家都预期出坏年报，就已经提前抛售了。等到出年报的时候，该走的都已经走了，年报出来后，反而利空变利好，股价继续上涨了。这在牛市初期尤为常见。当然，在大牛市环境，泥沙俱下，萝卜快了不洗泥，很多绩差股照样遭到暴炒，坏年报也不起作用。不过，绩差终归就是绩差，如果没有实质题材支撑，或者业绩没有明显好转，迟早是要下跌的，而且肯定会比绩优股跌得更惨烈。这叫“炒得高，跌得深”。

半年报投资策略与年报相当。但要注意，年报没有分配的，才有可能在半年报期间分配。否则，半年报再好，也不会对股价产生太大影响，特别是前期涨幅巨大的股票，可能还会“见光死”，谨防主力利用好半年报出货。

二十四、短线、中线和长线交易方法的比较与选择

短线、中线和长线股票操作的交易方法是根据交易者持有股票的时间为标准划分的。

短线交易者持有股票的时间周期一般以日为单位，一般最多不超过一周。

短线交易者一般有以下特点和素质：

①一般不关心公司的基本面，往往只依靠技术面，或者根据题材操作。优秀的短线交易者，多是技术派高手。

②短线交易者对题材敏感、思路清晰、反应迅速，捕获热点的能力极强。

③交易纪律严明，操作果断，坚决追涨杀跌，并敢于追跌杀涨，坚决止损

止盈，不会优柔寡断、拖泥带水。

④喜欢投机，热爱波动性强、股性活跃的中小盘股和题材股。

由此可见，短线交易操作模式比较适合性格激进、反应敏捷的人。

短线交易自身的特点：

①操作系统比较复杂，短线交易模型建立的难度较大，技术要点难以掌握，纪律性强。

②可以在短时间内获利，也可以在短时间内规避亏损。

③由于可以忽略基本面，很受不擅长基本面分析的散户投资者青睐，从而成为多数股票交易者的交易方式。

④投机性强，投资性低；也因为这个原因，导致其成功率低，失败率高。

⑤易受市场大势干扰，也容易受到其他投资者情绪的影响。

⑥频繁交易，交易成本较高，也比较耗费精力。

短线交易成功者最具有代表性的人物是美国的江恩。喜欢短线交易，应该了解一下江恩的理念和方法。

中线交易者持有股票的时间周期一般以周、月为单位，一般不超过三个月。

中线交易者一般有以下特点和素质：

①比较重视行业基本面，注意考察公司目标股票的中长线估值水平，同时也注重技术，根据趋势操作，善于把握买卖时机。

②能够把握股票估值变动和股价波动规律，波段节奏感比较强，能够熟练运用波段操作这一中线交易者必须掌握的交易模型。

③中线交易者非常看注重股票价格的波动空间，鄙视蝇头小利，没有 30%以上的波动空间一般不参与。

④持股较为有耐心，厌恶追涨杀跌、频繁操作。一般能够做完整段行情，很少略有赢利就急着卖出。

中线交易有以下特点：

①一般是老股民、专业投资机构操盘手采用较多的基本交易模型和操盘方法。适合职业投资人采用。

②相比短线交易，持股时间更长，作出决策之前的分析时间也更长，进退时空宽裕。耗费精力更少，操作更轻松，压力也较小。

③相比短线交易，获利空间更大，而交易成本更低。经济性好。

④中线交易模型的稳定性比短线交易模型的稳定性高，也较为单一。

⑤趋势交易和对立交易的统一，过程虽略延缓，但判断也就更为准确，成

功率较高，失误相对较小。投机性较小，投资性较强。

长线交易者持有股票的时间周期一般以季、年为单位。

长线交易者一般有以下特点和素质：

①专业素质较高，擅长基本面分析，以基本分析为交易模型。

②具有投资家的风格，能够把握经济周期的大趋势。

③买企业，而不是买股票，高度重视企业的经营能力、发展前景，对股价中短期波动不予关注。

④投资获利的主要途径是上市公司分红和资本增值（股票的价差）。

⑤性格稳健，极有耐心和定力，能够做到雷打不动，只要企业基本面没有根本改变，一般不会中途退出，能够在市场疯狂的时候减仓、清仓，但是回落后还会买回来。

⑥长线投资者厌恶投机，不热衷于交易，不做股票交易机器。经常持股一年以上，甚至几年、十几年。

长线投资的特点：

①更符合投资的特征，而缺乏投机的特点。

②相对于中线交易，持股时间更长，更稳定持久；相对于中短线交易，更节省精力，压力更小，投资过程轻松自在。

③长线投资是最简单的交易方法，适合性格稳健，不急于求成的人，是职业投资人追求的境界。

④适合在成熟市场应用，对于新兴市场和不完善市场，往往效果不理想。

⑤适合做长线投资的股票较少。周期性股票一般不适于做长线投资。

⑥需要投资者具备基本的财务分析能力，能够判断宏观经济运行的趋势，具备较强的忍耐力。要获得巨大成功，则需要投资人具有超常的眼光和定力。

⑦忽略股价中短期波动，但重视大的周期态势的转折，大牛市和大熊市往往是长线投资的结束和开始。

⑧大牛市之后，往往缺乏值得长期持有的股票，此时不适合做长线投资。超级大牛市之后，基本找不到适合长线投资的股票了。而大熊市之后，可以长线投资的股票增多，此时不适合做短线。

成功的长线投资者最典型的代表人物是美国投资家巴菲特，他在四十多年的投资生涯中取得了500多亿美元的财富，曾成为全球首富。

在中国A股中，最显现长线投资优势的股票，要数贵州茅台(600519)和万科A(000002)，贵州茅台2001年上市，经过多次分红送股，到2006年12月，总收益率达到1000倍以上；万科收益率也是异常惊人，原始股东香港投资人刘元生一直持有股份，获利已经达到数十亿。这就是长线投资的魅力所在。但也有很多人，不但没有在这两只股上赚到钱，甚至还赔了钱。这属于在错的时间买了对的股，结果还是错。原则上，历史高点不能进行长线投资。

那么，短线、中线和长线交易，到底哪一个更好呢？对此大家莫衷一是，它们也的确各有千秋。笔者认为，一般而言，三者优劣难分，所谓没有最好的只有适合的，关键看投资者性格特点、行动风格和个人喜好。根本上讲，决定投资者成败的不是上述三种交易模型，而是使用它们的人的性格特点和心理素质。不同性格特点和心理素质决定不同心态，最终决定操作者的交易模式。经过磨炼，人的性格、心态会有所改变，交易模型也就可以相应改变。

因此，对于新股民，易受干扰的人，受不了刺激的人，不善于把握波动机会的人，最适合的投资方法是长线投资。稳定、安全、波动小，对精神刺激小，对身体健康影响小。而且，交易方法比较简单，只要判断行业、企业基本面优良，有成长性，并且估值较低，市赢率不高，具备投资价值，就可以买入并持有。如此，就能够使你在股市长久生存。

而对于在股市浸淫多年，熟悉股市运行规律，经过牛熊洗礼仍能够生存下来的老股民，可以考虑做中线，波段操作，这样可以拿到较大波段的上涨幅度，并回避较大波段的下跌，从而提高资金的使用效率，比单纯一路持有获得更多收益。但是，有人据不完全统计结果，认为多数人把握波段并不精确，有时候会踏空，最终赢利不一定会超过那些一直持有不做波段的投资者。这只能说明，这些人武艺不精，还没有到游刃有余、炉火纯青的地步。

不过，经验表明，大多数人不适合做短线。短线交易是少数职业高手和反应敏捷的人的专利。而且短线更适合整理市道和熊市，而一般业余投资者，此时应该观望，或者退出。需要快进快出，不能恋战的时候，短线才有它的优势。

笔者认为，要做好中短线，至少要经过3年以上的锤炼。因此，不建议新股民搞短线。

二十五、如何判断“最后一涨”和“多头陷阱”

在中长期上涨的尾声，或者在牛市末端，往往形成“最后一涨”。很多投资者没有在熊市中倒下，却倒在了牛市的末端。由于追涨，且逃顶过晚，又没有防备主力抛弃式下跌，如果没有及时止损，短期暴跌就会导致巨大损失，以致一蹶不振。熊市确立，没有及时离场，会遭受极其巨大的损失。当然也有投资者过早地退出了市场，没有抓住主升浪，踏空了行情。

最后一涨经常就是所谓的“多头陷阱”，但“多头陷阱”不一定是“最后一涨”。“多头陷阱”可以出现在任何阶段，而“最后一涨”只出现在中长期上涨的尾部。其形成的机理，就是主力借助上涨惯性，大力做多，形成暴涨趋势，制造火暴乐观气氛，诱使投资者继续看多后市，从而买进股票。

因此，判断是否“最后一涨”，是否“多头陷阱”，对于何时出场至关重要，甚至成为操作成败的关键。在没有出现“最后一涨”特征的时候，市场往往还是安全的。根据多年的经验，我发现“最后一涨”主要有以下特征：

从技术上看，有以下特征：

①“最后一涨”以及中长期趋势的“多头陷阱”，由于其突然性、强迫性，会导致技术指标出现明显的顶背离，而且往往是多种指标在月线、周线、日线多个周期发生同步背离，并且至少同时在两个周期上发生背离，不会仅仅是一种指标的背离。

②成交量往往与股指发生明显的背离：指数不断走高，连续创出新高，但是成交量却开始萎缩，形成缩量上涨、无量空涨。初期有巨大买盘连续拉升，跟风剧烈；后期，跟风逐渐稀少，成交量回落。

不过有时候，也出现放量上涨之后放量暴跌的现象，或者缩量上涨放量下跌。特别是V形反转的情况下，一定会有持续大量出来，否则“多头陷阱”难以成立。

③如果是主升浪，指数(股价)会出现突破位走势，开始加速上涨。各种各样的技术顶、政策顶、支撑压力位和整数关口，都不能有效阻挡上涨趋势。主力一路攻城拔寨，势如破竹。

K线走势常常是在貌似顶部的位置突然反身上涨，指数突然突破，一口气拉出几根长阳线，仿佛飞机起飞甚至火箭发射。中小盘股常常出现向上跳空，大盘股则呈加速上涨态势。

④股市长期上涨，升幅巨大，个股涨幅甚至达到几倍、十几倍，满场都是获利盘，任何时候入场的人都在获利，买盘蜂拥，成交量极度放大，市场人气极度高涨。

⑤最糟糕的公司的股票，或者最抗涨的股票也开始上涨。

从基本面、政策面看，有以下特征：

①很多公司业绩持续增长，甚至增长几倍、十几倍。

②紧缩政策开始出台。

③政府开始出面提示做多风险，不再鼓励进场，但是指数并不理睬，继续惯性上涨。

④如果不但没有针对股市的实质性利好因素，反而有实质性利空政策出台的巨大预期，股价却仍然持续暴涨。这种情况形成“最后一涨”、“多头陷阱”的概率很大。

⑤宏观经济最好的时期即将过去，各项经济指标有转坏迹象。

从消息面、市场面看，有以下特点：

①市场上乐观气氛弥漫，利好消息满天飞，投资者普遍乐观，极度看多后市，市场各方空前一致的看多后市。

②投资者对利空消息几乎没有反应，患上利空麻木症。甚至利空被当成利好，一旦利空出来，大家反而加速进场。

需注意的是，有些突发利好导致的短期剧烈上涨，无论是否人为导致，股价往往都会迅速回落，走势上就是一个 V 形反转式的多头陷阱。随后股价会有分化，实质利好会支持股价会继续上涨，而一过性利好会产生利好出尽的效应，股价也会继续原来的趋势。

二十六、如何判断“最后一跌”和“空头陷阱”

在中长期调整的尾声，或者在熊市末端，往往形成“最后一跌”。很多投资者没有在漫漫熊途中倒下，却倒在了熊市的末端、黎明前。由于抄底过早，又没有防备主力自杀式砸盘，如果没有及时止损，短期暴跌就会导致巨大损失，以致一蹶不振。到了真正反弹甚至反转的时候，自己往往只能解套，甚至踏空。

“最后一跌”经常就是所谓的“空头陷阱”，但是，“空头陷阱”不一定是“最后一跌”，“空头陷阱”可以出现在任何阶段，而“最后一跌”只出现在中长期下跌的尾部。其形成的机理，就是主力借助下跌惯性，大力做空，形成暴跌趋势，制造恐慌气氛，诱使投资者继续看空后市，从而抛售股票。

因此，判断是否“最后一跌”，是否“空头陷阱”，对于何时进场至关重要，甚至成为操作成败的关键。在没有出现最后一跌特征的时候，市场往往还是处于危险之中的。根据多年的经验，我发现“最后一跌”主要有以下特征：

从技术上看，有以下特征：

①“最后一跌”及中长期趋势中的“空头陷阱”，由于其突然性、强迫性，会导致技术指标出现明显的底背离，而且往往是多种指标在月线、周线、日线多个周期发生同步背离，并且至少同时在两个周期上发生背离，不会仅仅是一

种指标的背离。

②成交量往往与股指发生明显的背离：指数不断走低，连续创出新低，但是成交量却开始逐级放大，抛盘增加，但是承接盘也非常踊跃。有刻意砸盘，或者恐慌割肉盘涌出现象。如 600271 航天信息在 2004 年 7 月 14 日制造的空头陷阱就具有这些特征。

不过有时候，也出现无量空跌、无量暴跌的现象。如果下跌时没有放量，随后上涨的时候也会放量。特别是 V 形反转的情况下，一定会有持续大量出来，否则“空头陷阱”难以成立。如 600271 航天信息在 2005 年 5 月 26 日以后制造的空头陷阱就具有这些特征。

③如果是主跌浪，指数(股价)会出现破位走势，开始加速下跌。各种各样的技术底、政策底、支撑位和整数关口，都不能有效顶住下跌趋势。

K 线走势常常是在貌似底部的位置突然下跌，指数突然塌陷，一口气砸出几根长阴线，仿佛山体滑坡。中小盘股常常出现向下跳空缺口，大盘股则呈加速下跌态势。

④股市长期下跌，跌幅巨大，个股跌幅甚至达到 70%～90%，上方堆砌着层层的套牢盘，任何时候入场的人都遭到套牢，买盘逐渐枯竭，成交量极度枯萎，市场人气极度低迷。

⑤最优秀的公司的股票，或者最抗跌的股票也开始破位下跌。

从基本面、政策面看，有以下特征：

①很多公司业绩持续降低，甚至发生巨亏，戴上 ST 的帽子，退市现象增加。

②紧缩政策连续出台，但是已经不能继续紧缩，随时有发生转折的可能。

③政府开始出面提示做空风险，并鼓励持股，但是指数并不理睬，继续惯性下跌。

④如果不但没有针对股市的实质性利空因素，反而有实质性利好政策出台的巨大预期，股价却仍然持续暴跌。这种情况形成“最后一跌”、“空头陷阱”的概率很大。

⑤宏观经济最困难的时期即将过去，各项经济指标有好转迹象。

从消息面、市场面看，有以下特点：

①市场上恐慌气氛弥漫，利空消息满天飞，投资者普遍悲观绝望，极度看空后市，市场各方空前一致的看空后市。

②投资者对利好消息几乎没有反应，患上利好麻木症。甚至利好被当成利空，一旦利好出来，大家反而加速出逃。

需注意的是，有些突发利空导致的短期剧烈下跌，无论是否人为导致，股价往往都会迅速拉起来，走势上就是一个V形反转式的空头陷阱。随后股价会有分化，实质利空需要进一步消化的，股价会继续回落，而一过性利空会产生利空出尽的效应，股价也会继续原来的趋势。

二十七、根据开户数变化判断市场位置和趋势

开户人数变化能够反映投资者对市场趋势的预期，特别是场外投资者对市场趋势的预期。开户数持续增多表明场外投资者看好后市，于是踊跃入市，持续流入市场的资金数量就多，后市有望继续上涨。反之，说明场外投资者已经不看好后市，开始犹豫，或者说明一段时间里，能够进场的投资者已经不多了。这样进场资金就会减少，后市上涨将减缓，甚至开始下跌。

开户数会受到市场状态、人口、经济景气度等因素的影响。其中，最主要的因素还是市场涨跌状态。因为开户数一般主要反映的是散户入市情况，而散户主要是受市场涨跌影响入市意愿的。

根据统计发现，每月新增开户总数的增减变化与行情的涨跌强弱具有相关性。月新增开户总数的变化明显受到行情强弱的影响，股指走强，月新增开户总数就会增加，而且股指的走强明显领先于开户数的增加。原因无非就是股指上涨，行情火暴，赚钱效应明显，就会吸引场外潜在的投资者入市；股指下跌，市场走弱，赔钱效应明显，就会打击场外潜在的投资者的入市意愿。

所以，可以说开户数是市场的结果，而不是原因，尽管开户数对市场趋势也会产生作用。顶多可以认为开户数和指数位置是一个问题的两个方面，好比一个硬币的两面，看到其中一个面，就应该看到另一个面。

判断中期行情，需要考察每周开户人数。如果判断短期趋势，需要关注日开户数。如果日开户数能够维持某一数值，并连续增加，表明场外资金进场非常积极，短期内行情趋势发生改变的可能性就比较小。如果日开户数回落，可能表明场外资金进场意愿降低，短期内行情趋势发生改变的可能性就比较大。当前数值的确定，要参考过去开户数的规律，并结合当前人口、经济发展水平等因素，可以大致预测开户数的变化趋势。

现在基金已经发行很多，机构投资者逐渐占据优势，投资基金逐渐成为散户主流投资方式，因此，还要一并考察基金开户数。

由于证券市场不同发展阶段，社会影响力不同，类似的市场阶段开户数却不会相同；开户数是一个动态的量，其绝对值的参考价值并不大。因此，最好考察

开户数的比值，即根据过去不同阶段开户数之间的比值，可能更为准确一些。

当然，和许多指标一样，数值也许并不是最重要的，数值变化的背离状态才是最重要的。如果高位开户数增长，而指数不能同步增长，或者开户数已经开始下降，尽管指数还在上涨也要警惕指数即将见顶。同样，如果低位开户数开始减少，但是指数却不再继续下跌，说明机构开始进场，而散户加快离场了，这时候就要考虑即将见底。

二十八、根据投资者赢利指数判断市场位置和趋势

股市有一赢、二平、七亏的规律，或者说盈亏存在二八定律。统计表明，在一个完整股市循环周期里，多数散户投资者会赔钱，只有少数投资者赚钱。但是在某些时段，比如牛市中后期，多数投资者会有赢利，只是到了牛熊转换的时候，多数投资者才会开始回吐利润。新入市的投资者马上就开始亏损，而老投资者赢利会缩水。直到熊市末期，大多数曾经赢利的投资者的利润都被吞噬殆尽，只有少数投资者才能保住利润。

所以我们可以考察周围的投资者，如果大多数，如 70%以上是赢利的，而且股市处在高位，就要警惕顶部到来。如果有 90%以上的人赢利，必须考虑离场了。如果多数投资者都已经亏钱，如 70%以上是亏损的，而且指数处在低位，就要考虑底部不远了，如果有 90%以上的人亏损，就可以考虑进场了。如果虽然跌了很多，但是仍有大部分人(比如 50%以上)是赢利的，那就说明指数还没有跌透，利润回吐还不彻底，继续下跌的概率大，因为熊市要套牢大多数人；反之，如果涨了很多了，仍然还有很多人没有扭亏，可能说明股市还没有涨到位，继续上涨的概率大，因为，理论上，牛市就要为所有人解套。

另外，还要考察赢利、亏损程度，这也是一个重要指标。投资者赢利程度分布是有一定规律的，统计一下投资者赢利幅度，可以大致判断市场所处阶段。牛市末期赢利超过指数涨幅的投资者会很多，熊市末期亏损幅度超过指数下跌幅度的投资者也很多，甚至亏损达到 70%～90%的投资者也不少见，统计一下这些投资者的比例，就可以大致判断市场可能处于底部阶段了。据我小范围了解，在牛市末端有大约 15%的人赢利能够超过指数涨幅，而最终只有不到 4%的人能够保持这个赢利水平；而在熊市末端，有大约 3%的人会亏损 70%以上。即使他们没有隐瞒实情，这个比例也是很惊人的。

当然，如果市场暴涨暴跌，大起大落，盈亏幅度也会极端化，需要我们加以注意，对一般指标要有所修正。

第十章 重要的市场规律和技术秘诀

股市的运行规律很多是会重复出现的，但也会随着股市各方面的进步和发展，而出现一些新的规律和现象。投资者不可抱残守缺、刻舟求剑，要不断学习、深入研究股市新的运行规律，并找到适应市场的全新的投资策略和技术。笔者在《股市赢家兵法：成功投资的策略和诀窍》(地震出版社 2009 年出版)一书里已经初步总结了一些重要的股市运行规律，但仍不全面。下面，笔者就股市中一些突出的技术现象和一些新的运行规律进行进一步的探讨。

一、不同业绩股票的涨跌规律

①绩差股先涨，绩优股后涨；小盘股先涨，大盘股后涨。

②绩差股常常涨得猛而短，多脉冲行情；绩优股，特别是盘子较大的绩优股一般涨得温和但持久性好。

③绩差股的行情在年报之后，绩优股的行情在年报之前。特别是高送转股一般最好的行情在股权登记日之前，是谓“抢权”行情。若在牛市，除权之后也往往还有填权行情。

④很多时候，有题材的个股要涨得更好，有冲击性题材的股票会很疯狂，一些边缘类个股只能随波逐流。

⑤个股上涨的条件：没有题材，必须绩优，业绩不优，必有题材。

二、不同股本和市值股票的涨跌规律

在股市三个阶段，行情演绎大致如下：在牛市初期，市场虽有转好迹象，但投资者的熊市思维一时尚不能扭转，资金流入不明显，指数时有反复。在资金面不充裕的情况下，投资者只能进攻小盘股。在市场进入行情中断的时候，趋势已经明朗，资金持续流入，但远未达到疯狂的程度，散户还在逐步撤出。此时小盘股已经反弹很多，不再具有估值优势，后来的资金只得将目光投向业绩优良、成长性好的中盘股。最后，在市场可能进入牛市后半期的时候，宏观经济形势非常乐观，资金汹涌，很容易就能够推动大盘股上涨，此时机构也希望借拉抬大盘股维持指数强势，以便在其他板块出货。由于大盘股票总股本和总市值巨大，少量资金无法拉抬，在经济形势严峻、资金紧张的情况下，主力无力也不敢贸然拉抬大盘股，只能集中优势资金拉升中小盘股。只有在经济形势好转，资金持续流入股市的时候，主力才有能力推升大盘股。不过，多数情况下主力仍会尽量避免大范围、大规模暴炒大盘股，最有可能的是板块轮动，采取轮牧策略，成熟一个采摘一个。

知道这个规律，我们就可以采取以下投资策略：最先介入最超跌的、具有一定冲击力的题材小盘(小市值)股，再介入业绩成长性较好的中盘(中等市值)白马股。最后，在市场进入牛市后半期的时候，介入大盘(大市值)蓝筹股。需注意的是，这只是一般规律，有时候主力会打乱一下炒作顺序，用驽马博一下你的千里马，让你赢一场输两场。后面将说到这个问题，此略。

大盘股一般是指发行在外的流通股份数额较大的上市公司股票(小盘股就是发行在外的流通股份数额较小的上市公司的股票，中盘股，即介于大盘股与小盘股中间发行在外数额的股票)，以前很大盘子的股票非常少，所以把流通盘在5000万以下的称作小盘股，流通盘1个亿以上的就叫大盘股。现在，随着许多大型国企的上市，这一概念已发生了改变，我国现阶段一般不超1亿股流通股票的都可视为小盘股。1～5亿流通股的算是中盘股，而流通股在5亿以上的就算大盘股了。不过，并没有一个明确的、统一的、绝对的标准和界限。

而像中国石油、中国联通、招商银行等流通盘超过10亿，甚至几十亿、上百亿的股票就称为超级大盘股。当前，大多数煤炭、金融、有色、航运等主流股都是大盘股、超大盘股。

三、分红送配的一些规律

1. 低位分红，高位送股；真金白银给自己，股票拆细给别人

纵观中国股市，多数普通上市公司，一般在市场处于低位的时候往往现金分红，而在市场处于高位的时候，往往推出高比例送转股方案。为什么会这样呢？这一定有内在的市场机制。初步研究，笔者认为，这主要是上市公司配合二级市场的行为。

其机制是：低位的时候，散户通常会抛出股票，股票都沉淀到大股东和控盘主力手中，此时分红可以增厚主力的资金实力。而且容易让喜欢送股的散户失望，从而砸出“失望坑”，抢夺一些带血的筹码。而在高位的时候，控盘主力获利丰厚，很希望兑现，这时候送转股可以大幅降低股价，有利于出货。高送转利好可以帮助主力制造“欢喜峰”(与“失望坑”对应的走势)，抢夺散户带血的资金。由于送转股后股本虽然多了，但股价要除权，总市值不会发生变化。所以，送股实际上等于什么也没给，在国外投资者对送转股一般是不买账的。这叫：低位分红，高位送股；真金白银给自己，股票拆细给别人。

2. 配股当分红，套利无机会

很多公司会在年报期间推出配股方案，似乎是分红。其实，配股本质上仍

是再融资行为。特别是在牛市里，配股行为比较多。而牛市股价高，配股价也高，因此参与配股的投资者尽管可以以较低的价格配股，但最终常常得不偿失。一般来说，多数情况下，在配股上并不存在明显的套利机会。对于配股，是否值得参与，不可以一概而论，但对于那些大股东放弃配股资格的还是慎重参与。毕竟大股东最了解自己的上市公司，它对公司都不看好，没有信心，不捡“便宜”，我们散户为什么要做冤大头呢？

四、卖了买不回来，买了卖不出去

牛市有一个显著特征，就是卖出股票后，特别是在回调的时候卖出，你就很难再以更低的价格买回来；熊市也有一个显著特征，就是买入股票后，特别是在冲高的时候买入，你就很难再以更高的价格卖出去。所以，判断是牛是熊，只需看看自己的操作是否符合上述规律即可。

五、打压大盘股其实是压弹簧

物理学定律：压力越大，反作用力越大。股市也一样，打压力度越大，反弹力度越大。在底部，大盘权重股们估值并不高，可就是不涨，原因就是真正的超级主力们不让它涨。不但不涨，还要打压，这样可以把狗皮膏药们甩掉。主力经常搞那种压两三个月，然后用两周，甚至两天就收复失地，搞一个释放弹簧的把戏，让所有没耐心的人在最后一刻踏空。

六、新股破发，底部不远

新股破发一般预示阶段底部就在眼前，割肉已无必要，但应选好潜力股，及时介入反弹，收回损失。理由是，如果新股上市表现越来越差，甚至出现上市首日即破发的严峻形势，连中小板股首日涨幅都达不到30%了，这说明资金确实紧张，市场低迷。可以记住这些表现不好的新股，今后市场转好时它们可能会有较好的表现。

看到新股表现不好，大家会降低申购积极性，随后中签率会升高。但大盘反弹，新股表现又会转好。所以，最好不要在持续低迷的时候申购新股，倒不妨在反弹一段时间后再申购新股。而在阶段低位最好买股待涨，而不是割肉申购新股。相反，在阶段顶部要舍得出局申购新股，中签率高，还可以卖个好价钱。

七、大盘股轻轻一抖，个股上天入地

大航母级股票已经成为控盘工具，涨跌不需要很多，就可以制造恐慌和乐观气氛，从而导致个股产生更大跌幅和涨幅。就像方向盘，转动角度不大，汽车就可以拐很大弯。这就造成“大盘股轻轻一抖，个股上天入地”的现象。正因如此，主力不会轻易动用大盘股，在一轮长期行情里，主力总是在阶段冲顶的时候才动用大权重股。看看中国石化的阶段高点是不是都制造了个股的阶段头部，而其阶段低点也对应了个股阶段底部。而同期个股涨跌幅度都要大得多，贝塔系数比大盘股大一些。所以，指标股涨多了，就要小心，而指标股跌多了，就可以乐观。

所以，行情初期不必过于追逐航母，驱逐舰、快艇们的行情远不会结束！只要大盘一旦企稳，可能将出现万马奔腾的局面，当然不是大权重股奔腾，你见工商行搞过几个涨停，就算 5%左右的涨幅有过几次？所以，如果不是大机构，最好不要在行情初期碰这些超级大航母。

八、细水长流，股市长牛

股市经常上演单日暴跌，让近期介入的投资者遭到当头一棒！略微反弹之后持续下跌一周，多数投资者的利润大幅缩水。为什么不能连续上涨，要时不时暴跌一下呢？这是主力在调控市场运行速度和节奏。牛市形成后，资金会鱼贯而入，而且往往呈加速态势，这使主力目标股价格上涨过快，难以吃到便宜筹码。于是，主力就要偶尔暴跌一下，一来可以打回低位，吃到更多便宜货，二来还可以吓退胆小的投资者，延长自己建仓的时间。如此，就可以控制资金流入股市的速度和数量，达到细水长流的目的。细水长流，就可以确保股市长牛。

九、洗盘千招、应对一策

洗盘是主力必须要做的一项操盘功课，不会洗盘的主力是赚不到钱的。你要想赚钱，就要知道主力的洗盘手法，并找到应对之策。技术好学，但经常情况下，是心理素质、耐力，也就是内功是否高强决定你是否能够顶住主力的残酷揉搓和剧烈震荡。可以说，练好反洗盘的内功至关重要。

洗盘是无时无刻不在进行的。除了最后出货的时刻，前期大部分时间，主力都要一边拉一边洗，也就是“一路走一路抖”。以前主力洗盘特征，基本是缩量回落，现在主力不再拘泥于缩量，有时候还会放量，制造出货假象，引起坚定投资者恐慌出局。以前一般是短期洗盘，现在主力有时候会长时间洗盘，一洗数月，甚至一年半载。特别是大盘股板块，主力拉高一定幅度之后会一直洗盘数月。如此长时间折磨人，是因为这种股票盘子太大，业绩太好，看好的人太多，散户扎堆，如蚂蟥一般，叮住不撒嘴，不反复揉搓、拍打，是甩不掉散户的。这就是耍赖：你们不走，我就不拉，看尔等奈何！这叫洗不掉，就耗死你！

此间，主力用足了声东击西(唱多非主流股，暗中不断吃入主流股)、围魏救赵(压住建仓目标股、爆炒出货股，诱使散户跟风)等计策。没有相当定力的投资者是很难坚持下去的。历史证明，成功者都是膏药：洗不掉、不怕耗。你有千条妙计，我有一定之规：守住，视而不见，不惊不惧。主力如之奈何？

在上升趋势中，任何所谓压力位，包括长、中、短期均线、前期密集成交区等，都会成为主力借机打压的心理共振的由头。有时候，主力还会利用预期落空进行洗盘，比如大家预期高送转，结果不送转；预期赢利很大，结果亏损；预期注入资产、重组，结果推迟、取消等等。就拿 000708 大冶特钢来说，前期大家预期会有高送转，但是 2010 年 3 月 9 日业绩预告分配 1 元。于是，早盘暴跌超过 5%。而且放量很大，说明赌高送转的投资者，十分失望，纷纷夺路出逃。但是经验告诉我们，此股涨幅目标远未达到！因为牛市初期，主力往往不希望马上推出高送转，这会被认为到顶了，利多出尽了。如果不推出高送转，就是含权，就是还保有这个炒作题材。因此，我认为短线整固之后，主力还将继续慢牛推升。结果正如我所料。

对于牛市，单日下跌 5%的机会实在是太宝贵了。如果你发现涨幅不大、趋势良好的个股发生短期暴跌，就不要放过这个天上掉馅饼的机会！

十、是噪音交易者成就了主力

说这个问题之前，先说一下什么是“噪音交易者”。“噪音交易者”(noise trader)是指无法获得内部信息(inside information)，非理性地把噪音当作信息进行交易的投资者。 一般认为噪音交易者在市场的预期收益为负，总是处于亏损的状态，因此无法长期存在。

市场是有一个现象，每当一只股上涨了很多，或者快速上涨的时候，会有很多关于它的消息，而且主要是正面消息。普通散户，往往根据这些消息跟风买入，然而随后往往买在高点而亏损。同时，每当一只股下跌了很多，或者快速暴跌的时候，会有很多关于它的消息，而且主要是负面消息。普通散户，往往根据这些消息跟风割肉卖出，然而随后往往因卖在低点而亏损。这都是噪音交易的表现。

以往，噪音交易主要集中发生在大底大顶阶段，而现在噪音随时发生，因为主力改变了策略开始做小波段，于是就在阶段高低点制造噪音。看看这两年，是不是多数股票都是涨涨跌跌，很少一步到位的？毕竟估值越来越成为主力重视的重要因素，强行向上突破的力量和氛围难以普遍形成了，操作模式也就随之改变。凡是没有一起进化的投资者，将无法战胜市场。

这个现象提示我们，尽量不要追涨杀跌，避免在阶段高低点成为跟风投资力量，帮助股价完成惯性延续，从而成全了套利的主力。

然而，未来可能是噪音交易会更多，因为做空机制下，大幅度、长时间单边上涨、下跌更难以实现。主力只能做小波段，依靠自己的资金优势和信息优势压榨噪音交易者(比如中国平安、万科在去年的走势中，阶段性的出现消息，有人推荐或恶评，事后看，恰好对应了高低点；现在正是负面消息多的时候，因此我认为职业投资者正在进场)。看看美股走势，就可知道，这在国外已是普遍现象。

内幕交易者、职业套利者吃定噪音交易者，是资本市场的普遍规律(内幕交易者制造波动，职业套利者利用波动，噪音交易者陷于波动)。作为散户，除非你成为成熟的职业套利者，否则难免成为噪音交易者而亏损。

十一、买脚不买角，买爬不买跑

这是我总结的买股技巧。买脚不买角，意思是股价走势图(K 线图)上，个股股价会经常出现短期下跌，形成一个个小腿，就像百足虫的许多只脚。而股价也经常会有脉冲式上涨，就像虫子的触角。

经验表明，如果买在“脚”上(如图 10-1 中的 1、2、3、4 区域)，很容易获利，至少不会大亏，并减少止损的机会。而买在“角”上(如图 10-1 中的 A、B、C、D 区域)，就很难获利，而且常常短期被套，不得不止损。关键是防止被动止损，造成不必要的损失。

买爬不买跑，意思是很多时候股价会横向整理，或者慢慢爬升，这时候可以介入，而一旦开始拉高，股价加速快跑、跳升很多的时候，就不要追高了。

只要大家坚持如此操作，稳中求胜，就会不断积累赢利而减少亏损。

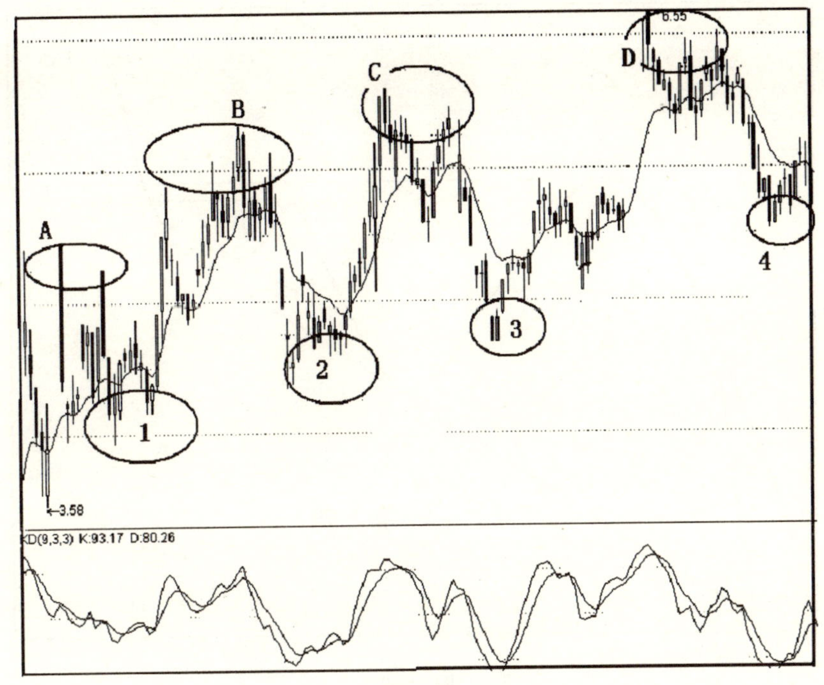

图 10-1

十二、角上角一定好，角下角快点跑

角上角一定好，意思是指数(股价)有望构筑大型上升三角形，如图 10-2，三角形 A，而整理末端构筑一个小型上升三角形，如图 10-2，三角形 B，形成角中有角格局。这种格局在上升趋势中一般会向上突破，特别是在中低位形成角上角就更好。历史规律表明，指数已经形成两个位置大致一致的高点后，如果低点不断抬高，且再次锲而不舍地第三次攻击前高点，向上突破概率十分大。这就是说，如果出现角上角，一般可以持股、做多。

角下角快点跑，意思是，指数(股价)有望构筑大型下降三角形，如图三角形 A，而整理末端构筑一个小型下降三角形，如图 10-3，三角形 B，形成角中有角格局。这种格局在下跌趋势中一般会向下突破，特别是在历史高位形成角下角就更遭。历史规律表明，指数已经形成两个位置大致一致的低点后，如果高点不断下降，且第三次攻击前低点，向下突破概率十分大。此种走势出现时，一般应该做空、观望。

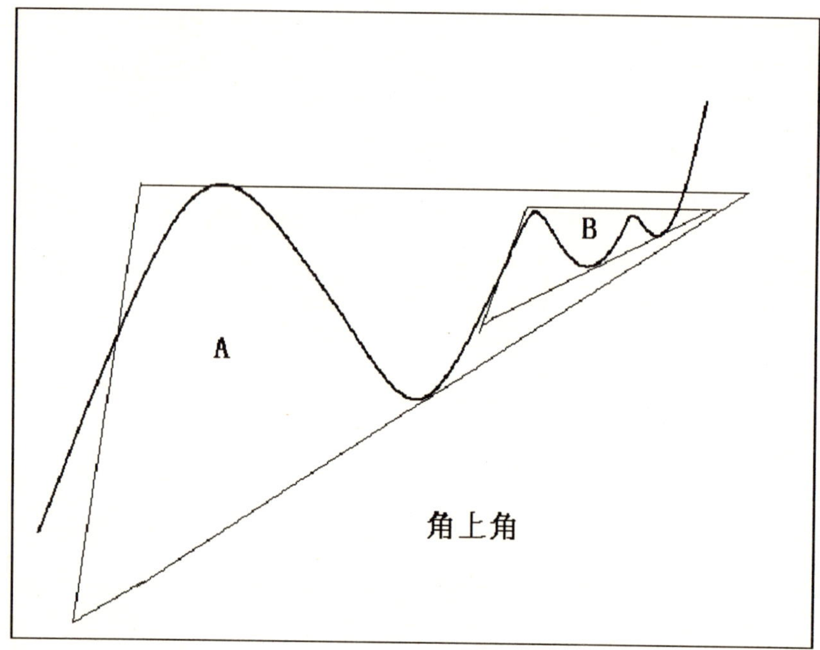

图 10-2

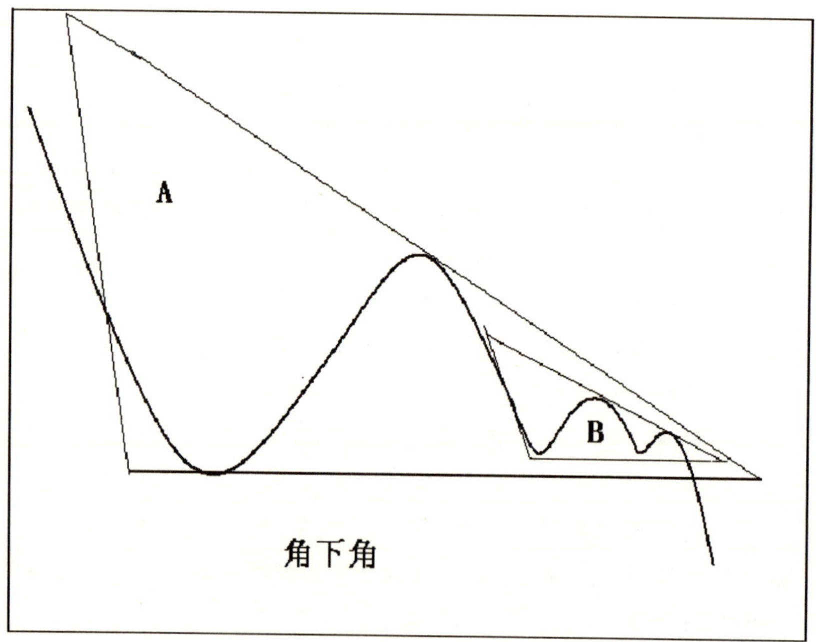

图 10-3

十三、东方日出，形势大好

笔者发明一个技术形态“东方日出”(笔者独家命名，不得以任何商业目的引用)，其特征是：股价在经过长期下跌和反复震荡筑底之后，开始拐头向上，某一日股价突破所有常用均线(最长均线为 100 周均线)，仿佛一轮红日自地平线喷薄而出。此时，股价首次站在所有均线之上，上方已经没有任何均线压力。上涨趋势确立，短期基本没有让指数停止前进的阻力了。此形态历史上仅有 3 次，每次都准确形成了上涨趋势。

十四、如果主力不能让打新资金后悔

牛市有一个特征，就是主力总是让那些清仓申购新股的资金后悔不迭——没有中签，卖了的却涨了！于是很多资金长了记性，几次落空后不再抱任何希望。而在熊市则不然，凡是申购新股的，即使没有中签，也会避免股价下跌的风险。所以熊市只能申购新股——如果还能发新股的话。

如果主力不能让打新资金后悔，继续下跌，可能说明一个问题：主力已经没有能力或者不想上涨了。如果主力还能让打新资金后悔，指数继续上涨，行情就大有希望。

十五、只见贼吃肉没见贼挨打

股市上有两种走势，一种是基本慢牛攀升，主要是蓝筹股；另一种是长期低位横盘，最后突然暴涨，主要是各类题材股，如最近的物联网概念股。

前者无需多说，后者有时放出钓钩——突然砸个坑，把大家砸进去，随后快速拉起。前期多数投资者会倒在坑里。短期会快速拉升，甚至连续爆发性涨停。但是看看涨幅，只不过比前期平台高个二三十点。而大多数普通散户也根本赚不到钱。

大家看着这些题材股鸡犬升天，似乎涨得欢，实际上，它们在相同时间里的总体涨幅不一定比慢牛股涨得多。因为它们一般会有动辄数月甚至一年的横盘，间或发生崩盘式暴跌，没有耐性的常常会在启动前出局，甚至亏损离场。

但看疯狂上涨的几天，似乎很过瘾，实际上殊不知前期的横盘很折磨人，而暴发前的突然下跌也非常害人。应了那句“只见贼吃肉没见贼挨打”。除少数高手可以适时在坑里埋伏，然后短期获利离场，赚点快钱。大多数投资者只能与主力同苦，未必得以同甘。

作为主流投资者，本人很少参与题材股炒作，因为历史无数次证明，持有主流股也能够赚到钱，甚至赚到更多的钱。

十六、突发利空是天上掉馅饼

说这话要看市场环境，在牛市成立，在熊市就不好说了。

一般利空有两次冲击波：传闻出现时、传闻兑现时。比如五粮液 2009 年 8 月传出被证监会立案调查的消息，股价应声暴跌，一度跌停。但是承接盘非常踊跃，放出天量。所以我当时判断其后期走势不会悲观，倒是主力可以借机洗盘。由于五粮液是绩优的明星蓝筹股，深受投资者青睐，机构云集其中，散户也爱不释手。若无重大利空，投资者绝不会轻易放手。所以说主力找到一个绝佳的洗盘机会。要知道，主力经常会为了吃不到筹码，而故意散布目标股的利空消息。说不定庄家还会故意举报目标股有违法违规行为，以便招徕管理部门查办，从而打击股价，让自己吃到便宜筹码呢。

利空传闻首次出现时，市场遭到当头一棒，会有大量非理性抛盘，这时候不应该跟风出逃，反而应该在抛盘枯竭，主动买盘出现时跟进。本人就在跌停打开时、继续探底时抢进一部分，现已有所斩获，计划反弹至前期高点时出局。

当利空进入朦胧的核实期间，会有一些不坚定的人陆续离开。主力会“且战且退”，直到利空兑现，股价会顺势下挫，如果该利空并不会对主营和业绩造成长期、深远的负面影响，主力就会立即进场抢筹，迅速收复失地。即使是实质性利空，主力也往往会借助“利空出尽是利好”的效应，借机拉高出货。

十七、大盘时代，警惕补底行情

我在 2009 年初曾分析，由于上一轮牛市涨幅巨大，套牢盘十分巨大而沉重，加之有巨额大小非解禁，股指在低位整理时间可能很长。即使不超过上一轮熊市整理时间，也不会很短。因而预测短期不会直接攻击历史高点。由于上半年反弹过快过急，我认为底部不扎实，早晚还会再次回落继续打底，是谓“补底行情”后来果然回砸至低位，继续整理吸筹。

补底有两个方面，一是要补时间、二是要补成交量。时间不够长，散户不会走干净；成交量不够，主力拿不到足够的筹码，就难以发动行情。

如果多数大盘蓝筹前期底部盘整时间都比较短(过往动辄超过一年的盘底时间)，换手就会很不充分，大机构不能有足够时间吃到足够筹码，就无法发动行情。如 2009 年底部时间明显较短，所以再次回落非常正常。越是后市看好，对未来乐观，底部就应该越宽大。历史也证明，底部越扎实，时间越长，行情就越大。

十八、右侧交易最稳妥

经过一段时间的暴跌，很多投资者认为已经见底(猜测)，于是在下跌中开始买入(左侧交易)，但是这往往要承受股价继续下跌的煎熬，甚至因为最后的暴跌导致巨大损失。

要知道主力一旦决心调整，就会猛烈砸盘，直到没有敢于承接者为止，或者把敢于逆势承接的投资者都已经一网打尽了。

所以，最为稳妥的办法不是左侧交易，而是右侧交易，也就是趋势交易。右侧交易的好处是，股价已经探出底部(至少是短线底部)，趋势有了一定的确定性。虽然可能没有买在最低价，但是也节约了跟随调整的时间，从效率上看还是划算的。

本人把短期底部构筑完成作为入场依据：对于大盘股，5 日均线金叉 10 日均线，且股价低位二次向上突破 10 日均线，回抽确认有效再跟进，同时设置止损位；对于小盘股，可以待 5 日均线金叉 10 日均线后跟进，同时设置止损。

十九、操纵股价走势的基本规律

对于小盘股、庄股，股价是可以被主力操纵的。

一般来说，一段上升行情中，在均匀外力的作用下，股价会走出平稳上升的曲线，如图 10-4 中的 A 线。但是多数情况下，主力不会如此循规蹈矩，而是会不断制造出较大幅度的波动，而且会在某一阶段强行拉出一个减仓空间，于是会出现波浪式脉冲行情，并打出一个明显的阶段性高点 a，主力会在这个高点附近进行减仓或者洗盘。随后主力又往往借助大势波动，甚至强行砸出一个阶段性低点 b，主力会在这个低点附近回补、加仓。

主力这么做，就是要通过制造波动、震荡，引起其他投资者恐慌，从而达到洗盘、减仓、加仓、做波段获取超额利润的目的。

因为如果按照 A 线轨迹走，波澜不惊的平稳行情，其他投资者会坚定持股，股价空间也因为没有反复而不能扩大，主力的赢利空间可能只能达到 100%，但是如果按照 B 线轨迹走，剧烈震荡会使其他投资者持股信心不稳，频繁操作，增加成本，而且空间被拉伸，主力的利润就可能增加 50%，甚至翻倍。

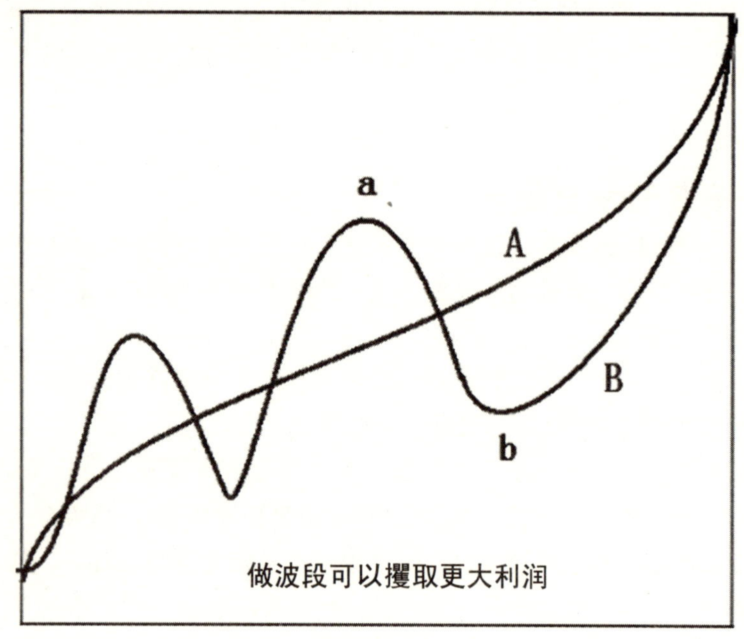

图 10-4

二十、股指走势和宏观经济走势大致关系

大主力介入市场往往有一个提前量。因为他们资金量巨大，行动目标明显，容易被市场跟风，所以他们常常在经济和政策转向之前提前做出反应。这就是逆周期操作。

比如 2007 年下半年，国内经济环境非常好，上市公司业绩继续高速增长，而主力机构却逐步退出市场。而在 2008 年底，国际、国内经济环境恶化，市场风声鹤唳之时，大主力却大张旗鼓地进军股市，此举仅仅被视为救市行为，而没有得到大范围的跟风。主力就这样悄悄地完成了布局。

如果主力大规模进场，即使市场不会立刻反转，也会发动一次大级别的反弹行情。如果经济拐点没有及时出现，这个行情可能昙花一现，但在确认经济拐点之后，会再次上涨。期间根据经济走势变化，市场可能出现多次反复。一般来说，指数总是提前反应，而且往往反应过度。如图 10-5，指数在 a 点提前见底，随后出现一波上涨，在经济出现拐点迹象 b 之后，指数已经涨到 c 点，但由于经济不确定性未消除，企业业绩未见实质性好转，指数掉头下跌，而实际上这时候经济还在好转，但股指直到 d 点才止跌回升。

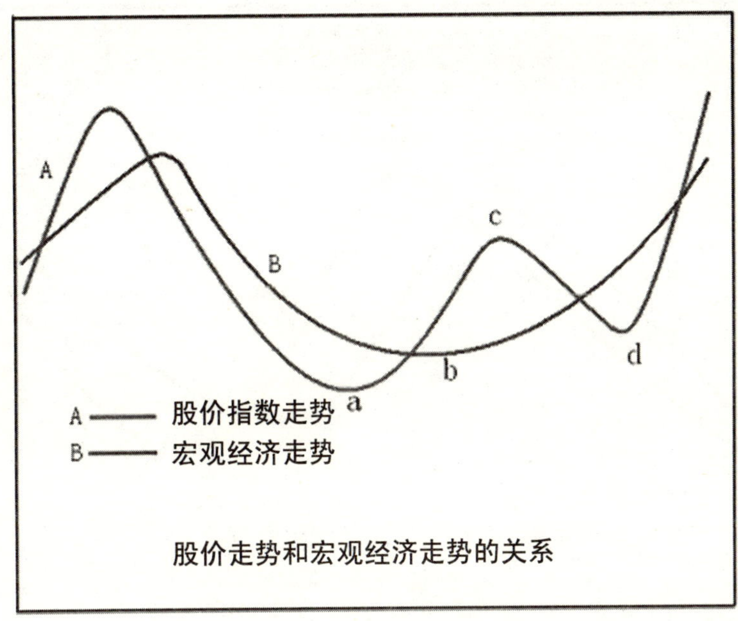

图 10-5

作为长线投资者，其实也就不必过于关注短期波动，对于中国的支柱企业，股价又在低位的，完全可以长期持有；而对于前期涨幅过大，业绩没有同步增长的就要止盈止损，择机出局。

二十一、股市政策取向和股价指数走势的基本关系

在我国，从股市的过往历史看，股市走势受政策影响是非常大的。一项政策的出台或多或少都会对股市走势产生一定影响，有的立竿见影，有的略微滞后。一般来说，略微滞后的多一些，除了像夜间出台印花税提高政策这样的直接打击股市的猛药一般的政策，股市的走势会继续沿着原先的趋势进行一段时间后，才会出现政策所期望的运动方向。

比如前期，股市上涨过急过猛，管理层开始加快新股发行、出面警示风险，并提出严查违规资金入市等。时间相当于图 10-6 中 a 点位置。这是打压信号，但是市场并没有立即做出反应，而是在几周后才在 b 点之后、“政策真空”状态下猛烈回调。

当前，管理层又开始吹暖风，加快基金审批，时间相当于图 10-6 中 c 点位置。但是市场也似乎不为所动，继续阴跌，甚至出现了“政策利好”状态下的暴跌，跌到 d 点后才企稳回升。

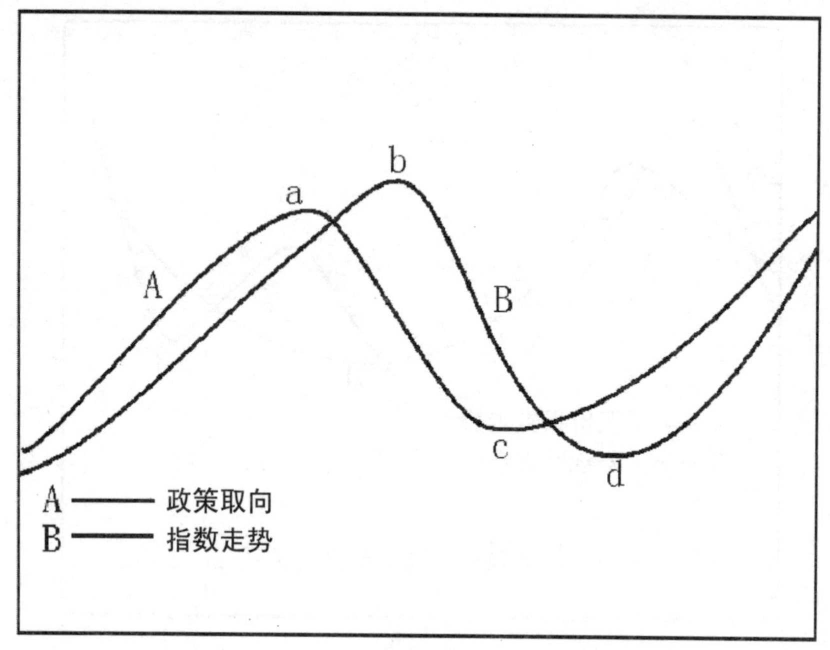

图 10-6

之所以出现这种现象，是因为大主力不会在政策信号出现后很短时间内完成逆向动作，而是会先顺向做出惯性趋势，在市场发生乐观或悲观的气氛后，进行逆向操作更省力。

二十二、市场为什么总是暴涨暴跌

因为中国股市不是法治健全国家的成熟市场，主力违规成本很低，主力机构操纵市场很容易。

在市场里，谁都知道要想赚钱快就要使之暴涨暴跌。所以，大机构的操盘手之间就有动力经常串联一下，约定一起拉升或者一起砸盘。比如以前的单边暴涨和单边暴跌，涨到不可能的位置，又跌到不该到的位置，就很有这样的意味。

机构可以用大众的资金拉升，在高位出掉老鼠仓，然后再用大众的筹码砸盘，在低位建立老鼠仓。老鼠仓是谁的？七大姑八大姨，还可能有顶头上司的。股市里，有吃肉的，有喝汤的，而散户只能是割肉奉献的。

大家把钱投入市场，就要抱长期投资的态度，忍受一次又一次过山车的颠簸。否则你能怎样？或者你有时间，就做波段，跌多了就买，涨多了就卖。但绝对不能做反了，否则你就是被赚钱的投资者了。

二十三、水多了加面，面多了加水

设立股市的目的决定它必须具有融资功能，融资是股市的基本功能。所以股市行情一有好转，管理层就必然恢复融资。

如果股市涨势迅猛，各路资金如洪水一般涌入股市。管理层就会果断加大新股发行密度，这是“水多了加面(融资发新股)”。

加面一举多得：既实现了融资功能，又在一定程度上遏制了过度炒作，而且还帮助主流资金打压优质股票价格，达到洗盘、吸筹多重效果。

过往经验，管理层倾向于将市场逼到“绝路”之后，再扔一根绳子给大家。所以，一般在股市未大幅下跌之前融资步伐不会放慢，这对散户和不坚定资金有巨大威慑作用。大主力希望市场在低位整理一段时间，各方面会提供条件帮助大主力，所以须谨防二次探底。这也可以对大多数投资者的收益进行平滑，使暴利效应减弱。

因此，在经过加面加水同时进行一段时间之后，如果股市扛不住，就会“面多了加水”(发基金、放松货币政策)，如果股市仍波涛汹涌，就会继续加面。最终，股市会低头，此时“救世主”再次出手，水又来了。

股市总是如此反复，永不停息。

二十四、庄还是那个庄，散已不是那个散

一轮行情中，个股主力多数基本是不会换的，只有少数资金链出问题的主力才有可能出局。但是散户却是换了一波又一波，散户很少能够从一而终，多数散户会频繁换股，一年之中会买卖几十只股票。即使有盈利，也要分出大部分给券商，成为券商的打工仔。

有人说：现在很多股票涨了很多，主力仍然是老主力，老庄们仍然在千方百计出货中。可以这么说，但是不能完全这么说。或许有部分个股(30%，或许更多一些)，主力已经开始出货，今后的主升浪中将出掉大部分筹码。但是大部分，或者说大部分市值仍在主力持有中，而且甚至还在吃货。因为资金在持续流入基金等机构，机构就要持续买股。前期密集发新股，从一个角度饲喂了机构，同时压制了指数，令一部分主力出货很难，也从另一个方面帮助主力从二级市场低价进货。所以，一段较长的行情中一部分主力会找机会拉高出货，而另一部分主力仍要主动或被动加仓，直到散户买力枯竭为止。

如果主力开始在股票上做空，且同时在股指期货上做空，那市场的长期顶

部就完成了。不过，那时候，散倒可能又是那个散了(底部割肉的常常又会在顶部追进)!

二十五、股指期货的任务不是平滑指数

有人说推出股指期货的可以平滑指数，减小波动幅度，我认为这是误导。国外经验表明，比如美国股市，股指期货并不能减小波动幅度。实际上，股指期货平滑的是机构的账户净值。这很好理解，机构可以做空、做多股票，同时建立适当的股指期货仓位，就可以确保下跌的时候，股票的损失和在股指期货上的盈利相抵，从而保持市值稳定。

但是，股指期货不但不能平滑指数，反而可能被主力利用加大波动幅度。因为既然下跌不会奈何机构主力，主力将不再苦苦支撑股价，任其下跌也无所谓。下跌一段时间后，股价估值将趋于合理。

当然，由于股指期货的作用，可以使主力放心持有业绩稳定的蓝筹股，在股市投资者比例仍处于低位的情况下，持续进入的投资者会加大对蓝筹股的配置，从而可以减少大盘下跌的空间。

二十六、主力操盘手法会不断进化

传统技术分析是根据以前的个股操作规律发展出来的。但是主力总是在进化，以免被其他投资者抓住命门。比如以前一只股票在顶部之前会有放量拉升阶段，并有天量之后是天价的规律。但是如果近期还固守这个成见，可能就要遭遇不测了。因为主力不再做放量拉升，而是开始做放量下跌，于是盘面出现天价之后才出天量的现象。比如上海汽车、一汽轿车、格力电器、中兴通讯等都出现这个现象。

看来，水无常形，兵无常势，在股市也是一样。如今主力越来越精明了，进化速度越来越快了，散户如何跟得上他们的步伐？最好的办法就是不要墨守成规，坚持价值投资和技术纪律相结合的操作策略。正所谓：你有千条妙计，我有一定之规。主力能奈我何？

二十七、“黄金点”很安全、“最低价”不套人

所谓黄金点，是指日线第三个、KD 指标发生背离的新低点。比如南方航空在 2010 年 7 月 2 日盘中的低点。这个点位是个包赚不赔的点位，至少是短线安

全的点位(笔者独家命名，他人不得用于商业目的)，如图 10-7 所示。

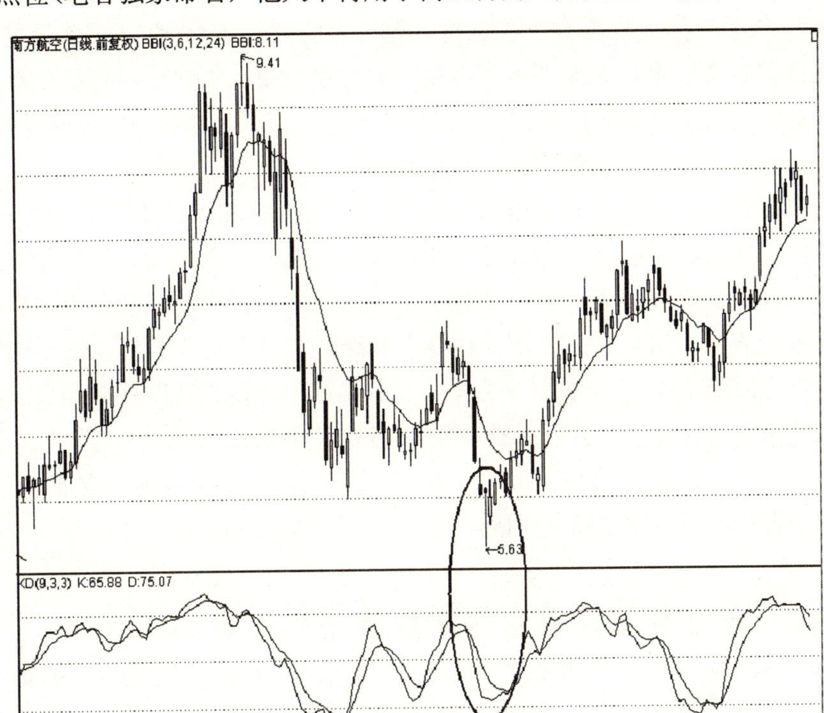

图 10-7

所谓“最低价”，是指长期底部的最低价位，或者中期调整的新低价位。

“最低价”最少是 60 分钟级别的价位，根据进二退一原理，上涨趋势中，回落时间短于上涨时间约一倍，反之一样。以此为大致标准，可以发现，上涨趋势中，回落时间达到前一段时间的一半左右时，如果产生低点，在此低点做多，一般不会被套，至少短期内不会被套。而在下跌趋势中，如果下跌时间达到上一个反弹时间的两倍以上时，又恰好产生了三个以上最低点，此时做多常常是安全的。

二十八、扩容压迫的只是指数

或者说扩容压迫的只是权重股。俗话说，天塌下来有个高的顶着。大盘蓝筹权重很大，指数就是由大盘蓝筹股支撑着。所以，如果发行大盘股，特别是股本在 50 亿以上，或者市值超过 100 亿的大盘股，中短期会对指数形成一定压力。对指数造成压力有两个方面：首先，因为新股上市一般会高估，随后往往下跌挤泡沫，于是拖累指数；另外，如果该大盘股具有代表性，机构主力会减持其他指标股申购该新股，于是形成挤出效应。

2009 年下半年大盘指数一波三折，迟迟无法突破 3500 点，一个最重要的原因就是扩容力度大，失血严重。但是，也可以发现，很多中小盘股已经率先反弹，甚至创出新高。这就是证明：扩容不利于大盘股、指标股，不利于指数，但是对于权重很小的中小盘股就没有多大影响。

这个原理使主力可以偷着涨中、小盘股，而偷着吃大盘股，资金不充裕，则让大盘股横盘，资金充裕则会在申购日前几日拉一把大盘股，然后在相对高位减持一部分大盘股。因为大盘股盘子巨大，小资金拉不动，基金等不担心散户抢筹推高股价，所以会放心地“放弃”已经拉高的大盘股数日，待申购资金解冻后再捡回来。(中、小盘股主力不会舍弃自己的阵地去申购什么新股，只有风险极度厌恶型资金才会去打新股)回顾以往，莫不如此。

所以，大家在扩容预期较大的时候(比如两周内即将发行超大盘股)，尽量操作中小盘股，而少操作超大盘股。

二十九、对指数加以适当控制能够延长牛市

2005～2007 年的大牛市还可以延长一些，2007 年的牛市也许不必如此疯狂，并可以延续到 2008 年，就像一些煤炭股的走势那样。前提是对市场加以适当控制，适时加大扩容力度，适时推出税收政策等。

如图 10-8，A 走势类似于 2007 年的走势，指数基本没有长时间整理过，基本是一路迅速攀升，很快就到达了顶峰，并且以疯狂的方式结束行情。按 B 走势，指数可以平滑一些，并至少可以延长半年甚至一年，还可以避免大起大落。所谓慢牛行情。如果要实现这个走势，需要在 C、D、E、F 几个区域，市场有进入疯狂倾向时，及时恢复融资，或者加大扩容力度，或者推出温和的税收政策。

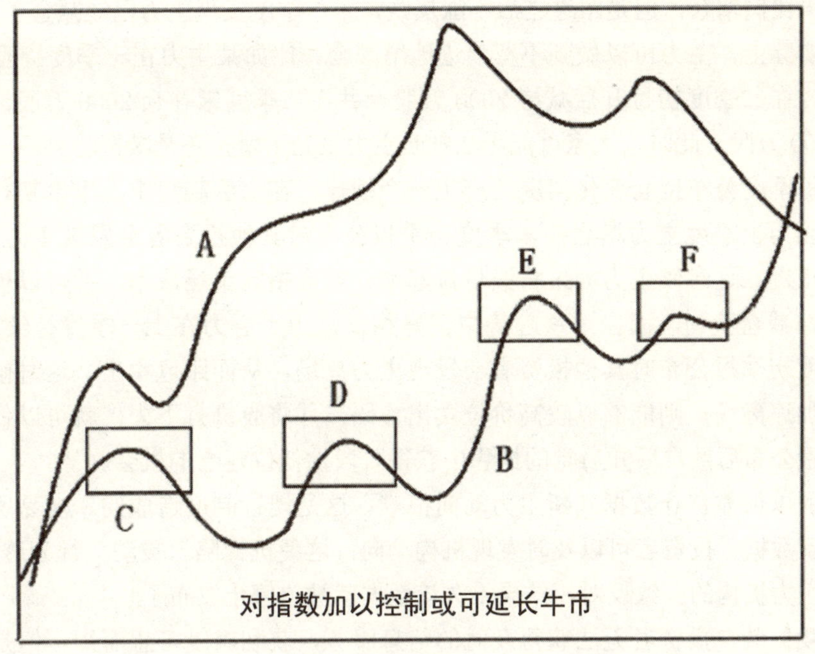

图 10-8

从经济、社会稳定角度，特别是我国资本市场尚处于成长阶段，融资任务还很重，不可放纵主力短时间爆炒，导致牛市匆匆结束。要放长线钓大鱼，最好把 1 年的牛市做成 2 年，把 2 年的牛市做成 3 年。这样，既可以从容发行更多新股，并可以抑制过度投机，更好地保护中小投资者的利益。

基金等机构或有延长牛市的愿望(可以延长管理资金的时间，得到更多的管理费)，但是散户(股民、基民)却往往沉不住气，经常冲动入市，导致基金被动加仓、被动炒作。中小盘股主力也有赚快钱的强烈企图，所以适时推出遏制过度短线交易的市场政策可能才会有效控制市场。

当然，限制过死，也会导致市场缺乏活力，陷入死水一潭的境地，不仅影响融资，可能还会提前终结牛市，需慎重拿捏才行。然而，这相当考验管理层的智慧和调控能力。

三十、主力利用现行制度和散户捉迷藏

现行股东持仓数据变化按季度公布，这为主力暗中运作留出足够空间。当大家看到某股有主力增仓时，可能已经晚了，当此之时主力或许正在减仓。这在 2009 年上半年的行情中表现十分突出。很多投资者看到某股有主力，特别是

基金大比例增仓，但是跟进之后不涨反跌，下一季度发现主力已经减仓了！

实际上，主力可以做到不留痕迹地增减仓。比如某主力在一季度持股 5000 万股，在二季度初拉升后减持 2000 万股，并在二季度末补仓 2000 万股，仍持有 5000 万股。此时，大家可能无法判断主力是处于增持还是减持趋势。

每季度公布持仓变化情况还产生一个规律：在上涨趋势中，季度初往往上涨。因为上季度主力增仓，本季度初季报公布时其他投资者会发现主力进场，从而跟进。这时候主力如果将股价拉起来，就会抬高市场成本，并可以使自己阶段性减仓获利。而在下跌趋势中正好相反，由于主力在上一季度持续减仓，本季度初季报公布时其他投资者会发现主力离场，从而跟风卖出。这时候主力如果加速离场，则能够以较高价位卖出筹码，并将股价打下去，就可以使自己在季报公布后散户后知后觉的抛售中获得阶段性低位建仓的机会。

所以依靠持仓数据判断主力动向很难。这是现行制度造成的。交易所曾推出赢富数据，投资者可以及时发现机构动向，这使机构陷入被动，行为透明化，遭到主力机构的一致反对，结果不久该数据就被迫停止发布了！

我们散户投资者无法获得及时的信息服务，获利难度可想而知。但是及时的数据披露还是有利于市场化、公开化、公平化，因此有必要呼吁管理层将数据公布频率提高到每月公布，甚至每周公布。那样大家行动透明，就很难搞猫腻了，恶意炒作和内幕交易也就受到遏制了。

三十一、为什么说股市是“永远的牛市”

股市有一个规律，就是多数个股的走势只有短期牛市，并且往往牛熊交替，牛市之后，又迎来漫漫熊市。而指数走势则呈长期牛市趋势，从长期看，甚至可以认为指数没有熊市，永远是牛市。这是投资者可以长期持有指数基金的重要实证依据。拿美国道琼斯指数来看，确实是一轮超级大牛市，如图 10-9 所示。所以，我预见，中国股市也应该会走出长期牛市，而且，我认为中国股市当前走势相当于美国股市 20 世纪 30 年代之后的走势——暴跌之后强反弹，但不能马上创新高，见次高点之后将再次回落盘整，消化套牢盘和获利盘，然后在经济复苏中走出慢牛盘升格局。那次股灾之后，美国进一步确立了世界经济领头羊的地位，而本次股灾是否将由中国接过领涨大旗呢？我们不妨拭目以待。

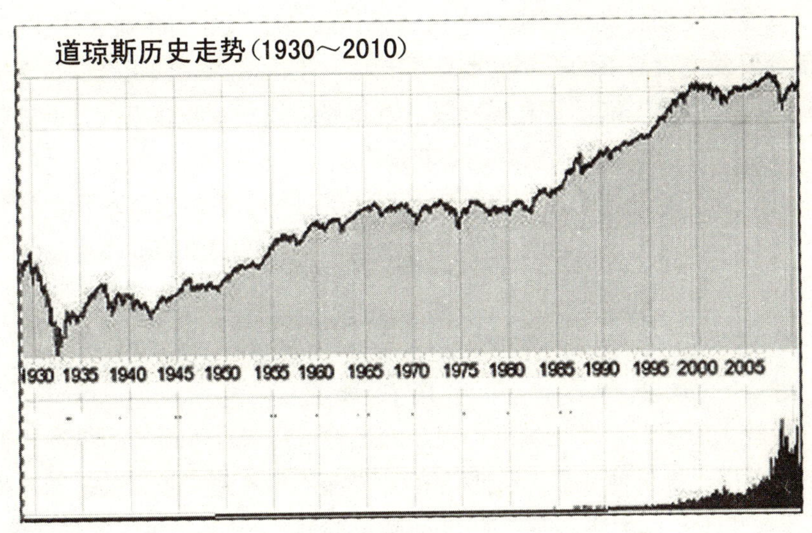

图 10-9

三十二、一就是九，九就是一

市场在过去某一段时间里流行“八二”或“二八”行情，就是或者八股(中小盘股)上涨，而二股(大盘股)不涨甚至下跌，或者正相反。现在看来，与其说是“八二”行情，不如说是“九一”行情。2008 年以来，多数股票上涨，但只是 90%的、从数量上可以说属于九阵营中小盘股上涨。而大盘蓝筹，诸如钢铁、金融、航运、电力等股本最大的航母级股票涨幅很小，这些股票差不多一直是低位横盘。从数量上说，它们只占 10%左右，完全是一阵营的。

但是，仔细研究，我们会发现，尽管八股占多数，可股本和总市值却占少数，差不多是 10%左右，而数量占少数的二股，股本和总市值却几乎占到 90%。故有“一就是九，九就是一”之说。

三十三、主力轮牧策略将抛弃一部分投资者

近两年行情有一个特点，就是并非完全像过去那样由低价股、题材股打头阵，然后大家一窝蜂似的上涨，行情迅速到头。而是先由一部分绩优股，如煤炭、有色、汽车等率先上涨，引领行情，只是在行情发展中穿插部分题材股东奔西突，与此同时大多数大蓝筹并没有一同上涨，其他主流板块，如银行、证券、保险、钢铁、航运、交通等多个蓝筹板块并未得到炒作，但这就已经足以使指数翻番了。

尽管没有短期轮动及普涨，主力也仍然取得了很好的收益。更重要的是，让一部分偏爱大盘蓝筹的投资者收获了长达一年的郁闷。做组合的投资者或许兼顾到不同板块的上涨，重仓煤炭股、汽车股的投资者收获很大，而仅仅购买铁路、海运、钢铁板块的投资者则收获很少。

这其实是主力进行的大轮牧策略，类似于牧民季节性迁移草场的轮牧生产方式。一片草场吃完了，就转移到其他草场。但普通投资者并不知道主力接下来要去哪里，结构性踏空是普遍的。主力在进化，散户更艰难。

三十四、“逢低吸纳”与“逢高减持”

一段较大涨幅后，市场暴跌，很多人虽然可能躲过了最初的下跌，但是在随后的下跌中，过早地开始“逢低吸纳”，结果不得不遭受致命的暴跌，损失超过 20%甚至更多！属于落入典型的越买越跌的陷阱。其实，主力前期快速拉升，就是为了打出让大家可以“逢低吸纳”的空间。最终大家会发现，所谓的“逢低吸纳”，实际上都是逢高吸纳！

而在反弹中，很多朋友开始还能够忍住不卖，但是在反弹超过 5%后，就有人坚持不住了，开始“逢高减持”了。然而，很快大家就会发现，“逢高减持”的机会很多，而且减持后股价会继续坚定上涨，于是又落入典型的越卖越长的窠臼！

原来主力前期调整末期的暴砸，就是为了打出让大家“逢高减持”的空间。将来大家会发现，所谓的逢高减持，实际上都是逢低减持！等到大家醒悟过来，股价已经高高在上了，追还是不追已经成了问题。如果追，很可能追在高位马上又会挨套。如过不追，也可能会踏空，处境十分尴尬。

实际上，如果不是专业炒家，你可能很难掌握波段操作的时机。经验表明，很多时候波段操作还不如长期持有收益稳定。在股市里高和低都是相对的，大趋势向上，任何位置都是低点，都可以买入；反之，大趋势向下，任何位置都是高点，卖出都是对的。买的更低，卖的更高，很多时候是一种美好的愿望，执著于此也未必有好的效果。长线投资进出的标准，最终还应该是经济周期、行业周期，和股市高潮周期的更替。

三十五、任何暴涨之后卖出都是对的

任何暴涨之后卖出都是对的，任何暴跌的时候买入都是对的。更严谨地说，指数在年线上运行的时候，任何暴跌的时候买入都是对的；指数在年线下运行的时候，任何暴涨之后卖出都是对的。但是对于短线，第一个规则永远适用。

这个原则是建立在年线作为牛、熊分水岭基础上的，股价在年线之上运行视为牛市状态，而股价在年线之下运行则视为熊市状态。在年线之上，股价暴跌往往是主力借机洗盘，而在年线之下暴涨又往往是主力做反弹，拉高之后钓鱼。

当然，对于年线之上的暴涨，短期获利离场也是合理的，因为，一旦股价短期涨幅过大，随后常常会进入横盘状态，甚至快速回落，这会使到手的利润灰飞烟灭，至少也会让你跟着进入胶着状态丧失机会成本，增加时间成本。想到一年的利息才 3%，如果一周赚了 30%，是不是也该满足了？况且，一周涨 30%，一个月翻番这样的机会并不会常常出现。

三十六、什么时候可以追涨

一般而言，自底部起来的第一次拉升，无论哪种底部，在突破前期平台后都可以随时介入。只要还没有发生过回调，都可以看做第一次拉升范畴，安全性是有保证的。如果拉升的幅度不是太大，拉升后的第一次回调一般也是安全的。第二次拉升和第二次回调安全性就差一些，第三次安全性就更加难以保证了。是不是这样，大家可以看看过往走势。

为什么要在第一次拉升、尚未回调时就要介入呢？因为，很多时候，底部形成后，股价一旦开始拉升往往并不会马上回落，主力不再给你更好的介入机会。此时适当追涨也是值得的。

此时，如果拉升力度大，斜率大，就要考虑尽快介入，最好在拉升 5 日内介入，并且在尚未出现特大阳线之前介入。对于领涨板块，可以在首次减速或停顿时跟进，但短期涨幅超过 40%的，还是要慎重。

并且，为防止一步到位式持续拉升导致踏空或者高位被套，应该大胆介入尚未轮动的板块。大盘时代，如果前期整理时间较长，只要开始拉升，往往中途不做休整，会板块轮番拉升，指数短期就会达到一个较高的幅度，一旦停止拉升，阶段顶部也就出现了，那时介入的价值和安全性就会大打折扣。看看 2009 年 6 月之后工商银行的走势，拉升开始之后，并不出现明显的回调，一旦止步，也就阶段见顶。尽管随后的第一次回调提供了一次获利机会，但是基本属于蝇头小利了。

三十七、股票“估值”，主力“制造”

主流机构倡导的价值投资，要求要用好的价格买好的股票，也就是买到估值合理的股票。可是哪有那么多好的股票又恰好有好的价格呢？这其实不难。在熊市里，主力们很容易就可以借助利空把优质股票的价格打下来。从而制造出“估值”很低的好股票，股价低到远远低于股票的实际价值。即使在牛市中，先来的主力朋友们也可以帮忙，暂时把股价砸下来，后来者从而可以低价位进场。这是各种炮弹坑、绊马坑、友情坑、灾难坑形成的主要原因。

所以，价值投资对于主力机构来说，绝不是被动寻找，而是主动挖掘，制造价值低估的机会，而对于散户来说，只能跟随寻找机会，而不能制造机会。当你一旦找到机会，千万不要错过。要知道炮弹坑、绊马坑、友情坑、灾难坑可不是轻易会被你发现的。

同样，价值投资一般只在股票高估的时候卖出，但是股票不会自己轻易高估，靠投资者发现珍宝后，陆续进场来抬高股价，那可就太慢了。主力哪有这个耐心！机构会在自己吃货完成后，迅速拉升股价，使之在很短时间内就达到高估的状态，这叫制造“高估”。然后利用散户惯性高估习惯，按照价值投资的原则，将这些已经大幅“高估”的股票减持甚至抛空，送给对股价未来充满希望的散户们。

对此，散户仍是跟随为主，谁有能力拉升股价给自己创造高抛的机会呢？跟随也一样能够等到股价高估的时候获利出局。

三十八、熊市后的第一波大幅上涨有何规律

翻开上证指数，可以看到在一轮熊市之后，往往会有一次较大级别行情，而且行情往往具有一定爆发性。但行情再大也只是一次大型的、猛烈的反弹，不会是反转。为什么会有这个规律呢？

除了经济周期原因外，最重要的市场因素是，上一轮牛市高位的巨大套牢盘会对新主力造成沉重压力，主力不可能马上充当老套们的解放军。在技术上，暴跌之后的反弹会是报复性的，但行情会匆忙一些，时间不会太久。特别是很多套牢盘不肯割肉，主力拿不到足够的筹码，不足以发动大行情。在这种反弹中，一些因上涨减少部分损失的套牢投资者提前出局了，但一些套牢投资者只有在更高位置才会卖出，而另一些套牢投资者只有在下跌时才肯卖出。所以，在获利盘和套牢盘的双重夹击下，反弹一定幅度后，主力必须停止强攻，以免在高位接到太多筹码。主力最好的选择就是兑现获利筹码，选择战略性撤退。

鉴于反弹很大幅度都不卖的套牢盘有很大比例是相当坚定的长线投资者，越涨会越不卖。所以，主力必须制造回落行情，而且还要用漫漫阴跌间或猛烈

暴跌来打击长线投资者的持股耐心和信心，否则，很多人仍不会轻易缴械。这也就是前面说到的“补底行情”的内在机理。

例如，自2009年8月3478点以来长达一年的调整有多方面的原因，包括地产调控、外围经济二次探底、股指期货打压等基本面因素。但最重要的因素是，6000点高位的巨大套牢盘对主力造成沉重压力，主力不想给3000点以上的巨大套牢盘充当解放军。为了打击长线投资者的信心和耐心，主力才制造了近一年的调整，进行了剧烈的二次补底，很多最坚定的长线投资者也已经缴械投降了，主力已经吃到足够的低位筹码。因此，发动大行情的机会再次成熟了。

三十九、主力惯于利用技术价格差榨干散户

什么是技术价格差？所谓技术价格差是指在技术上会导致散户的买入、卖出价格之差出现负数的一种现象(笔者独家定义，不得转载并不得用于任何商业目的)。比如，散户按照突破10日均线买入，跌破10日均线卖出的方式操作，结果会发现，买入的价格往往高于卖出的价格。这是因为主力反技术操作造成的。主力知道很多散户采取这个策略，就会在突破10日均线时迅速拉高，迫使散户在高位跟进，而后又会在跌破10日均线时，迅速压低股价，迫使散户在低位割肉。其他指标也会被主力利用，如BBI等。如图10-10，如果按照圈内价格买卖，就必然发生亏损。

散户如果一成不变地采取这个策略，即使某一次大幅度上涨会有较大赢利，但多次亏损仍会抵消相当利润。那如何破解这个魔咒呢？最好的办法是以长期均线为进出场参照，或者以固定价格、等比例浮动价格①为参照。一般以60日均线、120日均线等为中长期进场、离场参照。你可以打开一只上市时间比较长的老股票，看看是不是一轮行情中，60日均线很少能够被击穿，120日均线更是如此。

但对于短线投资者来说，如果能够识别中继整理形态，则无需过早进场而招致主力使用技术价格差的折磨。

---

①等比例浮动价格是指随着股价上涨，离场价随之按相同比例提高的价格。如设好止损价为10%，则股价每上涨10%，离场价随之提高10%。

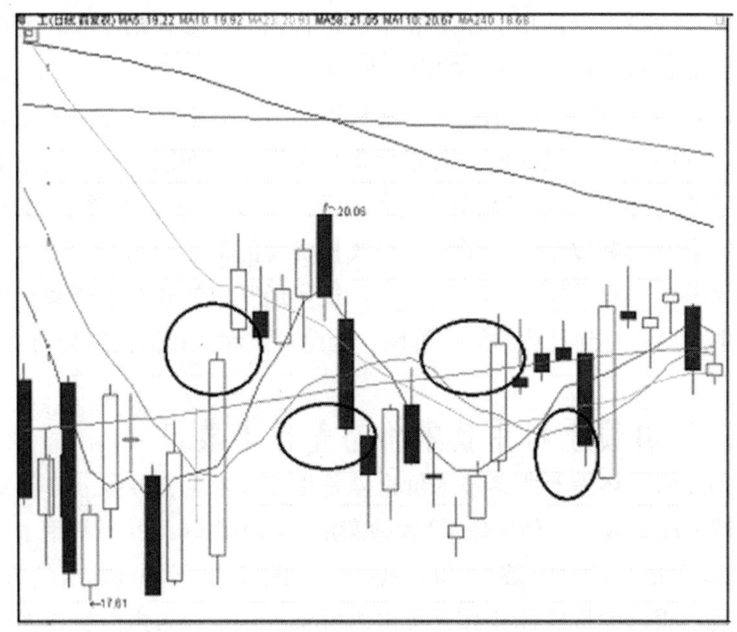

图 10-10

四十、主力吃货的几种新策略

1. 地鼠啃草根

这是一种主力隐秘吃货的手段，其典型特征是：股价经过长期下跌之后，开始有抄底盘进场，并在主力进场推动下产生一次较大规模反弹，但是此时主力持筹比例偏低，无持续拉升意愿，反弹一段时间后，主力会迅速减仓，并打压股价回到前期密集成交区之下，然后悄悄吸纳割肉盘，就像地鼠钻入地下偷偷吃草根。如河北钢铁、鞍钢股份、中国建筑、宝钢股份、兴业银行、华夏银行(如图 10-11)等在 2010 年 5 月之后的走势就是典型的“地鼠啃草根”吃货方式(笔者独家命名，不得转载并不得用于任何商业目的)。

2. 钻核心吃果仁

主力在运作股价的过程中，特别是在底部吃货阶段和波段操作中，经常会吃一段时间货后，拉起来高抛一部分筹码，并加大震荡力度迫使散户交换筹码，形成一个高位密集区，然后把股价打下来，但不创新低，而是在前期低位密集成交区之上止跌，在之后的一段时间里，主力就在上下密集成交区之间这个狭窄的空间里，向一条虫子钻进果核里吃果仁那样吞噬获微利的筹码和浅套的筹码。采取这种方式的主力多半是股市老油条，深知这两种筹码都是最容易出手的筹码。如图 10-12，601898 中煤能源在 2010 年 10 月之后的走势(笔者独家命名，不得转载并不得用于任何商业目的)。

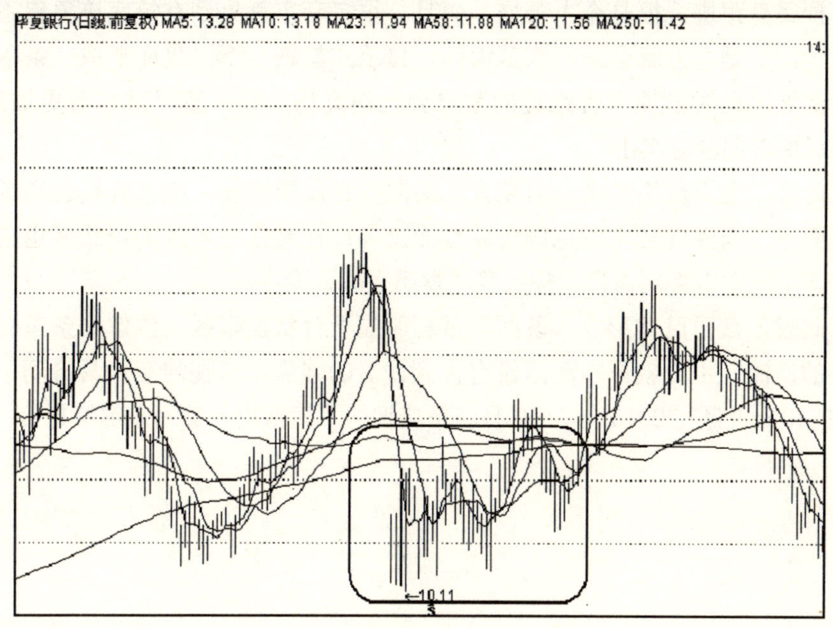

图 10-11

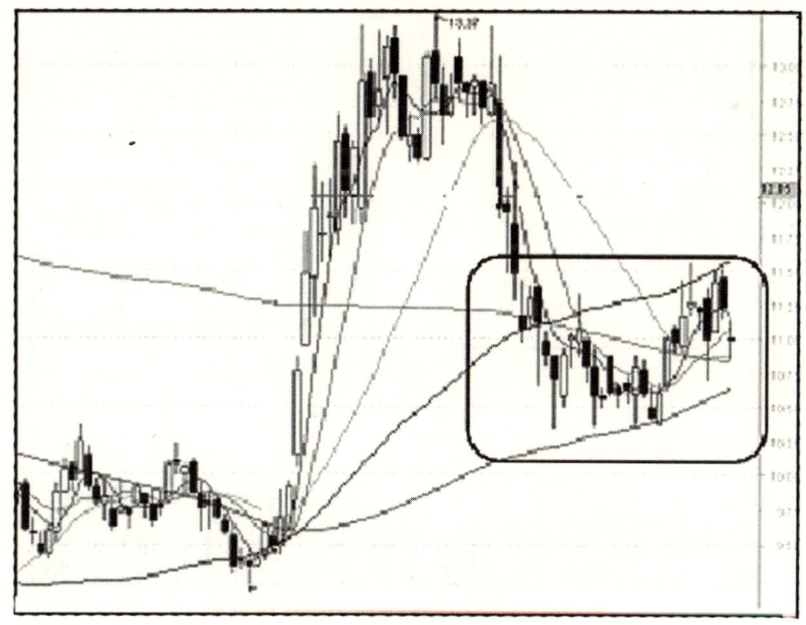

图 10-12

3. 河西抢不够河东继续抢

在阶段低位，主力希望吃到便宜筹码，往往会在低位揉搓，但是会有一些散户抄底盘跟进，很是令人苦恼，而且，很多套牢盘见到有筑底迹象就不愿意割肉了，于是主力就会来一次苦肉计，自杀式暴跌一下，盘面形成一条落差很大的深坡，此时前期平台跟进的散户会止损离场，介入较早散户会更加恐慌，开始后悔前期没有卖出。

此时，主力反手做多，前期介入的散户见反弹解套，庆幸有机会离场就会夺路而逃，而深度套牢者也因为减亏而出局，在最低点接入的短线客也会见好就收，于是主力将割肉盘、抄底获利盘悉数收入囊中。

此时，盘面已然形成一条两侧带有明显平台状盘整区，就像一条带有东西两岸的河流。主力就像在河西没有抢到钱财的强盗，却在河东轻易抢到了。如图 10-13，大盘在 2010 年 5～9 月就是典型的“河西抢不够河东继续抢”。

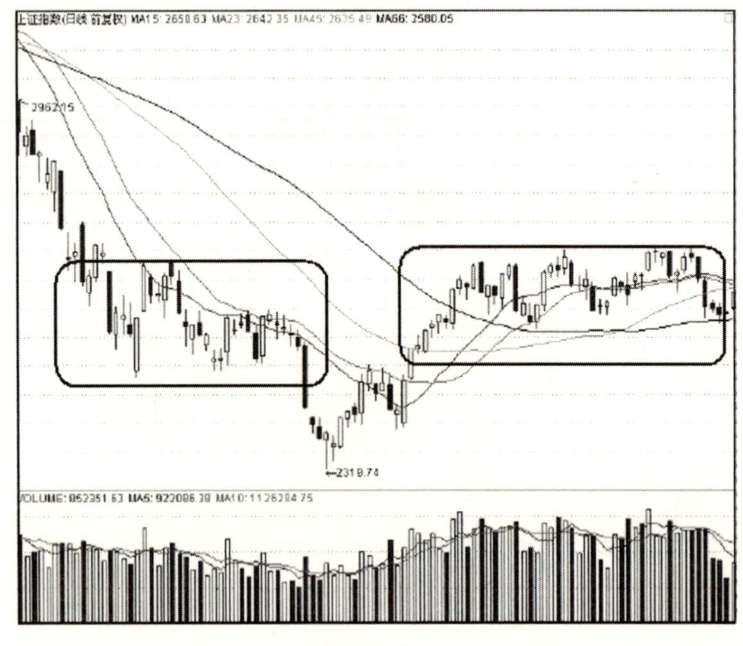

图 10-13

4. 今年养马明年养牛

近一二年，主力抛弃过去短期轮动、齐涨共跌操作策略。开始进行长期板块轮动，动辄板块之间启动时间相差一二年。就像牧人今年在这里放马，明年又到那里养牛，让人难以找到。这使一些投资者长期踏空行情，遭受痛苦折磨，最后割肉换股。

看看 2008 年见底以来，主力首先买进煤炭板块、有色板块，还炒作了一些中小盘，但板块效应不明显。而另外一些主流板块至今未曾得到主力眷顾，似乎永无出头之日了。

造成这个现象的原因，除了市场容量急剧扩大，个股数量迅猛增加，主力已经不可能同时买入炒作外，还有一个原因就是，后金融危机时期，经济趋势复杂化，导致主力中长期持股选择区间加大。主力采取这种“换着养”策略，可以使散户结构性踏空，也可以使自己以优势兵力集中个个突破。

5. 大厨撇浮油

由于散户惯性思维，认为盘整一段时间就会拉升，于是每次开始突破时就跟进，结果主力反着来，趁散户跟进反而减仓。就像大厨炖着一锅肉，火候到了油会浮起来，就可以用勺子撇出来，笔者称此策略为“大厨撇浮油”。其技术特征就是股价总筹码密集区之上止步不前，不仅不会因为突破筹码密集区而拉升，反而会再次跌回到筹码密集区之下。此手段一般会被主力重复使用多次，直至低位筹码吃光挖尽，主力才会再上台阶。

主力会在平衡市用这个策略，未来股指期货作用越来越大，主力难以发动单边行情，势必经常搞一搞“大厨撇浮油”的勾当，散户要小心为妙(笔者独家命名，不得转载并不得用于任何商业目的)，如图 10-14。

6. 原地造波浪，榨油没商量

近两年，出现一个明显的现象：只有少数股票像过去那样一路拔高，直入云端，然后出货，大多数股票涨一段时间后就会跌回起点，股价打回原形，数月之后甚至一年之后还在原地踏步。长期盘面形成一个大型的正弦曲线，而主力市值却是一个不断向上的曲线，如图 10-15。如华夏银行近一年的走势。无论绩差股还是绩优股，大盘股还是小盘股都有此现象。因此，这可能是主力的新策略。

这种策略就是制造一个大型榨油机，股价上下波动几次，就像榨油机转几圈，股价位置没变，散户的油却被榨干了。低位吃到一定筹码之后，主力会随大市主动、被动拉升股价，达到一定高度市场气氛热火起来的时候，趁买盘突增而顺利抛出获利筹码，来一下“大厨撇浮油”。然后强行打压股价回到低位，迫使散户认错割肉，搞一搞“地鼠啃草根”。如此反复几次之后，埋伏在里头的主力市值不断增加，而参与的散户资金却不断缩水，可见，“大厨撇浮油”与“地鼠啃草根”策略常常是相辅相成的，配合使用效果奇佳。如图 10-16。

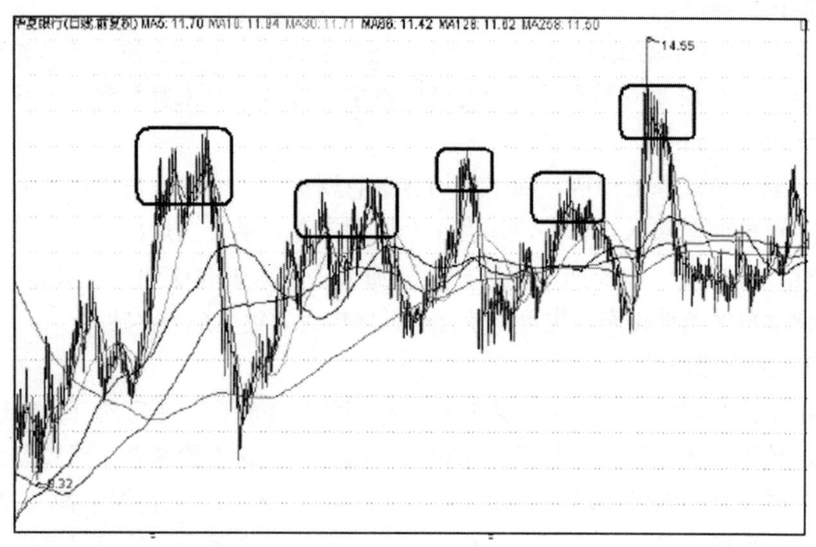

图 10-14

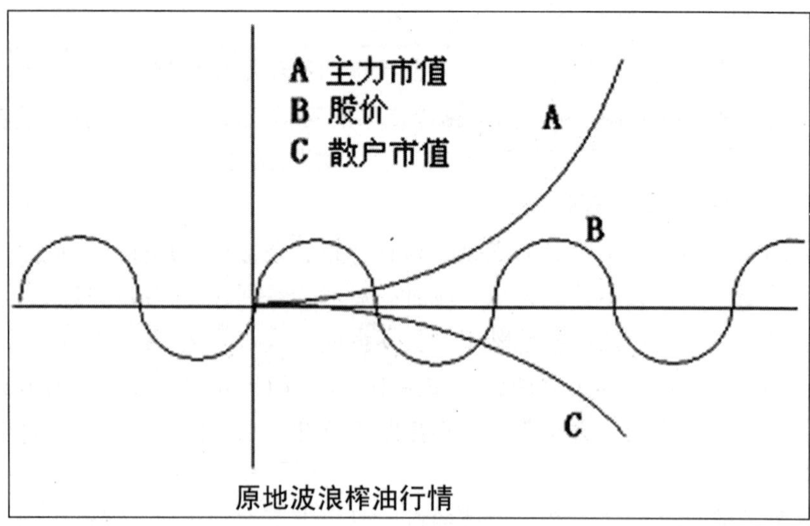

图 10-15

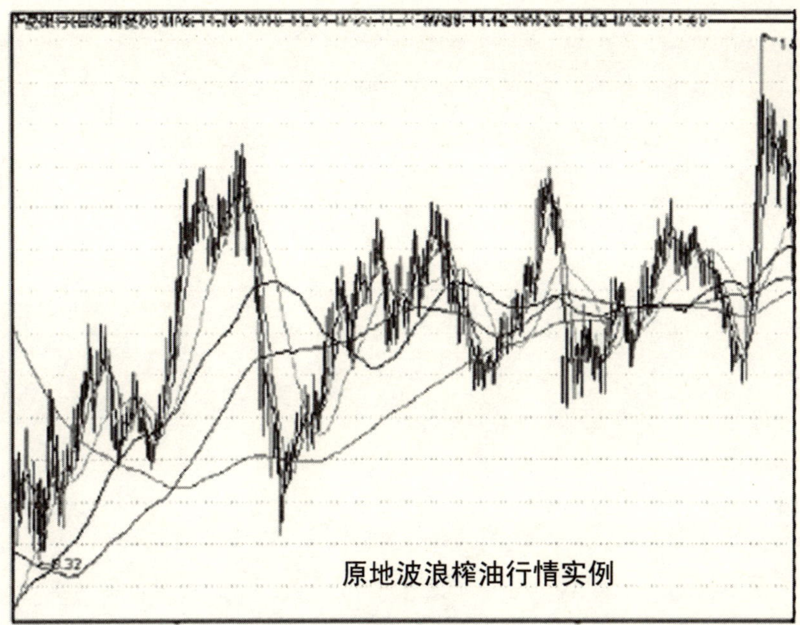

图 10-16

第十一章　主力主控战术技法

——知己知彼，百战不殆

孙子曰：知己知彼，百战不殆。是说对敌我双方的方方面面都要十分了解，扬长避短，避实就虚，才能打胜仗。

在股市里征战，也要做到知己知彼，才能多赢利少亏损。

知己，就是知道自己的实力，包括心理承受能力、技术水平、信息量、资金量、操作风格等。

知彼，就是知道大势，知道目标公司的质地、现状、前景，股票走势规律，知道主力的操作风格和习惯，了解主力的介入程度和操作目标，以及其他对手的实力。

做到这一点，一方面，需要有强烈的自省意识、观察和分析能力，一方面也需要时间和经验。只有进场操作一段时间之后，才能知道自己到底属于哪种风格，有多大能力。对一只股票跟踪时间长了，才能对它的基本情况了然于胸。

在进行交易之前，必须对主力和散户的常用交易策略和技术特点予以详细剖析，做到知己知彼，才能确保多打胜仗。

由于资金规模庞大，主力进出股市并不是十分方便，也不可能在短期内完成。主力的投资周期一般要数月甚至数年。所以一般行情都是中长线行情，一年也就一两波。即便是仅仅持续数日的短线行情，其前期吸筹准备也不会一蹴而就，往往也要数周甚至数月才能完成。

但是主力资金实力强，驾驭股价的能力强，适合大兵团作战方式。除了基金等机构采取分仓投资组合的方式，游资和私募基金往往集中兵力炒作一只个股，采取各个击破的战术，炒完一个换一个，或者长期波段操作该股。只要不是恶性膨胀的融资炒作，导致资金链断裂，一般情况下，主力总是能够全身而退。就是因为主力掌握一些行之有效的作战手段。

本来都是投资者，大家是平等的，可是实际上，大机构大资金，就是要凭借资金和信息优势，兴风作浪，偏要从其他弱势投资者手里大肆掠夺资金，套取二级市场的差价。

“知己知彼，百战不殆”，对于主力的战术不可不察，否则中小资金难免受到主力资金的欺压。

兵不厌诈，主力的招数变化多端，防不胜防。不过，也不是无迹可寻，笔者归纳了一下，主力完整运作一只股票大致有 35 种手段和战术。

一、收集筹码战术

主力是怎样收集筹码的呢？

对于新股，主力主要是申购所得的筹码，以及上市后在二级市场收集到的筹码。

在熊市环境收集筹码是很容易的，主力利用利空和打压手法可以吃到很便宜的筹码。

在牛市形成之后收集筹码就相对困难了，只有高位接货了，就是所谓的换庄。

具体手法有以下几种：

1．地雷战

出现利空消息，股价往往应声急挫，投资者短期将蒙受损失，散户形象地称之为踩上了地雷。在历史低位和上升途中，主力常常联合上市公司推出信息。低位利空不可信，就在于此。利空消息主要有以下几种：

①发布预亏公告；

②发布公司将被 ST、*ST 或即将退市公告；

③发布公司发生巨额债务、卷入诉讼等公告；

④发布公司由于经营之外的原因导致业绩将受到严重影响的公告；

⑤发布不分配，或者少分配的公告。

2．同归于尽——苦肉计

主力希望吃到更廉价的筹码，但是很难，于是突然连续砸盘，不明就里的投资者，往往没搞明白出了什么问题，恐惧不已，纷纷跟风抛售，主力趁机照单全收。这也就是所谓的“逼多”，把多头逼成空头。

这种做法，短期主力账面也要蒙受很大损失，但是经过后期的低位补仓，大大摊平了成本，将来稍微一拉，就会赢利。

“同归于尽”之后，在股价走势图上常常形成一个炮弹坑。

小盘股单一主力倾向于用这个手段，但是大盘股众多主力机构之间似乎也能够达成某种默契，统一砸盘。因为很多大盘股也有这种表现，令人防不胜防。

3．跌停打压

主力常常在低位无缘由地制造跌停，迫使散户卖出股票。

此种方法和前者异曲同工，而且更为极端。都是跟抢劫没什么两样，都是用“暴力”和胁迫的方式，迫使他人交出财物，手段恶劣之至。

4．压力位吸货

主力往往在低位吃不到货以后，就做反弹，但是在压力位前停步(一般在长期均线或趋势线附近)，看起来压力极大，股价摇摇欲坠，散户有逢反弹和压力位出货的习惯，于是纷纷卖出股票，结果正中主力下怀。

5．掘地三尺

股价在低位运行过程中，不断地向下砸盘，但可能不创新低，前期炒底的投资者，就会经不起折腾纷纷缴械投降。

6．敲树收栗

股价在低位运行过程中，不断地上蹦下跳，高位套牢筹码就不断跌落，好像一个人敲击树干，震落栗子的行为。

7．扬杆捅枣

一般经过前两个阶段，高位筹码已经不多，主力索性主动出击拉升股价到高位筹码附近，就像扬起一根竹竿，击落仅剩的几颗枣子。至此，主力基本完成筹码收集任务，上方也没有套牢盘了，随后，甚至马上就展开快速拉升，让股价迅速脱离成本区。

8．强行打压

主力为了在低位吃到货，往往会刻意打压股价，甚至不惜高买低卖。可以说底都是主力用筹码砸出来的。虽然低位卖出的筹码大部分是散户的，但是卖在最低点上的筹码经常是主力的，而不是散户的。

9．拔高建仓

就是主力在低位吃货困难，而时间紧迫的时候，往往拉高股价，诱使见利就跑的散户交出筹码。很多空中加油走势，正是主力拔高建仓的痕迹。在牛市环境拔高建仓的可能性最大，而在熊市则很少发生拔高建仓的情况，通常拉高出货的可能性更大。所以，在牛市可以追高，而在熊市则要回避。

二、派发筹码战术

主力是怎样派发筹码的呢？

买卖股票和买卖其他商品有一样的地方，总是有生产商、批发商、零售商；也有不一样的地方，就是股票不是消费品，没有消费者，大家买卖股票的目的都是为了卖出获利，很少有用来消费的。

对于股票，生产商自然是上市公司，而批发商就有一级批发商和二级批发商之分了，一级是券商，二级是各大基金和投资机构。当然，还有三级、四级，甚至五级，零售商就是散户投资者。主力投资股票除一部分是为了收购控股外，大部分是为了拉高股价实现资本增值之后，卖给其他投资者实现差价利润。

这样，就存在一个派发筹码的问题，在牛环境派发筹码是很容易的，经常会出现三、四级批发商接货的现象，就是所谓的换庄。最后介入的主力再想把货卖给下一个主力就很难了，因为大机构的研究实力很强，可以知道这只股票在当前或今后市场环境是否可以顺利获利出局，一般不会盲目接货，所以新主力必须想办法把货卖给中小投资者，主要是不具有研究能力的散户们。

怎么卖给散户呢？当然，无非是唱多，美化该公司的前景，技术上画好图，形成经典的看多形态，等等。上市公司也会配合主力，做好账，使业绩逐季提升，发出类似于签订大额订单合同、注入优质资产等好消息。而帮助主力出货的人还有一些较大的投机资金，他们精通技术，知道股票炒作规律，拥有反应快速、技术高超的操盘手，在股票拉升之初迅速介入，主力借机批发一部分货给他们，有时候很大部分是卖给他们。还有一些艺高胆大的散户高手，喜欢追涨杀跌，主力也会批发给他们一部分。

所以主力最喜欢短线高手，并不喜欢胆小的新手和普通散户。可以说，主力的很多货并不是直接卖给小散户，而是批发给资金较大的短线热钱。这就是为什么暴涨行情会有成交量猛烈放大的现象的原因。主力的主要仓位也是在暴涨的时候派发出去的，那时候市场追涨意愿最强，买盘最踊跃，出货也就最容易。

主力要想把货直接卖给散户很难，后果也很严重，因为散户资金很少实力很小，又是一盘散沙，不可能护盘，更不可能拉高自救。主力不顾后果，直接出货的时候，一般是牛熊转换的最后阶段了。有耐心的主力，还能撒米一般卖一段时间。没耐心的恶庄，就要下雹子甚至滚木雷石了。看看 2001 年连续暴跌，甚至连续跌停的股票就是这种类型。

所以，我的建议是，一旦出现暴涨，并且放量很大的时候，最好先出局，至少也要减掉一部分仓位，以防主力出货后溜之大吉，把你留在山岗上放几年哨。

值得注意的是，不同类型的股票、不同的主力选择出货方式会有区别；大盘股不一定比中小盘庄股涨得少，大盘蓝筹主力也会出货，而不是一味做“长线”。单一主力股，有可能与上市公司沟通，得到利好配合，在大牛市氛围里能够顺利出货。单一主力庄股使用的出货手法五花八门，无所不用。而大盘股多主力运作，一般不会与上市公司达成炒作协议，只要跟风充足，就有可能一直拉升，直到跟风盘衰竭。这是为了拉出足够的出货空间，将来只要慢慢卖，就一定能够出清。由于中国机构主力的急功近利色彩，他们倾向于一定要把有价值的蓝筹股拉到和垃圾股一样的市盈率，使它变得不再具备持有价值。也就是为自己创造高抛的机会，而不是尽可能持有更长时间。当然，现在卖出并不意味着永远抛弃，只要回落到估值合理的程度，他们还会再买回来。所以基金等大机构们出货的方法很简单，就是一股脑拉到头，然后就开始闷头卖，无论发生什么，风雨无阻，决不住手。除非发生暴跌，卖不出好价钱了，才会短暂做一次反弹，然后接着卖。这招很管用，因为散户有喜欢追涨的，还有更多喜欢回落买入的，所以每跌到一定位置，总会有人进场，结果形成一串台阶，一路套牢散户无数。

主力出货，实际上就是三板斧：拉、托、砸。拉，就是快速拉升、对倒拉升，引诱散户跟风，顺便出货；托，就是拉一段时间或者砸一段时间之后，构筑台阶，用大买单托住股价，小卖单轰击买盘，慢慢出货；砸，就是在不托价的情况下不计成本，不计价格，连续大单卖货。主力出货手法虽然千变万化、五花八门，但是万变不离其宗，基本都是这三招的演绎。具体手法，主要有以下几种：

1. 强加于人

在目标高位，主力在买卖盘二三挡上挂出巨量单子，形成夹板，挟持股价在指定位置运行，其他投资者只能买更高的价，卖更低的价。

2. 跌停出货

这是最为凶悍的出货手法，一般是主力出货末期，急于弃庄所致。或者突发利空、资金链断裂暴仓所致。

3. 钓鱼

钓鱼出货法是主力常用的手法，短、中、长期都可以使用。

短线钓鱼出货法，一般发生在阶段性高点、下跌途中。主力将股价拉起一定幅度，做出突破向上的架势，然后将筹码不断派发给追涨的投资者。分时图上就像一个人手持鱼竿甩出鱼线在钓鱼。

4. 阳线出货

其实主力出货主要在拉升阶段，边拉边出，这时候行情火暴短线跟盘风异常踊跃，很容易交换筹码。单边上扬的同时，已经派发大量筹码。在高位那些红红的带量阳线，实际上就是主力出货造成的。

5. 重磅炸弹

主力用大单轰击买盘。往往形成巨量阴线。常常发生在高位，拉升的过程中，人气最旺的时候，跟风买盘巨大，主力借机巨量派发。尔后也可能继续拉升，也可能当日见顶回落。

6. 糖衣炮弹、麻醉弹

主力意欲出局，于是制造利好题材，散布利好消息，散户不知有诈，随着消息的蔓延，就会不断有人被糖衣炮弹、麻醉弹击中。

7. 支撑位出货

主力在出货一段时间后，股价回落到上升趋势线或者长期均线上方，此时止跌，造成支撑力量强大，很可能反弹的假象，此时总会有人上当买进。散户有逢低介入，逢支撑位介入的习惯，主力就利用散户的习惯如法炮制，屡试不爽。

8. 逃空

一般在牛市末端，或者阶段性头部，主力阶段性出货完毕，为了加快出逃步伐而连续快速打压出货。此时多头还认为是回调，但是当股价继续下挫时，才发现大事不妙，于是指望股价反弹离场，但是主力偏偏就是不让股价反弹，散户只有多杀多才有机会出局。

而空头还没有醒悟过来，主力已经逃走了，是谓“逃空”。

这种手段很有杀伤力，也非常有效。因为动作突然、迅速，又处在牛市氛围，散户往往麻木，不会快速反应过来。主力很喜欢用这个手段，大家务必多加防范。

9. 回马枪

主力或者快速拉升，或者加速下跌，造成落荒而逃的假象，待跟风盘追入，就突然回落或反弹，使散户被套在高处，或者在低位割肉。如果是阶段性高点，就是尖顶，如果是中继形态，就会形成散兵坑和绊马坑。如图 11-1 所示，600980 在 2005 年 12 月至 2006 年 2 月的走势。12 月 29 日该股以一根长阳线向上发起攻击，然后连续上涨 16 个交易日，如果在启动之初介入，短期获利十分可观，但是如果在 1 月 18 日之后介入，1 月 24 日的巨量跌停，将短线追高的人悉数套牢。

10. 天女散花

在目标高位，主力用小单不断向接盘派发，往往神不知鬼不觉，就会抛售很多获利筹码。出货的时候一般用现价成交，很少会在上挡挂大卖单，因为那样会把别人吓跑。

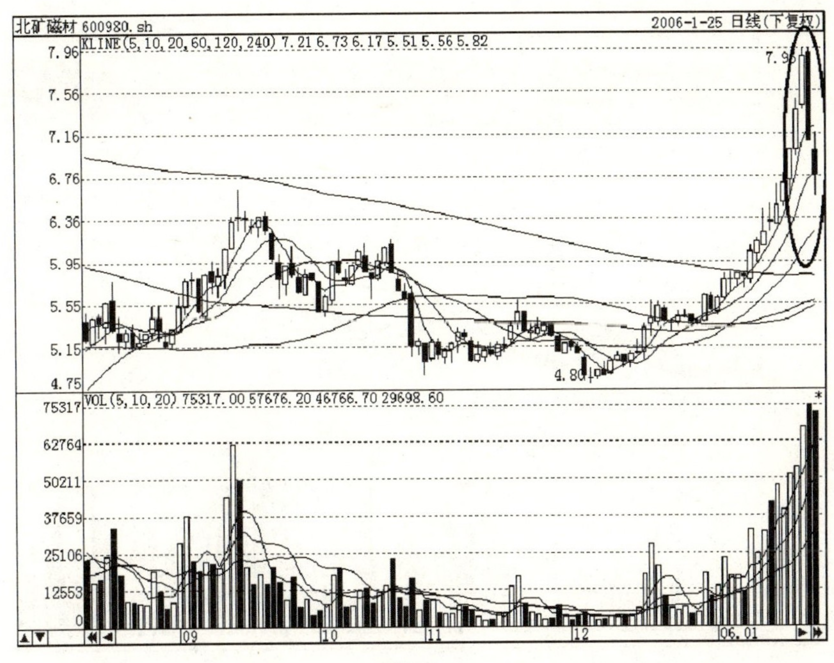

图 11-1

在派发的时候，还往往偶尔大单买几手，造成主力在吃货而不是出货的假象。当然，也会在下挡挂上大买单，防止股价过快滑落。

三、拉升战术

1. 蛮牛爬坡

是指主力不作快速拉升，只是慢慢向前推进，不知不觉，累计升幅也会很高，形成慢牛走势。这种走势可能是主力正在等待时机，解决题材问题、资金问题，或是吸筹不足，还得继续吸货。一旦改变运行速率，放量拉升，升幅也会很可观。如图 11-2，600456 的走势。

2. 火箭发射——一飞冲天

连续长阳拉升甚至连续涨停拉升，拉升时放量，随后缩量。短线升幅巨大。发生在主力吸筹完毕，决心大炒一波之时。注意此种走势之后，往往跟着就是钓鱼走势。前面的几乎成直角的拉升走势形成鱼竿，随后派发筹码走出平坦的鱼线。如图 11-3 所示。

宝钛股份 600456.sh
2006-1-25 日线(下复权)
KLINE(5,10,20,60,120,240) 13.63 13.66 13.67 11.75 10.03 8.95
VOL(5,10,20) 10367.00 15062.00 17829.40 17241.20

图 11-2

福州大通 600067.sh
2006-1-25 日线(下复权)
KLINE(5,10,20,60,120,240) 7.78 7.84 7.13 5.75 5.50 5.28
VOL(5,10,20) 7962.00 13305.20 14422.30 68803.70

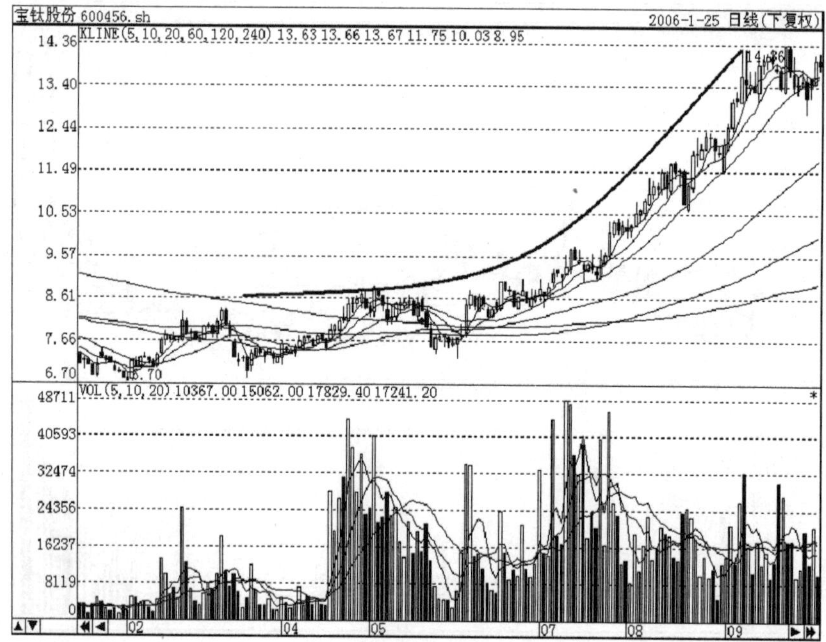

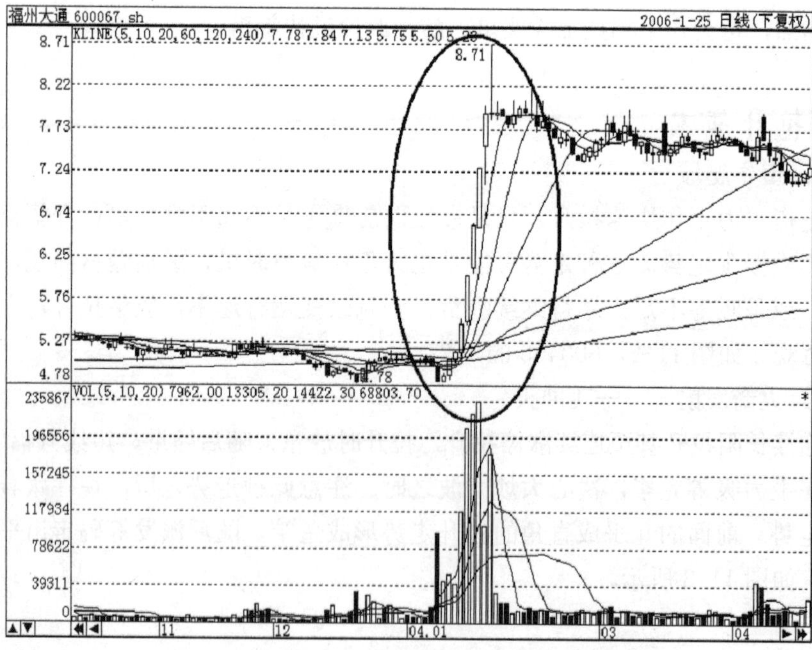

图 11-3

3. 飞机起飞

先小阳线推升，达到一定高度之后，拉长阳线向上攻击，就像飞机起飞一般。短线爆发力仅次于火箭发射，一般发生在主升浪阶段。如图 11-4 所示。

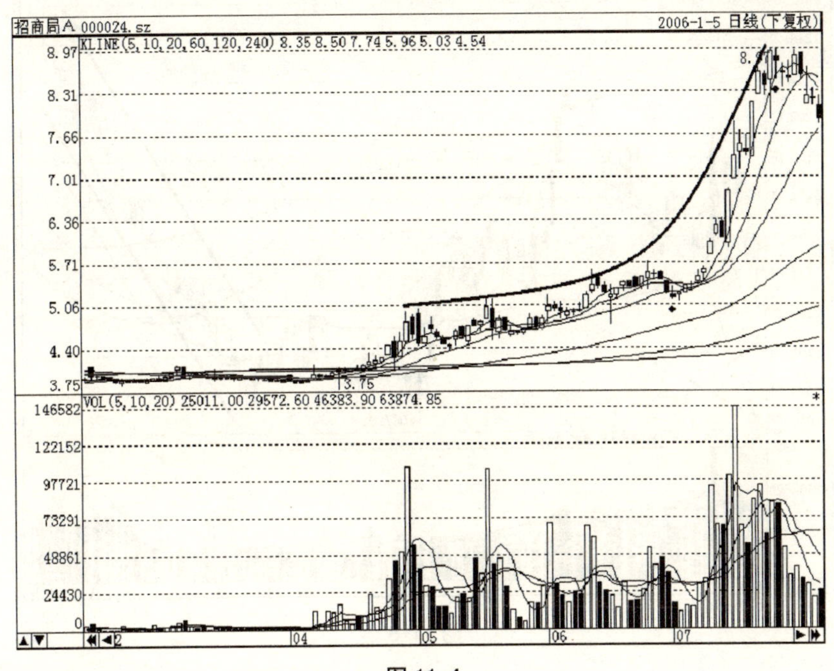

图 11-4

4. 逃多与逼空

一般在熊市末端，或者阶段性底部，或者上升途中，主力建仓完毕，为了让股价脱离底部而连续快速拉升。此时许多空头还认为是反弹，但是当股价继续上升时，才发现踏空，于是指望股价回调介入，但是主力偏偏就是不让股价回调，散户只有追高才有机会介入。

而此时其他多头还没有醒悟过来，主力就已经逃走了，是谓逃多。

而逼空往往发生在拉升中途，尤其是拉升末期，所谓的主升浪阶段。逼空就是挠你的心，让你心痒痒，手痒痒，股价越来越高，手里的钱越来越不值钱。踏空者会承受不了，往往会追涨，如果在高位，主力接着往往就会使出回马枪，将追涨的散户一枪挑落马下。

如上证指数(见图 11-5)，在 2005 年 12 月 6 日，一根长阳确立上攻走势，随后连续攀升了一个多月，其间基本没有回调，直到 2006 年 1 月 13 日才短暂回调了两个交易日，随后再次拉起。散户大都直呼看不懂，踏空者无数。笔者认为这是一波恢复性行情，是主力急速脱离成本区所至，是典型的逃多行情，如有调整都是介入良机。

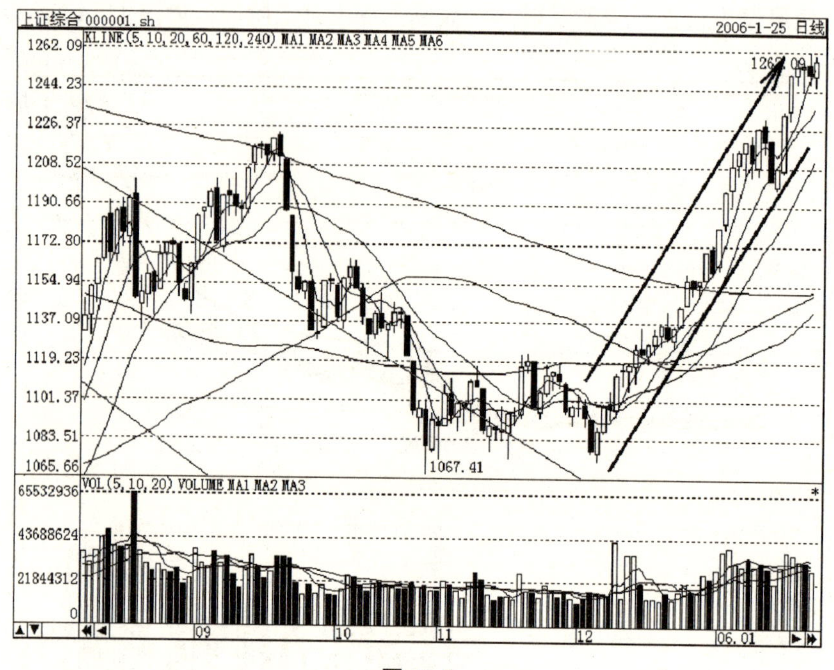

图 11-5

5．快马扬鞭

略。请见上升攻击形态。

四、欺骗战术

主力为了达到吃货、震仓洗盘、出货目的，经常会在技术或者其他方面采取欺骗战术。主力诡计多端，花招防不胜防，但是基本不外乎以下手段。

1．诱多

制造假的上攻形态，短时间内向上突破，随后快速回落，继续跌势。盘面上形成多头陷阱。诱多诱空都是主力欺骗投资者反向操作。

如图 11-6 所示 A 点，主力突然拉起来，散户一味向上突破，纷纷抢进，结果股价随后迅速回落，将追入的投资者套牢在高处。

2．诱空

制造假的下降形态，短时间内向下突破，随后快速反转，重拾升势。盘面上形成空头陷阱。如图 11-6 所示在 B 点，主力突然砸盘，诱使散户低位割肉，随后迅速反转向上。

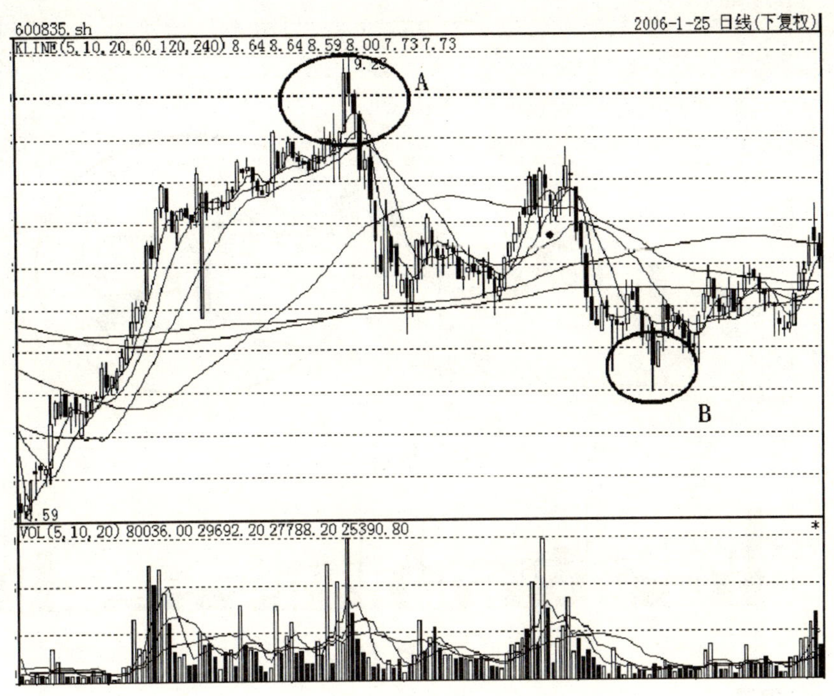

图 11-6

3. 骗线

所谓骗线，是指主力或大户利用市场心理，特别是利用广大散户迷信技术分析的心理和习惯，故意拉抬、打压股价或者指数，人为画出某些技术图形，引诱其他投资者作出错误的买进或卖出决定，从而达到获取超额利润的目的。

主力对于K线和短期移动平均线，都可以随心所欲地操纵其形态。市场上主力也是频繁进行反技术操作。初涉股市、过分依赖技术分析的投资者常常被搞得晕头转向。既然骗线是主力诱使散户反向操作的方法，达到诱多诱空的目的，那么我们就可以这样认为，一旦发现骗线，就要不为所动，而且发现诱多就要做空，发现诱空就要做多，这样就会避免损失，获得利润。

如图 11-7 所示：5 日均线死叉 10 日均线，股价也跌破 20 日均线，发出卖出信号，但是等你卖了，它立刻开始拉升。

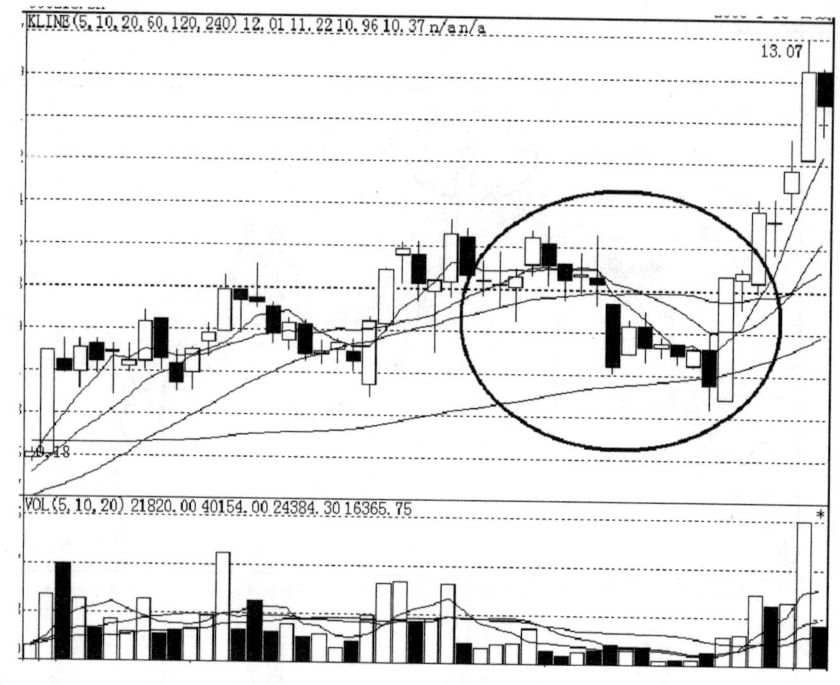

图 11-7

4. 骗量

主力在操控股价走势上，不但有骗线，还有骗量。广义上，也是传统的技术分析中，骗量和骗线是不区分的，骗线包括骗量，骗量是骗线的一种。但是，K 线组合、均线走势、技术指标等二维图形毕竟和包含时空伸展、筹码密度、换手频率信息的三维甚至四维空间的成交量有所区别，因故笔者认为有必要把骗量单独拿出来进行研究和分析。

所谓骗量，就是主力为了欺骗其他投资者，而故意制造出来的量，其表象往往与市场将来的真实走势相反，比如放量阴线之后，反而上涨，放量阳线之后，反而下跌。骗量的真实目的无非就是吸筹、洗盘或者出货，本质上，就是低位骗你的筹码，高位骗你的钱。所以，识破主力的真实目的是至关重要的，主要是对量能释放的时间位置、空间位置和相应的数量、换手率必须进行深入观察和分析。

骗量就必然要放量，而缩量就很难造假，因为成交稀少的时候，主力很难隐身。只有量大才有可能造假，主力才有可能参与其中混水摸鱼。放量是主力对倒交易的结果，可能是自买自卖，也可能是合作伙伴之间的买卖。只有主力级别的交易才能产生超出平常交易量的量能来。

主力在拉升途中，有时候会在阶段高点对倒放量收阴线，制造主力出逃的假象，达到欺骗投资者跟风卖出，趁机洗盘甚至吃货的目的。例如，000717 在 2007 年 2 月 27 日之后的走势。先是 2 月 27 日放出巨量并收出阴线，因为当时股价处于上升通道上轨处，造成减仓、出逃假象，随后又收出典型的“三只乌鸦”，伴有成交量异常放大。下跌信号极为强烈，但是此后并没有连续下跌，而是走出“榨油行情”，横向整理一段时间，因为下跌信号太强很多投资者纷纷出局回避风险，主力趁机进行了较为彻底的洗盘。

对策：对于异常放量，如果怀疑骗量，有利润的投资者可以观望；追高买入的，一般要止损，仓位不大的，也可以观望一段时间。主要看是否在放量之后持续下跌，是则要回避，如果股价一周后并不创出低点，极可能就是骗量，如果创出新高，那就基本证明是骗量，创出新高之日，是最佳跟进时机，也是已经卖出该股的投资者再次买回的最后机会。

主力在下跌途中拉高出货时，往往对倒放量，制造主力进场再次拉升的假象，达到欺骗投资者跟风，自己趁机出货的目的。如图 11-8 所示：主力本来是要退场，但是在盘面上却做出放量上攻的架势，而且上攻有量回调无量，非常具有欺骗性。

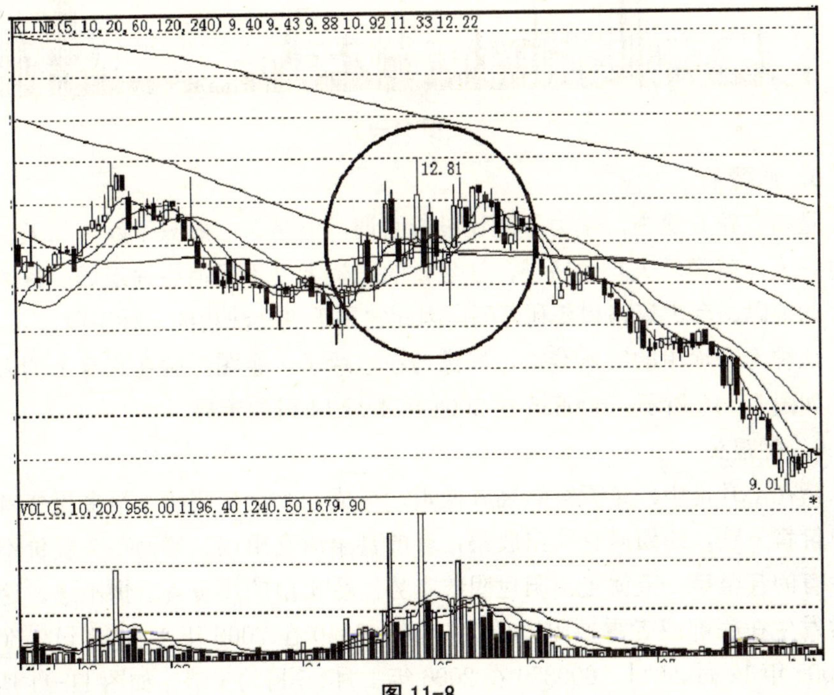

图 11-8

或者在低位，故意对倒砸出放量大阴线，制造主力退场的假象，达到裹挟散户出局的目的。如图 11-9 所示：主力连续放量打压股价，似乎是全力出逃，其实是一边打压一边吸货，但是随后不久就再次拉升了。

大量能够做假，小量不容易做假。所以小量更可信一些。

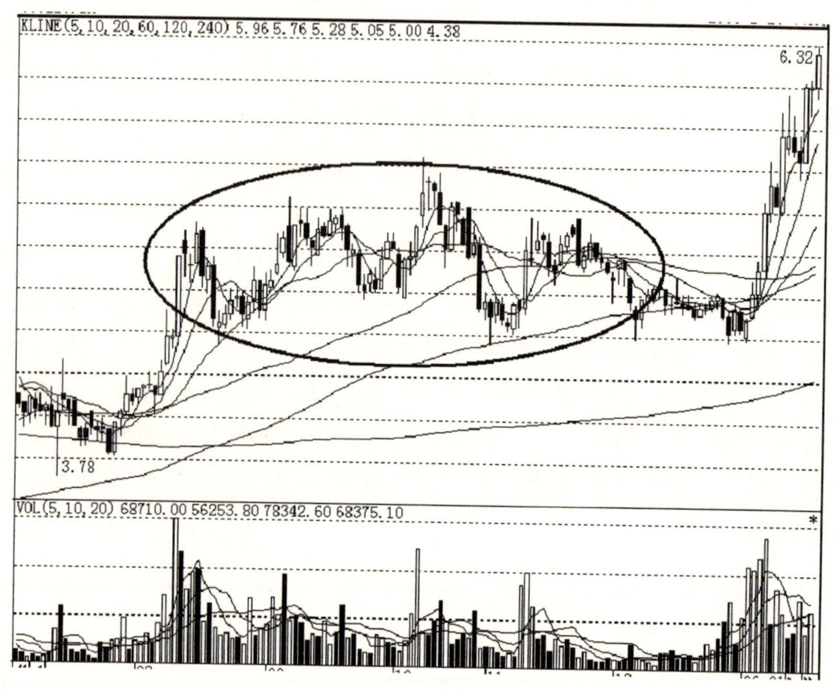

图 11-9

5. 尥蹶子

是指在拉升途中，主力不时让股价回调，但是，一般只下跌一二天，很少超过三天。就像轿夫抖动轿子，让坐轿的投资者受不了而中途退场。目的是清洗浮动筹码、套牢筹码和获利筹码。因此它属于震仓洗盘的一种手段。

这种上升途中的突然袭击，好像马在尥蹶子，企图把骑在它身上的人摔下来。如图 11-10 所示：600835 在 2004 年 1 月 14 日的走势。

6. 翻跟头

指在上升途中，某天突然高开低走，形成一个巨量阴线。很多投资者会以为股价将下跌，纷纷减仓卖出股票，有的甚至清仓出局。然而不久股价不跌反涨，有的甚至第二天就走出阳包阴的走势，令卖出的投资者后悔不迭。这种走势常发生在底部或者重要阻力位上。如 600840 在 2006 年 1 月 20 日、600777 在 2005 年 12 月 27 日、600850 在 2006 年 1 月 25 日的走势。如图 11-11 所示。

KLINE(5,10,20,60,120,240) 9.60 9.56 9.52 9.78 9.97 10.92
12.54
8.95
VOL(5,10,20) 9763.00 12412.80 16727.90 18835.90

图 11-10

浙江创业 600840.sh
2006-1-25 日线(下复权)
KLINE(5,10,20,60,120,240) 4.71 4.47 4.30 3.98 4.01 4.39
4.98
4.84
4.69
4.55
4.41
4.27
4.12
3.98
3.84
3.70
3.55
3.41
VOL(5,10,20) 8571.00 17449.00 11840.20 10319.30
26565
17710
8855
0
10
11
12
06.01

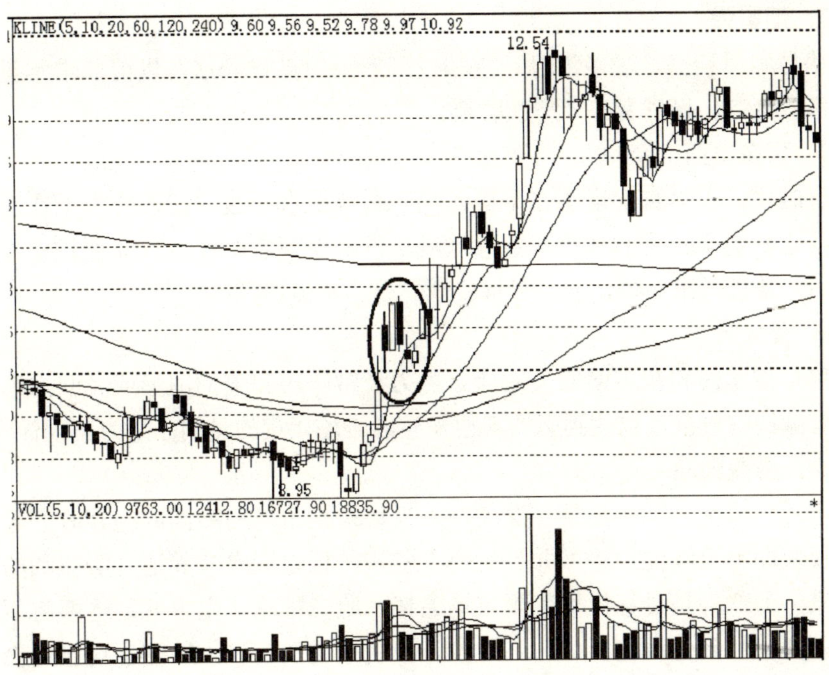

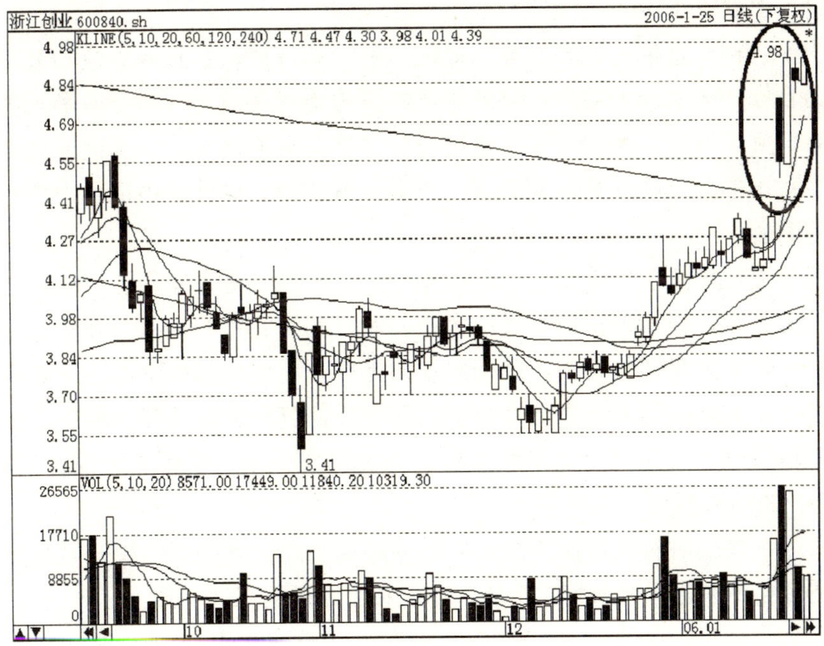

图 11-11

7. 烟雾弹

就是利用利空、利多消息，欺骗投资者反向操作。这在以前非常常见，今后也不会绝迹，投资者必须严加防范。

8. 声东击西

有时候，主力真实意图在于买入某一板块或者个股，却假装意不在此，故意冷落它，甚至，同时佯攻其他意欲撤出的板块或者个股，待其他投资者跟风追进后，趁机撤出，悄悄低吸目标股票。是为声东击西。

9. 美人计

包括技术面和基本面的美人计。主力经常画出完美的图形或者吹捧意欲退出或者减持的股票，以达到引诱其他投资者进场接货的目的。是为美人计。

10. 围魏救赵

有两种情况，一种是某一深度介入板块遭到市场的冷淡或抛弃时，赶紧制造该板块即将上涨的声势，并打压介入较浅的板块或者从其他有所获利的板块撤出来；另一种是目标板块受到市场追捧，吃货很难，主力就制造即将下跌的声势，并假装其他板块更好，临时拉升吸引市场的目光，以便于自己偷偷地吃货。是为围魏救赵。

11. 惯性操作法

由于机构资金拥有主导力量，他们能够发动行情，并且能够控制节奏。对于主力目标一无所知的散户，只能跟风，操作绝对滞后，行动要慢半拍甚至一拍。我们常常发现，我们匆忙买进的价位往往是短期高点，一买进就被套；我们恐慌卖出的点位往往是短期低点，一卖出就踏空。这就是中了主力惯性操作手法的圈套。

何为惯性操作法？就是主力运用借力打力的策略进行操作的手法。当市场受到外力刺激，比如外围市场大涨大跌、利好利空突发等，主力顺势拉升或打压，直到趋势力量即将衰竭，就顺势反向操作，将跟风的投资者留在短期山尖或者坑里。如此折腾几次，散户总会伤筋动骨，甚至无奈放弃。特别是在后市不明朗的情况下，主力不敢单边操作，只能高抛低吸，常常采取惯性操作法，借助散户的操作惯性大获其利。

所以，我们对付惯性操作法就要杜绝跟风操作，不替主力拉升或砸盘，要等趋势惯性结束之际再入场、出场，才能和主力进退步调一致。

五、主力炒作步骤

主力完整运作一只股票，必需有一个过程，要经过几个不同阶段。主力在不同阶段就会使用不同的策略和技术，因此，我们有必要了解主力炒作的步骤。知道了不同的阶段和步骤，有助于我们识别主力的战术，明晰主力的意图和目的，以便及时做出恰当应对。

笔者对主力操作股票的全过程进行研究后发现，主要有以下不可缺少的十个步骤：

这十个步骤的行为方式分别是：

①进场砸盘（暴跌逼多）——②反复折磨（横盘筑底、震荡吸筹）——③残酷迫害（诱空）——④初次拉升（逃多）——⑤横盘整理、强力震荡（恐吓加迷惑）——⑥强硬拉升（暴涨逼空）——⑦出货、筑顶（诱多）——⑧加速逃离顶部（逃空）——⑨反弹、作假底（毒药安慰）——⑩持续派发（清理箱底）。

这十个步骤对应的目的和意义分别是：

①砸出建仓空间；②震荡吃货；③打压吃货、洗盘；④加速脱离成本区、扩大利润；⑤洗盘；⑥拉出出货空间；⑦画皮诱惑，鼓励散户进场；⑧坚决抛弃筹码；⑨中途持续出货；⑩彻底抛弃手中筹码。

其中，逃多、逃空是本人独家定义。此种现象，以前被市场人士归为逼空、逼多范畴。但是仔细分析，并不贴切，也不能反映主力行为的本质和真实目的。其实这是期货术语，并不完全适合股市，股市里不能建立空仓，“逼空”之说并不确切。实际上，在筑底基本完成，脱离成本区之初，主力并不希望空头立刻翻多，也不希望观望的多头马上跟进，而是希望再吃一些货，并打出阶段高点，留出洗盘空间。所以说，是加速逃离底部区域，甩掉其他多头的纠缠，并不是逼迫空头翻多，进行出货，因为出货还早着呢。此时何谈逼空？

同样，在筑顶基本完成，脱离套牢区之初，主力并不希望多头立刻翻空，也不希望观望的空头马上跟进，而是希望再出一些货。所以说，是加速逃离顶部区域，甩掉其他空头的骚扰，并不是逼迫多头翻空，自己好顺利抢筹，因为大规模进货还早着呢。此时何谈逼多？

应该清楚的是，大盘会晚于个股见顶。大盘就像一只超级大盘股，总要慢半拍。以往小盘股、绩差股会早于大盘见顶，大盘蓝筹特别是龙头股一般会晚于大盘见顶，估计历史重演的概率较大。所以，一旦大盘见顶（如何判断大盘见顶，以后再介绍），最好还是出局为妙，除非持有一些龙头品种，或者有潜在利好尚未充分挖掘的个股，否则可能遭遇暴跌，而损失惨重。

第十二章　散户跟随战术技法

——以少胜多，以弱胜强

主力有主力的战术，散户有散户的应对。主力有主力的优势，也有其弱点，比如进出困难；散户也有散户的优势，船小好调头，形势不妙可以迅速离场，主力就只能苦苦支撑。

受资金规模庞大限制，主力进出不会在短期内完成，一般要数月甚至数年。一般行情都是中长线行情，一年也就一两波。所以，一般的散户投资者，一年内操作一两次为宜，做一两个波段最佳。尽量不要频繁操作，或者说大部分资金不要频繁使用。做短线除外。

出战之前，首先要观敌瞭阵一番，看看行情处于什么阶段，筑底是否成功，介入时机是否合适。“多看少动，出战必赢”。

策略：长线选股，中线持股，短线买股。意思是选择长线有上涨空间的股票，立足于中线持股。介入时机，要看短期内是否是最佳买点，买早了，会短期被套，一旦止损操作，造成损失，就破坏了心态。逢短线低点买入，很可能无需止损，因为你可能没有机会止损。

散户要想取胜，就必须熟知主力的战术，避免被主力牵着鼻子走，切忌硬拼，要以柔克刚、避实就虚，做到借力打力，并克服自己的弱点，改掉一些坏习惯。比如跟风、没主见、听风就是雨、冲动、胆怯、没耐心、追涨杀跌、不止损、不止盈、过度分散仓位、过度依赖主力等等。

散户取胜之道，乃以少胜多、以弱胜强之道，说起来容易做起来难。需要悟性，更需要长期刻苦磨炼。民间高手大多有自己的一套行之有效的战术，只是长枪短刃各有偏好。精进之法，唯多学多练，别无他途。

笔者对很多民间高手的战术进行了深入研究，并结合自己的操作经验，归纳出二十几种战术供读者参考。其他有效的散户战术都是大同小异，具体作战方式，则要因人、因时、因地制宜，注意活学活用，不可生搬硬套。

一、底部（抄底）战术

抄底对于获得超额利润是至关重要的，但是抄底不得法却会遭到损失，所以首先我们要研究一下抄底的策略和技巧。

1. 伏击战——寻底

我的抄底法——打埋伏。

股价在低位筑底过程中，遇有主力刻意打压股价的机会，在低点右侧快速介入，等待拉升。这是散户较好的操作方法。

不过，参与筑底非常痛苦，主力会上下折腾，翻江倒海一般，很多人会受不了，高买低卖，铩羽而归。所以正确的做法是，等待底部形态有了雏形之后，逢低介入。底部形态出来以后再加码介入，可能损失一定利润，但资金效率高；可以提前打一点埋伏，在历史新低点买一点，历史新低点即使不是最低点，也离最低点不远，中期被套的概率很小。

这就是在山脚下找底。在山腰找底（参照历史高点），具有更大的不确定性。随着股价的抬高，前低点成为最低点的概率不断加大。底部的形态会逐步明朗，此时再加仓就更有把握。

要注意的是，真正的底部是指一个区域，并非是指最低价位点，从概率上看，在实际操作中很难买到最低价，而在下跌末段买入，或者从启动初期买入，操作的成功概率均大于在拐点处的买入。底部区域的买入不必追求买到最低价或拐点价，只要能买到相对低位价就是成功的。 实际上，如此操作，你的均价很有可能就是市场上的最低价，虽然你没有买到那个最低点。

(1)底部的特征。

技术特征：

①大盘基本见底，大多数个股筑底成功，形成明显的底部形态，很长时间不再创新低。

②曾经低位出现过连续地量，而随着股价不再创新低，量能开始温和放大，偶有剧烈波动。

③个股筹跌幅普遍巨大，常常跌幅超过 70%，甚至达到 90%以上；历史套牢筹码纷纷掉落低位，一个低位筹码密集峰基本形成。

④各板块纷纷轮番加速赶底，最抗跌板块和个股也已经补跌，出现过最后一跌和空头陷阱。

⑤周线指标低位反复钝化、背离，月线指标开始低位钝化。

⑥市场反弹力度越来越小，上涨跟风盘几近衰竭。

市场面特征：

①股评已经不敢轻易言底，大多数投资者都不敢抄底，或者没有钱抄底了。

②所谓高手、股神们全线被套，私募清仓出局。

③基金大面积亏损，亏损达到 20%～40%，甚至个别亏损 50%以上。

④休眠账户增加，活动账户减少，周新开户数降到历史低位，但有开始增加迹象。

⑤新入场散户普遍亏损惨重，不断恐慌割肉，连上一轮牛市赚了钱的散户，

也回吐大部分利润，甚至接近亏损。

⑥利空消息满天飞，业绩地雷随处炸响，看空声音空前增加，最坚定的多头开始动摇，纷纷离场，市场已经风声鹤唳、草木皆兵。

⑦管理层前期出利好形成的底(政策底)跌穿，指数、股价再下一个台阶，没有后续利好，出现政策真空，管理层沉默。

经常在底部期间出现的其他现象：

①营业部冷冷清清，经常门可罗雀，但是人气有好转迹象。

②由于券商自身可以买卖股票，与散户存在利益冲突，个别券商，如果缺乏职业道德，也有给散户设置技术障碍的可能。比如关键时刻，交易系统莫名其妙地掉线、死机、不能成交，或者显示成交，但实际没有成交等等。

③各大股票论坛人气极度涣散，同时在线人数跌至谷底。

(2)抄底的误区。

①总是希望抄到最低点。

一看到创新低，就急着买入，如果继续反弹就加仓，深怕踏空；一旦套牢不但不止损，反而逆势补仓，结果越套越深，最终弹尽粮绝，无法动弹。

或者虽是懂得止损，但是由于市场熊市没有结束，持续下跌，处处是底又处处不是底，陷入不断买入，不断被套，不断止损的恶性循环，结果“越止越损”，往往将牛市的利润拱手送回，甚至亏损，白忙一场。

②迷信地量指标。

股谚有云，地量见底。但是地量是一个相对概念，在市场刚刚由牛转熊的时候，由于前期量很大，即使下跌时相对缩量很多，但是成交量与底部量相比实际还是很大的，而且量缩了还可以再缩，有的冷门股甚至一天成交不了10手。所以即使缩量，也要以反弹对待，不能轻言底部。

或者即使是历史低价，很可能是当前价位对外围资金还没有吸引力，还不能肯定一定会很快止跌企稳。此时并不一定是最佳的买入时机。可以发现，有时候大盘出现一轮较大行情，某些个股却因为缺乏主流资金的介入而滞涨，上涨空间和上涨速度明显不如大盘，更比不上龙头股。

真正的底部成交量具有以下特征，应该是持续萎缩，缩无可缩之后，成交量出现温和放大的过程，而且最好同期大盘指数走稳。如果曾出现放量下跌过程，此后的持续缩量更有效。暴跌之时，最好不要立即进场，刀口舔血的事，非高手莫玩。

③认为底部是一个点。

很多朋友，尤其是新入市投资者，往往认为底部就是那个最低点。其实不然。由于主力需要的筹码很多，建仓不可能一蹴而就，多数情况下，建仓是一个漫长的过程，少则数周，多则数月，甚至一年以上持续买入。大级别牛市的底部一般都会超过一年，甚至达到两年。

而且，事物运动的普遍规律是，低潮时间长，高潮时间短。放到股市就是整理时间长，暴涨时间短。故有“低价百日，天价三天”的股谚。

2. 深入战——金字塔形操作法

就是越跌越买，跌得越多买得越多。本法适合中等资金。前提是对个股走势具有相当的把握，对主力十分了解，知道底部的大概位置。否则此法无异于自杀。

3. 背水一战——无限摊平

指投资者在底部介入过早，遭遇主力打压被套，如果确信主力诱空，即可果断摊平，然后等待拉升。前提是熟悉该股，对底部确立有信心，上涨把握大。此战术的依据是“绝对有底规律”，用得好，收益可观。

这种战术颇有孤注一掷的味道，如果承受力不够建议不要采取。适合没有后顾之忧和资金压力的年轻人，不适合有资金压力、心理和身体状态脆弱，以及年纪大的人。

4. 敌后战——防止踏空策略

就是历史低位，判断底部将成，或者上升中继形态、攻击形态出现时，可以试探性地买入一部分股票，逢低买入，就像深入敌后，有危险，但是也有可能出奇制胜。

注意趋势正确，加码买进，趋势错误，立即止损，这样一般可以防止踏空。

5. 枪打出头鸟

这是一种底部快速介入战术(注意：是底部不是其他位置)。当一只股票筑底成功后，主力会择机向上突破颈线位或者阻力位，使股价脱离成本区，盘面形成突击阳线。笔者称之为“出头鸟”。为了防止跟风太多，主力往往会快速拉高，根本不作回探动作，有时只在几天内就把股价拉到一个相对高位，给投资者造成踏空的压力。

所以一旦发现股价突破，确认是底部突破后，动作要快，要在第一时间内跟进，选盘中回挡均价以下介入为好，不可等待第二日回调。当然有回调更好。为了避免假突破，要看量能是否健康，放量突破更有效，同时要分仓适量操作，回抽确认有效必须加仓。要设好止损位，坚决执行止损计划。

如图 12-1 所示：如果果断在 A 点介入，或者在随后的回抽低点介入，短期收益十分可观。

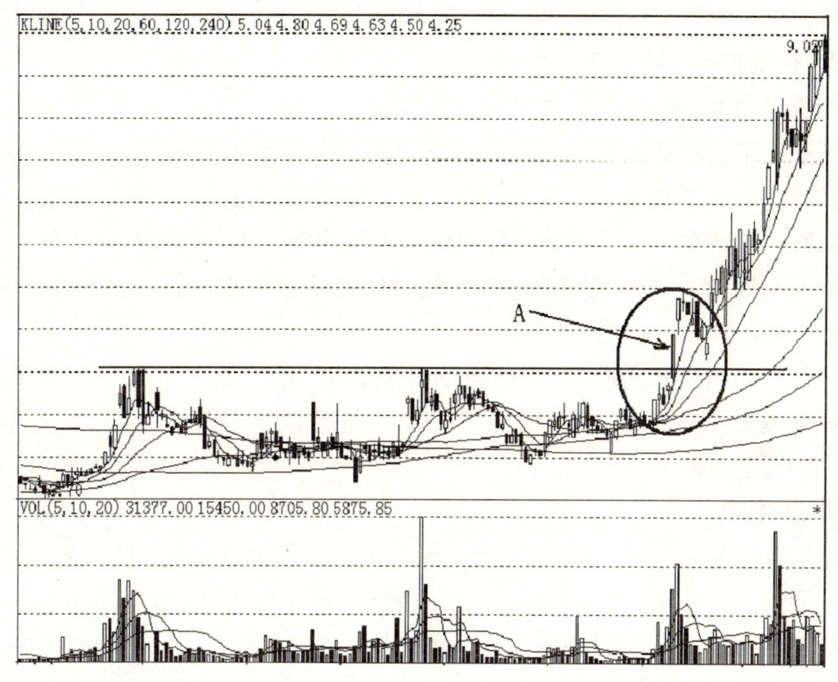

图 12-1

二、中途（跟随）战术

炒股就是要做墙头草，不要固执，谁赢了就加入谁的队伍，要随时准备变节，时刻准备投降。只有这样，才能确保自己的胜利果实。更多的时候就是跟随，跟随买入、跟随持股，或者跟随卖出、跟随空仓。趋势形成到趋势明显发生改变之前，不要轻易结束跟随。

1. 顺势而为——趋势操作法

逆水行舟难上难，顺流而下不用帆。做股票投资更是如此，做股票就是作趋势。下跌趋势形成，必须离场；下跌趋势没有结束，决不进场。没有绝对的把握，绝不轻易抄底。所谓大势已定，顺之者昌 ，逆之者亡。

一旦下跌趋势开始，随时买入股票，都会亏损，持股时间越长，亏损越大；一旦上升趋势形成，随时买入股票，都会获利，持股时间越长，获利越多。

怎样判断下降趋势即将开始？很简单。大盘筑顶成功，跌破上升趋势线或重要支撑位，或者进入下降通道，就基本可以确认下降趋势。

怎样判断上升趋势即将开始？也不难，大盘筑底成功，突破下降趋势线或重要压力位，或者进入上升通道，就基本可以确认上升趋势。

2. 搭战车——跟庄法

跟着机构走，有肉也有酒。

现在上市公司必须定时公布流通股股东及持仓情况，所以是谁在买入，是谁在卖出，一目了然。大机构或者自己拥有高水平的投资团队，或者委托专业机构理财，或者购买研究报告，研究能力与散户比，不可同日而语。他们看好或抛弃一只股票，必然是有道理的。跟着他们操作可谓省心，省去研究成本，何乐而不为。

当然如果一只股票遭到主力机构的减持，甚至完全抛弃，即使股价继续上涨，我们也要小心，最好是跟随主力出局。相信主力是对的，我们失误的概率和主力相同就不错了。

3. 抱龙腰

是指潜龙在渊走势一旦形成突破，或者上升通道初步形成之时，逢低介入目标股，虽然没有买在底部但是抱到龙腰，也会在巨龙腾飞的时候一同升上云端。

如图 12-2：在 A 的范围内买入，虽然没有买在最低点，但是随后的升浪表明仍然可以有很大的获利空间。

4. 捉鹏翅

如图 12-3 所示，在右鹏翅区买入是指大鹏展翅形成之后，突破之初快速介入，虽然没有买在最低点没有捉到鹏腿，但是捉到鹏翅，也会在大鹏展翅飞翔的时候一同升上天空。

KLINE(5,10,20,60,120,240) 5.50 5.52 5.64 5.20 4.70 4.37
9.09
A
VOL(5,10,20) 2241.00 2641.00 4460.60 6574.35

图 12-2

MA5: 3.37
3.75
右鹏翅
VOLUME: 163012.31 MA5: 278286.41

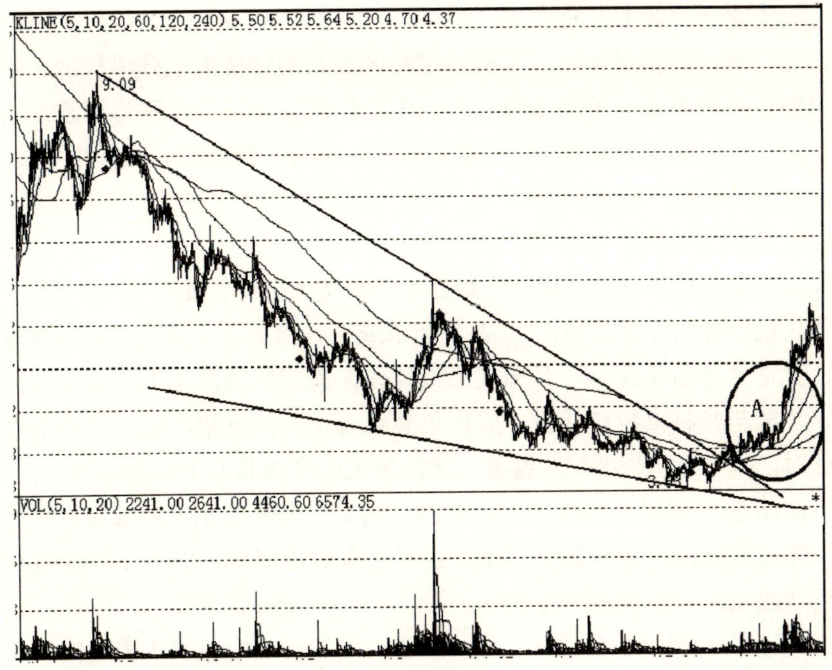

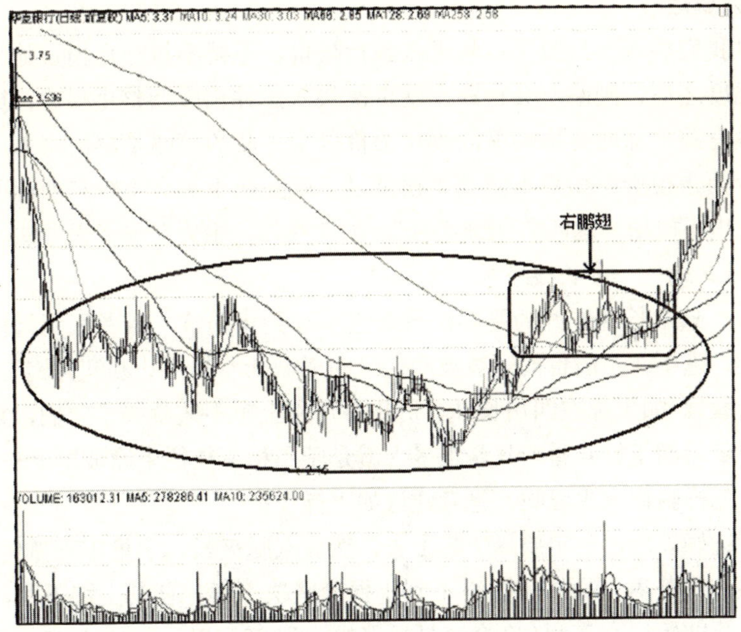

图 12-3

5. 骑牛脖——做足主升浪

一轮行情中涨幅最大，上升的持续时间最长的行情为主升浪行情，主升浪比较类似于波浪理论中的第 3 浪。主升浪行情往往是在大盘强势调整后迅速展开，它是一轮行情中投资者的主要获利阶段，绝对不能踏空。从技术角度分析，主升浪行情具有以下确认标准：

①移动平均线呈多头排列。

②主升浪行情启动时，多空指数 BBI 指标呈现金叉特征。

③随机指标 KDJ 高位钝化。 在平衡市或下跌趋势中，随机指标只要进入超买区，就需要准备卖出。一旦出现高位钝化，就应坚决清仓出货。在主升浪行情中，当随机指标高位钝化时，股价仍然会有可观的升幅，甚至是决定性的升幅。此时，投资者仍然要坚定持股，才能最大限度地获取主升浪的利润。

④MACD 指标明显强势特征。DIFF 线始终处于 DEA 之上，两条线以平行状态上升，即使大盘出现强势调整，DIFF 也不会有效击穿 DEA 指标线。MACD 指标的红色柱状线也处于不断递增情形中。

⑤BOLL 指标明显强势特征。股价多数时间运行在中轨和上限之间，只偶尔刺破中轨，但是很快还会回到原有的运行趋势中去。

6. 死缠烂打

有时我们买入一只股票，结果跌到止损价，不得不执行止损，如果继续下跌一定幅度之后，判断不会再跌，就再次买入，并相应调整止损价；或者止损后股价没有跌很深而是很快又回到止损价以上，我的策略是再次买入，并仍以原止损价为止损价；如果不回到止损价以上就坚决不买。不管东西南北风，就是咬定青山不放松。这叫“死缠烂打”。如此操作，主力对你毫无办法。

7. 持久战——中长线战术

买入一只中长期看好的股票，只要它不跌到止损价，或者涨到目标价，就坚决不卖，毫不在乎股价的短线波动，这叫“截断亏损，让利润奔跑”。就是常说的“捂股”。如果你在四川长虹、贵州茅台刚上市不久就买了它们，采取此战术，一定赚得翻了好几番。只是很多人就是骑不稳，往往中途被甩下来。

那么怎样骑住大牛股呢？笔者建议如下操作：

牛股选好以后，一定要尽快骑上去，然后双腿夹紧，手里牢牢抓住牛犄角，不要被牛脾气吓着。原则就是：不到止损价坚决不卖！任其上蹦下跳，我自岿然不动！除非短线有暴利(20 个交易日涨幅达到 30%以上，10 个交易日涨幅达到 20%以上，5 个交易日涨幅达到 10%以上)，短线指标严重超买，且在高位反复三次以上，可以暂时获利了结。

但是，一定要记住，在牛市里，主力的目标可是100%以上！牛股获利空间和时间应是100%和一年。空间和时间不到位不要急着开溜。这需要感情专一，不可见异思迁。否则，很可能会犯弃马找驴的错误。

8. 擒贼先擒王——捕捉龙头股的技巧

追买龙头股,是短线高手快速获利的好方法,但是它需要操作者有过硬的心理素质、优秀的看盘基本功、娴熟的操盘技巧和快速反应的能力。

(1)捕捉龙头股要提前做好充分的准备工作。

之所以成为龙头，是因为它见底早、上涨早、上涨时间长、幅度大。所以必须在大盘筑底成功之前就得开始遴选,不能等到大盘筑底成功、行情反转以后再急忙追涨已经高高在上的龙头股。

首先确定未来行情中可能形成持续热点的板块。比如周期性行业的上升时期的板块、新技术行业板块等。并且要细分板块，缩小目标范围。

其次要精选其中最具领头羊风范的个股，重点研究，重点跟踪观察。

(2)捕捉龙头股的实盘技巧。

①要密切关注资金流向的板块。当某一板块中的大部分个股有增量资金介入时,就要特别注意最有可能成为领头羊的个股。对率先放量启动的,可以果断追涨。如果没有追到龙头，可以适量介入龙头第二，对于其他跟风股不要深度介入。

②追涨敢于第一个拉涨停板的股票。这样的股票比板块内其他股票更具有龙头风范。介入时机主要是脱离底部时的涨停板和主升浪时的第一个涨停板。这时的涨停板比较安全,之后一般还会有一个上冲动作,只要不贪，获个10%的利润应该问题不大。

③在龙头股强势调整时介入。龙头股也可能在中途强势调整几次，这就给了投资者再次介入的机会，使投资者能够享受到主升浪的超额利润。如图12-4所示：600299在脱离底部以后先后两次强势调整，产生了两个绝好的介入低点，如果在2005年12月7日的低点B介入，一个月将获利60%多！当然此时介入存在一定风险,必须防止龙头股筑顶成功，向下突破。所以必须设置止损位，跌破立即止损。

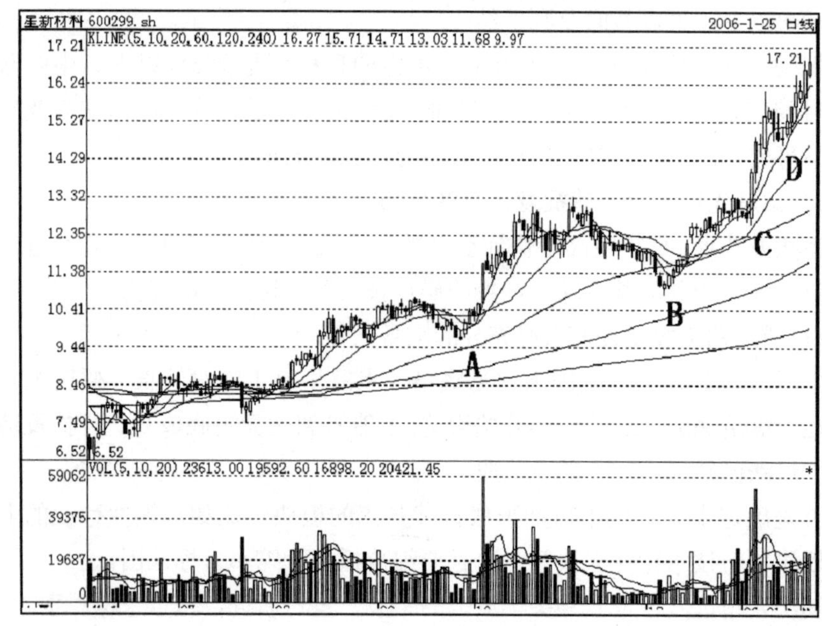

图 12-4

9. 勇往直前——乘胜追击

顺手的时候要敢于操作，说明趋势正确、操作得法，可以勇敢地加码。适度追涨，是符合趋势操作原则的，有时候事倍功半。特别是在主升浪阶段，畏手畏脚只能使你和机会失之交臂。

10. 冲浪战——波段操作

无论什么市道，波段操作都是可以获利的方法。特别是在震荡调整行情中，它更是获取中线收益的最佳操作技巧。

进行波段操作，掌握买卖时机很重要。特别是买入时机掌握得好，就能够踏准节奏。

股价上涨一段后会重新跌回接近中心区的位置，股价下跌过度后也会反弹回来。“踏浪要踏谷，不要打水漂。”说的是不要买在谷顶，卖在谷底。谷底一波段底部在哪里找，首先要参考筑底中心区域和前期低点。

阶段性底部区域的技术标准：

①经历过一段时间的深幅下调后，价格远离 20 日成本均线、乖离率偏差较大。

②个股价格远远低于历史成交密集区，接近历史最低价，或者回落到近期密集成交区附近止跌。

③移动成本分布中的获利盘小于 3%。

④周线指标处于底部区域。

⑤股价和中期技术指标背离。

需要注意的是，在牛市、熊市趋势明朗后，波段操作往往失败，原因是大趋势形成，中期波段不明显，牛市会做丢主升浪，熊市会介入过早而被套。只有在平衡市，或者波段习惯明显的个股才有操作价值。

三、热点战术

对于大多数人来说，股市投资总的原则是不要追逐热点，笔者一向坚持认为追热点不如等热点。但是对于有经验的投资者，对短线有把握的时候，还是可以适当追一下热点的。当然要有一些技巧，并坚持原则和纪律。

1. 转移战——弃暗投明

一旦手中持有一个鸡肋股，大盘涨它不涨，大盘跌它更跌，眼见其他好股纷纷脱离底部，绝尘而去，手里的这个家伙还是半死不活，你的心态会日益恶劣。所以一旦发现形势不好，必须当机立断，敢于弃暗投明，腾出资金，介入当前和今后一段时间将成为持续热点的强势股。如此操作，可以确保乘车直追，不被大盘远远抛下。

2. 肉搏战——短线快刀

肉搏战，就是近距离搏斗，发生在暴跌后抢反弹或暴涨时追高的情形。因为此时介入很可能短线获得暴利，深受短线高手喜欢。特别是股价启动开始加速时追涨，短期利润往往非常可观。

肉搏战要求投资者具有较高的短线操作水平，笔者总结了以下短线追涨战斗要领，仅供大家参考：

(1)注意几种可能暴涨的形态。

①出现明显的上升攻击形态时，往往会暴涨。

②股价在日布林线中轴以上止跌启稳的往往能大涨，同样股价在周布林线中轴之上运行，往往会涨。

③周 K 线，量线出现多头排列。

④股价站在 25 周均线之上呈多头排列，量线呈多头排列。

⑤在日 K 线上出现了缩量回调，周 K 线上出现了量坑，周成交量温和放大，往往会涨。

(2)买卖时机很重要。

①上攻形态形成，突破发生时及时介入。

②注意板块效应，抓龙头第一或第二。

③注意成交量。成交量在低位放大时及时介入。成交量在高位放大时及时出局。回挡缩量时买进，回挡量增卖出，一般来说回挡量增很可能是主力出货。

④RSI 在低位徘徊三次时买入，RSI 在高位徘徊三次时卖出；在 RSI 小于 10 时买，在 RSI 高于 85 时卖。股价创新高，RSI 不再创新高一定要卖出。

⑤低位出现三根放量长阳（多方炮）买进；高位出现连续三根长阴（空方雷）出局。

很多散户投资者喜欢短线投机暴涨股，这无可厚非，但是功夫不到万不可热衷于此。虎口拔牙、刀口舔血的事毕竟太危险。肉搏战经常轻则要见红，重则断胳膊折腿。所谓君子不立危墙之下，常在河边走哪会不湿鞋。一旦失手，很难全身而退。所以奉劝新手不要参与为妙。

如果你一定做短线，必须注意快进快出，不可恋战，提前制定目标，达到目标坚决走人。不要短线做成中线，中线做成长线。还要审时度势，情况不妙走为上策；决不逆势操作；必须设立止损位，并坚决执行止损计划。

3. 突击战——猎豹战术

指在上升途中整理结束之后，或者突发利好消息，遇有主力突然拉升的机会，第一时间快速介入，持股待涨。前提是，对该股比较熟悉，知道必然上涨，只是不知道何时拉升。不可仓促介入不熟悉的股票，免得被假突破套牢。

为什么叫猎豹战术呢？看过动物世界的朋友，都知道猎豹捕猎的过程吧？大多数情况下，它总是耐心地埋伏在草丛里，等待猎物进入最佳距离和最佳位置，只有到了时机和取胜机会都最适合的时候，它才一跃而起，以世界上最快的奔跑速度冲向猎物，这使进入它的狩猎目标的动物很难逃脱。

要想成为短线高手，就要具有猎豹同样的行动方式。时机不到，决不要盲目出击，没有八成胜算就不要进场。

4. 游击战

散户资金量小，机动性强，这是我们的优势。对于擅长短线操作的投资者，在大势转好，板块活跃的时候，采取游击战往往比守株待兔效果好。但是这需要对板块轮动规律把握较好，能够踏准板块轮动的节奏。因为每一个板块、每一个个股启动时间不一样，有一个时间差，盘面上或有此起彼伏的现象。介入正在拉升的股票，短期资金使用效率确实很高。注意拉高滞涨之后必须尽快出局，并立即转战下一个正在拉升或者即将拉升的板块。如此打一枪换一个地方，往往能够在短时间内捕捉到多个个股的主升浪，收益十分可观。

打游击战，必须练就突击战和肉搏战的过硬本领，否则一旦陷入追涨杀跌的恶性循环，很可能得不偿失，甚至难以全身而退。

四、突围战术

我们不会每次都对，谁也不能百发百中。有时候我们会失误，可能暂时被套住，也会面临许许多多的压力和支撑。我们需要找到一些应对策略，找到恰当的交易机会，逐步挽回损失。

1．被动战——解套

炒股被套是常事，但是被套以后，怎么办？止损执行了好说，如果没来得及止损，中线被套，甚至长线被套怎么办？要知道“短线吃套心态不妙，中线吃套只有祷告，长线吃套没钱买药。”

虽说只要等待足够长的时间，都有解套的机会，但也有可能等不来，比如退市，比如疯狂暴炒的高点(如 600839 在 1997 年创下的高点、000048 在 2000 年创下的高点)。关键是资金压不起，时间不等人。

中线深套，应该主动出击，以攻为守，做一些有限摊平动作，但是不可恋战，有利就要及时抛出。如此操作，几次以后就可能解套。

长线深套，就不好说，涉及到是否需要换股的问题，涉及到大盘是否见底的问题。如果你拿的是个好股，大盘也已经见底，就值得死捂，反正已经跌到头了，只有涨了。跌时没有卖，马上开涨了就更不能卖了。不但不能卖，还要顺势加码呢！当然也不要指望解套，比如你当年花 60 元买了四川长虹，现在就不必卖了，买点倒可以，涨到十几元再卖吧。只是不要等到 30 元再卖。不敢说永远涨不到，怕是三五年之内没有戏。谁也没有那个耐心，除了巴菲特。

无论牛市熊市，都有被套的可能，牛市只是暂时的被套，多数情况下很快就会解套，投资者被动等待是最好的策略。

这里我要重点说说熊市里如何解套。因为在熊市里操作，无异于逆水搏击，呛水的机会很大。而且持股时间越长，被套越深，损失越大。

但是问题的关键是，如何判断当前是牛市还熊市。这里我不详细介绍牛市熊市分辨办法，请见本书其他章节。

所以判断市场状态是个前提。一旦判断市场已经是熊市，或者高度怀疑是熊市了，就要随时准备离场。记住，在股市里悲观总比乐观好，对于较坏的情况，宁可信其有不可信其无。

有了以上原则，就要采取以下策略：

①止损。

有句股市名言：最好的解套就是卖出！只要已经被套，并且判断还要下跌，先出局，观察一下。特别是刚刚完成筑顶，破位下跌，那就不要指望反弹了，清仓走人才可保命。否则短期就可能暴跌30%～50%。看看近期的多数股票，都有类似的走势，要在第一时间离场。

如果已经深跌，比如短期下跌30%以上，或者中长线超跌，技术指标严重超卖，严重背离，则可以稍微等待几天，反弹后再出局。

②观望。

在熊市里，操作策略正好与牛市相反，一定要多数时间持币观望，切忌急于翻本。要知道持股越久损失越多，操作越多损失越多的道理。

③选股。

熊市里大多数股票会下跌，但是也会有少数股票逆势走强，也许是主力没有完全出局，也许是主力故意制造热点活跃气氛。反正会是阶段热点，并且可能反复走强。这样就要汰弱从强，舍得换股。卖掉已经边缘化的股票，介入被市场广泛关注的重大题材股。比如前期的农业股、创投股、股指期货股等。如果你参与了这些股票，即使没有赚到太多，也会减少很多损失。这些股票有一个共同特征，就是，题材重大、股性活跃。

④出击。

就是抢反弹和追热点。

抢反弹的策略：

时机：在熊市里，解套要靠主动出击，不能被动等待。

主动出击，一定要手疾眼快。一般要在短期暴跌30%～50%的时候，而且指标股普遍跌过一轮之后，指数相对安全的时候，才能进场搏中期反弹的机会。短线随机反弹尽量不参与。对于个股，要等中午惯性下跌3%之后，或者下午收盘前择机买入。而且要在长阴线出现之后，如果没有出现过2～3根长阴线，尽量不要进场。

仓位：一般不要超过30%，最多不超过50%。首次建仓更要少，先以10%～20%资金进场，分批建仓。第二天、第三天继续加仓。然后设置止损位，一般为5%～10%，根据自己的承受能力设定，只要跌破就出局。熊市里的反弹一般较短，即使是中期反弹，也不过几周，平均2～3周。反弹幅度也较小，即使是中期反弹，也不过30%左右。所以反弹之后，就要准备减仓，一般每涨5%，减仓20%。

追热点的策略：

基本和抢反弹一样也要等股价回落，尽量不要追涨。买在5、10、20日均线上较为安全。远离5日均线坚决不追。

⑤我的独家秘诀。

专买最低点。你可以打开一只个股的走势图，看看每一波下跌的最低价存在的时间有多长，平均多长时间会被刷新？据我观察，每一波下跌的最低价存在的时间有5～12个交易日，平均十几个交易日才会被刷新。也就是说，最低价有至少5个交易日的安全期。

当然，不同的股票会有所不同。一般小盘股，股性活跃，波动较大，适合反应快的人，而大盘股走势相对稳定，性格急躁的不适合。

我的经验是，抢反弹要等到创新低至少三天以后再进场，最好等待二次创新低之后。这样一般不会被套。而且不要在整理平台末端和二次探底途中进场，否则陷入下跌中继的危险很大。

戒贪婪。因为反弹高度不好把握，原则是有利就走，切忌贪婪。

牢记踏空和套牢哪个更加危险。很多朋友经常会为了担心踏空或者套牢而苦恼，往往陷入追涨杀跌，导致进退失据，左右吃亏。如何解决这个问题呢？

先看一道简单的数学题：

∵ 踏空 =0

被套<0

∴ 被套<踏空

这说明，踏空在任何时候都仅仅是没有赚到钱，而套牢在任何时候都是赔了钱，牛市可能有解套的机会，熊市只能越陷越深，损失不断扩大。

所以，当市场涨跌概率不相上下的时候，我选择观望，或者轻仓操作，并坚决止损，避免套牢。

当市场下跌概率很大的时候，我选择空仓，宁愿踏空，也不套牢。所谓“宁可错过，不可做错”。

只有当市场上涨概率超过下跌概率很多的时候，我才会重仓。

⑥最高境界。

解套的最高境界是：彻底离场，自己剪断套子！

根据牛熊交替规律，一旦熊市来临，就要下跌很久，最少一年半载。所以离场休息最恰当。一来可以休息，可以反思失误、总结经验，以便牛市再战。二来可以避免陷入恶性循环，毁坏了心情，毁坏了健康，耽误了工作。所谓，三十六计，走为上！

2. 以守为攻——有限摊平

所谓摊平，就是指买入股票被套后，逢低再买一些，这样可以使买入股票的平均成本降低一些，反弹的时候就可以尽快解套甚至赢利。这种暂时的退守，实际上是为随之而来的进攻作准备。

所谓有限摊平就是你确信即将见底或者近期会有反弹，即在空间上设定一个目标，只在此范围内做摊平操作。而且反弹要卖出一部分，甚至全部卖出，高抛低吸。如果跌破目标位(比如10%的空间内)，不但不摊平，而且还要止损，以避免更大的损失。

原则上讲，摊平是主力的专利，目标价位是由主力确定的，但是庄家不会到了那个价位再买入，它会提前介入，买入后，还要让股价继续下跌，以便吃到更便宜的筹码，它就可以不断摊平成本。而你一旦提前介入，股价下跌后摊平操作会有危险，因为你不知道在哪里止跌，是否能够很快止跌，一旦继续跌，你会因为市值不断缩水而痛苦不堪，甚至日益绝望，割肉出局了事。常常是你已经弹尽粮绝，股价还在跌，即使反转向上，你也只有解套的份，而主力却已经赚很多了。

所以，摊平必须慎重。

3. 冲出重围——筹码密集区操作要领

股价在运动过程中，会在某一区域长时间窄幅震荡，形成相对密集的成交区，价位接近的筹码相对集中。这一区域的筹码成本接近，具有稳定性，股价一旦突破，很难再次反向突破。股价一旦向下突破成功，就会有一段跌幅出现，特别是在高位的向下突破更有效，所以必须在第一时间里出局。同样股价一旦向上突破，也会有一段升幅，特别是在低位的向上带量突破更为有效，所以要在第一时间介入，因为主力会迅速脱逃，让你追不上他。

但是，密集区也具有强大的阻力，股价上升到密集区之下，或者回落到之上，往往会受到压力和支撑形成遇阻回落，或者反弹，甚至反转。

所以，一旦股价来到密集区之下，抛压较大的时候，应该适当减持，或者阶段性出局观望；而股价来到密集区之上，支撑较强，买盘踊跃的时候，可以跟进抢反弹。

五、回避战术

两军作战，有的时候一方为了避敌锋芒，或者养精蓄锐，或者以逸待劳等，会高挂免战牌，等待一段时间。目的是耐心寻找敌人的弱点，时机到了，一战溃之。

投资股市也要如此，在上涨、下跌中途大部分时间需要重仓或者空仓观望，避免随意出战。只有发现了对手的真实意图之后，才可以与之决战。

1. 对峙战——以逸待劳

学会空仓，学会休息。在大势不好的时候，如果操作不顺，最好的保全自己的方法就是离场休息。特别是如果你发现按照你原来行之有效的操作方法，开始频频出错，那极有可能说明形势已经转坏，必须退出市场冷静总结一下。此时，持币是最好的赢利方法，因为不亏损就是赢利。“现金为王”说的就是这个道理。

2. 避敌锋芒——追涨杀跌的要诀

股价加速拉升时，可以在刚刚启动，即第一次放量长阳处果断介入，以避其锋芒。随后股价往往会随着惯性加速井喷，气势汹汹，锋芒毕露。但是创出新高之后，就不要盲目介入，此时介入，短线风险巨大，特别是短线涨幅巨大(如已有数个涨停)之后。因为上方主力正手持利刃等着你，一不小心就会撞到刀尖上。

同样，股价加速下跌时，往往会随着惯性飞流直下，排山倒海。如果在下跌的末端，最后一跌往往杀伤力巨大，如果持有出现即将暴跌征兆的股票，必须先行退出避其锋芒为妙。更不要一见暴跌就急着介入，此时介入，短线风险巨大，特别是放量下跌之时，因为放量下跌之后短期内往往还会下跌。如果抢反弹，必须等放量下跌告一段落，缩量止跌之时。

六、顶部（撤退）战术

在波动较大的新兴市场，胜利逃顶对于投资成败至关重要。在顶部不确定，还要交易的时候，也要更加谨慎，采取轻仓、短线的策略。一边操作，一边随时研究行情，紧盯政策面和资金面、技术面，一旦几个方面都有到顶迹象，就要考虑撤退了。至少也要且战且退，决不能继续增兵过于恋战。

1. 麻雀战术

大家小时候是不是玩过用箩筐扣鸟的游戏？用箩筐扣鸟，就是用一根小棍支起箩筐，用一根长线拴住小棍，箩筐下撒一些米，待小鸟进入箩筐下面吃米时一拉绳子，箩筐就掉落下来扣住鸟儿。心急的人、不了解小鸟心理的人，往往还没有等小鸟完全进入中心就拉升，结果吓跑了小鸟。了解小鸟心理的人，很少在只有一两只鸟来吃米的时候，就拉绳扣鸟，他会等鸟足够多了才拉绳，也不会等太久，否则米就被吃光了。捕鸟高手甚至在鸟少的时候，弄出点响动，吓唬一下鸟儿，但是并不拉绳，鸟儿受到惊吓立即逃走，但是一看并没有危险，就又回来吃，他就再次骚扰一下，直到多次以后，鸟儿习惯了，箩筐底下也有一大堆鸟了，他就果断拉绳，让鸟儿一只也跑不掉！

主力也是这样的，他们在操盘过程中，经常洗盘，但是并不真跌，等散户习惯下跌了，麻木了，都满仓了，股价也见顶了，他就彻底逃跑了。

在此过程中，股评和黑嘴也一路公开推荐股票，一开始买了还涨，于是很多人相信他们了，纷纷大胆买入免费公开推荐的股票。但是后来等大家都开始重仓买入公开推荐的股票的时候，主力就一去不复返了，空留大家在山岗上放哨！

而有些聪明的老麻雀每次只啄取一点食物，就迅速飞走，吃完再回来啄。经过反复飞来飞去地啄取食物，每次决不贪心多吃几口，都是叼走到安全的地方吃，最终也能吃饱。因为它飞得很快，停留的时间很短，就可以保证自己不被捕鸟者或者其他敌人逮住，而成了他们的猎物。

不贪多，不恋战，快进出快，是麻雀战术的核心要诀，是短线股票交易方法的精髓，是积小胜为大胜的有效投资策略。

在股价顶部区域，筑顶随时完成，每一次上涨都可能是诱多出货。这时候，作为散户一定要学习聪明麻雀的吃食办法，以短线操作为主，以免套牢。并且仓位要轻，杜绝集中重仓一只股票。否则就等于一家老小全都同时进入箩筐下面了，危险之大不言而喻。

所以，顶部操作，关键是要经得起诱惑。要知道，进入顶部区域后，很多股票的主力会不断挑逗投资者，千方百计企图拉你下水。但是，他只会和你缠绵数日，也许数周，一定会始乱终弃，终将无情地离你而去！

在高位，达到出货区前后的时候，主力往往用强势吸引大家，全不是底部时候一副软柿子样了——趋势保持扬升，K线阳多阴少，每次调整不过一二天，最多三五天，关键技术位一般不会跌破，每每连拉小阳线，间或拉大阳线，强势明显，让人看了就心动。对此，你可以将计就计，陪他玩玩，但是记住，千万不要陷入太深。面对连拉小阳甚至拉大阳的诱人行情，也一定要忍住，千万别兴奋！超过 3 根阳线，特别是超过 5 根阳线，就不要抢了。否则，你一进去恐怕就甭出来了，不断臂止损很难出局！一般连续拉升之后，主力会趁势收网，股价回落，所以要专等回落后再择机少量介入，再跌最多再买一次，第三天只要不涨就卖，如此，主力就没辙了！

一句话，只要不贪得无厌，不被假强势所迷惑，不为了主力的小恩小惠而失去自我，就不会被套。

2. 展翅高飞——逃顶

确认中长期顶部非常重要，因为一旦错过出局机会，会有可怕的后果，肯定会减少赢利甚至发生亏损。

(1)逃顶的方法。

前面讲了很多种头部形态，一定要烂熟于胸，一旦在历史高位出现可疑形态，就要准备离场。最晚到形态确立，必须出局。

出局的时机很讲究。当年线扬起头，运行一年以上，股价不再创新高；股价在所有均线以上时卖出最佳，最迟应在股价有效跌破 30 日均线处卖出。就像站在大树枝头的小鸟，一有危险，立刻展翅高飞。

逃顶的方法还有很多，如跌破趋势线法、相对高位法等。加上顶部形成时，市场上一些特有现象增多，可以从侧面印证。如散户热血沸腾、看多的人越来越多，大多数人已经赚钱、热点退潮、庄股跳水、龙头股走软甚至筑顶成功是市场见顶的征兆。特别是龙头股一旦筑顶成功，其他股离顶部也就不远了。因为龙头股较其他股走势更强，持续上涨时间更长，它一旦筑顶成功，估计其他股票早就跌得一塌糊涂了。

需注意的是，顶部不是一天形成的。虽然市场上有底部三月，顶部三天的说法，那只是一部分股票的走势，主要是一些暴炒的投机股会走出尖顶的形态。而很多股票，特别是大盘绩优股真正的顶部会持续很多交易日，逢高出局的机会很多。

(2)判断股价顶部区域的主要方法。

由于判断股价是否处于顶部区域，对于确认顶部十分重要，必须认真研究。下面就介绍几种主要方法：

以成交量判断股价是否处于顶部区域的方法：

①股价在较高位放出历史大量后，开始价量背离，股价可能已高。

②股价上升至历史成交密集区，不能放量突破，转而回落，一般可以确认顶部区域。

③股价跌回高位密集成交区之下，不能再次向上突破，转而回落，一般可以确认顶部区域。

以K线组合判断是否处于顶部区域的方法：

①股价在上涨了较大幅度后，出现加速，收出多条长阳线，一旦出现明显的空头组合形态，一般可以确认阶段性顶部区域。

②股价在上涨了较大幅度后，开始宽幅震荡，一旦做出头部形态，特别是股价有效跌破颈线、支撑线，一般可以确认阶段性顶部区域。

③股价在上涨了较大幅度后，一旦原有上升通道趋势改变，特别是股价有效跌破中长期支撑线、趋势线，一般可以确认阶段性顶部区域。

④股价连续上涨，或者绝对涨幅过大之后，出现K线竭尽缺口，在缺口以上密集成交，但放量滞涨，一旦股价回补缺口，可以确认阶段性顶部区域。

以移动平均线判断股价是否处于顶部区域的方法：

主要考察中长期均线，如60日均线在高位走平向下反转、20日均线高位死叉60日均线、120日均线、240日均线等。短期均线看，5日均线在历史高位两次死叉10日均线，第二次不能创新高，基本可以确认股价阶段性顶部区域。

具体内容，详见本书第三章。

以景气周期和利润拐点判断股价是否处于顶部区域的方法：

导致股价高低的因素很多，但决定性因素，就是现实利润的高低，和预期利润的高低，而且后者往往更重要。这不是说利润高就一定会涨，反而往往说明股价已经涨了，因为股价总是会尽量反映其真实价值。股价低估的时间不会很长，一般很快就会被市场修正。

如果一只股票虽然业绩很好，但是已经是处于利润拐点阶段，景气周期开始下降，未来业绩会不断减少，那股价不但不会上涨，可能还会持续下跌。而有的股票，当前业绩虽然不理想，但是已经处于利润向好初期，景气周期上升阶段，股价不仅不会下跌，反而暴涨。

机构主力有着强大的研发实力，往往善于挖掘这样的机会，提前介入散户不敢买入的股票，时机成熟大炒一把。而绩优股由于受散户欢迎，主力收集筹码很难，常常得不到炒作。这就是为什么投资者常常不明白，为什么手里的绩优股不涨，而绩差股却飞涨的原因。这也是常说的白马不如黑马的原因。

以历史高点判断股价是否处于顶部区域的方法(纵向比较法)：

一只股票涨了，有了一定高度，大家就害恐高症，如果在历史底部，那正中主力下怀。其实，股价高不高，不能和最低点比，要和前高点和最高点比。

如果某股历史上并没有受到疯狂爆炒，其历史高点，一般可以突破，但首次突破，涨幅或许不会太大。如果某股历史上曾受到疯狂爆炒，其历史高点，一般难以突破，起码短期内是无法超越的。

以同类行业其他公司的股价判断股价是否处于顶部区域的方法(横向比较法)：

同类公司股价一般具有可比性，如果其他公司股价很高，而目标公司在业绩可比范围内，明显低估，股价可能上涨，反之可以确认估价过高，可能下跌。

如果同类企业龙头股在两年内涨幅超过 8 倍，上涨趋势已经改变，即使该股涨幅只有 2 倍，只要市场变坏，仍然要考虑筑顶成功。

3. 快乐华尔兹——规避短期顶部的技巧

如何规避短期顶部，或者说如何判断可能发生短期调整，这对于短线投资者非常重要。

短期调整，包括较大幅度分时调整之前，往往有一些征兆，或具备了一些技术条件，如：

①连续上涨多日、幅度很大，如 5 日内上涨超过 20%。

②上方存在较大阻力位，并且指数接近该点位，比如前期高点、跌破不久的前一段走势的支撑线。

③分时黄白线发生明显背离走势，白线上涨，而黄线下跌。

④出现近期天量，成交量不能继续放大。

⑤15、30 分钟 MACD 出现背离，多个日线指标出现钝化。

⑥指数突破布林线上轨运行多日，某日突然拉高，超出过多，但随后开始回落。

⑦出现多个高位含量扁 K 线，上涨速度明显放缓，即放量滞涨。

⑧连续上涨 8 个交易日后第三次收盘不创新高。

如果同时出现上述现象，发生短期调整的概率极大，至少也会有 60 分钟线级别的调整。中长线投资者可以不予理睬，但是短线投资者必须做出应对，最好逢高减持一些筹码或清仓，以回避下跌造成的损失。

短线逃顶，就像跳华尔兹，节奏明快、频率高，掌握不好难免磕磕绊绊，掌握好了，踏准节拍，则快乐而和谐。

本节总结：笔者把期货投资战术归纳成一句话：叫做“极端行情入场(出场)，趋势行情持仓，整理行情观望。”意思是：当行情暴涨之后，价格已经走到极端，成为强弩之末，随时就要转势，此时可以进场做空或者平掉多头仓位；当行情暴跌之后，价格也走到了另一个极端，此时可以进场做多，或者平掉空头仓位；而趋势明显的行情，最好是守住持仓不动；整理行情，后市趋势不明的时候，最好持币观望，不要轻举妄动。

由于期货和股票有相通之处，这个战术可以和本节介绍的战术结合起来使用。运用这个战术的关键是，要准确判断行情的性质和状态。趋势和整理行情比较明显，容易判断。为此，考察所谓的极端行情的特征，判断行情的趋势就成为技术派投资者们极为重要的工作。比如“最后一涨”、“最后一跌”、“主升浪”、“主跌浪”、“恐慌下跌”、“仓促上涨”等。

实践证明，这个战术很适合有一定经验的投资者，并适合在股性活跃的个股中进行中线操作。

第十三章 三种不同市况的投资策略和操作方法

——有风使尽帆，暴利会翻番

第一节 牛市操作方法

对于投资高手，遇到牛市，就要争取获得超额利润，至少应获得超过指数100%的利润。所谓三年不开张，开张吃三年。就像海上航行，遇到有风的日子，就要挂满帆，充分利用大好时机和有利条件，抓紧前行。我了解的高手，在牛市里有的一年能够取得300%～500%的战绩，甚至有个别人在2007年获得了10倍以上的巨大利润！

笔者对于不同高手的操作策略进行了研究，结合笔者的操作经验，归纳了以下几点在牛市获取暴利的方法。

一、选时

就是选择恰当的介入时机，一般要确认牛市确实来临，再进场。这样可以节约时间成本。由于最赚钱的时间往往只占三分之一的规律，对于盘整期、筑底期，尽量不参与。

对于大盘，筑底成功之后，最有介入价值。但是有一些牛股会先于大盘见底，及时发现这些股票，往往会享受首先获利的快乐。

对于个股，还是建议筑底成功之后再大规模介入。筑底阶段很折磨人，上下往返很多次，振幅很大，可达20%～50%。因此，如果踏准节奏，也可以获得十分可观的利润。但是一定采取创新低介入，接近新高退出的策略。

不过，牛市有逢股必炒的规律。之所以称为牛市，就是大多数股票会上涨，虽然涨幅差别会很大，但是平均涨幅200%以上是没有问题的。所以牛市之初随便介入一只股票抱住不放，都能够获得可观的利润。

选时战术包括：暴发临界点突破跟进，坑底伏击战，长途奔袭(持久战)、助攻歼灭战(做足主升浪)、奇袭热点股、马不停蹄轮番上阵等方法。

1.暴发临界点突破跟进

爆发临界点，是指在整理形态末期，即将突破的位置和时刻。一般是上升三角形末端、散兵坑右边沿、中继W底颈线、中继圆弧、底颈线、中继箱体上边沿等。

因为牛市环境，向上突破概率比向下突破概率大，临界点出现，颇值得一搏。不过要防止多头陷阱，套住追涨的投资者。大家应知道风险和收益成正比的道理，要时刻保持清醒头脑，勿忘止损。

突破之后，往往会加速逃多，不给技术派买进的机会。所以必须及时跟进。

2. 坑底伏击战

牛市主力经常采取暴跌洗盘手法，从而挖出一个个散兵坑和绊马坑，高手可以运用强反弹的手法迅速出击。

需注意的是，连续跌停的，必须等待跌停打开，大资金进场信号明显的时候跟进(参见反弹技巧)。

3. 做足主升浪(见散户战术)

4. 奇袭热点股(见散户战术)

5. 马不停蹄、轮番上阵

就是滚动操作战术。由于个股进入主升浪的时间有先有后，这就为高手轮番出击、滚动操作提供了机会。笔者建议采取成熟一个收割一个的策略，一旦阶段暴涨结束，迅速出手，不参与整理。并迅速介入下一个即将进入主升浪的股票。操作得当，可以获得超出市场平均利润很多的暴利。

滚动操作战术包括“全仓滚动操作战术”和“分仓滚动操作战术”。前者是指全仓买入一只即将启动个股，等待拉升，拉升之后清仓，然后再全仓买入另一只潜力股。这样做效率极高，但是风险也极大，新手慎重应用。后者是指分别买入2～3只个股，等待拉升，如果先后拉升，则将率先拉升到位的卖出，然后买入下一个潜力股，以此类推。

二、选股

选股好比赛马手选马，重要性不言而喻，如果选上了一匹千里马，将会一日千里；可是选择了驽马，那肯定跑输了，将远远落后于别人。

1. 识别白马股

所谓白马股，就是大家公认的大盘蓝筹股，他们市场形象良好，业绩稳定，连年分红送配，很受投资大众欢迎，群众基础很好，成为广大投资者，特别是坚持价值投资理念的基金等机构投资者的投资首选。白马股市盈率一般偏低，在牛市里也能保持20倍左右的动态市盈率。笔者又称之为千里马，其甄别方法请参见本书第三章。

由于牛市初期，资金有限，信心不足，主力必须集中优势兵力重点攻击少数板块和个股。而便于凝聚人气的品种往往是白马股，至少也是准白马股，很少是垃圾股、题材股，熊市末期，人心涣散，余悸尤存，业绩不好的股票很难受到追捧。此时主力资金，一般是主流资金，具有政府背景的资金，往往会首先启动已经提前介入的白马股，以唤起投资大众的信心。由于白马股一般都是指标股，所以指数会因此突飞猛进。

如2006年的有色金属股、银行股、地产股等。

所以牛市初期宜买白马股。

如果是熊市末期，市场面临反弹时，低价超跌股往往机会更大。

2. 发现黑马股

有一些股票业绩一般，甚至亏损，但是，科技含量高、具有成长性，或者有强烈的重组、并购预期，或者有着震撼的题材尚未挖掘，一般相对价格很低。低价股常出黑马，就是因为价格低，炒作所需资金量可以较小，散户资金少，也喜欢追逐低价股。黑马股一般盘子较小，适合游资操作。具体甄别方法请参见本书第三章。

牛市确立以后，投资大众信心高涨，空前乐观，普遍获利，乘胜追击的欲望强烈。此时，牛市大白于天下，社会资金纷至沓来。大批的游资持币待购，场外资金虎视眈眈。但是一些白马股受到充分挖掘之后，指数也长了很多，市场有过热嫌疑，管理层往往出面降温，出台一些调控政策。这时候主力不得不采取压住指数炒个股的策略，以迎合管理层和学术界的观点和态度。

这个时候就是黑马奔腾的时候。由于白马股受到炒作之后，市盈率水平普遍提高，不再具备市盈率优势，至少是优势已经不明显。而且白马股主动调整的时候，巨大的场外资金，和获利的场内资金，没有宣泄的场所，只能攻击低价股、题材股，这是资本的逐利性和时间成本压力的必然结果。很多资金是借贷来的，有的还是高利贷，不可能等着白马股调整结束再参与，更不可能给老资金抬轿，他们必然选择被市场忽略的、机构介入不深的股票，进行快速建仓、快速拉升的速战速决式的炒作。而且这些股票不是权重股，虽暴炒也不会导致指数飞涨，很容易掩人耳目。如2007年年初的低价股、题材股行情。

但是黑马股市盈率一般偏高，在牛市里往往达到30倍左右的动态市盈率，甚至更高，达到几百倍市盈率。所以，一旦行情转弱，要及时离场，因为涨得多涨得猛，跌起来也会如此。

3. 抛弃驽马股

有一些股票在牛市阶段，也会表现平平，走势很肉，明显落后于大盘，大盘涨它横盘，大盘暴涨它微涨，甚至大盘涨它却跌，呈现典型的散户行情。笔者称之为“驽马股”。这种股票往往是缺乏主力资金关注的股票，一般是主营业务大众化，处于不景气周期，业绩预期不好，缺乏成长性，管理层没有重组转型的计划。这些股票有的是上一轮牛市的明星，曾经受到恶炒，套牢盘沉重，口碑又极差，人们很多年不愿意重新介入。这种股票，往往牛市进行了一二年，股指和个股都翻了番，它还是原地不动，甚至还下跌了许多。一旦买上这种股票，后果可想而知。

所以，选股时要重点防备骑上驽马。万一骑上驽马，也要及时果断换马。换马的目标，在牛市初期，必须锁定龙头品种。因为，敢于率先上涨的龙头，其主力资金必然是有来头的，要么是先知先觉，有政策和信息优势的资金，要么是研究力量雄厚，把握大势能力极强的资金。不管是那种情况，但有一点可以肯定，那就是龙头股一定是主力已经建仓完毕，开始拉升了。

4. 抓龙头(见散户战术)。

三、仓位管理和风险控制策略

1. 暴利仓位策略

个股半时满仓、集中持仓；整体满时满仓。

牛市获得暴利的前提是要有足够的资金，对于资金有限的投资者如何提高资金使用效率，显得尤为重要。

其中一个重要的方法就是满仓操作。对看准的股票敢于重仓出击，比如2006年笔者对银行股(600015)就进行重仓投资，一度达到50%的仓位，拉升启动之初果断加仓。再比如，笔者对金牛能源000937也一度以50%的仓位出击。事后证明效果极为明显。

所谓半时，指的是，对任何一只股票都不进行满时持有，而是中线上涨幅度过大后，就减仓甚至清仓，换入其他整理即将结束，马上就要拉升的股票。这叫不参与整理，避免了时间的损失。所以，整体上还是满时的，很少有资金闲置的时候，大大提高了资金的利用效率。

2. 风险控制策略

止损和分散持仓。

牛市无需止损，只需止盈。但是，为了提高资金利用效率，有的时候需要止损，汰弱从强，适当追逐热点。

①分仓，就是不能把鸡蛋放在一个篮子里。道理是，一旦选错股，就会全军覆没；而且一旦回调，缩水严重，对心理是有很大打击的，有时候会影响持

股信心，倒在黎明前夜。所以对于新手，或者风险承受能力弱的投资者，分仓很有必要。这是在充分分散风险的基础上，尽可能获取最大利润的最优策略了。

但是也绝对不能过于分散，暴利高手一般同时操作 1～3 只股票，很少超过 5 只的。多了，绝对分散精力和注意力，肯定降低操作准确性。

②集中持仓，滚动操作，游击战。埋伏热点，追热点不如等热点。

③掌握买卖时机。好的买卖时机会使你的利润大大增加。并且减少止损操作的频率。笔者总结了牛市环境的买卖时机和技巧：

当一轮涨势形成的时候，任何位置买入都会有所收获。但是买入卖出时机仍然很重要，因为这很可能决定了操作纪律的有效性。比如，你追涨买入某股，而它随后几日回落幅度超过你的止损价的时候，你将非常尴尬，是否止损十分矛盾。不止损，可能继续下跌，损失扩大；如果止损，随后又有可能回升，甚至大涨！这将导致操作步骤紊乱，心态变坏，陷入追涨杀跌恶性循环，非常危险。

所以，追涨也要避其锋芒，以免被伤。一般来说，最好买入中短期调整充分的，选择调整结束，开始回升之初，买入最好在 5 日均线、10 日均线附近。股价升破这两条线之后第一次回落到它们附近的时候是最佳买点。或者分批买在 5 天、10 天、20 天最低价。

买入时，看分时，最好在盘中回落 1%～3%的时候。小盘股可选在 2%～3%处，大盘股可选在 1%～2%处。凡有超过 4%的机会都是难得的机会。

卖出时，一般在短期急拉的时候，最好分批卖在 5 天、10 天、20 天最高价。最佳卖出点位则是 20 日均线拐头向上超过 5 日均线(急速暴涨)，股价远离 5 日均线的时候；或者如果有过高位放量，或者是 20 日均线拐头向上超过 10 日均线(缓速上涨)，股价远离 5 日均线的时候；随后缩量冲高的时候一般是最佳卖出点位，无论随后是否继续上涨，你都是卖在了相对高位，不会后悔。因为未来一段时间肯定有更低的买入机会。

卖出时，看分时，最好在盘中冲高 2%～8%的时候。小盘股可选在 4%～8%处，大盘股可选在 2%～6%处。凡有超过 8%的机会都是难得的机会。

其他时间，应坚定持股，不到止损价(5%～10%，根据个人承受能力设定，建议设为 8%。)不必卖出，追热点不如等热点。

四、培养暴利思维，养成暴利习惯

培养暴利思维很重要的一点，就是要知道牛市的规律之一就是大多数股票都会产生 200%以上的涨幅。知道了这一点，你就不会轻易出局或者频繁操作了。

认清牛市的规律后，有必要彻底扭转熊市思维，树立起牛市暴利思维。坚决抛弃那种有利就跑，小富即安的思维方式。养成不获得暴利就坚决不离场的习惯。很多书籍劝大家一定要知足，有利润就要走人，听起来满有道理，其实这是主力的喉舌在劝大家养成微利出局的习惯，这样洗盘才容易。

当然主力也并不怕大家知道这个暴利秘诀，因为知道和做到是两回事，很多人早晚都会知道这些规律，但是有几个人能够真正做到呢？否则，这市场上岂不全是千万富翁了！成为高手，获得暴利，还需要一些知识以外的因素。

五、暴利高手的特质

我这里所说的特质指的是意志、信念等智商以外的东西，和情商接近。能够持续获得暴利的高手，一般有什么特质呢？

笔者发现高手一般具有以下几点特质：果断、勇敢、灵活、机敏、坚韧、细心、大智慧等。

果断：大家都知道，市场暴利机会常常是瞬间即逝，优柔寡断的性格，必然丧失很多好的机会。看到机会必须果断抓住，甚至换股，损失手续费也要在所不惜，因为利润远远大于损失。

勇敢：胆小的人很难成为暴利者，因为暴利的机会通常会产生在风险极高的时候，没有一点胆量是不敢出手的。所谓舍不得孩子套不着狼，没有冒险就很难获得暴利。

作为年轻人，要有拼搏的精神，人生难得几回搏，在没有借贷压力的前提下，可以最大限度地利用自有资金“豪赌”一把。

灵活：就是不固执，敢于承认错误，及时改正错误。

机敏：就是机智敏感，对市场信息可以迅速做出正确的判断，对于一些信息背后的真实含义可以很快地理解。

坚韧：就是要有毅力，不能遇到挫折就打退堂鼓，一定要坚持到最后。

细心：就是要细致地观察市场，感觉市场，并收集有价值的资料和信息。这样你就不难理解为什么会有黑马出现了。比如你要细心调查某只股票的持股情况，你就能够提前掌握它未来的走势了。

大智慧：在本人拙作《股市赢家兵法——成功投资的策略和诀窍》一书中指出：“小聪明只能赚小钱。懂一点皮毛技术分析，整天杀进杀出，只能赚点菜钱。忙来忙去，可能最后只是白白给证券公司打工了”。

只有大智慧才能赚大钱。大智慧就是一定要跳出市场看市场，胸怀全国，放眼世界。知道经济的大趋势，知道股市的大周期，理解社会、经济和股市的大事件。这样才能掌握先机，赚取大利润。只有看清大势炒个股，才能有更高的胜算。比如，了解国际上其他国家和地区本币升值期间，股市的走势，你就知道中国股市未来的发展趋势了。知道人民币升值对行业的影响，你就知道该买入金融、地产、航空等受益板块了。知道奥运会对经济和股市的影响，你就知道该买北京板块，特别是体育、建设、旅游、商业等行业的股票了。知道牛市最受益的板块是券商公司，就知道买入中信证券这样的未来的大牛股了。知道股改对于中国股市的重大意义，只能成功不能失败，就知道没有股改的股票都有机会，所以闭着眼买一个尚未股改的就能赚钱。再比如，香港回归是个大事件，香港回归10周年纪念日快到之前，就要考虑进军H股。原因很简单，值此回归10周年之际，中央很可能会给香港重大优惠政策，香港股市必然上涨，这样国际社会将看到香港回归后更加繁荣等等。由此，适时介入的投资者肯定会赚得盆满钵满了。

大智慧就是有大的思路、大局意识，能够发现大机会，这是发大财的前提。能够获得超额利润的投资者，必定是有大智慧，能够掌握先机的人。

还有一点值得一提，就是高手往往“不走正道”，不会盲从大众，不会受羊群效应影响，反而常常搞点邪门歪道，剑走偏锋。

这不是说要大家不走正道，专干投机取巧、损人利己的事。比如与高管勾结，利用内幕信息炒股。比如与机构勾结建立老鼠仓。这样确实能够获得暴利，但是这是违法的，发现是要被处罚的。

我所说的“邪门歪道”，就是指要和投资大众相反，专门做小概率事件。比如买冷门股，买悲极的股票，买价格极端的股票等等。和大众一样的行为，是大概率事件，很难赚到大钱，因为大多数人是赚不到钱的。赚大钱的人总是少数人。所以大多数人不做的所谓“邪门歪道”，反而可以赚大钱。其实主力机构正是靠这些“邪门歪道”最终打败了散户。

第二节 熊市操作方法

在熊市，我的建议是离场休息，但是对于职业投资者，这是不可想象的。但是硬着头皮战斗，经常会胜少败多，因为大趋势向下，持股时间越长，损失越大，只能抢反弹，超短线操作，疲于奔命的时候多，很多人忙来忙去，最后只是白白给证券公司打工。

因此，在没有做空机制的市场，抢反弹和申购新股成了持续稳定获利的必然途径。

一、抢反弹的策略和技巧

牛市进行一段时间后，很多涨幅偏大的股票将进入下降通道之中开始中期调整，甚至长期的价值回归过程。一旦确认熊市来临，除个别股票还可以做一段上升浪，可能主要就是以操作超跌反弹为主了。

虽然是抢反弹，但是仍然可以获利。高手甚至还可以获得很大利润。如果不想或者不能退出市场(比如职业投资机构和投资人)，大家就要顺应市场，及时调整操作策略。以前的持股不动策略恐怕是不行了，快进快出或许更有保障——不败的保障。下面就和大家探讨一下反弹和操作反弹的获利方法，供大家参考。

1. 几个概念

什么是“超跌”? 就是股价跌幅超出平时正常调整的幅度，或者跌幅超过同类板块其他个股；所谓“反弹”，就是短期改变其原来的下降趋势，上涨数日或数周，一般不能超过最近一个高点，并且很快就会结束上涨重返原来的下降趋势；如果反弹能够持续，接近新高，或者时间延长很多，就有可能转变为反转。

从操作反弹的主体主导性看，笔者把操作反弹分为“做反弹”和“抢反弹”。主导股价的主力，出于控制股价、迷惑对手的目的，主动进场拉升股价，叫“做反弹”；其他投资者，依据技术逢低吃进，跟风进场，叫“抢反弹”。

笔者把反弹分为“价值型反弹”和“技术型反弹”。价值型反弹是指某股票跌破合理价格，估值偏低，或者与同类股票相比存在比价优势，早晚会被市场资金发现，作为估值洼地，吸引资金流入，导致一波较为可观的反弹，但是反弹结束仍然可能因为不再具有比价优势或者大势不好而继续下跌。这种反弹常常产生30%以上的上涨幅度，具有可操作性，是大资金(500万元以上)的重点操作目标。

而技术型反弹，则是指个股下跌趋势中，随机出现的反弹。这样的反弹，非常频繁，反弹幅度一般不会超过30%，上涨幅度以3%～20%为常见，一般不会发展为反转，大资金除了被动拉高自救，比较少主动操作此类反弹，此类反弹更适合小资金(100万元以内)操作。

根据上涨的真实性、有效性，笔者把反弹分为“有意义的反弹”和“无意义的反弹”。有意义的反弹，是指某股票反弹的时间超过两个交易日，收盘价超过上一个交易日的收盘价，且上涨幅度超过3%，介入有获利的可能的反弹。而无意义的反弹，是指盘中反弹的时间不超过两个交易日的随机上涨，收盘价不能高于上一个交易日的最高价，且上涨幅度不能超过3%。此种反弹，介入有获利的可能很小，不具有操作价值。

2. 反弹的一般规律

一旦市场牛转熊趋势形成，市场以下跌为主，但是下跌途中仍会有若干反弹出现。

股彦有云：反弹不是底是底不反弹。大家普遍觉得这话不太好理解。我的理解是，短暂上涨之后，又归于回落，不久又创新低，就是反弹。一般而言，多数最低点的上涨往往都是反弹。真正的底部反转，不会再创新低，而且不会短暂上涨，上涨时间会延长。一般来说，除V型反转外，最低点产生之后，不会马上反转，特别是大盘蓝筹股，基本上要在底部区域横盘很久，会有反复震荡吸筹的过程。

所以，判断是否反转，就可以根据上涨时间的长短来检验，上涨时间越长越可靠。打个比方，假设人要去10里地的地方，往返用时平均1小时，而要去1里地的地方，往返用时平均10分钟，那么，如果一个人离开后还不到10分钟，我们就很难判断他是去了1里地的地方，还是10里地的地方。但是如果他走了15分钟，我们基本可以断定，他去了更远的地方，回来还早呢。

一般反弹是多久呢，笔者统计表明，一般短期反弹高点出现在10～20个交易日之间，而且不会创新高；而反转时间动辄就是数月，并且会创新高。那好，市场在上涨时间不超过20个交易日，并且没有创新高的时候，都要以反弹对待，须随时准备止盈止损。而当市场持续上涨20个交易日之后，回落不创新低，形成反转的可能就逐渐加大，如果创了新高，就更加可靠。

具体说，反弹有以下特征：

①反弹多是在技术指标“见底”条件下产生。

而且多数是日线指标，如布林线下轨处，KDJ钝化，乖离率过大，MACD绿柱缩短等等。但是周、月线指标仍处高位，或在下行途中。

②一般来说，反弹不会持续放量，一旦放量也往往见顶了；当然也有主力故意做出大成交量，呈暴发上涨态势，从而吸引跟风盘，以便趁机出货的情况。这属于短促的猛烈反弹形式，其显著特征就是持续时间很短，随后会跌落起暴点以下，很快就会结束反弹。

③市场热点不具有持续性，缺乏长期走强的政策和经济基础。

热点的持续时间不长，早早就会分化，而且会频繁地切换，个股往往昙花一现，热点非常零乱、后续热点不能接续。

热点没有强大的市场号召力，不能有效激发人气，参与面较窄，多数投资者持观望态度。

热点不属于主流板块，一般是中小盘超跌股、题材股，市场中只有冷门股或超跌股表现较突出，没有适合大规模主流资金运作的流通盘。 大资金明显持续流出，只有小资金或游资趁低点超跌机会进行短期套利，掀不起大波浪。

热点不是管理层扶持的板块，甚至是管理层打压的过度投机板块，上涨缺少政策支持。

热点属于受宏观调控直接影响的板块，赢利预期不乐观，上涨缺少宏观面的支持。

热点属于绩差板块、景气周期向下板块，前景堪忧，上涨缺少业绩面的支持。

④反弹时，一般散户还没有离场甚至还在进场，筹码仍处高位，或者处于向下发散状态。如果快速向下，连续暴跌数日，迅速脱离上方密集成交区的时候，筹码没有来得及换手，形成一段筹码真空区时，往往会有猛烈的类似于V形反转的反弹，但是反弹一般到达上方成交密集区就会掉头向下。

⑤凡是不创新高的上涨都是反弹，较大涨幅的反弹往往发生在牛市末期，在顶部区域很常见。

之所以高位反弹幅度比较大，究其原因，主要有二：一是牛市末期人气仍然很高，主力拉抬时跟风的还会很多；二是主力手中筹码没有出完，还要拉出较大空间以便继续以较高价格出货。

一旦主力卖掉了大部分筹码，顶部形态也出来了，就会不计成本地抛售，因为成本为零甚至负数了！而且，此时抛售可以一举两得，一是加速出货，散户来不及反应就被套在高位，等反应过来，主力也跑得差不多了；二是可以顺便落井下石，把股价砸下来，为今后低位捡筹后继续砸盘，以便在更低的位置再次进场创造条件。

当主力抛掉大部分筹码以后，维护股价的任务也就完成了，以后反弹的时候，主力就不会拿出太多资金和精力去做了，这就是越跌反弹越微弱的原因。

当主力彻底丢弃筹码以后，股价就成为秋风中的落叶，大海里的独木舟，风雨飘摇了。此时只有散户在内，难以支撑股价。一旦大盘不好，股价就会随着暴跌。由于散户胆小不敢跟风，也由于场内散户深度套牢，已经没有资金补仓，所以反弹会十分微弱。这时候就会出现典型的散户特征——就是大盘整理时随波逐流，波澜不惊，大盘下跌时下跌更猛烈，大盘反弹时反弹更微弱。

所以，当大盘顶部形态还没有明显的时候，个股的反弹可能较为值得参与，一旦大盘顶部形态形成，开始快速下跌，在暴跌之后，可以适当抢反弹，但是每一次反弹的预期都要适当降低。而在接近长期底部的时候，反弹会变得十分微弱，且随时可能暴跌而不值得参与。

而在筑底期间，虽然每次反弹幅度可能较大，但是震荡筑底的过程会反复很多次，波段高低点一般很难把握，主力故意以上下揉搓的方式折磨人，如果介入过早会令人十分痛苦。如果心态不好最好还是观望，待形势明朗以后再择机进场。

3. 操作反弹的技巧和原则

虽然介入反弹也有获利空间，但是对技术要求很高，一般投资者掌握不好很可能造成巨大损失。特别是不知道资金管理和止损的人，往往在反弹结束时遭到惨重失败。根据过往经验，谈谈操作反弹的技巧和原则：

(1)操作时机。

股票在下跌途中，会有很多次反弹出现，但是有意义的反弹不多，真正具有安全性、赢利性、可操作性的机会很少。

只有某股相对于指数或行业形成超跌的时候，其反弹才会持续较长时间，就会具有可观的反弹高度，这时该股才具备可操作性。比较安全的反弹，一般是下跌空间巨大或者下跌时间很长之后的反弹，这种反弹力度比较大，时间空间相对较大。也就是价值型反弹。这种反弹一般要在下跌中途，或者平衡市道寻找机会。

而对于系统性风险导致的暴跌(整体市场突发利空)和非系统性风险导致的下跌(个股突发利空因素)，都具有短线机会。暴跌就是暴利，跌得狠，反弹也会猛烈。技术性暴跌在任何阶段都可以发生，但以头部刚刚形成暴跌开始的时候最为危险，操作性也最差。

一般而言，短期跌幅超过30%的股票，就已经具备了短线强烈反弹的可能。所以，建议持有这类股票的朋友，不必盲目杀跌，甚至可以在惯性下跌的时候补一点仓，做一把反弹。

操作技术反弹，应该参照技术指标，除了跌幅超过30%这样的定量指标，还有一些超买超卖和震荡波动指标需要参照，笔者常用的是乖离率、布林线等，一般乖离率达到-15%以上，并且短期内股价突破布林线下轨才算是超跌。操作超跌，A浪经常是暴跌，特别是突发重大利空后，什么时候结束不好判断，匆忙介入比较危险，建议回避。如果参与B浪反弹，务必快进快出；C浪走出来以后，相对安全，因为有了A浪的低点作参照，C浪结束的点位更低，时间比A浪更长。当时间和空间到位之后，可以判断C浪结束，这个时候进场更安全，上涨空间也更大，操作性更强。

筹码分布指标也可以参照。一般获利筹码少于90%，甚至99%以上，相对安全。有一点大家要注意，真正下跌的时候，指标的有效性降低，背离之后才可以提高信任度，60分钟以下的指标不适用，日线指标才可信。

买入时机一般要在股价跌破布林线下轨后，明显有资金进场，量能显著放大的时候。卖出时机，一般在买入后第三个交易日以后，上涨幅度在10%左右，开始卖出。5日均线、10日均线、20日均线压力带是常见的获利了结的点位。投资者可以分批卖出，如：涨5%，卖出20%；涨10%；卖出30%；涨15%；卖出40%；再涨，或者回落到上一卖出价位就清仓。

(2)介入资金和仓位比例。

做超跌反弹，对资金的安全必须重点考虑，是首要的问题。必须首先确定参与的资金量和仓位，提前制定计划，不能临时改变策略。

对于短期超跌，因为不能确定随后的下跌空间和时间，轻仓、空仓的朋友，要以较少的资金，比如10%～30%的资金进场抢反弹。但是必须快进快出，不可过于贪恋。最多补仓一次，补仓后的仓位不大于50%，然后以补仓完毕后的成本价设置止损价，一般设为-3%，并且在盘中跌破的时候就坚决止损，要毫不犹豫。反弹后，加仓慎重，最多在回落的时候加仓一次，并且涨幅超过5%以后尽量不加仓，超过10%以后绝对不得加仓。

对于中长期超跌，如果可以确定随后的下跌空间不会太大，时间不会太长，轻仓、空仓的朋友，可以考虑以较大的资金，比如40%～60%的资金进场抢反弹。持股时间也可以适当延长。最多补仓两次，补仓后的仓位不大于80%，然后以补仓完毕后的成本价设置止损价，一般设为-5%，并且在盘中跌破的时候就坚决止损。反弹后，可以根据市场趋势逐步加仓，但要注意在回落的时候加仓，不要追高，并且涨幅超过10%以后尽量不要加仓，超过20%以后绝对不得加仓，除非确认行情反转。

(3)必须坚持的原则。

空间不够，时间不够，不能抢反弹。急于抢反弹，往往会跟股价同归于尽。不得无限摊平，否则无异于自杀。

除了轻仓原则，止盈和止损是必须坚持的原则和纪律。特别是止损，这是铁的纪律！做反弹不会止损，意味着不会游泳就下海，却不带救生圈，无异于自杀。当前阶段，任何侥幸心里和长期投资的想法都是极其危险的。

对于短期超跌，特别是历史高位的超跌，买入后就要时刻准备卖出，或者止盈，或者止损。止盈价可以根据个人的预期，以及市场的反弹力度确定，一般就是5%～15%，极限是20%，20%以上的空间最好还是留给别人。止损价可以根据个人承受能力确定，一般是3%～8%，由于是做超跌反弹，建议止损价不要定得太低，笔者一般定在3%。底线是5%和上一下跌波的低点，无论如何，股价回落跌破5%，或者跌破最近的低点，都要坚决离场。

对于历史低位的中长期超跌，反弹的目标可以定得高些，止盈价位可以高于15%，直至30%。极限是40%，因为大多数个股在底部第一次反弹的高度很难超过40%(从最低点起算)。

抢反弹的大忌：不设止损，无限摊平。

4. 抢反弹还应注意以下事项

(1)牢记不要抢反弹的几种情况。

①弱市确立，刚刚突破重要支撑，如政策底、前低点、密集成交区，不要抢反弹。

②反弹到阻力位附近，如政策底、密集成交区、前高点，但是成交量没有有效放大，不能突破，就要警惕。

③放量下跌时不要抢反弹。股指、股价在某一区域横盘一段时间，或阴跌途中，突然放量下跌往往预示要大跌，并且会跌出一定空间，此时应该出局，而且不要马上回来。

④心态不稳，反应不够快，短线能力差，对行情没有把握的，不要抢反弹。

(2)抢反弹要回避以下几类股票。

①大盘反弹初期，要回避大盘股。大盘股盘子太大，需要资金量庞大，在资金面日益趋紧的熊市里，一般主力很难持续拉升。

②刚刚破位的小盘股票不要参与反弹，可能随后会有猛烈下跌。

③要回避主流资金全力退出的板块，无论原因如何，只要明显遭到主流资金的持续大量抛售，这些板块后市就不乐观，即使大势有较大反弹，它们也很难有所作为。

④要回避属于国家宏观调控产业的股票，相关板块的股票在整体反弹走势中相对会弱得多。

⑤要回避抗跌股。特别是在市场转折明显，调整确立，个股普遍深跌一遍的前提下，那些跌幅很小，苦苦支撑的个股，往往会补跌。即使不补跌，反弹也会有限，这就是“抗跌的也抗涨”现象。

(3)要有严格的资金管理。

一旦怀疑熊市来临，最好彻底退出股市。如果是职业投资者，不能退出股市，仍然需要坚守，就要改变投资策略和交易模式。如结束长期投资，实施短线投机。资金分配要更加保守，提高现金比例，至少留存30%的资金，只用30%的资金参与超跌股的反弹和题材股的炒作，其余40%的资金退出股市转投国债，或者打新股。单个小资金申购中签几率很小，可以采取合作方式。在市场发出反转信号之前，决不满仓操作。如果有做空机制，可以融券做空、操作股指期货等。

二、判断反转的方法和相关对策

由于反转初期具有反弹的一些特征，以至于人们经常无法快速准确地判断市场是反弹还是反转。不过，二者还是有一些显著的区别。笔者再总结一下反转的特征，以帮助读者对它们加以辨别。

一般来说，反转有以下特征：

①反转不依赖技术指标的支持，以至技术指标往往背离很久，市场仍毫无起色。真正的大底反转，月线指标一定见底，至少周线指标要钝化，并发生背离。

②虽然反转初期，也不一定有较大成交量，而且由于市场气氛低迷，甚至还不如某些反弹的量大。但是，如果是反转，就会持续放量，并且呈上涨时温和放量，回调时缩量，走势健康，上升趋势明显持久。

③市场开始产生持续性热点，具有长期走强的政策和经济基础。

热点的持续时间明显延长，切换自然，轮动有序，反复向上，连续轻易突破各类阻力位。虽有龙头和跟随、早涨和晚涨之分，但不会发生明显分化，不会有太大的差距。这是牛市捂股的客观基础。

热点具有强大的市场号召力，可以有效激发人气，参与面较宽，多数投资者都有参与的欲望。

热点属于主流板块，一般是大盘蓝筹绩优股，有适合大规模主流资金运作的流通盘。明显有主流增量资金持续流入，游资更加活跃，题材股纷纷登场，涨停现象显著增多。

热点属于管理层扶持的板块，上涨有国家政策的大力支持。

热点属于受宏观调控正面影响的板块，赢利预期非常乐观，上涨具有宏观面的支持。

热点属于景气周期向上板块，前景乐观，上涨具有业绩面的支持。

④反转时，一般场外散户已经不敢进场，在场的开始离场，筹码大部分掉落低位，形成低位密集峰，或者开始向上发散。

⑤个股反转发生时，一般指数已经出现，或者即将出现明显的底部特征。判断反转要结合大势，结合大盘底部特征是否形成。大盘的反转，一般会在底部特征明显出现之后，大部分个股已经走出清晰的底部特征之后才会发生。

⑥反转的显著标志是，反弹时间明显超过上一次下跌波段的时间。

结合前面总结的反弹特征，可以发现，反弹就是反弹，很少能够演化为反转。但是，反转初期又极像反弹，判断有相当难度。这就要求我们在市场走熊的时候，对于调整趋势中所出现的每一次上涨，都要把它当作一次反弹来操作，切不可急匆匆重仓杀入。

在反弹初期，必须按照抢反弹策略，及时分批获利了结。如果没有及时介入，股价已经涨高，就不要再追涨。尤其是在反弹 5～10 天以后，股价有冲高动作，形成阶段高点的时候，无论是否放大量，都尽量不要再介入了。当然，为了避免踏空大行情，也不要彻底放弃、不再关注。要密切关注行情发展变化，寻找反转特点，同时逢低可以适量介入估值相对合理的个股。一旦认为有反转的可能，可以加大买入力度。直到反转趋势明朗，就可以重仓操作了。

第三节 平衡市操作方法

所谓平衡市是指牛熊转换时期，筑顶或者筑底时期，或者较长的中继整理阶段。在平衡市，市场横向整理，方向不明，人心不稳，操作精确度大大降低，获得超过市场平均水平的利润还是比较难的。

整理阶段很折磨人，股价上下往返很多次，振幅可能很大，可达 20%～50%。因此，如果踏不准节奏，很可能惨败；但是如果踏准节奏，也可以获得十分可观的利润。

中长期平衡的操作方法主要是波段操作法，具体方法请见本书第五章。

对于短期平衡市，很多投资者很头痛，且常常吃亏。实际上短期平衡市是一种小型整理形态、过渡形态，笔者称一种振幅不大但震荡频率很高的短期平衡市为“榨油行情”。

所谓榨油行情，就是今日涨明日跌，涨跌交错，或者涨二三天又跌二三天，上下反复揉搓数日的行情。主力如此操作，意图是迫使中小资金特别是散户追涨杀跌，达到吸筹、洗盘、出货、抬高市场成本等目的。主要目的还是要榨干散户。虽然不是暴涨暴跌，但是散户经不起折腾，又没有耐心，经常会中途退场。所以，对于没有经验的新手，此种手法有着相当的杀伤力。

如何判断是榨油行情呢？一般至少要有三到四个交易日才能判断出来，二三个交易日则不够，往往会误认为是多头炮或者空头炮。榨油行情虽然不好判断，但是还是有一些规律的：下跌途中，往往出现在一段加速下跌之后，构筑短期底部、下降旗型，或者其他中继整理形态的时候；上涨途中，则往往出现在一段加速涨升之后，构筑上升旗型或者其他中继整理形态的时候；而在顶部和底部区域，最为常见的就是“榨油行情”。整个顶部和底部也可以认为是一个大型榨油机，在周线上看，其阴阳交错的揉搓特征相当明显。

至于主力进行榨油行情是出于什么目的，要看行情处于什么阶段。底部一般是进货，中途一般是洗盘，顶部就是出货。但是，不管什么阶段，买跌卖涨都是上等策略。因为即使买错了，买了又跌了，但由于已经跌过，下跌空间也不大，止损不会太频繁；如果是追高买在反弹高点上，常常是只有止损出局才可避免出现致命亏损。

不过，由于榨油行情涨跌空间狭窄，频繁买卖并不划算。所以，对付榨油行情，我的建议是：持股不动、持币不动或者逢低吸纳。最好的办法是观望，包括空仓观望和持仓观望。或者等待整理结束突破之后立即跟进，或者逢低吸纳之后就持股不动，等待突破时再做买卖决定。一般要采取创新低介入，接近前高退出的策略。

由于向下突破无需放量，但是向上突破一般要有量能配合方为有效。所以，每一次上探高点时，只要量能不足，就出局。而向下探低点时，事不过三，第一次、第二次，一般可以放心抄底，但是第三次，第四次，就要小心向下突破。当然，也要防止牺牲在空头陷阱里。因为牛市上涨是主基调，总趋势是向上的，所以，主力为了洗盘彻底，常常打出空头陷阱。对于高手，空头陷阱倒是一个可以借以获得暴利的机会。

平衡市，主力往往折磨散户，迫使散户缴械投降。高手就要折磨主力，你低卖，我就买，你拉高我就卖。如此应对，主力就拿你没办法了。

第十四章 权证及股指期货投机获利技巧

——富贵险中求

第一节 权 证

中国证券市场曾经有过权证，但是由于其过度投机等原因不久就被取消了。目前市场上的权证是伴随股改，作为对价出现的。权证市场投机气氛非常浓烈，每天都发生着暴富暴穷的故事。权证的高风险除了过度投机是主要因素，很重要的因素是由于投资者的认知不足和操作失误。事实证明就是在当前牛市格局下，参与权证交易的大多数散户比买卖股票的散户赚得更少，输得更惨。所以笔者认为，权证实在是大股东为糊弄散户画的一张饼，尤其是认沽权证，买入认沽权证等待行权好比吃了慢性毒药坐以待毙。牛市不做空，所以认沽权没有任何投资价值，只有投机机会，风险之大不言而喻。

俗话说富贵险中求，如果你喜欢刺激、愿意冒险，非得买卖权证，防范风险还是第一位的。要降低操作风险，投资者就必须了解权证的以下特点。

一、权证摘牌日并不是行权终止日

每只权证都有许多条款，这些条款使得每只权证都区别于其他权证。正是这些复杂的条款使投资者了解权证的产生困难，常常发生误解。如果投资者忽视了一些重要的条款，特别是行权条款，就会发生操作失误，造成亏损。股改以后，很多股改权证将陆续到期，权证投资者自然要面临到期行权与否的选择。权证投资者必须了解权证的条款，判断权证的真正价值，防止由于操作失误带来不必要的损失。

权证行权条款主要有行权价格、行权比例、存续期间、最后交易日、行权日、到期日。特别需要注意的是存续期间和最后交易日。存续期间是指权证上市日至到期日之期间。最后交易日是指可以在市场上买卖权证的最后一天。行权日是指持有者行使权利之日。到期日是指该权证在市场上存在的最后一天。以邯钢认购权证(580003)为例，其存续期间为 2006 年 04 月 05 日至 2007 年 04 月 04 日；最后交易日为 2007 年 3 月 28 日，从 3 月 29 日开始，该权证就不可以在市场上买卖了；行权起始日为 3 月 29 日和行权终止日为 4 月 4 日，表示投资者只能在 3 月 29 日和行权终止日 4 月 4 日行使权利，如果不行权，权证就会成为废纸一张。

二、权证的价格不一定具有投资价值

权证分为认购权证和认沽权证两种，每种权证又存在价内、价外和平价三种状态。当认购权证的行权价高于正股价格时，权证就处于价外状态；当认沽权证的行权价低于正股价格时，权证就处于价外状态，反之为价内状态；当行权价与正股价格相等时，为平价状态。目前市场上的认沽权证都为价外权证，行权价格大都远远低于正股价格，如果投资者买入此类权证是要到期行权，必然发生巨大损失。所以认沽权证完全是投机品种，风险十分巨大，笔者建议投资者务必熟悉条款之后再参与交易，特别是最后交易日一定出局，避免接到最后一棒。

三、券商可以创设和注销权证

这是权证的一个重要特色。上海证券交易所自 2005 年 11 月 28 日起，推出权证创设制度。按照《关于证券公司创设权证有关事项的通知》中的规定，取得中国证券业协会创新活动试点资格的券商可以在市场上创设和注销权证。所有创设在外的权证与同标的证券的同种权证之和乘以行权比例不得超过无限售条件标的证券的 100%。创设人要创设认购权证必须在结算公司全额抵押用于行权的标的证券，直到所创设的权证被注销为止；创设认沽权证则需要全额抵押用于行权的现金，直到注销为止。

券商创设和注销权证的制度目的是提高权证的定价效率，主要是抑制极端供需失衡现象。其作用原理是，当创设人判断权证的价格过高时，可以通过申请创设权证，在二级市场上卖出，可使权证价格回落；当创设人判断权证的价格较低时，则可以从市场上买入已创设权证，申请注销权证，权证因为存量减少价格会上涨。从权证创设和注销的过程来看，其实质上就是一个卖空套利的过程。

跟踪券商的创设和注销，对于投资权证和正股都有重要的作用。笔者发现，创设机制对于权证价格有显著影响。当券商注销认购权证时，权证下跌的概率很小。因为券商为避免未来权证价格的上涨造成损失，就必须及时买入权证注销，而大量注销又会导致流通量减少，价格最终升高。券商注销主要是认为正股价格会上涨，并带动权证价格上涨。因此投资者要关注券商注销的认购权证和正股。对于认沽权证，券商注销意味着券商对正股价格有信心。创设份额的流通会加大流通量，从而加快权证价格归零的速度。所以当券商大规模创设认沽权证时，投资者最好高度警惕并择机卖出。

当前我国上市权证主要是欧式权证。欧式权证的价格主要与正股的价格、权证的剩余期间、息率及股息等因素有关。

正股价格：由于权证在到期日的价值，主要取决于正股价与行使价之间的差价。因此，就认购权证而言，在权证到期时，正股价格越高，认购权证的理论价值就越高。就认沽权证而言，在权证到期时，正股价格越低，认沽权证的理论价格也就会越高。

剩余期间：权证持有人行使权利的目的是买入或沽出正股。因此，权利有效期越长，权证价值越高，价格越贵。对于持有权证的目的并非到期日行权而是在交易市场上买卖博取差价的，越长期的权证，提供可买卖的时间越长，相对价格也越高。

息率：息率升高，发行人筹发认购权证的成本较高，认购权证的价格会相应提高。相反，息率下降，发行认购权证的成本相对较低，认购权证的价格就相应降低。而认沽权证正好相反。

股息：由于权证的投资者不能获得正股的股息，所以当正股所派股息上升时，认购权证持有人会付出更高代价行权，这对认购权证的持有人不利，持有人会选择弃权抛售，认购权证的价格就会下跌。认沽权证则相反。因为，认沽权证的投资者，可以不卖出正股，持有认沽权证就可以避免把股息成本一并丧失。

第二节 股指期货

股指期货实际上也是一种期货，而非股票。但是它和股市密切相关，很多投资股市的投资者对它一定会非常关注甚至进行投资，所以有必要介绍一下。

一、期货与股指期货

期货就是期货合约，即由期货交易所统一制定的、规定在将来某一特定的时间和地点交割一定数量标的物的标准化合约。

期货合约所对应的现货，可以是某种商品，如铜或原油，也可以是某个金融工具或者某个金融指标，如外汇、股票指数。《期货交易管理条例》将于2007

年 4 月施行。条例将适用范围从原来的商品期货交易扩大到商品、金融期货和期权合约交易。商品期货合约将包括：农产品、工业品、能源和其他商品及其相关指数产品。金融期货合约的标的物则将包括：有价证券、利率、汇率等金融产品及其相关指数产品。期权合约交易将被允许，未来投资者对股票市场个股也能进行对冲避险操作。

期货合约的买方，如果将合约持有到期，则有义务买入期货合约对应的标的物；期货合约的卖方，如果将合约持有到期，则有义务卖出期货合约对应的标的物。期货合约的交易者也可以在合约到期前进行反向买卖来冲销这种实际履行的义务。

有些期货合约在到期时无法进行实物交割，只能结算差价。如股指期货到期就要按照现货指数的某个规定值来对手中的期货合约进行差价结算。

二、股指期货的作用

1. 保值

很多投资者作为长线投资或者控股的需要，即使判断股票价格可能下跌，也不能卖出，从而必须承担股票市值缩水的损失。然而股指期货恰恰可以帮助这类投资者避免这些损失，因为投资者可以做空股指，指数下跌仍然可以获利，如果股指期货空单和持股数额匹配适当，虽然股票下跌了，可能仍然有赢利。于是保证了持股的价值出现不必要的缩水，而且还能保持持股比例不减少。由此可以推断，将来大多数上市公司的大股东极有可能为了维持控股地位，选择在任何市况下持股，同时适时建立股指期货的空头仓位，以对冲股票市值缩水的风险和损失。

2. 风险管理

股票的风险可以分为非系统性风险和系统性风险。与个股经营相关的风险，属于非系统性风险，不能规避但可以分散，主要是通过建立投资组合进行分散化投资。系统性风险则与宏观系统密切相关，具有方向的一致性、风险的共同性，因而，不能通过分散投资来控制，只能通过买卖与投资组合贝塔系数相适应的股指期货来规避(系统性风险一般用贝塔系数表示)。

3. 套利

所谓套利，就是利用股指期货与股指期货标的指数成分股价格偏差，通过卖空股指期货标的指数成分股同时买入股指期货，或者买入股指期货标的指数成分股同时卖出股指期货，从而获得无风险收益的交易方法。由于套利机制的存在，可以使股指期货价格与股指期货标的指数成分股价格之间的差距保持合理的程度，如果二者偏离过大，套利者就会进行套利活动。又会将二者之间的价格差距减小到合理的程度，从而使二者都处于相对合理的状态，避免了股市的极度不合理的波动，有利于稳定市场。

4. 投机

股指期货一般采取保证金交易制度，是一种杠杆性投资工具。就是说，投资者无需拿出百分之百的本金进行交易，只需交付一定比例的保证金，就可以进行较大数额的交易。而且，保证金的比例一般都比较低。所以，只要判断指数走势正确，就能获得极高的收益。例如，如果保证金为 20%，买入 1 张指数期货，那么只要股指期货涨了 10%，就可获利 50%；反之，如果判断错误，股指期货跌了 10%，投资者又将亏损 50%。正是由于这个原因，很多投资者可以一夜暴富，也可能倾家荡产。

由于大多数散户投资者，没有相应的专业知识和操作经验，特别是对于指数的判断能力和操控能力远远不如机构投资者，专门投机的投资者多数无法战胜机构，多数最终是亏损的。所以，笔者建议投资者利用股指期货进行纯投机活动，必须非常谨慎，绝不能借钱投资股指期货，绝不能满仓，轻易不要加码投资，且要注意见好就收。

三、股指期货对现货市场的影响

股指期货产品推出必然会对现货市场带来一定影响。专家研究表明，股指期货上市会对现货市场带来以下影响：短期加大股市波动、稳定长期市场、吸引长期资金入市、提高市场的效率等。

比如，中国香港恒生指数期货、中国台湾加权指数期货、日经 225 指数期货、韩国 KOSPI 指数期货，在上市之前，指数呈上涨走势；在上市之后，指数发生下跌；但指数的长期趋势没有改变。

股指期货对标的资产以及市场的影响非常明显。由于股指期货对标的资产必然成为各类投资机构争夺的对象。这样，对市场整体表现，特别是对股指期货对标的指标股将会构成相当大的不确定性。

另外，股指期货推出后短期内将对部分资金产生分流现象。在资金供给总量不变的情况下，有套期保值、套利及投机动机的资金，将从股票现货市场转到期货市场，如此，短期内会减少现货市场的流动性。

当然，从长期看，股指期货的推出也具有吸引场外增量资金入市的作用。

四、操作建议

股指期货一旦推出，普通投资者将被淘汰——机构做空可以赚钱，而散户只能做多。所以有实力的散户投资者也可以考虑参与股指期货交易。

与大宗交易的商品期货一样，股指期货可能不排斥中小投资者进场交易。国外成熟市场经验表明，股指期货合约面值越小，就越适合中小投资者参与，市场就会越活跃。所以，中国股指期货有可能借鉴国际经验设计保证金和合约面值。笔者估计每手合约面值在 100～300 元，保证金不会超过 20 万元。由于采取保证金交易，将使资金量不大的中小投资者有了交易的机会。

但是并不是所有个人投资者都适合参与股指期货交易。比如资金量很小的，就可能达不到最低保证金要求，而无法参与。没有期货投资经验的人，不了解期货交易规则，也不适合参与。不喜欢或不适合承担高风险的投资者，比如老年人、收入不稳定的人等。最适合投资股指期货的人是：资金量大的人、有商品期货投资经验的人或者投资权证经验的人、喜欢并有能力承担高风险和有投机经验的人。

请读者注意，正是由于股指期货采用保证金制度，它在给投资者带来赢利放大效应的同时，也给投资者带来风险放大效应。所以，如果盲目投资，特别是纯粹投机的单边交易情况下，风险会远远大于其他交易品种。因而，投资股指期货必须保持谨慎心态，切忌满仓操作。否则存在不能补足保证金的可能，发生暴仓的风险。建议投资者在股指期货上的投入资金控制在总量的 30%左右，这样将确保有能力补足保证金。

对于不熟悉期货交易的股民，最好先不要参与股指期货单边交易，建议利用风险对冲机制，买入指数基金的同时做空股指期货，以规避指数基金的投资风险，但要动态配置，灵活配置，巧妙安排股票种类和比例。

研究发现股指期货经常会领先现货上涨或下跌，这充分表明股指期货具备价格发现功能，能够对股票的现货操作产生较强的指导作用。所以，投资者买卖股票，也要经常关注股指期货的走势。股指期货比股市开盘早 15 分钟，收盘晚 15 分钟，投资者尤其应该对这两段时间的交易情况予以密切关注，借以预测股市的走势。由于商品期货价格的变动，与相关产业的上市公司股票价格密切相关，持有这类股票的投资者也要关注相关商品期货价格的走势。

五、可供借鉴的商品期货交易技巧

如果你决定投资股指期货，最好还是掌握一些基本知识和技巧并进行模拟操作。投资股指期货的基本条件是，投资者要对股市指数，特别是沪深 300 指数有很强的把握能力，最好有 5 年以上的股市投资、获利经历。

股指期货与商品期货有类似的地方，你可以参考期货的交易方法和技巧。通过对许多期货投资高手的操作心得和经验进行归纳，笔者总结出以下期货投资要点，或许可以对你投资股指期货提供一些借鉴：

1. 正确把握趋势和形态

①做期货主要是做趋势。守住趋势，就是搭上财富列车，趋势不尽不必下车。

②多头趋势确立不做空，空头趋势确立不做多。

③趋势已经过于明显，趋势往往即将反转。

④明显出现三浪形态之后才可以考虑寻找中期趋势拐点、适度逆势建仓。

⑤楔形比较可靠，上升楔形一般下跌，下降楔形往往上涨。

⑥上升旗形，第二个低点可做多，向上突破加仓；下降旗形，第二个高点可做空，向下突破加仓。

⑦真正的最低点只有一个，真正的最高点只有一个，所以很难找到他们。但是只要出现了最低点或最高点，你就可以参照它们寻找下一个最低点或最高点。

⑧已经有两个月不创新高或者不创新低，往往预示趋势可能反转。

⑨主力总是尽可能逼杀空头和多头。拉升和打压途中，一般任何逆势阻击行为都会被无情摧毁，直到己方阵营瓦解。

⑩60 日均线不会轻易走平和拐头，一旦它走平和发生拐头，往往预示趋势可能反转，甚至已经反转。

⑪开盘、收盘时容易发生剧烈波动，甚至是跳跃式开盘，特别是外盘波动幅度较大的时候。所以预测外盘趋势有时很重要。

⑫剧烈波动之后，往往会逐渐趋于平静，波幅收窄，或者反抽。所以在剧烈波动之后，顺向跟风操作风险加大。

⑬底部不会简单，尖底和标准底很少见。

⑭低位大资金快速吃多，可能见底；高位快速拉升，多为建立空仓。

⑮反转的显著标志是，反弹时间明显超过上一次下跌波段的时间。

⑯上涨趋势中，进场技术信号更可靠，下跌趋势中，卖出信号更可靠。

2. 必须坚持的原则和纪律

①安全第一、赢利第二。

②止损为第一铁律。

③每一次操作都要制定计划，首要的是止损计划。

④永远不要改变止损计划，固定的价格、点位或者某种止损规则都不要临时改变。

⑤止损纪律好比开车时的刹车，如果方向出了问题，为了避免车毁人亡，最关键的是果断踩死刹车——必须确保即时成交。只有止损才能避免亏损无限扩大甚至暴仓。

⑥尽量操做过往波动趋势明显的品种。

⑦进场、持仓的原则是：极端行情入场(持续暴涨、暴跌，指标钝化之后再钝化，背离之后再背离的时候，有较大转势机会)，趋势行情持仓(参照周线BBI)，盘整行情观望。或者说，建仓时，尽量买卖极点(历史最高最低点，至少是两年内的最高最低点，但是刚刚突破前高低点时除外)。

⑧利好之后不做多，利空之后不做空。

⑨一般不要逆势操作，除非在趋势“末端”，但是逆势加仓不过三(三次、30%资金)，并且仍要坚决止损(按总资金的10%～30%)。

⑩不要一次把子弹打光，敌人还会再来；不要一次满仓，每次建仓最好不超过30%的资金。

⑪空头趋势，前低点之上不做多；多头趋势，前高点之下不做空。

⑫建仓和止损(止盈)合起来才是一个完整的交易行为，而且是止损的对错决定了这个交易的对错。

⑬经济进入景气周期，建立多头仓位、平掉空头仓位；进入不景气周期，建立空头仓位、平掉多头仓位。

⑭不在极低位(长期、大幅、历史低位)做空，不在极高位(长期、大幅、历史高位)做多。

⑮连续跌停不做多，连续涨停不做空。因为趋势强劲、趋势未尽。

⑯有暴利平仓总是对的，尤其是短期有暴利尽量平仓。

⑰做长线，空间和时间不够不要急于进场。一般而言，下跌不到一半，或者下跌不到一年不考虑做多；上涨不到1倍，或者上涨不到1年不考虑做空。

⑱短线不在开盘价以下很低的位置(不同品种幅度有所不同，一般-2%以上

就要慎重)做空，不在开盘价以上很高的位置(不同品种幅度有所不同，一般 2%以上就要慎重)做多。因为随后的逆向波动往往导致止损发生。

⑲多头建在山沟里，空头建在山尖上。

⑳小资金坚持右侧交易，就是要在价格不再出现新低新高之后，确信反转后顺势建仓。

㉑永远不要在长阳之后做多(底部最低点之后的第一二根长阳除外)，特别是连续长阳多日之后；不要在长阴之后做空(顶部最高点之后的第一二根长阴除外)，特别是连续长阴多日之后。

㉒长线建仓不可逆势，涨势确立不做空，跌势确立不做多。否则就是螳臂当车，自取灭亡。

㉓大幅低(高)开(±0.5%)，不建空(多)仓。

㉔在低位，常有摧枯拉朽的逼空走势，做多力量如火山暴发，做反了，顷刻间财富灰飞烟灭。所以，在低位绝不要建立空头仓位，除非高开 1%以上。在高位，常有雪崩一般的跌势，逼多行情杀伤力极大，所以，在高位绝不要建立多头仓位，除非低开 1%以上。而且要短线对待。

㉕严重强调：永不满仓。任何时候留一手都很有必要。“留一手”也可以理解为：一般应顺势留一手，不宜清仓、空仓，理论上期货没有空仓的机会。涨势中第二日易于高开，跌势中第二日易于低开，留一手可以获得短线快速波动带来的利润。但平衡市中出现过度恐慌的单日涨、跌，第二日易于低、高开，应避免追风。

㉖越少交易越好。每日内多空建仓最多各两次，因为，实际上每日内有操作机会的高低点一般最多各有两个，所以，每日较大机会只有 2～3 次。少交易，也会节约手续费。

㉗指标股连续暴跌数日之后不做空，连续数日暴涨之后不做多，但原有空头、多头仓位可以继续持有。

㉘尽管看空，但有时会遭遇逼空，上涨时仍要止损，但不必在已经冲高 2%以上，且正在“钻天”时跟风，可待回落时止损。反之亦然。

㉙近期合约到期日前 2～3 天，主力换仓，会有大幅波动。神仙打架，飞沙走石，此时参与极可能伤到自己。高手可高抛低吸，普通投资者宜观望，不宜参与。

㉚不要在昨日收盘价之上做多，不在昨日收盘价之下做空，以防短线被套。

㉛做多应以现货为主，选股不易，可买指数基金。做空时可介入股指期货。

㉜不见新高不做空，不见新低不做多。

㉝不止损一周破产，乱止损一月破产，如果做反了，不止损自然会招致灭顶之灾。但是如果在无趋势行情中过度参与，而且采取不适当止损规则，结果就会频繁止损而回吐大部分利润，甚至本金都会遭受侵蚀产生巨大损失。

每日最有价值的操作一般只有一次，如果获利，千万不要再次进场，最好离场休息，否则利润会拱手送回。因为，获利之后，拐点不会马上到来，一般还要整理一段时间，主力需要更长时间完成平仓、建反向仓、洗盘多项操作。此时进场，会被剧烈震荡导致频繁操作，增大了犯错的机会，会因为频繁止损而遭受巨大损失。

正确的止损规则是：在中期趋势中，顺向持仓，直至趋势改变（拐头或者加速）之后才能止损止盈。

如果没有能够在最低最高点入市，则需在中期趋势中，沿趋势下轨、上轨处进场。然后以一个能够接受的幅度为止损点，不到这个点，就持仓。切不可以动态点位为止损点，比如分钟线 BBI、普通均价线等（主力会让价格围绕它们反复拉锯，如果以它们为参照，就会频繁止损）。可以固定点位（如前高低点、某一自定点位），不要以动态点位（如 5 日均线）为参照。或者以低价均线为多头止损线，因为低价均线不易跌破，一旦跌破往往行情下跌；可以高价均线为空头止损线，因为高价均线不易涨破，一旦涨破，往往行情上涨。

㉞不要借钱投资股指期货，暴仓后要彻底离场，否则会没有翻身的机会。

㉟已经获利市值的 1%以上时，不要追高（低）加仓；大部分扭亏时，宜短线离场（因散户获利时，市场转势的可能也较大）。

㊱最后，最重要的原则是，要遵守操作纪律，不要轻易违背。可以说，纪律就是生命线，违反纪律就是自杀。纪律第一，心态第二。心态再好，做反了也会倾家荡产。所以，有时候心态越好反而越糟。

3. 操作技巧和交易细节

①高位涨停打开，减、平多仓，慎翻空；低位跌停打开，减、平空仓，慎翻多。

②极低位置（长期、大幅、历史低位）过度低开，空平、短翻多；极高位置（长期、大幅、历史高位）过度高开，多平、短翻空。

③多头趋势，快速上涨，可多平但不翻空；空头趋势，快速下跌，可空平但不做多。

④下空单（或平多仓）价位要高一挡，下多单（或平空仓）价位要低一挡。

⑤连续上涨三日不做短多，连续下跌三日不做短空。

⑥建空仓价位比压力线位置预期低，建多仓价位比支撑位预期高。

⑦现货快速下跌，低于期货过多，多头减、平仓，空头建短仓。

⑧期货快速下跌，低于现货过多，空头减、平仓，多头建短仓。

⑨短线连续下跌(上涨)15%以上，空头(多头)可平仓。

⑩连续跌停，首次打开之后可以顺势逢高做短空；连续涨停，首次打开之后可以顺势逢低做短多。

⑪多头趋势，可在支撑线(均线、切线)附近做多；空头趋势可在压力线附近(均线、切线)附近做空。

⑫无论涨跌，远离中短期均线的位置操作都比较安全。因为短线成本低于市场平均成本。

⑬出现“最低点”之后连续下跌多日，往往随后都有反弹，所以在“最低点”短线可以做多，一般不会被套。

⑭出现“最高点”之后连续上涨多日，往往随后都有回抽，所以在“最高点”短线可以做空，一般可以赢利。

⑮瞬间“颤动”是常态，剧烈波动要冷静，追涨杀跌绝不可。

⑯利用心电图式的剧烈波动操作，要有被刺穿的准备。

⑰短线逆势加码必须留出足够的空间，间距一般不要小于0.5%，且空头不宜在收盘价以下加码，多头不宜在收盘价以上加码。

⑱高位多单，短期均线(一般是5日均线、10日均线，下同)高位死叉，止盈止损。

⑲低位空单，短期均线低位金叉，止损止盈。

⑳高位空单，短期均线低位金叉，持仓观望。

㉑低位多单，短期均线高位死叉，持仓观望

㉒高位多单，短期均线高位金叉(或回落不能死叉)，持仓观望。

㉓低位空单，短期均线低位死叉(或反弹不能金叉)，持仓观望。

㉔出现“最后的疯狂”，任何时候离场都是对的，最好的操作是倒金字塔式(涨势)或金字塔式(跌势)分批减仓，直到平仓。

㉕“最后的疯狂”中，最好不要逆势操作，如果非要逆势操作，持仓者最好在分批减仓的同时，逐步反向建仓，但是反向建仓不得超过正向仓位，以确保锁定赢利。空仓者尽量观望。

㉖尽量在指标背离三次以上再进入，进入时要迅速果断(因为大家都抢背离

高低点，导致背离高低点存续时间很短）。

㉗如果日线背离高低点已经出现，可退而求其次，寻找 60 分钟背离高低点。

㉘长线建仓，可在反抽到达 5 日均线附近时介入。不必追高建多仓、追低建空仓。

㉙如逆长线趋势、顺短线趋势建立仓位，则需时刻注意获利平仓、止损，并及时换仓。

㉚开盘 15 分钟内最好观望，如有瞬间大幅上冲 2%以上，可快速平仓、换仓、建立空仓；如有瞬间大幅下砸 2%以上，可快速平仓、换仓、建立多仓，但须短线对待。

㉛持有大量股票仓位的投资者，最好在历史高位，适当建立期指空头仓位进行保值，市值略低于现货市值为宜。

㉜分时背离不可靠，会很快得到修正，较可靠的最短分时为 15 分钟 K 线。

㉝主力会疯狂“抖动”，不断在高位实施先灭空头、再灭多头的策略（过度拉升诱多，待空头投降、散户看多时反手做空），或者在低位实施先灭多头、再灭空头的策略（过度砸盘诱空，待多头投降、散户普遍看空时反手做多）。从而让空头、多头不断被动止损，提高市场成本，并甩掉其它弱势投资者。

㉞选一个点位为基准，在这个点位之上，见新低做多，但跌破基准点止损。绝不要无原则补仓，否则就像在 6000 点之后越跌越买，暴仓之日屈指可待。

㉟新高（低）之后，第 3 日方可建立空（多）仓，大资金可以逆势建仓，小资金只能顺势建仓。老大吃饱了，小的们才能吃。否则主力建仓不足将会进行凶狠震仓。

㊱股指期货的操作机会只出现在指标股有充分表现之后，如已经大幅上涨之后才有机会做空，大幅下跌之后才有机会做多。

㊲最低（高）价不套人：最少是 60 分钟级别的价位，根据进二退一原理，上涨趋势中，回落时间短于上涨时间约一倍，反之一样。以此为大致标准，可以发现，上涨趋势中，回落时间达到前一段时间的一半左右时，如果产生低点，此低点做多，一般不会被套，至少短期内不会被套。而在下跌趋势中，如果下跌时间达到上一个反弹时间的两倍以上时，又恰好产生了三个以上最低点，此时做多则一般是安全的。

㊳15 分钟以上分时背离（新）高点多空可转换，至少平仓是不会错的。

㊴有一个连连奏效的手法就是破高反跌、破低反涨，打得散户晕头转向。

所以不能见高就追，见低就杀。

㊵期货现货价格规律：上涨趋势中，当月合约价格低于现货价时，期价可能上涨，可买；高过现货价 20～25 点以上，或盘中瞬间高过 30 点时，可能将要下跌，可卖。

下月合约价高于现货价在 15 点以内时，期价可能上涨，可买；高过现货价 35～40 点以上时，可能将要下跌，可卖。

㊶在低位，可以高抛，可以低吸，但绝对不能低抛！其实“高抛”也无必要，因为实际上高抛也是低抛！在高位，可以高抛、可以低抛，绝对不要高吸！尽量也不要“低吸”，因为实际上是低吸也是高吸！

后 记

很多朋友看过笔者的《股市赢家兵法——成功投资的策略和诀窍》之后，强烈要求笔者尽快出版本书，以弥补前者技术方面内容的欠缺。

其实，这本书的一些内容完成的时间比《股市赢家兵法——成功投资的策略和诀窍》还早。但是，我深深地觉得，一个投资者必须打好基本功，才能上战场，才能有胜算。就像练武的人，必须先蹲马步、打沙袋、负重、练习抗击打，并苦学理论知识，最后才能学招式。如果反着来的话，就会本末倒置，到头来只学了些花拳绣腿，毫无实战之功。所以，我最终决定先出版《股市赢家兵法——成功投资的策略和诀窍》。这样，读者就可以循序渐进地掌握股市投资的基本知识、基本能力、实战能力。

而且，实事求是地讲，投资理念、基本知识比交易技术更重要。没有正确的投资理念和充足的投资基本知识，是寸步难行的，那些只有技术的人很难获得较大的投资利润，更不可能成为投资大家。

所以，如果你一向认为炒股是个纯技术活的话，建议你尽快转变一下观念，你将发现，这会使你的投资效果产生意外的变化。如果你看到本书，觉得非常好，很想得到，或者已经有了本书，真诚地希望你赶快找到《股市赢家兵法——成功投资的策略和诀窍》这本书，并首先研读它。

当你对经济、金融、证券、股市有了基本的、全面的了解之后，你就会树立正确的投资理念，那就开始探索本“股林秘笈”进行实战吧。

笔者写这本书，是为了帮助广大投资者掌握正确的交易技术，尽快掌握操作要领，提高投资本领，提高操作效率，减少投资损失，最终达到利润最大化的目标。

尽管付出巨大的努力，疏漏之处在所难免，敬请读者批评指正。

欢迎读者就本书内容、操作中的问题与笔者做进一步的交流，共谋财富增长大计！

作者电子邮箱:boyi6868@sina.com

谢谢垂阅，祝你投资成功。